Pakistan's Attempt
to set a New
World Record
for Tree Planting

GUINNESS WORLD RECORDS 2011

★ À PROPOS DE CE LIVRE

La principale famille de caractères de l'édition de cette année est le Georgia, la première police à empattements utilisée dans le corps du texte du *Guinness World Records* pendant plus de 15 ans (les empattements sont des traits plus ou moins épais au sommet et à la base des lettres, appréciés des typographes d'antan qui pensaient améliorer ainsi la lisibilité). Matthew Carter de Microsoft a conçu le Georgia dans l'idée de créer une police plus agréable à lire que d'autres sur un écran d'ordinateur.

L'expérience et les recherches menées depuis les années 1930 ont montré toutefois que les empattements ne favorisaient pas tant la lisibilité. Notre choix de police cette année est donc purement esthétique.

La police des titres et des encadrés est le **BLACKSTOCK**, créé par l'Aerotype de Glendale (Californie, USA). Reproduisant les imperfections de certains imprimés des années 1820, elle rappelle les affiches de cirque ou les avis de recherche de l'Amérique du XIXe, les fameux "Wanted". Repris en filigrane dans le graphisme des pages, elle confère au livre un côté ludique, tout en nostalgie.

La couverture utilise un effet de flamme holographique découpée au laser, conçu en Grande-Bretagne et rendu sur feuillet métallique en Californie (USA) – avec un feu photographique imprimé par-dessus. Une lentille holographique, ornée du nouveau bloc-titre sphérique du *Guinness World Records*, a été incorporée à la feuille.

INTRODUCTION

FEU !

COOL ! LE RECORD DU PLUS GRAND NOMBRE DE TORCHES EN FEU UTILISÉES AU COURS D'UN JONGLAGE EST DÉTENU PAR ANTHONY GATTO (USA) : IL A JONGLÉ AVEC 7 TORCHES EN 1989.

PAS COOL ! APRÈS DE MULTIPLES FEUX DE FORÊTS CRIMINELS, 1997 A ÉTÉ L'ANNÉE LA PLUS TERRIBLE DE L'HISTOIRE DE LA DESTRUCTION DE L'ENVIRONNEMENT.

★ NOUVEAU RECORD ● MISE À JOUR

LA PLUS LONGUE DISTANCE PARCOURUE À PIED SUR DES BRAISES

Le 9 novembre 2007, Trever McGhee (Canada) a parcouru 181,9 m à pied, sur des braises à une température de plus 657,67 °C, au Symons Valley Rodeo Grounds à Calgary (Alberta, Canada).

★ LE PARCOURS LE PLUS LONG LE CORPS EN FEU

La distance la plus longue parcourue le corps entièrement en feu est de 78,9 m. Ce record a été établi par le cascadeur professionnel Keith Malcolm (GB) de l'équipe The Stannage International Stunt Team, lors de l'Alton Show à Hampshire (GB), le 5 juillet 2009.

FEU BRÛLANT DEPUIS LE PLUS LONGTEMPS

Une veine de charbon en combustion au pied du mont Wingen en Nouvelle-Galles du Sud (Australie) brûlerait depuis 5 000 ans. Ce phénomène aurait été déclenché par l'impact d'un éclair sur l'affleurement de la veine. Consumant le charbon, le feu brûle jusqu'à 30 m de profondeur.

LE PLUS GRAND FEU D'ARTIFICE

Un feu d'artifice de 66 326 pièces a été mis en place par Macedo's Pirotecnia, Lda. à Funchal (Madère, Portugal), le 31 décembre 2006. Organisé dans le cadre des festivités du nouvel an sur l'île de Madère, il a été lancé de 40 sites différents et n'a duré que 8 min.

LE DÉSASTRE LE PLUS GRAVE LIÉ À UN FEU D'ARTIFICE

Le feu d'artifice organisé sur les rives de la Seine à Paris (France) le 16 mai 1770, à l'occasion du mariage du futur roi Louis XIV, a provoqué un incident au cours duquel 800 personnes ont trouvé la mort.

RECORD DE PERSONNES BRÛLÉES SUR UN BÛCHER

Les bûchers de sorcières ont atteint leur nombre record en Allemagne aux XVIe et XVIIe siècles. À Quedlinburg, près de Leipzig, 133 sorcières ont péri sur le bûcher au cours d'une seule journée en 1589. Dans les villes de Würzburg et de Bamberg, au moins 1 500 sorcières ont été

● LA TORCHE HUMAINE LA PLUS ENDURANTE

Le 25 février 2010, le cascadeur Ted A. Batchelor (USA) s'est transformé en torche vivante, sans oxygène, pendant 2 min 57 s, au studio de *Lo Show Dei Records* à Rome (Italie). Le 19 septembre 2009, il avait composé avec 17 personnes ★ **la plus grande réunion de torches humaines** : des membres de son équipe et l'Ohio Burns Unit (USA) se sont transformés en torches pendant 43 s à South Russell (Ohio, USA).

★ LE PLUS GRAND FESTIVAL BURNING MAN

L'édition 2008 du festival annuel de Burning Man ("homme qui brûle"), organisé depuis 1986 au Black Rock Desert (Nevada, USA), a attiré 49 599 visiteurs. D'une durée d'une semaine, ce festival tire son nom d'un géant en bois, brûlé le samedi de la fête du Travail.

LE SAVIEZ-VOUS ?

LE PLUS LONG PARCOURS À MOTO DANS UN TUNNEL DE FEU A ÉTÉ RÉALISÉ PAR CLINT EWING (USA) SUR UNE DISTANCE DE 60,9 M, LE 27 JANVIER 2008.

L'usage le plus ancien du feu par des êtres humains remonte à environ 1,5 million d'années, dans l'est de l'Afrique.

INFO

LA PLUS HAUTE FLAMME CRÉÉE PAR UN CRACHEUR DE FEU

Tim Black (Australie) a lancé une flamme de 7,2 m de haut à l'occasion du *Zheng Da Zong Yi – Guinness World Records Special* à Pékin (Chine), le 15 septembre 2007.

★LE PLUS GRAND NOMBRE DE DANSEURS DU FEU

Le 15 août 2009, en Nouvelle-Galles du Sud (Australie), au cours d'un événement organisé par The Arts Factory Lodge, 102 participants ont exécuté une danse du feu à l'aide de rubans enflammés pendant 6 min 30 s. Ces tourbillons de feu étaient rythmés au son de tambours. Une foule de plus de 300 personnes a acclamé les danseurs du feu.

brûlées en moins de 10 ans, au milieu du XVIIe siècle.

★LA PLUS GRANDE FONTAINE DE LAVE

En novembre 1986, le volcan Izu-Oshima (Japon) a projeté une fontaine de lave jusqu'à 1 600 m de hauteur. Cette éruption violente de lave incandescente, semblable à un geyser, diffère des colonnes de cendres parfois observées.

●LE PLUS GRAND RASSEMBLEMENT DE CRACHEURS DE FEU

Le 15 octobre 2008, 269 personnes ont battu le record du plus grand rassemblement de cracheurs de feu à Eindhoven (Pays-Bas), coordonnés par l'association estudiantine hollandaise Intermate.

●LA PLUS GRANDE IMAGE EN BOUGIES

Le 10 décembre 2009, 118 employés de la société Sandoz (Pakistan) ont créé une image de flammes à l'aide de 35 478 bougies, à l'Hotel Serena de Faisalabad (Pakistan). Couvrant 910,45 m², l'image représentait le logo et le slogan de Sandoz.

INCENDIE DE TUNNEL LE PLUS MORTEL

Le 12 novembre 2000, 155 skieurs ont péri dans l'incendie du tunnel du funiculaire de Kaprun, qui les transportait vers le glacier Kitzsteinhorn dans les Alpes autrichiennes. Cet incendie a été déclenché par le blocage d'un ventilateur qui avait mis le feu à une fuite d'huile hydraulique.

●LE MUR DE FEU LE PLUS LONG

Le 14 mars 2009, un mur de feu de 3 102,3 m de long a été créé par les Marine Corps Community Services (USA) au cours du MCAS Yuma Air Show 2009 de Yuma (Arizona, USA).

LE CAMION DE POMPIERS TURBO LE PLUS RAPIDE

Le camion de pompiers turbo baptisé Hawaiian Eagle, appartenant à Shannen Seydel de Navarre (Floride, USA), a atteint la vitesse record de 655 km/h dans l'Ontario (Canada), le 11 juillet 1998. Ce bolide rouge, un Ford de 1940, est équipé de deux moteurs Rolls Royce Bristol Viper d'une puissance de 6 000 chevaux chacun pour une poussée de 5 443 kg.

LE PLUS GRAND FEU DE JOIE

Représentant un volume de 1 715,7 m³, le feu de joie le plus imposant a été mis en place par ŠKD Mladi Boštanj et allumé le 30 avril 2007 à Boštanj (Slovénie) pour célébrer la fête du Travail. Ses 43,44 m lui valent d'être le **feu de joie le plus haut**.

PAROLE D'EXPERT

✪ LE FEU RÉSULTE D'UNE RÉACTION CHIMIQUE ENTRE L'OXYGÈNE DE L'AIR ET UN COMBUSTIBLE CHAUFFÉ JUSQU'À SON POINT DE COMBUSTION.

✪ EN LABORATOIRE, LA FLAMME LA PLUS CHAUDE EST PRODUITE PAR DU SUBNITRATE DE CARBONE (C_4N_2). DANS DES CONDITIONS DE PRESSION ATMOSPHÉRIQUE NORMALE, CETTE FLAMME ATTEINT 4 988 °C.

✪ CRÉÉ AU VIIE SIÈCLE APR. J.-C., LE FEU GRÉGEOIS ÉTAIT PROJETÉ SOUS FORME DE JETS LIQUIDES EN COMBUSTION. IL CONTINUAIT À BRÛLER SUR L'EAU ET MÊME DANS L'EAU. SA FORMULE S'EST PERDUE AU COURS DES SIÈCLES.

En hommage à He Pingping (1988–2010)

Crédits photographiques et remerciements, voir p. 278.

Si vous souhaitez établir un record, consultez la p. 18. Contactez-nous avant toute tentative de record.

Vous trouverez sur notre site www.guinnessworldrecords.com plus d'informations sur les records, ainsi que des vidéos de tentatives de records. Vous pourrez aussi adhérer à nos services de téléphonie mobile.

Développement durable
Pour l'impression du Guinness World Records le papier utilisé provient d'une pâte à base de bois issu de forêts gérées selon les principes du développement durable. Pour chaque arbre abattu, un autre au moins est planté.

Le papier de cette édition est fabriqué par la société finlandaise UPM Kymi, dont le site de production a reçu l'écolabel européen. Sa chaîne de contrôle, certifiée, fonctionne selon les normes ISO 14001 et EMAS afin de garantir une production durable.

L'écolabel européen est attribué à des produits qui répondent à des normes élevées en matière de performance et de qualité environnementales. Chaque produit auquel a été décerné l'écolabel européen a subi des tests rigoureux, d'ordre environnemental, dont les résultats sont contrôlés par un organisme indépendant.

En photo ci-contre : Francisco Domingo Joaquim (Angola), alias Mr Bongo, rendu célèbre ces dernières années grâce à YouTube, où on a pu le voir faire la démonstration de son record… la bouche la plus large. Voyez p. 74–75.

Pour l'édition française :
Responsable éditoriale : Anne Le Meur
Réalisation : Dédicace, Villeneuve-d'Ascq
Traduction : Stéphanie Alglave, Cécile Giroldi, Agnès Letourneur, Anne-Marie Martin, Anthony Moinet.
L'éditeur tient à remercier Marion Deroin pour ses relectures attentives.

ISBN : 978-1-897553-06-0 – 23-08-6997-3 – Dépôt légal : octobre 2010

DIRECTEUR DE LA PUBLICATION
Craig Glenday
RESPONSABLES ÉDITORIAUX
Matt Boulton, Ben Way
ÉDITEURS
Chris Bernstein (index), Rob Cave, Rob Dimery, Carla Masson, Matthew White
CONCEPTION GRAPHIQUE
Keren Turner et Lisa Garner, Itonic Design Ltd, Brighton, Royaume-Uni
RÉALISATION COUVERTURE
API, Simon Thompson

CONCEPTION GRAPHIQUE COUVERTURE
Simon Jones
DIRECTION ÉDITORIALE
Mina Patria
DIRECTION DE LA PRODUCTION Jane Boatfield
ASSISTANTE DE PRODUCTION Erica Holmes-Attivor
CONSEILLERS TECHNIQUES
Patricia Magill, Roger Hawkins, Esteve Font Canadell, Salvador Pujol, Julian Townsend
IMPRESSION & FAÇONNAGE
Printer Industria Gráfica, Barcelone, Espagne

ICONOGRAPHIE
Michael Whitty
ASSISTANT ICONOGRAPHE
Laura Jackson
RECHERCHES ICONOGRAPHIQUES
Fran Morales
PHOTOGRAPHIES ORIGINALES
Tim Anderson, Richard Bradbury, Jacob Chinn, Maria Elisa Duque, Paul Michael Hughes, Jonathan Lewis, Ranald Mackechnie, John Wright
PHOTOGRAVURE
Resmiye Kahraman, FMG, Londres, Royaume-Uni

CONSULTANTS ÉDITORIAUX
Terre, sciences & technologies : David Hawksett
Vie sur Terre : Dr Karl Shuker
Corps humain : Dr Eleanor Clarke ; Robert Young (gérontologie)
Aventures / explorations : Ocean Rowing Society ; World Speed Sailing Records Council
Armes & guerres : Stephen Wrigley
Arts & divertissements : Dick Fiddy (TV) ; Thomasina Gibson
Société : Mike Flynn
Musique : Dave McAleer
Sports & jeux : Christian Marais ; David Fischer (sports nord-américains)

GUINNESS WORLD RECORDS
Directeur exécutif : Alistair Richards

Contrôleur financier : Alison Ozanne
Contrôleurs de gestion : Royaume-Uni : Neelish Dawett
USA : Jason Curran
Responsables comptabilité : Kimberley Dennis / Laura Hetherington
Responsable comptabilité / Gestion des contrats : Lisa Gibbs
Service juridique : Raymond Marshall
Ressources humaines : Kelly Garrett

DIRECTION DES RECORDS
Marco Frigatti (Italie)
RESPONSABLE DES HOMOLOGATIONS
Andrea Bánfi (Hongrie)
HOMOLOGATIONS
Jack Brockbank (Royaume-Uni)
Danny Girton Jr (USA)
Amanda Mochan (USA)
Talal Omar (Yémen)
Lucia Sinigagliesi (Italie)
RESPONSABLES DE LA GESTION DES RECORDS
Royaume-Uni : Mariamarta Ruano-Graham (Guatemala)
USA : Carlos Martínez (Espagne)
GESTION DES RECORDS
Gareth Deaves (Royaume-Uni)
Ralph Hannah (Royaume-Uni)
Kaoru Ishikawa (Japon)
Mike Janela (USA)
Olaf Kuchenbecker (Allemagne)
Kim Patrick (USA)
Chris Sheedy (Australie)
Kristian Teufel (Allemagne)
Louise Toms (Royaume-Uni)
Aleksandr Vipirailenko (Lituanie)
Wu Xiaohong (Chine)

Direction informatique : Katie Forde
Développement Web : Daniel Sharkey
Analyste informatique : Paul Bentley
Développeur : Imran Javed
Analyste système : Jawad Ahmed Butt
Direction des droits audiovisuels : Rob Molloy
Responsable des contenus numériques : Denise Anlander
Assistant des droits audiovisuels : Jimmy Rumble
Direction de GWR LIVE! : Paul O'Neill

VENTES & MARKETING
Vice-présidente ventes et marketing : Samantha Fay
Directeur marketing USA : Laura Plunkett
Responsable presse USA : Jamie Panas
Assistante presse et marketing USA : Sara Wilcox
Directeur ventes et marketing langue anglaise : Nadine Causey

Directeur des licences : Frank Chambers
Directeur comptable : John Pilley
Responsable comptabilité : Lisa Gills
Responsable marketing langue anglaise : Tom Harris

Responsable presse : Amarilis Espinoza
Responsable des licences internationales : Beatriz Fernández
Responsable des licences USA : Jennifer Gilmour
Responsables du développement : USA : Stuart Claxton
Japon : Erika Ogawa
Responsable marketing international : Justine Bourdariat
Responsable presse : Karolina Davison
Assistant presse : Damian Field

CERTIFICATION
Guinness World Records Limited a recours à des méthodes de vérification très précises pour certifier les records. Malgré ses efforts, des erreurs peuvent subsister. Guinness World Records Limited ne saurait être tenu pour responsable des erreurs ou omissions que comporterait cette édition. Toute correction ou précision de la part des lecteurs est bienvenue.

ABRÉVIATIONS & MESURES
Guinness World Records Limited utilise le système métrique dans cette édition ; dans le domaine scientifique, seul le système métrique est employé et universellement reconnu, de même que dans le domaine sportif. Pour la conversion des monnaies, quand une date est précisée, nous appliquons le taux de change en vigueur à l'époque. Si seule l'année est indiquée, nous appliquons le taux de change du mois de décembre. RDA (République démocratique allemande) désigne la partie Est de l'Allemagne, réunie à l'Allemagne de l'Ouest depuis 1990. Cette abréviation apparaît dans les records sportifs antérieurs à 1990. En 1991, l'URSS (Union des Républiques socialistes soviétiques) s'est divisée en plusieurs pays dont le plus grand est la Russie. La CÉI (Communauté des États indépendants) l'a remplacée : cette abréviation apparaît surtout dans les records sportifs établis aux jeux Olympiques de 1992. Guinness World Records Limited déclare ne détenir aucun droit, participation ou intérêt dans les marques citées dans ce livre.

AVERTISSEMENT
Tenter de battre ou d'établir un record peut être dangereux. Il convient au préalable de prendre conseil auprès de personnes compétentes. Le candidat qui s'engage dans une tentative de record le fait à ses risques et périls. En aucun cas, la responsabilité de Guinness World Records Limited ne saurait être engagée en cas de décès ou de blessures survenus lors d'une tentative de record. Guinness World Records Limited conserve l'entière liberté d'inclure ou non un record dans ses ouvrages. Être détenteur d'un record ne garantit pas nécessairement sa publication dans ce livre.

LE MONDIAL DES RECORDS

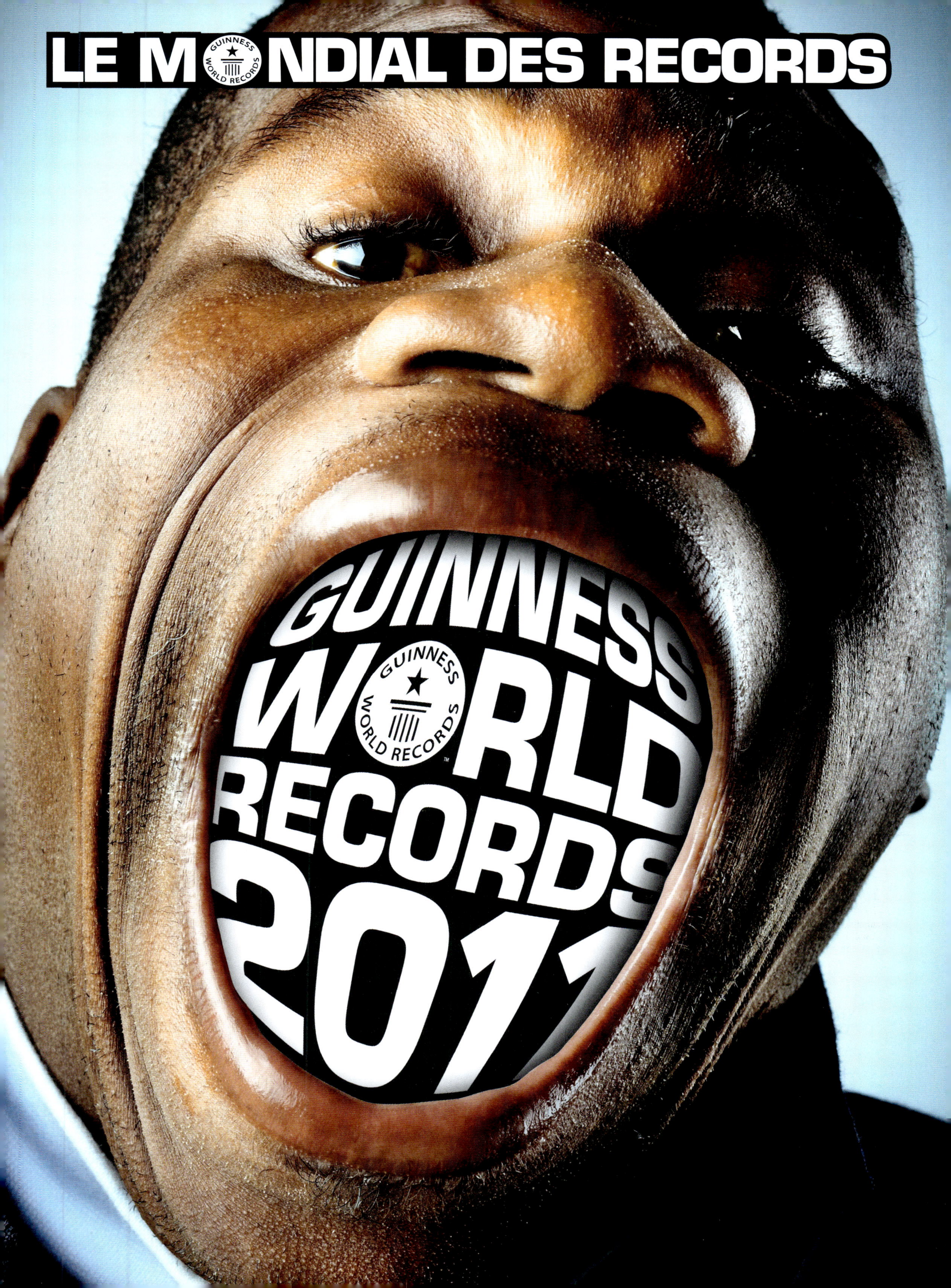

SOMMAIRE

ENCORE ! Grâce aux renvois, naviguez dans le livre vite et bien.

INFO Retrouvez dans tout le livre des anecdotes drôles et croustillantes sur les records.

RECORDS VILLE PAR VILLE

En pied de page, découvrez les records établis dans différentes villes du monde. Point de départ : Londres, au Royaume-Uni, depuis le méridien de Greenwich, latitude 0°00'E. Les villes sont ensuite classées par ordre de longitude (distance depuis le méridien). Au fil des pages, vous ferez route vers l'est et réaliserez ainsi un tour du monde, ville après ville.

★ NOUVEAU RECORD
★ MISE À JOUR

QUIZ !
QU'EST-CE QUE C'EST ? DES PETITES QUESTIONS POUR PIÉGER VOS PROCHES.
TOUTES LES RÉPONSES P. 278

INTRODUCTION
LE MOT DE L'ÉDITEUR

★ NOUVEAU RECORD ● MISE À JOUR

BIENVENUE DANS LA NOUVELLE ÉDITION TOUT FEU TOUT FLAMME DU LIVRE SOUS COPYRIGHT LE PLUS VENDU AU MONDE. QUELLE ANNÉE ! NOUS SOMMES ALLÉS D'UN EXTRÊME À L'AUTRE POUR VOUS OFFRIR PLUS D'IMAGES, PLUS DE RECORDS ET DES EXPLOITS PLUS INCROYABLES QUE JAMAIS…

Chez Guinness World Records, c'était un peu les montagnes russes cette année. Nous avons atteint des sommets fantastiques et connus des bas bien émouvants, mais nous avons survécu et, au final, voici le Guinness World Records 2011, la 1re édition de la nouvelle décennie.

Comme toujours, le livre sous copyright le plus vendu au monde fourmille de records et d'exploits realisés dans tous les pays, grands ou petits, de la planète. L'année a été bien remplie : nous avons enregistré dans notre base de données 3 459 tentatives de record réussies sur les 47 234 demandes de certification reçues.

Nous avons essayé d'intégrer autant de nouveaux records que possible : alors, toutes nos félicitations à ceux qui ont réussi et toute notre compassion à ceux qui n'ont pas atteint leur but.

Et comme toujours, GWR a rarement été absent du petit écran : nos juges ont certifié des records en direct dans des émissions partout dans le monde, comme *The Gadget Show* au Royaume-Uni ou bien le *TODAY Show* en Australie et *Live! with Regis and Kelly* aux États-Unis. C'est donc un grand merci que nous adressons à tous les présentateurs, producteurs, réalisateurs, assistants et, bien sûr, aux candidats qui ont rendu possibles ces records.

ASTÉRIX

Cette année, nous avons eu le plaisir de remettre en main propre à Albert Uderzo (France), illustrateur et co-créateur d'Astérix, un certificat GWR pour la **bande dessinée la plus traduite**. Créée en 1959 par Albert Uderzo et René Goscinny, pour les scénarios, *Les Aventures d'Astérix* a été traduite en 111 langues, rien de moins.

GAULOIS VOYAGEUR

327 MILLIONS D'EXEMPLAIRES D'ASTÉRIX ONT ÉTÉ PUBLIÉS DEPUIS 1961. DES TRADUCTIONS ONT ÉTÉ FAITES EN 111 LANGUES ET DIALECTES, PARMI LESQUELS LE MANDARIN, L'ARABE, LE VIETNAMIEN, LE FRISON, LE LIMBOURGEOIS, LE GREC ANCIEN ET LE SINHALA DU SRI LANKA !

BRAVO

ALBERT UDERZO A ÉTÉ FAIT CHEVALIER DE LA LÉGION D'HONNEUR EN 1985 ET A REÇU UN EISNER AWARD (POUR SA CONTRIBUTION AU MONDE DE LA BD). SELON L'UNESCO, IL EST LE 10e AUTEUR FRANCOPHONE LE PLUS TRADUIT.

LA PLUS HAUTE ESCALADE SUR MUR

LE PLUS DE T-SHIRTS ENFILÉS ET ÔTÉS EN 1 MIN

LA PLUS HAUTE ESCALADE SUR MUR

GWR SUR W9

La chaîne de divertissement W9 a diffusé l'émission *Le Monde des records*, pendant laquelle des records ont été établis sous l'œil avisé de Justine Bourdariat, juge GWR (en photo à droite, aux côtés de Kristian Teufel, co-juge). 22 records ont été tentés sur le plateau, et 9 candidats chanceux ont vu leur record validé.

TAÏG KHRIS

TAÏG KHRIS, LA STAR FRANÇAISE DES SPORTS EXTRÊMES, N'EST PAS SEULEMENT UN MULTI-RECORDMAN DU GUINNESS WORLD RECORDS. IL A AUSSI ÉTÉ JUGE ET CONSULTANT POUR GWR, NOTAMMENT EN 2004 POUR LA SÉRIE D'ÉMISSIONS TÉLÉVISÉES L'ÉTÉ DE TOUS LES RECORDS.

TOUR EIFFEL

La tour Eiffel– deuxième plus haut édifice de la France (et anciennement le plus haut édifice du monde) – est un site populaire pour battre des records palpitants. Cette année, la star des sports extrêmes, Taïg Khris, a réussi le **plus haut saut en rollers en ligne**, en s'élançant d'une plate-forme à 12,5 m pour glisser sur une rampe installée sur la célèbre tour. Le record a été établi dans le cadre du M6 Mobile Mega Jump. En photo, Taïg aux côté des juges de GWR, Rob et Justine.

LE SAVIEZ-VOUS ?

OUFIC DAHER (LIBAN) A RÉALISÉ LA PLUS GRANDE MAQUETTE EN ALLUMETTES REPRÉSENTANT LA TOUR EIFFEL À L'ÉCHELLE. ELLE MESURAIT 6,53 M DE HAUT QUAND ELLE A ÉTÉ PRÉSENTÉE À BEYROUTH (LIBAN), LE 11 NOVEMBRE 2009.

La tour Eiffel est le monument payant le plus visité au monde : plus de 200 millions de personnes l'ont visitée depuis 1889.

GRAISSES

SELON LES NATIONS UNIES, LES FRANÇAIS SONT LES PLUS GROS CONSOMMATEURS DE GRAISSES DU MONDE, AVEC UNE MOYENNE DE 170,8 G PAR PERSONNE ET PAR JOUR ! LA FRANCE ARRIVE 2E APRÈS LE LUXEMBOURG POUR LA CONSOMMATION D'ALCOOL.

TOURISME

LA FRANCE RESTE LE PAYS LE PLUS TOURISTIQUE, AVEC 79,3 MILLIONS DE VISITEURS EN 2008. LE PAYS POSSÈDE PRÈS DE 3 900 MUSÉES. À LUI SEUL, LE LOUVRE ATTIRE 12 MILLIONS DE VISITEURS.

INFO

Merci aussi aux deux principales équipes qui cherchent les records. Partout dans le monde, nos juges et consultants n'ont pas ménagé leur peine pour étudier les demandes de chaque pays. En dénichant des records toujours plus incroyables, ils ont certes bien compliqué ma tâche d'éditeur en chef ! Pour plus de détails, voyez page p. 12 – **Juges & consultants**.

Savez-vous qu'il existe un nouveau moyen de figurer dans la base de Guinness World Records ? C'est le **GWR Live !** Vous en saurez plus p. 16 sur ces événements itinérants destinés à récolter de nouveaux records. Une autre façon de voir votre nom dans le livre est d'établir ou de battre un record à l'occasion d'un de nos programmes de télévision. Pour tout savoir des **émissions télévisées de GWR** tournées cette année, voyez p. 14.

Au final, des tas de nouveaux records qu'il n'a pas été aisé de faire tenir dans ces pages. Cependant, une telle matière m'a aidé à crééer de nouvelles rubriques cette année.

- Avez-vous manqué la 1re page "Feu !" ? Si oui, retournez immédiatement p. 2 et 3 pour débuter tout feu tout flamme la lecture du GWR 2011.
- Nous saluons une dernière fois les navettes spatiales p. 28-29 puisque, selon NASA, c'est la fin d'une époque pour ce mythique vaisseau de l'espace réutilisable.
- Suivez le tour du monde de l'homme le plus grand du monde p. 72 et découvrez les dernières nouvelles de l'homme le plus petit du monde (pouvant se déplacer) p. 77.
- Ceux qui aiment les animaux adoreront nos deux chapitres, l'un consacré aux animaux sauvages, l'autre aux animaux domestiques : **Planète vivante** (p. 46-69) et **Magie des animaux** (p. 148-157).
- Les détectives de canapé qui ne seraient pas rassasiés de séries policières iront p. 168 ; et si les vrais crimes vous titillent davantage, voyez p. 130-131.

LES JUMELLES LES PLUS ÂGÉES DU MONDE

Raymonde Saumade et Lucienne Grare (nées Wattebled) ont vu le jour à Paris le 23 septembre 1912 : elles sont aujourd'hui les **jumelles les plus âgées authentifiées.** Lucienne est née à 15 h 20, soit 10 min avant Raymonde. Elle s'est mariée une 1re fois en 1942, tandis que Raymonde a célébré ses noces en 1934.

LE MANS, FRANCE

Le **tour de circuit le plus rapide aux 24 h du Mans** est de 3 min et 21,27 s (vitesse moyenne de 242,093 km/h). Un record établi par Alain Ferté (France) dans une Jaguar XJR-9LM, le 10 juin 1989.

48°00'N 0°11'E

INTRODUCTION
LE MOT DE L'ÉDITEUR

★ NOUVEAU RECORD ● MISE À JOUR

RENCONTRE AVEC FRANK ET JUSTINE...

Frank Chambers et Justine Bourdariat représentent la France au siège londonien de GWR et sont d'origine française. Nous leur avons demandé pourquoi les Français sont si friands de records à battre.

Justine - Autrefois, le *Guinness World Records* était considéré comme un livre anglais. Les Français n'imaginaient pas qu'ils pouvaient y revéler leurs talents ! Pourtant, cet ouvrage est international : nous avons une équipe de juges locaux qui parlent plusieurs langues.

Frank - L'émission diffusée sur la chaîne de télévision W9 a rassemblé de nombreux talents et nous constatons que les Français sont, entre autres, très bons en arts urbains et en sports extrêmes, comme le "parkour".

Quels sont vos records préférés ?

Justine - Le **plus de gens s'embrassant en même temps**. C'était à Paris, en 2006, lors de la Journée GWR. 1 188 personnes se sont embrassées. Depuis, le record a été battu, mais j'aime bien l'idée que le 1er record du genre ait été établi dans la ville de l'amour... !

Frank - Ce qui me plaît, ce sont les records d'endurance – faire le tour du monde en vélo, remonter le Yangtsé à la nage ou jouer du piano sans s'arrêter pendant plus de 24 h. Il faut une détermination à toute épreuve et un goût de l'aventure, et c'est ça que je trouve génial.

Quels sont les plus grands avantages de votre métier ?

Justine - Les voyages ! Comme responsable du marketing international, je travaille avec de nombreux pays et découvre différentes cultures.

Frank - Simplement contribuer à une entreprise qui a une vraie signification pour tant de gens partout dans le monde. Nous en sommes vraiment honorés.

APPLI
CHEZ GWR, ON EST DEVENU DINGUES D'APPLICATIONS. UN CONTENU A ÉTÉ CRÉÉ RIEN QUE POUR IPAD ET IPHONE.

LE PLUS GRAND TIRAMISU

D'accord, c'est un dessert italien, mais les Français savent le faire en grand ! Le plus grand tiramisu pesait 1 075,92 kg ; il a été confectionné par Chokogou et L'Essor du Grand Chocolat (tous deux France) à Lyon (Rhône), le 30 octobre 2009. Justine, juge pour l'occasion, a mesuré et goûté ce délice géant... Dur, dur de travailler pour Guinness World Records !

• Grâce au film de James Cameron, *Avatar* (le **plus grand succès cinématographique de l'histoire** ; voir p. 158), le monde entier s'est pris d'engouement pour le cinéma en 3D. Alors, ne manquez pas notre dossier spécial p. 180-181.

• J'ai passé une semaine fantastique au Comic Con de San Diego, aux USA, à chercher de nouveaux sujets sur les séries télévisées de science-fiction et de fantasy (voir **Science-fiction & Fantasy** p.170-171) et sur la bande-dessinée (voir **BD** p. 164-165). J'en ai profité pour rencontrer le créateur des *Simpson*, Matt Groening (voir **Dessins animés** p. 174-175).

• Du Kabbadi au Camogie, vous saurez tout dans notre chapitre **Sports** p. 262-263 ; et si le cœur vous en dit, allez voir les pages consacrées aux

CASSE-NOIX

Bravo à Michael Levillain (France) qui a battu le record du **plus grand nombre de noix cassées en 1 min, en s'asseyant** ! Son 1er essai, infructueux, date de 2009, mais en 2010, le revoici avec un score record de 41 noix cassées en 60 s. Chapeau bas !

ROUEN, FRANCE

49°26'N 1°05'E

La **plus grande distance parcourue par une femme en 24 h** est de 211,25 km. Annie van der Meer deTimmermann (Pays-Bas) a établi ce record à Rouen (France), les 10 et 11 mai 1986.

RAMEURS

Sur une période de 54 jours l'été dernier, Stéphanie Geyer-Barneix, Alexandra Lux et Flora Manciet (toutes France) ont effectué le plus long voyage en paddleboard. Elles ont ramé avec les bras sur une distance incroyable de 4 830 km (2 607 miles nautiques), depuis Cap Breton au Canada jusqu'à Capebreton en France. Elles sont arrivées le 28 août 2009.

GRATIN

LE PLUS GRAND GRATIN DAUPHINOIS PESAIT 3 010 KG. IL A ÉTÉ CONFECTIONNÉ PAR L'OFFICE DU TOURISME DE L'ALPE D'HUEZ (FRANCE), LE 29 JANVIER 2010.

PIROUETTES

GEOFFREY BUGNOT (FRANCE), UN JEUNE DE 14 ANS, TÉTRAPLÉGIQUE DEPUIS L'ÂGE DE 13 MOIS, A FAIT 32 PIROUETTES DANS SON FAUTEUIL ROULANT – LE PLUS DE PIROUETTES DANS UN FAUTEUIL EN 1 MIN – LE 2 DÉCEMBRE 2009.

Drôles de compétitions, p. 256-257. Enfin, vous trouverez dans les **Tableaux sportifs** (p.268) les records en chiffres de tous les sports.

• Nouveauté : tout au long de l'ouvrage, en bas de page, des records GPS sont à picorer. Ils commencent au point zéro du temps, à Greenwich à Londres (0° sur la carte). Poursuivez votre tour du monde vers l'est : les records sont classés par ordre de longitude.

Hommages...

L'édition de cette année est particulièrement émouvante, car elle nous permet de rendre hommage à deux grands détenteurs de records qui nous ont quittés : Michael Jackson (p. 187) et He Pingping (p. 76).

Michael Jackson adorait ce livre et a toujours accepté de nous accorder du temps. Je me souviendrai toujours avec émotion de sa visite à notre siège de Londres, en 2006, et du jour où je lui ai remis, avec Beyoncé Knowles, sa récompense pour *Thriller* aux World Music Awards cette même année.

L'espiègle He Pingping, l'homme le plus petit du monde (pouvant se déplacer), est entré dans la grande famille de Guinness World Records plus récemment, en 2009, avant de devenir une star internationale. J'ai eu la chance de lui rendre visite en Mongolie-Intérieure afin de prendre ses mesures pour la 1re fois. Dès cet instant, j'ai su qu'il allait faire... grande impression !

Nous sommes partis ensemble à la rencontre de son nouveau public à travers le monde. Là, j'ai pris conscience des conséquences que pouvait avoir sa petite taille sur sa santé. Pourtant, il n'a jamais laissé cette particularité être un handicap pour profiter de la vie et il refusait même d'être traité comme un invalide. Il a tiré parti autant que possible du temps précieux dont il disposait et a servi de modèle à bien des gens qui souffrent aussi.

Quel plus beau message lancé pour cette décennie que celui-ci : la vie mérite d'être vécue ! Laissez-vous porter par tous les virages à sensations et faites tourner la grande roue. Ressentez les frissons des montées et descentes soudaines. Et si vous battez des records en chemin, c'est encore mieux !

MOSAÏQUE

Reconnaissez-vous la cathédrale de Rouen sur cette mosaïque ? C'est la **plus grande mosaïque peinte** formée par 1 250 personnes à Rouen, le 5 juin 2010. Cette immense reproduction de 600 m² de la toile de Monet a été réalisée à l'initiative de l'association Normandie Impressionniste.

Je vous souhaite une excellente année 2011. Maintenant, tournez la page et en route pour de nouveaux records du monde !

Craig Glenday
Éditeur en chef

CHAÎNE D'EMBRASSADES

Pour célébrer le 20e anniversaire de l'École supérieure de communication et de publicité (ISCOM) de Lyon, le 19 mars 2010, 236 étudiants ont battu le précédent record détenu par la Grande-Bretagne en formant la plus longue chaîne d'embrassades. Tous ces bisous ont fait "smack" sur les joues !

INTRODUCTION

JUGES & CONSULTANTS

VOICI DEUX DE NOS ÉQUIPES QUI TRANSFORMENT VOS RÊVES EN RÉALITÉ... LES JUGES DU GUINNESS WORLD RECORDS SONT HABILITÉS À HOMOLOGUER OU À REJETER UN RECORD. NOS CONSULTANTS UTILISENT, QUANT À EUX, LEURS CONNAISSANCES SPÉCIFIQUES POUR DÉCOUVRIR TOUTE L'ANNÉE DES RECORDS ET DES EXPLOITS EXTRAORDINAIRES.

Les informations parviennent aux bureaux de *Guinness World Records* essentiellement par l'intermédiaire de nos juges et de nos consultants.

Notre équipe multilingue de **juges** gère les 65 000 demandes reçues chaque année. Elle travaille dans les bureaux du GWR ou se déplace dans le monde entier pour assister à des tentatives de record. Chaque candidature est assignée à un juge de l'équipe, qui l'approuve ou la rejette.

Les juges rédigent en outre les règles officielles, généralement en concertation avec des instances officielles, un expert ou un consultant agréé *(voir page suivante)*.

ci-dessous, quelques membres de l'équipe sont photographiés. Vous en reconnaîtrez peut-être un ou deux, qui apparaissent souvent dans les émissions du GWR !

UN JUGE AU TRAVAIL

Voici un juge de GWR, Carlos Martínez (Espagne), au Pérou, en train d'évaluer sur place une demande de record : le **gazoduc situé à la plus haute altitude**. Pour savoir comment bénéficier de la présence de l'un de nos juges, rendez-vous sur le site **www.guinnessworldrecords.com**.

Les juges

1. Louise Toms (GB)
2. Lucia Sinigagliesi (Italie)
3. Ralph Hannah (GB)
4. Louise Ireland (GB)
5. Aleksandr Vypirailenko (Ukraine)
6. Andrea Bánfi (Hongrie)
7. Talal Omar (Yémen)
8. Marco Frigatti (Italie)
9. Jack Brockbank (GB)
10. Mariamarta Ruano-Graham (Guatemala)
11. Kristian Teufel (Allemagne)
12. Gareth Deaves (GB)
13. Amanda Mochan (USA)
14. Tarika Vara (GB)

ON CHERCHE

NORRIS McWHIRTER, LE CRÉATEUR DU GUINNESS WORLD RECORDS, A DÉCLARÉ QUE SON TRAVAIL CONSISTAIT À DÉCOUVRIR LES PROUESSES DES SPÉCIALISTES.

ON PARLE

ANGLAIS, ESPAGNOL, JAPONAIS, ALLEMAND, NÉERLANDAIS, PORTUGAIS, FRANÇAIS, RUSSE, UKRAINIEN, HONGROIS, ROUMAIN, ITALIEN, CORÉEN, ARABE, CHINOIS ET GALLOIS.

LES JUGES

TOULOUSE, FRANCE

43°36'N 1°26'E

L'avion de ligne à réaction ayant la plus grande capacité est l'Airbus A 380 à double pont qui a effectué son vol inaugural à Toulouse (Haute-Garonne), le 27 avril 2005. Sa capacité est de 555 passagers, mais il peut en accueillir jusqu'à 853, suivant la configuration intérieure du fuselage.

JEUNES ET MOINS JEUNES

Absents de la photo de nos consultants (ci-dessous), le gérontologue Robert Young (à gauche) est ici photographié à Los Angeles (Californie, USA), en compagnie de Gertrude Baines (USA, 1894-2009), la **femme la plus âgée** à ce moment précis ; en insert, notre historien de la télévision, Dick Fiddy, du British Film Institute.

Les **consultants** assistent l'équipe des juges et jouent aussi un rôle crucial dans la recherche de nouveaux records en apportant leur aide à l'équipe éditoriale. Il s'agit d'un panel d'experts internationaux qui utilisent leurs compétences dans des domaines spécifiques pour identifier des records et les communiquer à Guinness World Records.

La grande diversité des sujets traités par nos consultants donne au *Guinness World Records* un caractère unique. Cela va des récentes découvertes scientifiques aux dernières nouvelles du monde du spectacle en passant par les plus grands exploits sportifs. Nous faisons aussi appel à des experts médicaux (notamment à un gérontologue, spécialiste des personnes âgées, à un trichologue, qui étudie les cheveux, et à un endocrinologue, qui s'intéresse aux personnes de très grande et de très petite taille). Nous consultons des ingénieurs, des alpinistes, des officiers retraités de l'Air Force, des marins, des musiciens, des experts des sports de balle – notamment en sports américains – ainsi qu'un historien de la télévision, membre du British Film Institute.

Pour compléter notre liste d'experts, nous recevons l'aide d'innombrables (et rarement rémunérés) enseignants, scientifiques, chercheurs et inventeurs. Leur contribution nous permet d'homologuer des records sur tous nos sujets.

Sans eux et sans les informations du public, il nous serait impossible de réaliser un rapport aussi intéressant et varié des records de l'année. Nous remercions chaque personne qui a contribué à ce livre. Grâce à *vous*, il continue d'être **le livre à copyright le plus vendu au monde** !

Les consultants

1. Kenneth (et Tatiana, non photographiée) Crutchlow : Ocean Rowing Society
2. Thomasina Gibson : industrie du spectacle, cinéma, divertissement
3. Christian Marais : sports mondiaux, paris, jeux
4. Craig Glenday : éditeur en chef, Guinness World Records
5. David Hawksett : planètes, science, technologie, ingénierie
6. Stephen Wrigley : aviation, armée, crime, justice, société
7. Dr Eleanor Clarke : anatomie, médecine, corps humain
8. Dave McAleer : musique
9. Mike Flynn : voyages, aventures

SHUKER ABSENT DE LA PHOTO, CAR IL ÉTAIT ALORS EN DÉPLACEMENT AU JAPON, KARL SHUKER EST NOTRE CONSULTANT EN ZOOLOGIE. IL EST AUSSI CRYPTOZOOLOGUE.

PHOTO LA SEMAINE DURANT LAQUELLE NOUS DEVIONS PHOTOGRAPHIER NOS JUGES ET NOS CONSULTANTS A COÏNCIDÉ AVEC L'ÉRUPTION DU VOLCAN ISLANDAIS EYJAFJALLAJÖKULL. CERTAINS N'ONT DONC PAS PU SE PRÉSENTER.

LES CONSULTANTS

VERSAILLES, FRANCE

48°48'N 2°08'E

Le **plus grand jardin** a été créé par André Le Nôtre (France) à Versailles (Yvelines) pour le roi Louis XIV, à la fin du XVIIe siècle. Sur une superficie totale de 6 070 ha, le célèbre jardin à la française couvre 100 ha.

INTRODUCTION
GWR À LA TÉLÉ

★ ★ ★ ★ ★ ★ ★ ★ ★ ★ ★

AU COURS DES 12 DERNIERS MOIS, NOUS AVONS FILMÉ DES EXPLOITS À COUPER LE SOUFFLE DANS 17 PAYS, RÉUNISSANT 120 HEURES D'IMAGES SPECTACULAIRES DE PLUS DE 250 RECORDS, DESTINÉES À ÊTRE DIFFUSÉES À UNE HEURE DE GRANDE ÉCOUTE DANS 85 PAYS.

★ LA CULTURISTE LA PLUS ÂGÉE

Ernestine Shepherd (USA, née le 16 juin 1936) est la **culturiste la plus âgée encore en compétition.** *Elle est apparue le 18 mars 2010 dans l'émission* Lo Show dei Record *en Italie, à l'âge de 73 ans, 9 mois et 2 jours.*

JAPON

Au Japon, l'émission Guinness World Records Special *présente des individus talentueux comme l'extraordinaire Takeru Kobayashi (Japon, à droite), qui a dévoré 6 hot-dogs en 3 min au stade Kashiwanohakoen, près de Tokyo (Japon), le 25 août 2009 (pour d'autres records de ce type, voir p. 138).*

Voyager dans le monde entier pour les émissions et renconter des personnes ayant un vrai talent est un travail génial !

Marco Frigatti du GWR

★ NOUVEAU RECORD
● MISE À JOUR

GRÈCE

La deuxième émission de Guinness World Records *a été suivie par plus de 25 % des téléspectateurs. Diffusée par MEGA, la plus grande chaîne de télévision grecque, elle a mis en scène Kostas Fragolias, Lorentzo Cariere et Giorgos Lianos, photographiés ci-contre avec Daniele Seccarecci (Italie), le nouveau détenteur du record du* **culturiste le plus lourd participant à des compétitions (homme).** *Il pèse 135 kg.*

AUSTRALIE

Produite par Eyeworks et diffusée sur la chaîne Seven Network, l'émission Guinness World Records *enregistre des tentatives de records effectuées en direct devant des spectateurs captivés. Parmi les exploits accomplis en studio figure le record de Mon Tanner, l'***avaleur de feu ayant éteint le plus de torches en 1 min,** *soit 88 torches. Comme pour beaucoup d'autres avant lui, son record a malheureusement été battu quelques mois plus tard.*

CHINE

GWR collabore depuis 5 ans avec CCTV, le réseau national de télévision en Chine. Zheng Da Zong Yi, *l'émission de* Guinness World Records, *est suivie par plus de 50 millions de spectateurs ! Elle présente des performances spectaculaires, des exploits et des démonstrations d'habileté très prisées, notamment une prestation extraordinaire de moines Shaolin, photographiés ci-contre, au centre.*

ZOO
DANS LA DERNIÈRE ÉMISSION ITALIENNE, LES ANIMAUX ÉTAIENT À L'HONNEUR : MILLE-PATTES GÉANTS, TARENTULES, COBRAS ROYAUX, SERPENTS À SONNETTE, CHIENS ET MÊME UN BŒUF BLANC !

ZOOM
GWR CHARGE DES PHOTOGRAPHES DE COUVRIR SES ÉMISSIONS TÉLÉVISÉES AFIN DE DISPOSER D'EXCELLENTES PHOTOS RÉCENTES DES DÉTENTEURS DE RECORDS.

BARCELONE, ESPAGNE

41°23'N 2°11'E

Le FC Barcelone détient la **plus longue série de victoires au cours de matchs de la Ligue des Champions de l'UEFA,** soit 11, remportées au cours de la saison 2002-2003.

POLOGNE

Diffusée par Polsat, la deuxième chaîne de télévision polonaise en termes d'importance, l'émission Guinness World Records *est une version locale de l'émission italienne,* Lo Show dei Record. *De nombreux détenteurs de records qui s'y produisent viennent du programme italien. Diffusée pour la deuxième saison, elle est animée par l'ancien présentateur sportif Maciej Dowbor. On le voit ici en train d'interviewer Federica Pellegrini (Italie), détentrice des records du 200 m (bassin de 50 m et de 25 m) et du 400 m nage libre (bassin de 50 m).*

NOUVELLE-ZÉLANDE

Animée par Marc Ellis, ancien joueur des All Black et détenteur d'un Guinness World Record, l'émission Smashes Guinness World Records *de la chaîne néo-zélandaise TV2 a fait l'objet d'une petite entorse au règlement. Eyeworks, la société qui produit l'émission, a en effet sélectionné des records vus dans d'autres émissions télévisées et incité des candidats ambitieux à tenter de les battre ! Le succès de l'émission, avec une audience qui atteint souvent le double de celle des* Simpson *(voir p. 175), est tel dans le pays qu'une émission identique a vu le jour en Australie, permettant ainsi aux deux nations de s'affronter pour battre le plus grand nombre de records. La photo de gauche montre 121 Néo-Zélandais tentant de battre celui du* **plus grand domino humain sur matelas**.

ITALIE

Euro Produzione, notre associé de production de longue date en Europe, a connu un grand succès avec son émission italienne, Lo Show dei Record, *qui a mis en scène 143 nouvelles tentatives de records. Paola Perego, l'animatrice de l'émission est un ancien mannequin. Elle incite les personnes "unici almondo" ("uniques au monde") à révéler les secrets de leurs tentatives et de leur succès. Les White Rope Skippers (tous GB, à gauche) ont notamment remporté au cours de l'émission un record de* **doubles dutch, ou sauts consécutifs à la corde par équipe**, *avec 362 sauts.*

FRANCE

L'émission Le Monde des records, *diffusée en France depuis 11 ans avec davantage de programmes en termes de volume et sur plus de chaînes que partout ailleurs, remporte toujours un vif succès. Le record photographié ci-dessous est celui de Bruno Wattier qui a enfilé et enlevé le plus de pantalons de strip-tease enfilés et enlevés en 1 min, le 29 septembre 2009, avant d'être battu à son tour sur le plateau de* Lo Show dei Record *à Rome (Italie).*

★ LES CHAUSSURES LES PLUS LOURDES

Zhang Zhenghui (Chine), adepte du fitness, s'est présenté sur le plateau du Lo Show dei Record *à Rome (Italie) le 18 mars 2010. Il a parcouru 10 m en portant des chaussures en fonte de 122,8 kg.*

RENCONTRE AVEC ROB MOLLOY...

Rob Molloy (photographié ici avec Tommy Mattinson, un champion de grimaces) est le directeur des programmes télévisés chez Guinness World Records Il a pris le temps, malgré son planning chargé, de nous décrire l'ambiance d'une émission de Guinness World Records...
Chaque émission est différente. Elle reflète généralement la culture du pays dans lequel elle se déroule, et il est intéressant d'y assister. Filmer est parfois stressant, mais toujours distrayant.

Quels sont vos records favoris parmi ceux présentés dans les programmes télévisés de GWR ?
Mon record préféré est celui de l'homme qui a traversé en courant 15 couches de verre trempé dans notre émission néo-zélandaise. J'ai aussi aimé le record du temps passé par 3 contorsionnistes dans une boîte, une performance assez incroyable, filmée dans plusieurs pays européens !

Quels projets avez-vous pour l'année prochaine ?
En plus des émissions que nous tournons en studio, nous envisageons que des spectateurs puissent accompagner nos juges à l'extérieur, pour assister en direct à des tentatives de records !

L'ENVERS DU DÉCOR DES ÉMISSIONS GWR

11 caméras étaient présentes en permanence sur le plateau du tournage de l'émission Lo Show dei Record *à Rome (Italie). Le tournage a débuté le 25 février et s'est achevé le 29 avril 2010. L'équipe de production composée de 118 personnes a consommé 150 kg de nourriture durant le tournage et il a fallu 40 jours pour construire le plateau de 40 x 40 m.*

ENCORE ! POUR PLUS DE RECORDS TÉLÉVISÉS, RENDEZ-VOUS P. 166-167.

AMIENS, FRANCE

49°53'N 2°17'E

Isabelle Dinoire (France) a subi la **première greffe partielle du visage** à l'hôpital universitaire d'Amiens, en France, le 27 novembre 2005. En mai 2005, elle avait été gravement défigurée par son chien, qui, en tentant de la réveiller après qu'elle ait accidentellement absorbé une dose excessive de médicaments, lui avait dévoré le nez, les lèvres et le menton.

INTRODUCTION

GUINNESS WORLD RECORDS LIVE!

★★★★★★★★★★★

GUINNESS WORLD RECORDS LIVE ! TRANSFORME LA COURSE AUX NOUVEAUX RECORDS EN GRAND SPECTACLE. DES GENS DU MONDE ENTIER ONT ÉTÉ CONVIÉS À NOS *CHALLENGE FAIRS* – LE SEUL ENDROIT SUR TERRE OÙ L'ON PEUT ARRIVER COMME SIMPLE MORTEL ET RESSORTIR TITULAIRE D'UN VÉRITABLE GUINNESS WORLD RECORD !

★ NOUVEAU RECORD
● MISE À JOUR

CHAUFFER LA SALLE
LES REDCOATS MICHEALA LORMIER ET DAVE CLARK ONT ANIMÉ LE GUINNESS WORLD RECORDS LIVE ! AU BUTLINS RESORT DE BOGNOR REGIS (GB).

DALLAS (USA)

★ LE MEILLEUR SCORE DANS LE RÔLE DE KOBE BRYANT, SUR LE JEU VIDÉO 2K SPORTS NBA 2K10

Chico Kora (USA, ci-dessus) a marqué 29 points dans le rôle de Kobe Bryant sur *NBA 2K10*, lors du NBA Jam de Dallas (Texas, USA), le 13 février 2010.

X-GAMES

LOS ANGELES (CALIFORNIE) & ASPEN (COLORADO) (USA)

Une fois de plus, GWR Live ! a participé aux X-Games d'été et d'hiver. Parmi les diverses tentatives de records en BMX (ci-dessus et ci-dessous), Phil Smage (USA, dessous à droite) a effectué le **● plus haut ollie en snowskate** : 72,4 cm.

INFO

LE SAVIEZ-VOUS ?

GWR LIVE ! A VALIDÉ 250 NOUVEAUX RECORDS DANS 8 PAYS DIFFÉRENTS. LA *CHALLENGE FAIR* DU GLOBAL VILLAGE DE DUBAÏ (EAU) A ÉTÉ LA PLUS COSMOPOLITE, AVEC 34 NATIONALITÉS PRÉSENTES.

ÉDREDON EXPRESS
UNE ÉQUIPE DE 6 PERSONNES (TOUTES GB) A FABRIQUÉ DEUX LITS SUPERPOSÉS EN 1 MIN ET 11 S AU GWR LIVE ! DE BUTLINS, MINEHEAD (GB), LE 7 MARS 2010.

BOGNOR REGIS (GB)

★LES PLUS RAPIDES POUR HABILLER UNE BARBIE

Le 15 avril 2010, ce défi a mobilisé les plus jeunes membres du public de Butlins (ci-dessus). Andrea Benjamin et Debbie Watson (toutes deux GB) se sont partagé le temps record de 36,99 s pour habiller une poupée Barbie de 3 vêtements, de chaussures et d'un accessoire.

OSAKA (JAPON)

★LE PLUS DE BALLES ATTRAPÉES SANS LES MAINS

Le GWR Live ! Challenge qui s'est tenu au Park, à Tokyo Midtown, a vu des foules s'essayer aux roulades, aux pirouettes, au lancer, au tri, au recyclage et à saute-mouton, dans l'espoir de gagner une place dans l'histoire. Tsuyoshi Kitazawa (61 ans) d'Akasaka a établi le record du ★**plus de balles de tennis attrapées sans les mains en 1 min**, soit 15 balles.

TURQUIE

●EMPILAGE DES CANETTES

En Turquie, le GWR Live ! Challenge Fair for Multi Corporation a débuté dans le plus grand centre commercial d'Europe, le Forum Istanbul, avant de faire la tournée des autres centres Forum du pays. Deniz Özeskici (Turquie) a bâti une pyramide de 20 canettes en 6,49 s, le 4 avril 2010.

GROS SUCCÈS AU JAPON
DANS LE CADRE DU GWR LIVE! PARK CHALLENGE QUI A EU LIEU À TOKYO MIDTOWN, AKASAKA, TOKYO, LE 29 AVRIL 2010, 8 NOUVEAUX RECORDS ONT ÉTÉ ENREGISTRÉS DÈS LE 1ER JOUR.

DUBAÏ

LE CRI LE PLUS FORT...

Au début de 2010, au Global Village de Dubaï (EAU), 61 nouveaux records ont été établis en 110 jours. Une des catégories qui a remporté le plus de succès a été celle du **cri le plus fort** (photo de gauche). Mais personne n'est parvenu à battre le record d'Annalisa Wray (GB) qui, le 16 avril 1994, avait atteint un niveau sonore de 121,7 dBA ; la compétition reste ouverte...

DUNKERQUE, FRANCE

51°02'N 2°22'E

La **plus grande évacuation de l'histoire militaire** a été réalisée à l'aide de 1 200 vaisseaux alliés, militaires et civils, entre le 26 mai et le 4 juin 1940. Au total, 338 226 soldats britanniques et français ont ainsi pu quitter Dunkerque.

INTRODUCTION

COMMENT ÉTABLIR UN RECORD

★ ★ ★ ★ ★ ★ ★ ★ ★

VOUS PENSEZ POUVOIR BATTRE UN RECORD ? VOUS VOULEZ VOIR VOTRE NOM FIGURER DANS LE GWR ? VOICI COMMENT PROCÉDER. PRÉSENTER SA CANDIDATURE EST GRATUIT ET FACILE, VOUS N'AVEZ DONC AUCUNE EXCUSE...

ENCORE ! SI VOUS AIMEZ LES DESSINS ANIMÉS, VISITEZ LE MONDE DES TOONS P. 174.

NOUVELLE CATÉGORIE :

C'est une demande de record qui ne nous a jamais encore été faite (par opposition à une "catégorie existante"), mais il faut d'abord nous convaincre que votre idée en vaut vraiment la peine !

ÉTAPE 1

Imaginez un record ! Ou mieux, feuilletez le livre de Guinness World Records et choisissez un record que vous pensez pouvoir battre. En vous familiarisant avec le livre, vous saurez mieux quels types de records nous intéressent.

ÉTAPE 2

Connectez-vous sur le site **www.guinnessworldrecords.com** et téléchargez un formulaire de candidature, puis expliquez-nous le record que vous souhaitez tenter, en nous prévenant dans l'idéal au moins 3 mois à l'avance !

ÉTAPE 6

Entraînez-vous, entraînez-vous, entraînez-vous ! Luke, par exemple, essaie de **jongler le plus longtemps possible avec 3 objets, les yeux bandés**.

ÉTAPE 7

Quand vous vous sentez prêts, tentez votre record en suivant les instructions. Demandez à deux témoins indépendants d'être présents et filmez votre record. Invitez également la presse !

ÉTAPE 8

Envoyez-nous par mail les preuves de votre réussite, votre vidéo, les dépositions signées de vos témoins et tous les éléments nécessaires demandés dans les instructions. Il vous faut de nouveau prendre votre mal en patience...

CLIC ! SI VOUS VOULEZ VRAIMENT VOIR VOTRE RECORD FIGURER DANS LE LIVRE, ENVOYEZ-NOUS LES MEILLEURES PHOTOS – NOUS ADORONS LES RECORDS AVEC DES PHOTOS QUI FONT SENSATION !

36°42'N 3°13'E

ALGER, ALGÉRIE

Le **plus grand plat de couscous**, réalisé par la Semoulerie industrielle de la Mitidja, a été exposé à la Foire internationale d'Alger (Algérie), le 3 juin 2004. Il pesait 6,04 tonnes.

ÉTAPE 3

C'est simple : il vous faut maintenant attendre, le temps que notre équipe puisse éplucher les innombrables mails qu'elle aura reçus. Il est possible que nous demandions à un expert d'examiner votre demande.

ÉTAPE 4

Si votre record existe, vous recevrez des instructions avec la méthode empruntée par son détenteur actuel. S'il s'agit d'une catégorie inédite, nous rédigerons un guide opérationnel spécifique que nous vous transmettrons par mail.

ÉTAPE 5

Félicitations ! Votre idée nous intéresse et vous avez reçu nos instructions. Lisez-les attentivement et respectez-les, si vous voulez que votre exploit soit homologué.

DEMANDE ACCÉLÉRÉE

SI VOUS ÊTES PRESSÉ, PROCÉDEZ À UNE DEMANDE ACCÉLÉRÉE, EN PAYANT UN FORFAIT. VOUS SEREZ CONTACTÉ PAR UN GESTIONNAIRE DE RECORDS DANS UN DÉLAI DE 3 JOURS.

Si vous recevez un refus de l'équipe de Marco, ne désespérez pas. Ciblez davantage votre projet avant de nous le soumettre à nouveau. Nous rejetons 85 % des propositions de record parce qu'elles sont trop dangereuses, stupides… ou parce qu'elles ne sont pas assez sensationnelles !

ÉTAPE 9

De retour au siège de GWR, notre équipe examine votre record, visionne la vidéo, évalue les déclarations des témoins et consulte éventuellement un expert ou la fédération concernée. Avez-vous suivi les instructions ? Avez-vous battu le record ?

ÉTAPE 10

Bravo ! Vous avez établi un nouveau record et vous allez recevoir votre certificat officiel du GWR. Vous faites désormais partie de l'élite, un cercle très fermé de héros, une redoutable équipe de "briseurs" de records !

ÉTAPE 11

C'est la dernière étape. Votre record sera peut-être sélectionné pour apparaître dans le livre annuel de Guinness World Records. Mais attention, seul le "top du top" bénéficie de cette faveur ! Bonne chance à tous !

JOURNÉE GWR

★★★★★★★★★★★

LA JOURNÉE GUINNESS WORLD RECORDS EST LA FÊTE ANNUELLE DES RECORDS : DES CENTAINES DE MILLIERS DE PERSONNES DU MONDE ENTIER SE RÉUNISSENT POUR ÉTABLIR OU BATTRE DES RECORDS. VOICI UNE PETITE SÉLECTION DE PROUESSES ACCOMPLIES DURANT CETTE JOURNÉE EN 2009 !

★ NOUVEAU RECORD
● MISE À JOUR

JOURNÉE GWR 2009

RECORD	NOM	PAYS D'ORIGINE
Record de pompes en claquant des mains (73)	Stephen Buttler	GB
Plus grande maquette en allumettes (6,53 m ; 6 millions d'allumettes)	Toufic Daher	Liban
Plus grand cours de sport (884)	multiple	Irlande
Explosion d'une bouillote la plus rapide (18,81 s)	Shaun Jones	GB
Record de vitesse pour éplucher et manger 3 citrons (28,5 s)	Jim Lyngvild	Danemark
Plus grande tasse de chocolat chaud (4,5 litres)	Serendipity 3	USA
Plus grande mosaïque faite avec des pinceaux (10 x 2,6 m)	Saimir Strati	Albanie
Record d'escalade d'un mur sur des fléchettes (5 m)	Maiko Kiesewetter	Allemagne

GB
★ RECORD DE DISTANCE PARCOURUE EN TIRANT UN BUS AVEC LES CHEVEUX

Manjit Singh (GB), "l'homme de fer de Leicester", a tiré avec les cheveux un autobus à impériale de 8 tonnes sur une distance de 21,2 m. Il a tenté le même exploit avec les oreilles en 2007, mais n'a pas réusi à parcourir la distance requise.

IRLANDE DU NORD
★ HÉROS DE CONTES DE FÉES

Le plus grand rassemblement de personnes déguisées en héros de contes de fées (300 personnes) s'est tenu à l'école primaire Carr Glen de Belfast (Irlande du Nord, GB).

ITALIE
★ LES PÂTES LES PLUS VITE AVALÉES

Ernesto Cesario (Italie) a établi son 1er record au cours de la journée GWR 2009, en mangeant 150 g de pâtes en 1 min 30 s à Milan (Italie).

USA
★ RECORD DE PARTICIPATION À UNE CHORÉGRAPHIE DE POM-POM GIRLS

La journée GWR est si populaire aux États-Unis qu'elle dure une semaine ! En 2009, 297 membres de l'University Cheerleaders Association (USA) ont exécuté une chorégraphie avec un nombre record de pom-pom girls à l'université de Memphis (Tennessee). Chaque participante a réalisé une prestation très dynamique de 5 min 43 s !

ALLEMAGNE
★ LE PLUS LONG TRAJET SUR TOBOGGAN AQUATIQUE

Pour célébrer la journée GWR en Allemagne, une équipe composée de 10 personnes (toutes Allemagne) a battu le record de distance parcourue en toboggan aquatique en 24 h, soit 1 357,22 km, au parc aquatique couvert Galaxy Erding, le plus grand de ce type en Europe.

FINLANDE

★LE 40 M LE PLUS RAPIDE EFFECTUÉ PAR UNE BROUETTE HUMAINE

Le duo international formé par Adrián Rodríguez (Mexique, debout) et Sergiy Vetrogonov (Ukraine) a battu le record de vitesse du 40 m effectué par une brouette humaine. L'exploit a été accompli en 17 s à Helsinki (Finlande) à la vitesse moyenne de 0,29 m/s.

TURQUIE

●RECORD DE BLOCS DE BÉTON BRISÉS (30 S)

L'expert en arts martiaux Ali Bahçetepe (Turquie) a cassé 655 blocs de béton à la main en 30 s à Cumhuriyet Meydani, dans la ville de Datça (Turquie), le 11 novembre 2009.

PAYS-BAS

●RECORD DE REBONDS AU BASKET (1 MIN)

Kiran Harpal (Pays-Bas) a battu le record du nombre de rebonds d'un ballon de basket en 1 min au Centre de la jeunesse Hiernaast à Wijchen, soit 384 rebonds exécutés dans le temps imparti !

GB

●LA PLUS GRANDE ACCOLADE (1 MIN)

Pour lancer le GWR Day en GB, 112 personnes se sont donné l'accolade pendant 1 min à la gare de Saint-Pancras à Londres (GB).

ENCORE ! POUR D'AUTRES DÉMONSTRATIONS DE FORCE, BANDEZ VOS MUSCLES ET ALLEZ P. 90-91.

NORVÈGE

●LE PLUS GROS BONHOMME EN PAIN D'ÉPICE

Un énorme bonhomme en pain d'épice de 651 kg a été confectionné et décoré dans le magasin IKEA de Furuset à Oslo (Norvège).

ITALIE

●LE PLUS LONG SAUT À BICYCLETTE ENTRE DEUX PLATES-FORMES

Vittorio Brumotti (Italie) a accompli avec succès un saut de 4,02 m à bicyclette du toit d'un camion à un autre dans le quartier de Fiera Milano, à Milan (Italie).

NOUVELLE-ZÉLANDE

●LA PLUS LONGUE DISTANCE DE PROJECTION D'UN MALTESER

En Nouvelle-Zélande, Alistair Galpin, détenteur de plusieurs records, est connu pour accomplir des prouesses. Il a d'abord réussi la **plus longue projection de Malteser avec une paille**, à 11,29 m.
Plus tard, Alistair a établi le record de la ★**plus longue projection de bouchon de champagne avec la bouche** (5 cm).
Il a terminé en beauté avec le record de la ★**plus longue projection d'une pièce en soufflant** (37,6 cm).

L'ESPACE

SOMMAIRE

LE PLUS GROS TÉLESCOPE SPATIAL

Le télescope spatial Hubble de la NASA, qui porte le nom du célèbre astronome américain Edwin P. Hubble, a fêté son 20e anniversaire en avril 2010. Le télescope, qui pèse 11 tonnes et mesure 13,1 m de long, est doté d'un miroir de 240 cm de diamètre. Son lancement dans l'espace a été effectué par la navette spatiale américaine *Discovery* le 24 avril 1990. Hubble a subi 5 réparations alors qu'il se trouvait en orbite, mais devrait poursuivre ses missions jusqu'en 2014. Depuis sa mise en service, il a fourni des images spectaculaires de nombreux objets de l'espace, comme R136, un amas d'étoiles jeunes de la nébuleuse 30 Doradus (représentée ici).

43°50'N 4°21'E

NÎMES, FRANCE

Le **plus ancien aqueduc romain conservé** est le pont du Gard, situé près de Nîmes (Gard). Haut de 47 m et long 275 m au niveau supérieur, il franchit la vallée du Gard et a été construit à la fin du 1er siècle av. J.-C. ou au début du 1er siècle de notre ère.

DELFT, PAYS-BAS

52°01'N
4°22'E

D'une envergure de 13,97 m, le **plus grand avion en papier** a été fabriqué par une équipe d'étudiants de la faculté d'ingénierie aérospatiale de l'université de technologie de Delft, aux Pays-Bas. Il a volé le 16 mai 1995.

L'ESPACE

QUESTION D'ÉCHELLE

INFO

LE SAVIEZ-VOUS ?
LA TERRE, SITUÉE À 149 MILLIONS DE KM DU SOLEIL, MESURE 12 756 KM DE DIAMÈTRE ET SA MASSE EST DE 5 974 000 000 000 000 000 000 000 KG. QU'EN EST-IL DES AUTRES CORPS CÉLESTES DE L'UNIVERS ?

★ NOUVEAU RECORD
● MISE À JOUR

LA PLUS GRANDE GALAXIE SPIRALE

Découverte en 1986 sur des photographies prises par l'astronome David Malin (GB-Australie), dont elle porte le nom, Malin 1 est une galaxie spirale à 1,1 milliard d'années-lumière de la Terre. C'est la plus grande connue, dotée d'un diamètre d'environ 650 000 années-lumière. Elle est beaucoup plus vaste que la Voie lactée, dont le diamètre fait 100 000 années-lumière. Malin 1 contient une quantité d'hydrogène flottant équivalente à celle d'à peu près 50 milliards de soleils.

LE PLUS GROS AMAS GLOBULAIRE

Omega Centauri, dans la constellation sud du Centaure, est le plus volumineux des quelque 140 amas globulaires entourant notre galaxie. Composé de plusieurs millions d'étoiles dont la masse combinée équivaut à celle de 5 millions de soleils, l'amas, à l'œil nu, ressemble à une étoile floue. Malgré ses dimensions gigantesques, il en faudrait environ 100 000 pour obtenir une galaxie spirale identique à la Voie lactée.

LA PLUS GROSSE ÉTOILE

Comme il est complexe de mesurer la taille d'une étoile, les astronomes ont des avis différents quant à l'identité de la plus grosse. Il s'agit certainement de VY Canis Majoris, une supergéante rouge située à environ 5 000 années-lumière. Selon des estimations, son diamètre atteindrait 2,5 à 3 milliards de km, soit 1 800 à 2 100 fois celui du Soleil. Si cette étoile était située au centre du système solaire, son périmètre extérieur dépasserait l'orbite de Jupiter.

LA PLUS GRANDE GALAXIE

La galaxie centrale de l'amas galactique Abell 2029, à 1 070 millions d'années-lumière de la Terre, a un diamètre équivalent à 5 600 000 années-lumière, soit 80 fois celui de la Voie lactée. Sa luminosité correspond à celle de 2 000 000 000 000 soleils. Certains scientifiques pensent qu'Abell 2029 a atteint une dimension phénoménale en attirant les galaxies environnantes.

LA PLUS GRANDE STRUCTURE DE L'UNIVERS

Une équipe d'astronomes dirigée par Richard Gott III et Mario Juric (tous deux USA) de l'université de Princeton, à Princeton (New Jersey, USA), a découvert un immense mur de galaxies long d'environ 1,37 milliard d'années-lumière. L'équipe a utilisé des données de la Sloan Digital Sky Survey, qui cartographie l'emplacement d'un million de galaxies de notre univers. Cette découverte a été annoncée en octobre 2003.

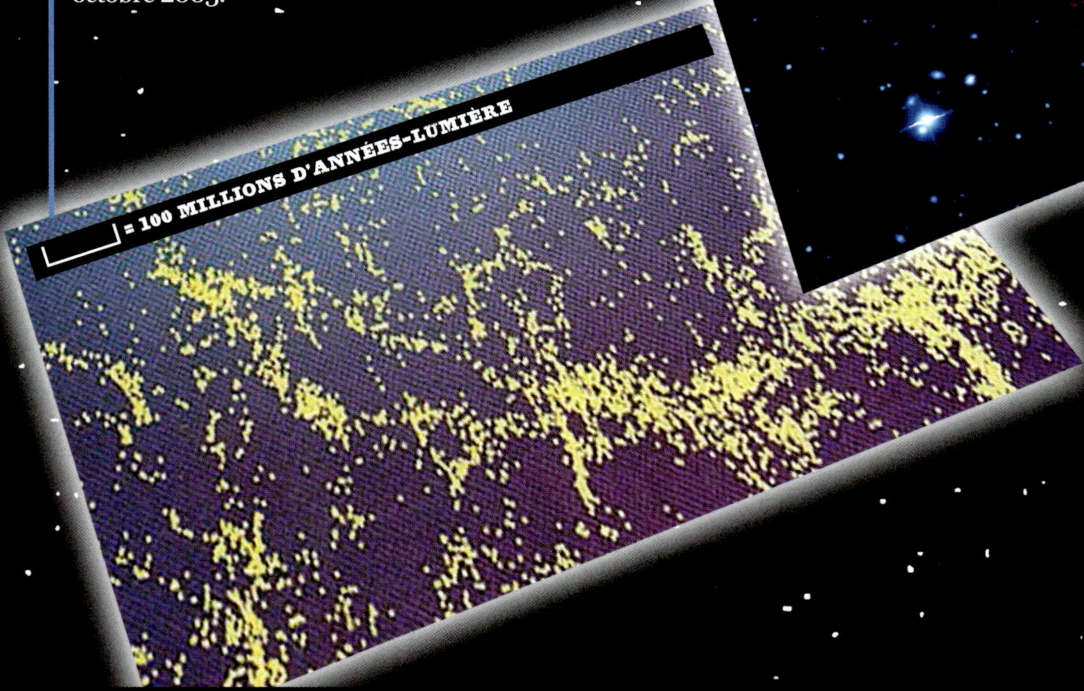

LA PLUS GROSSE ÉTOILE AYANT UNE PLANÈTE EN ORBITE

En janvier 2003, des astronomes ont annoncé la découverte d'une planète en orbite autour de l'étoile orange géante HD 47536. Vers la fin de sa vie, cette étoile se dilate. Elle mesure 33 millions de km de diamètre (soit 23 fois le diamètre du Soleil). Dans quelques dizaines de millions d'années, lorsqu'elle se dilatera encore pour devenir une géante rouge, la planète

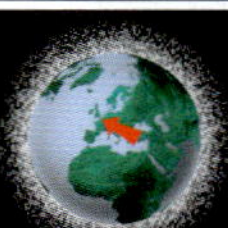

ANVERS, BELGIQUE

51°13'N 4°24'E

Le **plus gros vol de pierres précieuses de tous les temps** a eu lieu au musée du Diamant d'Anvers en Belgique, où 123 chambres fortes sur 160 ont été dévalisées au cours d'un week-end, les 15 et 16 février 2003. Les pertes ont été estimées à 100 millions $.

> *L'espace est grand. Vous ne pouvez imaginer à quel point il est immensément, vertigineusement grand. À l'échelle de l'espace, les kilomètres ne sont que des grains de poussières.*
>
> **Douglas Adams,**
> ***Le guide du voyageur galactique***

ENCORE ! DES GRANDS FORMATS CRÉÉS PAR L'HOMME P. 202.

LA PLUS GRANDE PLANÈTE DU SYSTÈME SOLAIRE

Jupiter, qui possède un diamètre équatorial de 143 884 km et un diamètre polaire de 133 708 km, est la plus grande des 8 planètes principales de notre système solaire. Sa masse atteint 317 fois celle de la Terre. Néanmoins, en dépit de ses dimensions, elle a une période de rotation très brève, qui correspond à 9 h, 55 min et 29,69 s. Il s'agit du ★**jour planétaire le plus court du système solaire.**

★LE PLUS GRAND SYSTÈME PLANÉTAIRE CONNU

Sur les 429 planètes qui gravitent autour d'étoiles découvertes à ce jour, aucune n'appartient à un système planétaire aussi vaste que notre système solaire, qui mesure sans doute 100 000 UA de diamètre (15 milliards km).

LA PLUS GRANDE NÉBULEUSE VISIBLE À L'ŒIL NU

Bien que située à 170 000 années-lumière de la Terre, la nébuleuse de la Tarentule, dans la constellation de la Dorade, est assez grande et brillante pour être visible à l'œil nu dans le ciel de l'hémisphère Sud. Cet immense nuage lumineux de gaz et de poussière a un diamètre d'environ 1000 al (63 millions d'UA) et constitue la seule nébuleuse extérieure à notre galaxie visible à l'œil nu.

qui se situe aux alentours de 300 millions de km sera consumée.

●LA PLUS GRANDE PLANÈTE EXTRASOLAIRE

Découverte en 2006, TrES-4 est une planète extrasolaire à 1 400 années-lumière, qui accomplit une révolution autour de son étoile parente, GS 02620-006648, en 3,5 jours. Elle a été repérée au moment où elle éclipse son étoile au cours de son orbite courte, quand elle est observée de la Terre. Avec un diamètre de 240 000 km, elle est 1,7 fois plus grande que Jupiter.

LA PLUS GRANDE PLANÈTE NAINE

Eris, une planète de glace, a été découverte en janvier 2005. Son orbite est très elliptique et sa distance au Soleil varie de 5,6 à 14,6 milliards de km. Elle mesure environ 2 400 km de diamètre. Avant que Pluton ne soit classée parmi les planètes naines, Eris était souvent considérée comme la 10e planète du système solaire. Une petite lune, Dysnomia, d'environ 350 km de diamètre gravite autour d'elle.

LE PLUS GROS OBJET DE LA CEINTURE DE KUIPER

La ceinture de Kuiper est le nuage de gaz et de débris gelés qui gravite à la limite de notre système solaire, à environ 55 UA (8,1 milliards km) du Soleil. 50 000 Quaoar est un objet de la ceinture de Kuiper d'environ 1 300 km de diamètre, qui a été découvert par Chad Trujillo et Mike Brown (tous deux USA) depuis les locaux de Caltech à Pasadena (Californie, USA), le 4 juin 2002. L'objet, baptisé tout d'abord 2002 LM60, porte désormais le nom d'un dieu de la Création de la tribu des Tongva, les 1ers habitants de la région de Los Angeles. Il effectue une révolution autour du Soleil à environ 6 milliards de km de distance en 288 ans.

LE PLUS GROS ASTÉROÏDE DE LA CEINTURE D'ASTÉROÏDES

Avec un diamètre moyen de 941 km, Cérès est le plus gros de tous les objets de la ceinture d'astéroïdes située entre Mars et Jupiter. Découvert par Giuseppe Piazzi à Palerme (Sicile), le 1er janvier 1801, il est assez volumineux pour être presque sphérique. Il est considéré comme la **plus petite planète naine** et sera exploré par la sonde *Dawn* de la NASA en 2015.

★LE PLUS GROS ASTÉROÏDE CROISÉ PAR UN VÉHICULE SPATIAL

Découvert en 1885, l'astéroïde 253 Mathilde fait partie de la ceinture d'astéroïdes, comme Cérès. Il mesure 66 x 48 x 46 km. C'est le 3e et le plus gros astéroïde croisé par un véhicule spatial depuis qu'en juin 1997, le *NEAR Shoemaker* de la NASA est passé à proximité.

LE SAVIEZ-VOUS ?
UNE UNITÉ ASTRONOMIQUE (UA) EST UNE UNITÉ DE MESURE ÉGALE À LA DISTANCE ENTRE LA TERRE ET LE SOLEIL. ELLE ÉQUIVAUT À 149 MILLIONS DE KM. NEPTUNE, LA PLANÈTE LA PLUS ÉLOIGNÉE DE LA TERRE, SE SITUE À 30 UA.

Une année-lumière est la distance parcourue par la lumière en une année. Elle correspond à 9,4 trillions km.

INFO

DORDRECHT, PAYS-BAS

La **plus grande flottille de remorqueurs**, composée de 148 bateaux, a été réunie par l'Association Vereniging de Binnenvaart à Dordrecht (Pays-Bas), le 16 juin 2007.

L'ESPACE

SATURNE

● LE PLUS GRAND ANNEAU PLANÉTAIRE

L'anneau Phoebé, dont la découverte par le téléscope spatial infrarouge Spitzer de la NASA a été annoncée le 6 octobre 2009, est un disque de poussière clairsemé qui s'étend jusqu'à l'orbite de la lune Phoebé, à quelque 12 955 759 km de Saturne. Il serait formé des particules de poussière projetées par l'impact de micrométéorites sur la surface de Phoebé.

★ LA PLUS PETITE LUNE RONDE

Avec un diamètre de 396,6 km, Mimas, la 20e lune la plus grande du système solaire, est le plus petit corps céleste connu de ce système. Sa forme arrondie est due à sa propre gravité.

Le plus grand cratère de Mimas, Herschel, possède un diamètre de 130 km, des parois de 5 km de haut, et un pic central de 6 km de haut.

★ LES PLUS HAUTS PANACHES DE GLACE

Au début des années 1980, les scientifiques avaient prédit l'existence d'un cryovolcanisme actif sur Encélade, la 6e plus grande lune de Saturne, quand les deux sondes *Voyager* avaient révélé la composition géologique de ce satellite glacé. En 2005, la sonde *Cassini* a montré que d'immenses panaches de glace s'élevaient au-dessus du pôle Sud. Causés par l'éruption de réservoirs d'eau sous pression présents sous la glace, il sont projetés à 505 km de hauteur, soit l'équivalent du diamètre du satellite.

★ LA LUNE LA PLUS PROCHE DE SATURNE

Découvert en juillet 2009 grâce à des images de la sonde *Cassini*, S/2009 S 1 est un minuscule satellite de 300 m de diamètre qui tourne sur son orbite à seulement 56 732 km de Saturne, à une distance inférieure au rayon de la planète. Gravitant à l'intérieur de l'anneau extérieur B, il a été découvert grâce à l'ombre qu'il projetait sur les disques.

★ L'ANNEAU LE PLUS EXTÉRIEUR

De forme tordue, l'anneau F n'est pas un disque de poussière diffus. Doté d'un rayon orbital de 141 000 km, il se situe à environ 4 000 km de l'extrémité du principal système d'anneaux. C'est probablement l'anneau le plus actif du système solaire. Ne mesurant que quelques centaines de kilomètres de large, il est maintenu en place par deux satellites bergers, Pandore et Prométhée, qui interagissent avec ses particules. De ce fait, il change d'apparence en quelques heures, se tordant en spirale et formant des "nœuds".

★ L'ORAGE LE PLUS LONG

En 2009, un orage s'est déclenché dans la haute atmosphère de Saturne et a sévi plus de 8 mois. La sonde *Cassini* a montré qu'il faisait quelques milliers de kilomètres de diamètre et qu'il produisait des éclairs d'une intensité 10 000 fois supérieure à celle des éclairs terrestres.

LA CRÊTE LA PLUS HAUTE DU SYSTÈME SOLAIRE

Prises par la sonde *Cassini-Huygens* de la NASA/ESA, le 31 décembre 2004, les images de Japet, une lune de Saturne, ont révélé l'existence d'une immense crête d'au moins 1 300 km de long et d'environ 20 km de haut courant à sa surface. Japet mesure 1 400 km de diamètre.

LE PLUS GRAND SYSTÈME D'ANNEAUX

Le système d'anneaux concentriques autour de Saturne a une masse totale d'environ 4 x 10^19 kg, soit la masse d'une lune glacée de 400 km de diamètre, ou une masse 1 800 fois inférieure à celle de la Lune. Les espaces entre les anneaux (telle la division de Colombo) résultent de la gravité engendrée par les lunes de Saturne.

Division de Colombo ❑

Division de Maxwell ❑

ENCORE ! TOURNEZ LA PAGE POUR EN SAVOIR PLUS SUR LA NAVETTE SPATIALE.

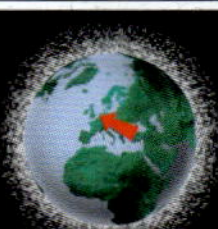

52°23'N 4°39'E

HAARLEM, PAYS-BAS

Le **plus long marathon de water-polo** a duré 24 h et a été disputé par le Rapido 82 Haarlem à la pisicine De Planeet de Haarlem (Pays-Bas), du 30 avril au 1er mai 1999.

LA PLANÈTE LA MOINS DENSE

Saturne se compose en grande partie d'hydrogène et d'hélium, les deux gaz les plus légers de l'univers. Sa densité moyenne par rapport à l'eau est de 0,71. Les images de la sonde *Cassini* ont révélé que la durée du jour est de 10 h, 47 min et 6 s, soit 8 min de moins que la précédente estimation.

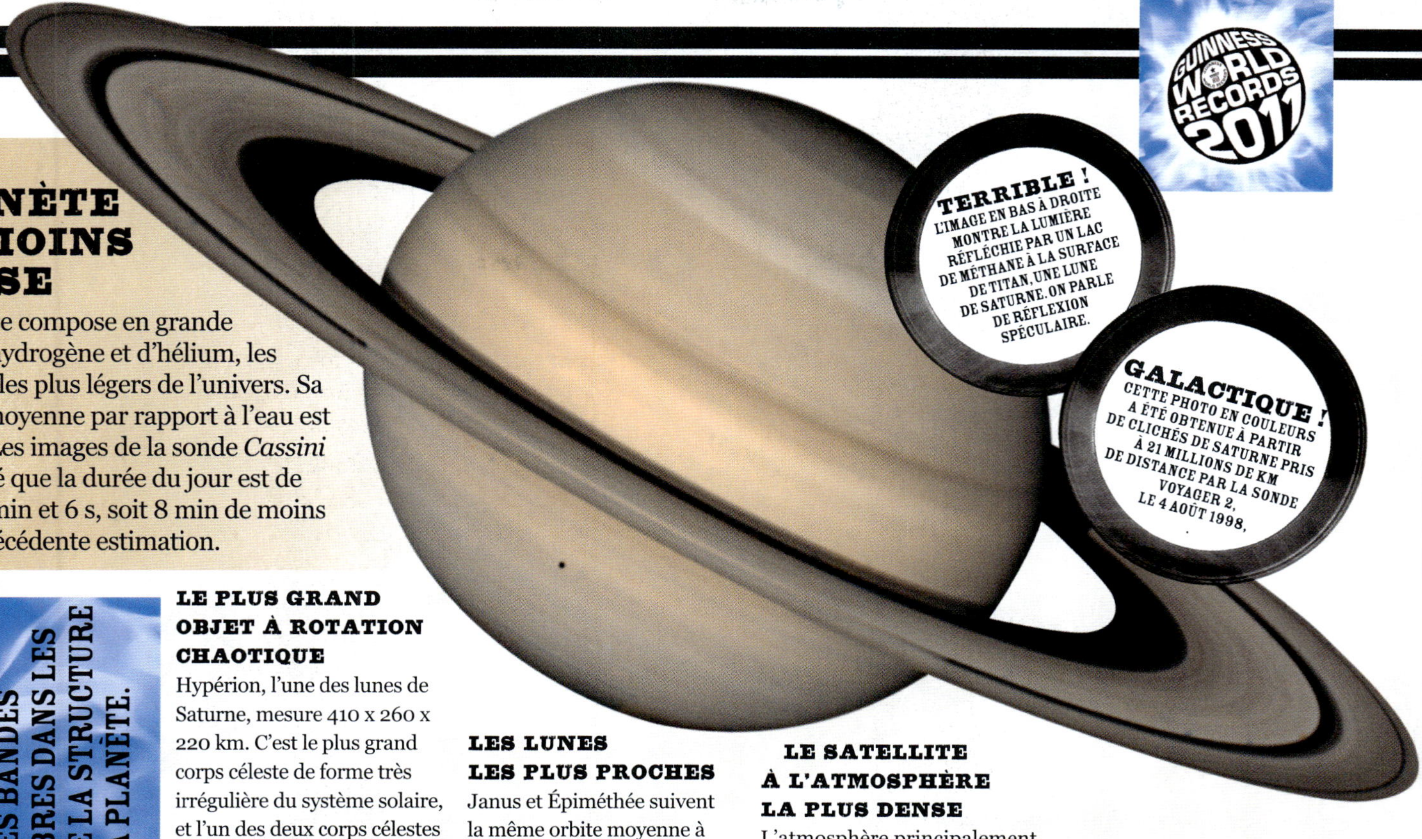

TERRIBLE ! L'IMAGE EN BAS À DROITE MONTRE LA LUMIÈRE RÉFLÉCHIE PAR UN LAC DE MÉTHANE À LA SURFACE DE TITAN, UNE LUNE DE SATURNE. ON PARLE DE RÉFLEXION SPÉCULAIRE.

GALACTIQUE ! CETTE PHOTO EN COULEURS A ÉTÉ OBTENUE À PARTIR DE CLICHÉS DE SATURNE PRIS À 21 MILLIONS DE KM DE DISTANCE PAR LA SONDE VOYAGER 2, LE 4 AOUT 1998.

LE SAVIEZ-VOUS ? LES TEINTES PASTEL ET JAUNES DE SATURNE RÉVÈLENT DES BANDES CLAIRES ET PLUS SOMBRES DANS LES DEUX HÉMISPHÈRES DE LA STRUCTURE ATMOSPHÉRIQUE DE LA PLANÈTE.

Cette image a été prise par la mission *Cassini*, le 8 juillet 2009, à une distance de 200 000 km.

INFO

LE PLUS GRAND OBJET À ROTATION CHAOTIQUE

Hypérion, l'une des lunes de Saturne, mesure 410 x 260 x 220 km. C'est le plus grand corps céleste de forme très irrégulière du système solaire, et l'un des deux corps célestes (connus actuellement) à rotation chaotique, c'est-à-dire qu'il culbute sur son orbite autour de Saturne. L'autre corps céleste est l'astéroïde 4179 Toutatis, qui mesure 4,5 x 2,4 x 1,9 km.

LA PLANÈTE LA MOINS RONDE

Sa faible densité (inférieure à celle de l'eau) et ses rotations rapides (un tour toutes les 10,6 h) font de Saturne la planète la plus plate. Son diamètre équatorial est de 120 536 km, contre 108 728 km aux pôles.

LES LUNES LES PLUS PROCHES

Janus et Épiméthée suivent la même orbite moyenne à environ 91 000 km de distance de Saturne. Leurs trajectoires orbitales n'étant séparées que de 50 km, l'une de ces lunes se trouve toujours légèrement derrière l'autre. Tous les quatre ans, elles s'approchent à 10 000 km l'une de l'autre et échangent leurs orbites, avant de s'éloigner.

LE SATELLITE À L'ATMOSPHÈRE LA PLUS DENSE

L'atmosphère principalement composée d'azote de Titan, la plus grande lune de Saturne, est plus dense que celle des autres lunes du système solaire. La pression y est de 1,44 bar. C'est l'atmosphère qui ressemble le plus à celle de la Terre.

★ NOUVEAU RECORD
● MISE À JOUR

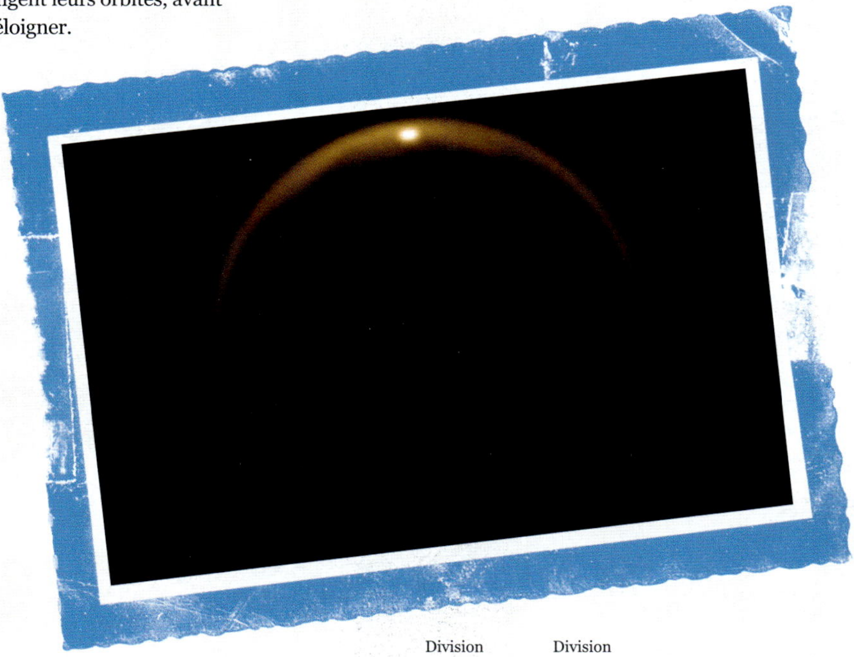

★LE LAC DE MÉTHANE LE PLUS VASTE

La lac de Kraken, sur Titan, est un lac de méthane liquide de 1 170 km de diamètre, dont la superficie égale celle de la mer Caspienne (3 626 000 km²). En juillet 2009, *Cassini* a fourni des images de la lumière réfléchie par sa surface.

Division de Huygens ❑

Division de Encke ❑

Division de Keeler ❑

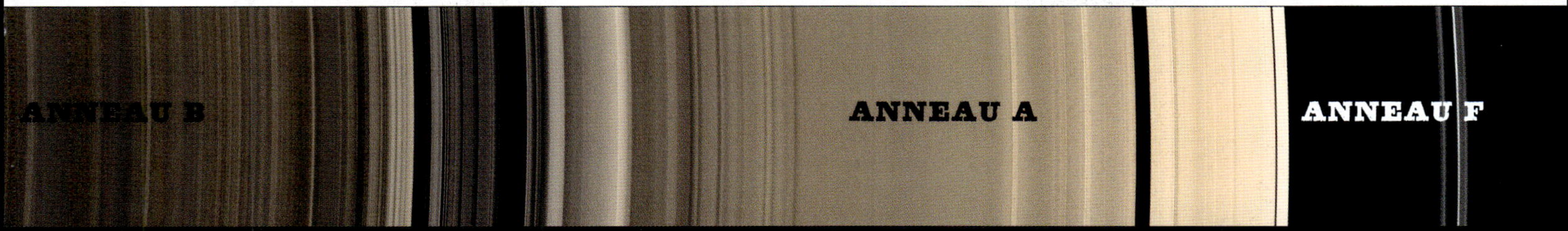

DOSSIER SPÉCIAL NAVETTES SPATIALES

★ ★ ★ ★ ★ ★ ★ ★ ★ ★ ★

LA NAVETTE SPATIALE – Shuttle Transportation System ou STS – a effectué ses 1ers tests de vol en 1981 et ses missions en orbite l'année suivante. C'est le 1er engin spatial – et le seul à ce jour – à avoir effectué plusieurs vols en orbite et atterrissages. Aujourd'hui, après 30 ans de bons et loyaux services, la NASA a annoncé l'arrêt du programme. À l'occasion de la retraite de la navette, revenons sur ses records et ses grandes réalisations.

●L'ENGIN SPATIAL LE PLUS RÉUTILISÉ

La navette spatiale de la NASA *Discovery* a effectué le 28 août 2009 son 37e vol dans l'espace. Nom de mission : STS-128. *Discovery* a été la 3e navette américaine à être mise en orbite, son 1er vol datant d'août 1984.

★LE PREMIER ENGIN SPATIAL DOTÉ D'UN COCKPIT EN VERRE

Le cockpit en verre est un poste de pilotage doté de moniteurs couleur multifonctions facilitant la lecture des données. Il remplace les anciens cadrans et autres équipements mécaniques. Les 3 navettes opérationnelles de la NASA en sont dotées. *Atlantis*, la 1re, en a été équipée en 2000, au cours de la mission STS-101.

LES PLUS GRANDES FUSÉES D'APPOINT À CARBURANT SOLIDE

Les 2 fusées d'appoint pour le lancement de la navette spatiale américaine utilisent du carburant solide. Ce sont les plus grandes fusées d'appoint de ce type ayant jamais volé. Chacune mesure 45,4 m de long sur 3,6 m de large. Elles contiennent plus de 450 000 kg de carburant et fournissent une poussée de 1,49 million de kg, soit 83 % de la poussée totale. Contrairement aux réservoirs extérieurs de la navette, ces fusées sont réutilisables.

LE VOL DE NAVETTE LE PLUS LONG

Le vol de navette le plus long revient à *Columbia* et à son équipage de 5 astronautes au cours de la mission STS-80. Le lancement du 19 novembre 1996 a été suivi d'une mission de 17 jours, 15 h, 53 min et 26 s.

L'ÉQUIPAGE DE NAVETTE LE PLUS NOMBREUX

La mission STS-61-A, lancée le 30 octobre 1985, comptait 8 astronautes à bord de *Challenger*. Ce vol qui transportait le laboratoire Spacelab D-1 (RFA) a duré 7 jours, 44 min et 51 s.

★ NOUVEAU RECORD
● MISE À JOUR

LE PREMIER ! COLUMBIA A ÉTÉ LE 1ER ENGIN SPATIAL À ATTERRIR SUR DES ROUES. AUPARAVANT, LES ENGINS SPATIAUX UTILISAIENT DES PARACHUTES POUR SE POSER.

LE DERNIER ! LA DERNIÈRE MISSION PRÉVUE PAR LA NASA EST STS-133 AVEC ENDEAVOUR QUI SERA LANCÉE LE 31 MAI 2010.

AMSTERDAM, PAYS-BAS

La **plus grande peinture du monde** représente la mer. Elle mesure 8 586 m². Elle a été réalisée par ID Culture à l'Arena d'Amsterdam (Pays-Bas) pour l'inauguration des lieux, le 14 août 1996.

QUIZ !
COMMENT S'APPELLE LA 1RE NAVETTE SPATIALE DE LA NASA ?
RÉPONSE P. 278

LES PLUS GRANDS OBJETS TRANSPORTÉS PAR AIR

Bien qu'ils ne soient pas les plus lourds, les plus grands objets transportés par air sont les navettes spatiales. Ces engins de 37,23 m de long sont acheminés "à dos" de Boeing 747 modifiés, depuis les pistes d'atterrissage secondaires vers Cap Canaveral (Floride, USA). *Discovery*, *Atlantis* et *Endeavour* pèsent chacune 100 tonnes.

TOILETTES DE L'ESPACE

Les toilettes des navettes spatiales sont équipées de lanières pour fixer les pieds et de barres pour maintenir les cuisses en place. Les matières solides sont stockées à bord jusqu'à l'atterrissage et les liquides évacués dans l'espace.

LA PORTE LA PLUS GRANDE

Les 4 portes du bâtiment d'assemblage des engins de la NASA près de Cap Canaveral (Floride, USA) mesurent chacune 140 m de haut, soit la hauteur d'un immeuble de 35 étages. Elles ont été conçues pour permettre le passage des fusées Saturn V intégralement montées.

★SORTIE DANS L'ESPACE RECORD

Le 1er vol d'*Endeavour* le 7 mai 1992 visait à réparer le satellite *Intelsat VI*. Parce que la récupération du satellite posait problème, Pierre Thuot, Richard Hieb et Thomas Akers (tous les 3 USA) ont dû effectuer une sortie dans l'espace. Le commandant de mission Daniel Brandenstein (USA) a manœuvré *Endeavour* pour le placer à quelques centimètres du satellite défectueux. C'est la seule fois dans l'Histoire que 3 personnes ont effectué simultanément une sortie dans l'espace.

★LE PREMIER VOL TEST HABITÉ

La toute 1re navette à avoir été lancée a servi à un vol test des astronautes John Young et Robert Crippen (tous deux USA) le 12 avril 1981. C'était la 1re fois qu'un nouvel engin spatial partait dans l'espace sans vol préalable non habité.

★LE PLANEUR LE PLUS LOURD

Au cours de la mission STS-83 *Columbia* pesait 96 642 kg à l'atterrissage le 8 avril 1997. Pour retourner sur Terre, la navette ralentit ses moteurs de manœuvre, réduit son altitude et utilise la friction pour réduire sa vitesse dans l'atmosphère supérieure. De là, comme un planeur, la navette effectue des cercles en haute altitude pour ralentir, puis s'approcher de la piste et enfin toucher le sol, les roues arrière en premier.

★LE COMPOSANT LE PLUS LOURD

Au décollage, la navette se compose de l'orbiteur, d'un réservoir extérieur qui alimente les moteurs principaux et de 2 propulseurs d'appoint fixés au réservoir. Le composant le plus lourd au décollage est le réservoir : il pèse 760 000 kg.

LE CHARGEMENT LE PLUS LOURD

Le *Chandra X-ray Observatory* a été mis en orbite par *Columbia*. Pesant 22 753 kg, c'est le satellite le plus lourd jamais lancé par une navette spatiale.

★1ER AMARRAGE DE NAVETTE

Le 29 juin 1995, *Atlantis* s'est amarrée à la station spatiale russe *Mir*, marquant le début du programme Navette-*Mir*. C'était le 100e vol spatial pour les États-Unis. *Atlantis* a déposé les cosmonautes Anatoly Solovyev et Nikolai Budarin sur *Mir*, et ramené Vladimir Dezhurov, Gennady Strekalov (tous deux Russie) et Norm Thagard (USA) sur Terre. C'est le 1er changement d'équipe en orbite.

★ 1RE RÉPARATION EN VOL

Le 26 juillet 2005, la navette *Discovery* a décollé pour la mission STS-114. Lors d'une sortie dans l'espace, Stephen Robinson (USA) a retiré à la main 2 morceaux de joints dépassant des tuiles isolantes du bouclier thermique, sous le nez de la navette. Cette photo a été prise par Robinson avec un appareil numérique. Elle montre les tuiles isolantes du ventre de la navette se reflétant dans la visière du casque.

LE SAVIEZ-VOUS ?

LA ★ 1RE MISSION DE LA NAVETTE SPATIALE STS-1, ENTRE LE 12 ET LE 14 AVRIL 1981, A TOTALISÉ 54,5 H DE VOL. LA NAVETTE COLOMBIA ÉTAIT COMMANDÉE PAR JOHN YOUNG.

UTRECHT, PAYS-BAS

Le **record de personnes faisant tourner des assiettes simultanément** est de 1 026. Il a été établi à l'occasion de l'ouverture officielle du Sportcampus d'Utrecht (Pays-Bas), le 25 septembre 2007.

52°05'N 5°08'E

LE SOLEIL

ENCORE !
PLUS LOIN, ENVOLEZ-VOUS POUR SATURNE
P. 26-27.

★1ER SURVOL DES PÔLES DU SOLEIL

Réalisée conjointement par la NASA et l'ESA, la sonde Ulysse a été lancée de la navette spatiale Discovery en 1990. Elle s'est d'abord dirigée vers Jupiter, dont elle a utilisé la force d'attraction pour infléchir sa trajectoire et se mettre en orbite solaire. De là, elle a pu observer les 2 pôles. La sonde a pris sa retraite le 30 juin 2009.

LE PLUS GRAND GROUPE DE TACHES SOLAIRES

Le 8 avril 1947, le plus grand groupe de taches solaires jamais identifié a été observé dans l'hémisphère Sud du Soleil. Il mesurait 300 000 km de long et 145 000 km de large, soit 36 fois la surface de la Terre. Il était visible à l'œil nu, au coucher du Soleil.

LA PLUS GRANDE ÉRUPTION SOLAIRE

Le 4 novembre 2003, une éruption solaire, visible en bas à droite sur la photo, s'est produite à la surface du Soleil. Elle a été classée événement X28 par le centre d'environnement spatial du National Oceanic and Atmospheric Administration (NOAA), à Boulder (Colorado, USA).

CLICHÉ DU SOLEIL :

depuis 2005, le SST prend les photos haute résolution les plus précises du Soleil.

★GROUPE DE TACHES SOLAIRES AYANT DURÉ LE PLUS LONGTEMPS

Entre juin et décembre 1943, un groupe de taches solaires a été observé pendant 200 jours. Les plus petites taches, appelées "pores", font moins de 2 500 km de diamètre et sont parfois visibles moins de 1 h.

★CYCLES SOLAIRES LES PLUS LONGS ET LES PLUS COURTS

Découvert en 1843, le cycle solaire est un changement périodique du nombre de taches solaires à la surface du Soleil, lié à l'activité magnétique de celui-ci. Grâce à des rapports d'observation de taches solaires dans le passé, les astronomes ont des données sur cette activité depuis le XVIIe siècle. Le cycle s'étale en moyenne sur 11 ans, le plus long ayant duré 13,7 ans (achevé en 1798) et le plus court 9 ans (achevé en 1775).

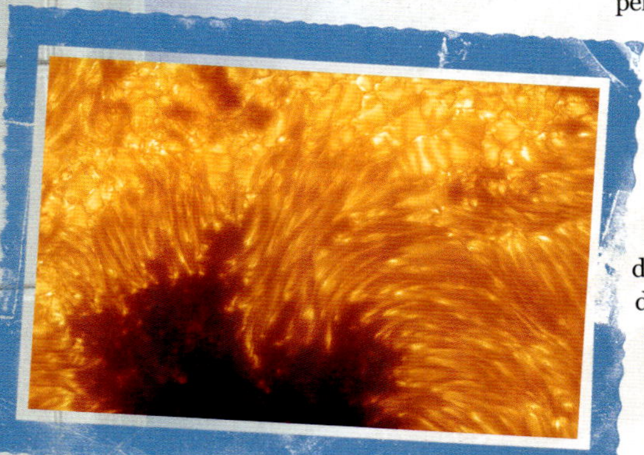

★LE PLUS GRAND OBJET DU SYSTÈME SOLAIRE

Avec un diamètre de 1 392 000 km, le Soleil possède une masse 332 900 fois supérieure à celle de la Terre. Il représente 99,86 % de la masse totale du système solaire.

LE VAISSEAU SPATIAL S'ÉTANT APPROCHÉ LE PLUS PRÈS DU SOLEIL

Le 16 avril 1976, le vol non habité Helios 2, chargé d'instruments américains et ouest-allemands, s'est approché à 43,5 millions km du Soleil. Solar Probe+ de la NASA, dont le lancement est prévu pour 2015, tentera d'étudier le Soleil à 6,2 millions km de distance, depuis son atmosphère, la corona. Se déplaçant à la vitesse de 200 km/s, l'engin spatial devra résister à des températures de 1 420 °C.

★LE MEILLEUR TÉLESCOPE SOLAIRE HAUTE RÉSOLUTION

Le télescope suédois de La Palma (Canaries) est doté d'un miroir de 1 m de diamètre projetant des images très détaillées de la surface du Soleil, tels des granules de 70 km. Les techniques utilisées permettent de compenser la turbulence de l'atmosphère.

43°18'N 5°22'E

MARSEILLE, FRANCE

La guillotine a été utilisée pour la dernière fois en France le 10 septembre 1977 pour exécuter Hamida Djandoubi, un tortionnaire et meurtrier de 28 ans, à la prison des Baumettes, à Marseille (Bouches-du-Rhône).

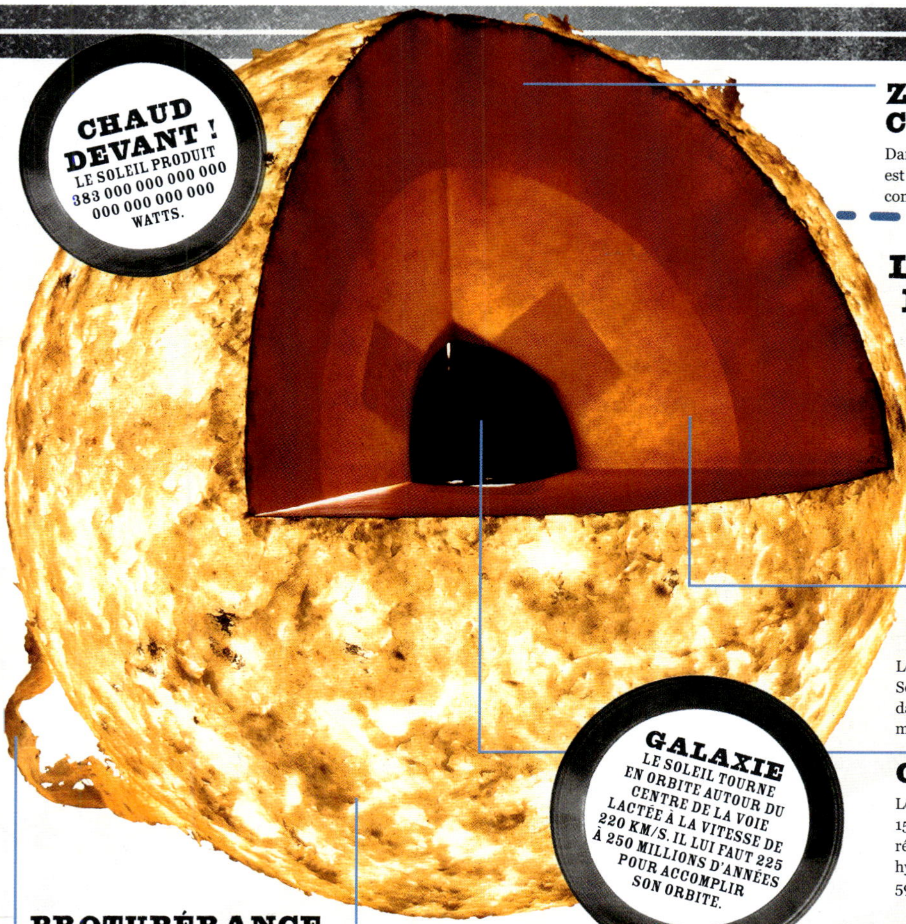

CHAUD DEVANT ! LE SOLEIL PRODUIT 383 000 000 000 000 000 000 000 000 WATTS.

ZONE DE CONVECTION

Dans cette zone située au cœur du Soleil, l'énergie est transportée par convection, un phénomène comparable à la turbulence de l'eau en ébullition.

LE LIEU LE PLUS CHAUD DU SYSTÈME SOLAIRE

Le centre du Soleil est l'endroit le plus chaud du système solaire. Les dernières estimations font état d'une température de 15 600 000 °C. Au cœur de l'astre, la pression est immense, 250 milliards de fois supérieure à la pression au niveau de la mer. Ces conditions permettent la fusion nucléaire qui fait briller le Soleil.

ZONE RADIATIVE

Les radiations produites au centre du Soleil peuvent "rebondir" sur la matière dans la zone radiative pendant des millions d'années.

★NOUVEAU RECORD
●MISE À JOUR

GALAXIE LE SOLEIL TOURNE EN ORBITE AUTOUR DU CENTRE DE LA VOIE LACTÉE À LA VITESSE DE 220 KM/S. IL LUI FAUT 225 À 250 MILLIONS D'ANNÉES POUR ACCOMPLIR SON ORBITE.

CŒUR

Le cœur du Soleil atteint environ 15 600 000 °C. Chaque seconde, par réaction de fusion, 600 millions t hydrogène sont converties en 596 millions t d'hélium.

PROTUBÉRANCE

Les vastes éruptions de plasma de la photosphère s'élèvent dans l'espace à des centaines de milliers de km.

PHOTOSPHÈRE

Des phénomènes comme les taches solaires sont observables à la surface visible du Soleil où la température moyenne est de 5 500 °C. Les taches solaire sont un peu moins chaudes et affichent une température d'environ 3 000 °C.

LE SAVIEZ-VOUS ?

LA DISTANCE MOYENNE ENTRE LE SOLEIL ET LA TERRE EST DE 149 MILLIONS KM. LA LUMIÈRE SOLAIRE MET 8 MIN ET 19 S POUR ATTEINDRE LA TERRE.

Né il y a 4,57 milliards d'années, le Soleil aura brûlé tout son hydrogène dans 5 millions d'années et deviendra une géante rouge.

INFO

★L'ORAGE ÉLECTROMAGNÉTIQUE LE PLUS VIOLENT

Le 1er septembre 1859, à 11 h 18, l'astronome Richard Carrington (GB) a observé 2 explosions aveuglantes à la surface du Soleil. Le lendemain, partout dans le monde, le ciel était illuminé d'aurores en raison des particules chargées des éruptions qui interagissaient avec la magnétosphère terrestre, après un voyage de 18 h (contre 3 ou 4 jours habituellement). L'étude des glaces suggère qu'un événement d'une telle amplitude ne se produit que tous les 500 ans. Les perturbations magnétiques ont touché les télégraphes de toute l'Europe et de l'Amérique du Nord.

L'ORAGE ÉLECTROMAGNÉTIQUE LE PLUS DESTRUCTEUR

Le grand orage géomagnétique du 13 mars 1989 a été le plus destructeur jamais observé. Il a été classé G5 (niveau maximum) sur l'échelle de la météo de l'espace, qui mesure les perturbations du champ géomagnétique causées par les rafales de vent solaire s'abattant sur la Terre. Résultant d'un vent solaire anormalement puissant, cet orage a causé des perturbations à grande échelle au Canada et aux États-Unis, et a même modifié l'orbite d'un satellite. Les coupures de courant, générées par la panne des systèmes d'Hydro-Québec au Canada, ont plongé 6 millions de personnes dans l'obscurité pendant 9 h.

★L'ÉTOILE LA PLUS PROCHE

Le père Angelo Secchi (Italie, 1818-1878), pionnier en spectroscopie, a créé un système de classification des étoiles. Il a établi que notre Soleil était une étoile, non un phénomène propre à notre système planétaire. À tout juste 149 000 000 km de la Terre, le Soleil est proche d'un point de vue astronomique. Au-delà, l'étoile la plus proche, Proxima Centauri, se situe à 4,2 années-lumière, soit 40 000 000 000 000 km.

★LES PLUS GRANDES TORNADES DU SYSTÈME SOLAIRE

Grâce aux observations du satellite SOHO, les scientifiques ont découvert des tempêtes semblables à des tornades dans l'atmosphère solaire, en avril 1998. Ces phénomènes qui se produisent principalement près des pôles, sont aussi grands que la Terre et contiennent un gaz ionisé qui se déplace à environ 500 000 km/h.

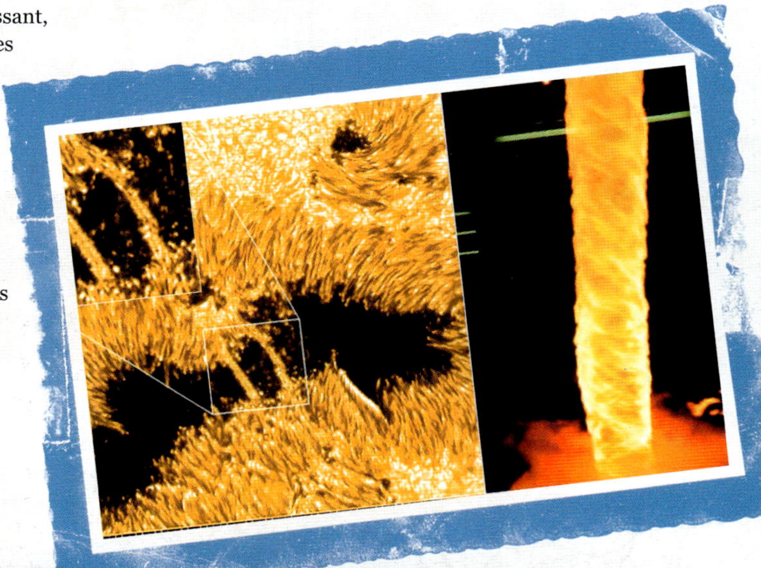

LA TERRE

SOMMAIRE

43°22'N
5°27'E

AIX-EN-PROVENCE, FRANCE

Les **plus gros œufs de dinosaure connus** sont ceux d'*Hypselosaurus priscus* ("le lézard des cimes"), un titanosaure de 12 m de long qui vivait il y a 80 millions d'années. Certains œufs découverts dans la vallée de la Durance, près d'Aix-en-Provence (Bouches-du-Rhône), en octobre 1961, devaient mesurer intacts 30 cm de long.

CLAIR
SITUÉ PRÈS DE PAGE DANS L'ARIZONA (USA), ANTELOPE CANYON (CI-CONTRE) EST LE SLOT CANYON LE PLUS VISITÉ D'AMÉRIQUE DU NORD.

OBSCUR
LA PHOTO PRINCIPALE A ÉTÉ PRISE DANS LA PÉNOMBRE DES PROFONDEURS DE L'ANTELOPE CANYON SUPÉRIEUR.

★LA PLUS GRANDE CONCENTRATION DE SLOT CANYONS

Les *slot canyons* (*slot* signifie "entaille") sont des gorges profondes et sinueuses creusées dans la roche sédimentaire par l'érosion (due au sable, aux pluies et aux cours d'eau) durant des millions d'années. Ils se caractérisent par leurs galeries étroites et profondes, leurs cavernes et leurs merveilleuses striures colorées.

Selon l'association Summit Post (escalade et activités en plein air), le plateau du Colorado, dans le sud-ouest des USA, serait truffé de près de 10 000 *slots*, soit la plus grande concentration sur Terre.

GRENOBLE, FRANCE

45°12'N
5°42'E

Surnommé Monsieur Mangetout, Michel Lotito (France) de Grenoble (Isère) ingérait du métal et du verre depuis l'âge de 9 ans – sans conteste le **régime le plus étrange** jamais suivi. Les gastro-entérologues qui ont étudié son estomac aux rayons X ont été stupéfaits par sa capacité à avaler 900 g de métal par jour.

LA TERRE

SOMMETS & ABYSSES

PLUS HAUT

LA PLUS HAUTE MONTAGNE
Situé à Hawaï (USA), le Mauna Kea mesure 10 205 m depuis sa base, sous l'océan, dans la fosse de Hawaï, jusqu'à son sommet. Elle culmine à 4 205 m au-dessus du niveau de la mer.

LE PLUS HAUT PIC NON GRAVI
Culminant à 7 570 m, le Gangkar Punsum (Bhoutan) est le 40e plus haut sommet du monde, et la plus haute montagne à n'avoir jamais été gravie. Dans les années 1980, des alpinistes ont tenté de l'escalader, mais sans succès. En 1994, l'alpinisme a été sévèrement limité, puis interdit en 2003, pour des raisons religieuses. L'ascension du sommet n'aura donc pas lieu de sitôt.

LE VERSANT LE PLUS LONG
Le versant Rupal de Nanga Parbat, à l'ouest de la chaîne himalayenne (Pakistan), mesure environ 4 600 m, de la vallée à son sommet. Culminant à 8 125 m, la montagne est le 9e plus haut sommet du monde.

★LA CALOTTE GLACIAIRE LA PLUS HAUTE
Non loin du centre de l'Antarctique Est, le dôme A (Argus) est le plus vaste plateau glaciaire. Il culmine à 4 093 m au-dessus du niveau de la mer. Cette structure de glace, la plus haute de l'Antarctique, recouvre les 1 200 km des monts Gamburtsev.

●LE SYSTÈME DE GROTTES SOUS-MARINES LE PLUS LONG
Situé dans l'État de Quintana Roo (Mexique), le Sistema Ox Bel Ha ("Les trois passages de l'eau" en langue maya) est un réseau de grottes sous-marines accessibles par des lacs appelés *cenotes*. En mai 2009, les plongeurs avaient exploré 180 038 km de grottes et les avaient localisées sur une carte.

★LE VOLCAN EN ACTIVITÉ LE PLUS HAUT
Llullaillaco, entre l'Argentine et le Chili, sur un plateau du désert Atacama, est un stratovolcan. Culminant à 6 739 m, c'est le plus haut volcan en activité. Sa dernière éruption date de 1877.

LA MONTAGNE LA PLUS RAPIDE À GRANDIR
Le Nanga Parbat (Pakistan) croît chaque année de 7 mm. Faisant partie du plateau himalayen, il s'est formé quand l'Inde est entrée en collision avec le plateau continental eurasien, il y a 30 à 50 millions d'années.

LA CHAÎNE MONTAGNEUSE INFRAGLACIAIRE LA PLUS GRANDE
À l'est de l'Antarctique, les monts Gamburtsev s'étendent sur quelque 1 200 km. Culminant à 2 700 m, ils sont enfouis sous plus de 600 m de glace. Découverts par des sismologues soviétiques en 1958, ils auraient près de 500 millions d'années.

LA CHAÎNE SOUS-MARINE LA PLUS LONGUE
Une grande dorsale court au milieu de l'océan sur 65 000 km, de l'Arctique à l'Atlantique, en contournant l'Afrique, l'Asie et l'Australie, sous le Pacifique, jusqu'à la côte ouest de l'Amérique du Nord. Sa hauteur maximale est de 4 200 m au-dessus du fond de l'océan.

ENCORE ! DES POISSONS ET DES CRÉATURES MARINES FASCINANTES P. 58-59.

●LA MINE LA PLUS PROFONDE
TauTona (le "grand lion" en setswana) est une mine d'or située près de Carletonville (Afrique du Sud) appartenant à AngloGold Ashanti. Creusée à partir de 1957 par l'Anglo American Corporation, elle a été exploitée dès 1962. En 2008, elle atteignait déjà 3,9 km de profondeur (à ce niveau, la température des roches est de 60 °C). Elle compte à présent près de 800 km de tunnels et fait travailler 5 600 mineurs.

43°10'N 5°55'E

TOULON, FRANCE
Avec ses 8 662 tonnes et ses 101,7 m de long, le *Richelieu* est le **bateau en bois le plus lourd de l'histoire**. Il a été mis à l'eau à Toulon (Var), le 3 décembre 1873.

★ LE VOLCAN À LAVE CARBONATITE LE PLUS HAUT

Le volcan Oldoinyo Llengai (Tanzanie) émet de la lave natrocarbonatite. Situé à 2 962 m d'altitude, il est le seul volcan actif de ce type, d'ailleurs très rare. Sa lave liquide, pareille à du chocolat fondu, atteint la température de 500 à 600° C. Elle devient blanche en se refroidissant.

PAROLE D'EXPERT

- LE PLATEAU TIBÉTAIN EST LE PLUS GRAND ET LE PLUS HAUT PLATEAU DU MONDE. SA SUPERFICIE EST DE 1 850 000 KM² ET SON ALTITUDE MOYENNE DE 4 900 M.
- SUR SA PARTIE SUD, IL COMPREND LA CHAÎNE HIMALAYENNE, DONT FAIT PARTIE L'EVEREST, LA PLUS HAUTE MONTAGNE DU MONDE.
- LE HAUT HIMALAYA ENGLOBE 100 MONTAGNES CULMINANT À PLUS DE 7 200 M.
- LA CROÛTE TERRESTRE ATTEINT SON ÉPAISSEUR MAXIMALE, DE 75 KM, DANS L'HIMALAYA.

PLUS BAS

LA GROTTE LA PLUS PROFONDE

En septembre 2007, des membres de l'Association ukrainienne de spéléologie sont descendus jusqu'à 2 191 m de profondeur dans la grotte de Krubera (ou grotte Voronya), sous le massif d'Arabika (Géorgie). Ils ont exploré plus de 2,5 km de passages pendant cette expédition de 29 jours.

LE TROU DE SONDE LE PLUS PROFOND

Près de Zapolyarny (péninsule de Kola, Arctique russe), un forage entrepris le 24 mai 1970 à des fins scientifiques a permis d'atteindre la profondeur de 12 261 m en 1983, quand la mission cessa d'être financée. À cette profondeur, la température de la roche avoisine 210 °C.

LES GROTTES SOUS-MARINES LES PLUS LONGUES

La chambre des cavernes Sea Lion fait 95 m de long, 50 m de large et près de 15 m de haut. Elle se trouve dans une galerie creusée par les vagues de 400 m de long, près de Florence, sur la côte de l'Oregon (USA).

LA VALLÉE LA PLUS PROFONDE

La vallée du Yarlung Zangbo (Tibet) a une profondeur moyenne de 5 000 m, mais en 1994 on a découvert que son point le plus bas se trouvait à 5 382 m. Elle est donc 3 fois plus profonde que le Grand Canyon, la **gorge terrestre la plus vaste du monde** (profondeur de 1,6 km, largeur de 0,5 km à 29 km). Ses pics sont le Namche Barwa (7 753 m) et le Jala Peri (7 282 m). Ils sont espacés de 21 km et séparés par le fleuve Yarlung Zangbo, qui coule à une altitude de 2 440 m.

LA PLUS VASTE ENTRÉE DE GROTTE

L'entrée des Cathedral Caverns à Grant (Alabama, USA) a une largeur de 38,4 m et une hauteur de 7,6 m. Ces cavernes étaient à l'origine appelées la grotte des Chauves-souris, avant de devenir un lieu touristique après 1955.

LE TUNNEL DE LAVE LE PLUS PROFOND

Le tunnel de lave le plus profond et le plus long (tunnel ouvert dans la coulée de lave) est le Kazumura à Hawaï (USA). Long de 59,3 km, il descend à 1 099 m sur le versant est du volcan Kilauea.

● LE PLUS GRAND DÉNIVELÉ

Le mont Thor sur l'île Baffin (Nunavut, Canada) est un pic granitique dont le versant ouest a un dénivelé de 1 250 m. Il s'agit d'un surplomb, l'angle de repos moyen de la paroi verticale étant de 105°, 15° au-dessus de la verticale. Une équipe de l'Institut arctique de l'Amérique du Nord l'a gravi pour la 1re fois en 1953.

LE SAVIEZ-VOUS ?

7 600 KM DE LONG : LES ANDES (AMÉRIQUE DU SUD) CONSTITUENT LA CHAÎNE DE MONTAGNES LA PLUS LONGUE. ELLES TRAVERSENT 7 PAYS.

INFO

Pus de 50 pics des Andes culminent à plus de 6 000 m. Ils sont 18,5 fois plus hauts que la tour Eiffel.

HAUT ! LA PAROI VERTICALE DU MONT THOR A UN ANGLE MOYEN DE 105°. LA 1RE ASCENSION A EU LIEU EN 1953 (CI-CONTRE).

BAS ! CONSTITUÉ DE GRANITE, LE MONT THOR FAIT PARTIE DES MONTS BAFFIN, DANS LA CORDILLÈRE ARCTIQUE.

★ NOUVEAU RECORD
● MISE À JOUR

GENÈVE, SUISSE

Conçu par la société GoldVish de Genève (Suisse), le **téléphone portable le plus cher au monde** a été vendu au prix de 1 000 000 euros au salon du Millionnaire de Cannes (France), le 2 septembre 2006.

N.46°12' E.6°09'

LA TERRE

RIVIÈRES & LACS

★ LE PLUS GRAND LAC DE CRATÈRE

Sur l'île indonésienne de Sumatra, le lac Toba occupe le site de la plus forte éruption volcanique que la Terre ait connue depuis 25 millions d'années. Le cratère créé par l'éruption, il y a probablement 75 000 ans, contient désormais les eaux du lac Toba qui mesure 100 km de long sur 30 km de large, avec une profondeur maximale de 505 m.

LES LACS AUX EAUX LES PLUS ALCALINES

Le bassin du Magadi-Natron, dans la vallée du Rift (Kenya et Tanzanie), contient des nappes d'eau salée dont la température avoisine 50 °C. Avec un pH situé entre 10 et 12, l'eau y est suffisamment alcaline pour brûler la peau. Ce sont les minéraux provenant des sources chaudes voisines et le fort taux d'évaporation qui donnent aux eaux des lacs Natron, Magadi et Nakuru leur pouvoir corrosif. La teinte rouge caractéristique du lac Natron est due à des algues qui se sont adaptées à cet environnement hypersalin.

★ LA PLUS GRANDE CATARACTE (DÉBIT)

En République démocratique du Congo, les cataractes d'Inga Falls sur le fleuve Congo perdent 96 m d'altitude sur 15 km. Le débit moyen, estimé à 42 400 m^3/s, suffirait à remplir l'Opéra de Paris en moins de 2 s. Le débit maximal de la cataracte d'Inga Falls est de 70 800 m^3/s.

★ LE PLUS VASTE DELTA INTÉRIEUR

Le delta de la rivière Okavango, au Botswana, occupe le bassin endoréique du désert du Kalahari (le terme "endoréique" signifie que l'eau ne peut s'en échapper que par évaporation). Il y a des millions d'années, la rivière se jetait dans une mer intérieure, jusqu'à ce que l'activité tectonique interrompe son cours et donne naissance au delta. Les dimensions de ce delta varient avec les saisons, de 16 000 km^2 à 9 000 km^2.

★ LE PLUS GRAND MASCARET

Un mascaret est une vague formée par la marée montante lorsque celle-ci remonte un estuaire ou l'embouchure d'un fleuve à contre-courant. Ce phénomène s'observe dans une douzaine de sites au monde. Le plus spectaculaire remonte le fleuve Qiantang, en Chine, en une vague qui certains jours s'élève à 9 m de hauteur et progresse à la vitesse de 40 km/h. Il est tellement dangereux que seuls quelques surfeurs intrépides sont parvenus à l'affronter.

★ LE PLUS GRAND LAC DÉSERTIQUE

Dans la vallée du Rift, au Kenya, le lac Turkana d'une profondeur moyenne de 30,2 m s'étend sur 6 405 km^2. Alimenté par les eaux des rivières Omo, Turkwel et Kerio, c'est le 4e plus grand lac salé du monde. Pour s'échapper, les eaux du lac Turkana n'ont d'autre issue que l'évaporation.

LE PLUS GRAND LAC TROPICAL

Couvrant une superficie de 68 800 km^2, le lac Victoria est le plus grand lac tropical du monde. Avec ses 2 750 km^3 d'eau, c'est aussi le 7e plus grand lac d'eau douce, et la source principale du Niger et du Nil.

LE SAVIEZ-VOUS ?

SITUÉES 400 M AU-DESSOUS DU NIVEAU DE LA MER, LES RIVES DE LA MER MORTE CONSTITUENT LA DÉPRESSION TERRESTRE LA PLUS PROFONDE.

Le point le plus profond de la mer Morte se trouve 800 m en dessous du niveau de la mer.

INFO

★ LE LAC HYPERSALIN LE PLUS PROFOND

Située à la frontière de la Jordanie et d'Israël, la mer Morte est le lac hypersalin le plus profond du monde, avec une profondeur maximale de 378 m. Sa salinité est 8,5 fois supérieure à celle de l'eau de mer. Les boues de la mer Morte, réputées pour leurs vertus curatives, sont utilisées en friction sur le corps (à droite).

51°28'N 6°51'E

OBERHAUSEN, ALLEMAGNE

Le plus grand nombre de pirouettes effectuées à moto en 30 secondes est de 21, un record établi par Horst Hoffmann (Allemagne) au Centro Festival d'Oberhausen, en Allemagne, le 9 septembre. 2006.

★ NOUVEAU RECORD
● MISE À JOUR

LE LAC LE PLUS SALÉ

Situé dans la vallée de Wright, en Antarctique, l'étang de Don Juan est salé à tel point que l'eau reste liquide à -53 °C. Le taux de concentration en sel atteint 40,2 %, un taux bien supérieur à celui de la mer Morte (23,1 %) et de la moyenne des océans du globe (3,38 %).

LE PLUS GRAND FLEUVE (DÉBIT)

En déversant 200 000 m^3/s d'eau en moyenne dans l'océan Atlantique, le fleuve Amazone, en Amérique du Sud, détient le record du débit le plus important. En période de crue, celui-ci peut atteindre 340 000 m^3/s. Sur ses derniers 1 450 km, le fleuve a une profondeur moyenne de 17 m, mais atteint par endroits 124 m. Avec plus de mille affluents, l'Amazone a un débit 60 fois plus puissant que le Nil. Il canalise à lui seul plus de 20 % de l'eau douce qui, chaque année, se jette dans les océans du monde.

★ LA PLUS GRANDE CHUTE D'EAU

Sans être les plus hautes ni les plus larges, les chutes Victoria (Victoria Falls) sur la rivière Zambèse, entre le Zimbabwe et la Zambie, représentent la plus grande surface verticale. Mesurant 1 708 m de large et 108 m de haut, elles composent un mur d'eau de 184 400 m².

RAPIDES !
SURNOMMÉES MOSI-OA-TUNYA, "LES BRUMES GRONDANTES", LES CATARACTES DE VICTORIA FALLS ONT UN DÉBIT MOYEN DE 1 088 M^3/S.

★ LE PLUS GRAND LAC ÉPHÉMÈRE

Comme le lac Turkana (voir p. 36), le lac Eyre, situé à la pointe sud de l'Australie, offre un bel exemple de système endoréique. Son niveau d'eau est en général assez bas, mais s'élève jusqu'à provoquer des crues après les pluies de mousson. En 1974, l'inondation du bassin salé a créé une mer intérieure provisoire de 9 500 km² environ.

COLOGNE, ALLEMAGNE

50°57'N 6°58'E

Le **plus long voyage à bord d'un véhicule vert** est de 38 137 km. Réalisé par une équipe de 4 Allemands au volant d'une Volkswagen Caddy EcoFuel roulant au gaz naturel, le voyage a commencé à Cologne, Allemagne, le 15 octobre 2006 pour se terminer à Leipzig, Allemagne, le 12 avril 2007.

LA TERRE

OCÉANS & MERS

★ ★ ★ ★ ★ ★ ★ ★ ★ ★ ★

★ NOUVEAU RECORD ● MISE À JOUR

LES PLUS PETITES CÔTES

	PAYS/NATION	DISTANCE (EN KM)	DISTANCE (EN MILES NAUTIQUES)
1	*Monaco (ci-dessous à gauche)*	5,6 km	3,5 miles
2	*Nauru (ci-dessous à droite)*	19 km	12 miles
3	*Bosnie*	20 km	13 miles
4	*Jordanie*	25 km	16 miles
5	*Slovénie*	30 km	19 miles

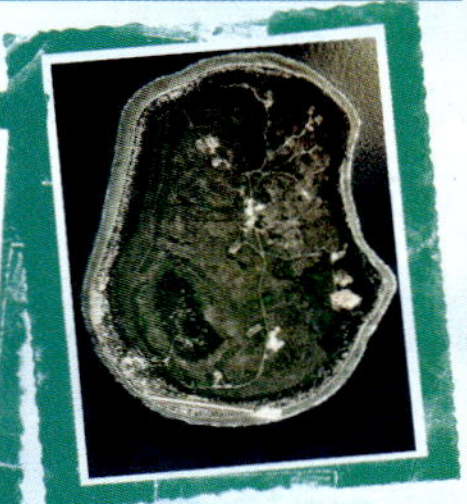

★ LES EAUX DE MER LES PLUS ANCIENNES

Les eaux profondes du Bassin canadien (3 800 m), n'ont pas été renouvelées depuis des millénaires. Le Bassin, situé au nord du Canada et de l'Alaska (USA), est relié à l'océan Atlantique par le détroit de Béring, dont la profondeur n'excède pas 70 m. Il est en outre protégé de la violence de l'océan par d'immenses dorsales sous-marines.

★ LA 1RE VAGUE SCÉLÉRATE PROUVÉE

Les "vagues scélérates" ont une taille anormale par rapport aux autres vagues. Leur existence, longtemps légendaire, a été prouvée le 1er janvier 1995. La 1re mesure confirmée de ce phénomène a été réalisée en mer du Nord, où une vague de 25,6 m de haut a été enregistrée tandis qu'elle frappait la plate-forme Draupner.

★ LA PLUS GRANDE ZONE MORTE

Les zones aquatiques pauvres en oxygène dissous s'appellent des "zones mortes". On en recense plus de 400 dans le monde. La mer Baltique, dont les fonds sous-marins sont en perpétuel manque d'oxygène, détient ce triste record avec une superficie de 377 000 km².

LA PLUS GRANDE PLAQUE CONTINENTALE

La plaque continentale sibérienne s'étend sur 1 210 km des côtes de Sibérie (Russie) à l'océan Arctique et emprisonne de grandes concentrations de méthane sous sa surface. En 2008, les scientifiques ont démontré qu'en raison du réchauffement planétaire, le méthane commençait à pénétrer dans l'atmosphère.

★ LE PLUS JEUNE OCÉAN

L'océan Antarctique est le plus jeune des océans. Il s'est formé il y a 30 millions d'années, quand l'Antarctique s'est détaché de l'Australie et du sud de

★ LA PLUS GRANDE ZONE VOLCANIQUE

L'Anneau de feu est une région sismique et volcanique en fer à cheval de 40 000 km de long, dans l'océan Pacifique, qui regroupe 452 volcans et plus de 75 % des volcans actifs et en sommeil du monde.

43°33'N 7°00'E

CANNES, FRANCE

Le **plus grand festival de cinéma** est le Festival international du film de Cannes (Alpes-Maritimes), qui se déroule tous les ans au mois de mai. L'événement attire entre 40 000 et 50 000 professionnels du cinéma.

LE SAVIEZ-VOUS ?
PEU DE SUBSTANCES SE DILATENT EN GELANT. C'EST LE CAS DE L'ANTIMOINE ET DU BISMUTH, ET, PLUS SIMPLEMENT, DE L'EAU.

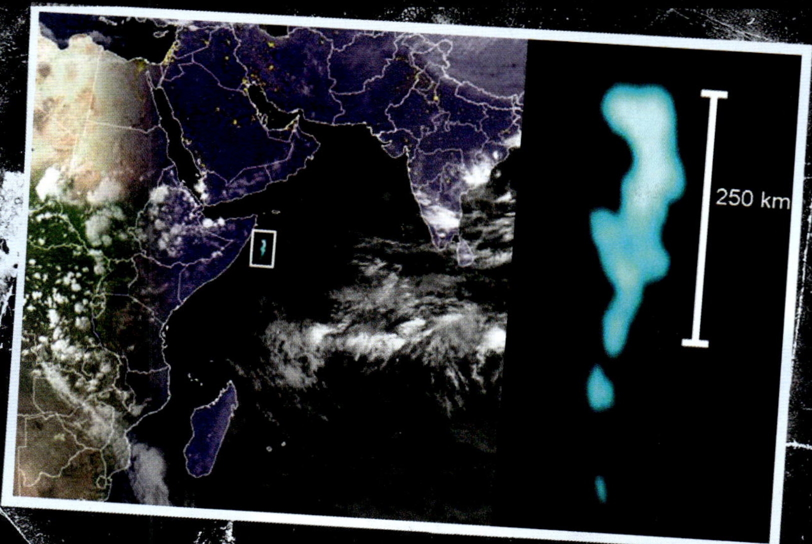

★ L'OCÉAN LE PLUS CHAUD

L'océan Indien, situé principalement dans la région tropicale, affiche la température superficielle la plus élevée de tous les océans du monde, avec un minimum de 22 °C et un maximum de 28 °C à l'est. Au sud, les températures peuvent considérablement baisser. Avec une superficie de 73 556 000 km², l'océan Indien est le 3e plus grand océan du monde, couvrant environ 20 % de la surface du globe.

Avec 10 911 m de profondeur, la fosse des Mariannes dans le Pacifique est le **point le plus profond de l'océan.**

INFO

★ LA PLUS GRANDE ZONE DE MER LUMINESCENTE

En 1995, des scientifiques de l'US Naval Research Laboratory ont découvert sur des images satellites une zone de mer lumineuse dans l'océan Indien, au large des côtes somaliennes. La zone concernée (voir la photo) mesurait plus de 250 km de long pour une surface d'environ 14 000 km². Ce phénomène serait dû à des bactéries luminescentes.

l'Afrique, en créant également le passage de Drake.

★ L'OCÉAN EN FORMATION LE PLUS RÉCENT

En 2005, une faille de 56 km de long s'est ouverte dans la dépression de l'Afar, ou "dépression de Danakil", au point le plus méridional de l'Éthiopie. En novembre 2009, des analyses ont montré que cette faille commençait à former un nouvel océan. Les processus tectoniques à l'œuvre sont ceux des fonds marins au niveau des dorsales, où une nouvelle croûte se forme en poussant la croûte existante.

Dans un million d'années, l'eau de la mer Rouge se déversera dans la dépression de l'Afar, créant une mer qui grandira jusqu'à devenir peut-être aussi étendue que l'Atlantique ou le Pacifique.

LA PLUS GRANDE COULÉE D'ASPHALTE SOUS-MARINE

En 2003, une équipe de scientifiques sous la direction de l'université Texas A&M (USA) a découvert le 1er volcan d'asphalte du monde, à 3 000 m de profondeur, dans le golfe du Mexique. À l'aide d'une caméra télécommandée, l'équipe a observé ce volcan, baptisé Chapopote, et la nappe d'asphalte qui couvre au moins 1 km². Les résultats de l'expédition ont été publiés dans le journal *Science* en mai 2004.

★ L'OCÉAN LE MOINS PROFOND

L'océan Arctique est le moins profond, et le plus petit, des 5 océans principaux. D'une superficie de 14 056 000 km², il fait à peu près la taille de la Russie et couvre 2,8 % de la surface du globe, pour une profondeur moyenne de 1 050 m.

★ LA TEMPÉRATURE LA PLUS ÉLEVÉE DANS L'OCÉAN

En août 2008, une équipe internationale de scientifiques a relevé une température de 464 °C à la sortie d'un mont hydrothermal au fond de l'océan, à 3 000 m, au niveau de la dorsale médio-atlantique. À cette profondeur, au-dessus de 407 °C, l'eau devient "supercritique" et plus claire que l'eau normale. L'eau du "fumeur noir" a été mesurée à l'aide de capteurs et d'un robot télécommandé.

★ LA ZONE D'EXTENSION LA PLUS RAPIDE DES FONDS MARINS

La dorsale est-Pacifique, à la frontière entre les plaques tectoniques, s'étend de l'Antarctique à la côte ouest des États-Unis. C'est à ce niveau qu'une nouvelle croûte se forme en écartant les plaques continentales. Une partie de cette dorsale, la dorsale Nazca, pousse les plaques à la vitesse de 150 km par million d'années.

★ L'ÉRUPTION LA PLUS PROFONDE JAMAIS OBSERVÉE

Le 18 décembre 2009, des scientifiques américains ont annoncé la découverte d'une éruption volcanique à 1 200 m de profondeur dans l'océan Pacifique. En mai 2009, un submersible robotisé a pris des images de la lave en fusion rejetée par le volcan Mata Ouest, situé à 200 km au sud-ouest des Samoas. C'est l'un des volcans sous-marins les plus actifs du monde.

KRAKA- SUR LA PHOTO, L'ÎLE-VOLCAN DE KRAKATOA EN ÉRUPTION, EN MAI 2009. L'ÉRUPTION DU 27 AOÛT 1883 A PRODUIT L'EXPLOSION LA PLUS FORTE JAMAIS ENREGISTRÉE...

-TOA ! ...L'EXPLOSION A ÉTÉ ENTENDUE À PLUS DE 5 000 KM, L'ÉQUIVALENT EN DISTANCE DE 8 % DE LA SURFACE DU GLOBE !

BERNE, SUISSE 46°57'N 7°28'E

Le **plus grand toit à ardoises solaires** est celui d'une ancienne grange à grains de Berne (Suisse). Couvrant 2 050 m², il se compose de 16 650 ardoises de cellules photovoltaïques appelées "Sunslates".

LA TERRE

ÎLES & RÉCIFS

★ LA PLUS GRANDE ÎLE SUR UN LAC DANS UNE ÎLE SUR UN LAC DANS UNE ÎLE

Sur l'île de Luzon, aux Philippines, le lac Taal renferme un volcan du même nom, dont le cratère est occupé par un lac, le Crater Lake, au milieu duquel émerge une petite île de 40 m de large appelée Vulcan Point.

LA PLUS GRANDE ÎLE

Avec 2 175 600 km², le Groenland est la plus grande île du monde. Mais les 103 000 km² de l'Islande en font la **plus grande île volcanique du monde**. Issue d'éruptions survenues le long de la dorsale médio-atlantique, l'Islande est principalement constituée de fonds sous-marins émergés.

★ LA PLUS GRANDE ÎLE FLUVIALE

Située sur le Bramapoutre, dans le nord-est de l'Inde, l'île de Majuli couvre une superficie de 880 km² – soit deux fois l'île de la Barbade. Appelée autrefois Majoli ("la terre entre les deux rivières parallèles"), c'était une langue de terre que des tremblements de terre et des inondations ont transformée en île entre les XVIIe et XVIIIe siècles. Elle abrite une population de 160 000 personnes.

★ LE PLUS LONG RÉCIF-BARRIÈRE

Façonnés par les vagues et le courant, les récifs-barrières sont d'étroites îles qui s'étendent parallèlement à la côte. Padre Island, située dans le golfe du Mexique au large du Texas, s'est formée il y a quelques milliers d'années et mesure 210 km de long.

LE PLUS LONG RÉCIF

Bordant la côte nord-est de l'Australie au large du Queensland, la Grande Barrière de corail s'étend sur 2 027 km de long. Loin de former une structure unique, elle se compose de milliers de récifs individuels.

Riche de milliards de coraux, morts et vivants (ordres *Madreporaria* et *Scleractinia*), ce récif est la **plus grande structure sous-marine bâtie par des êtres vivants**.

★ L'ARCHIPEL LE PLUS DISPERSÉ

L'archipel finlandais situé en mer Baltique, au large de la Finlande, regroupe quelque 40 000 îles. Soulagé du poids de la banquise qui a fondu, il émerge progressivement depuis la dernière glaciation.

★ LE PLUS GRAND ATOLL

Un atoll est une structure marine constituée d'un lagon cerné par un récif de corail. Dans l'océan Indien, le banc du Great Chagos mesure 12 642 km², les 7 îles de l'anneau ne totalisant à elles seules que 4,5 km².

★ LE PLUS D'ÎLES DANS UN ATOLL

Mesurant 2 900 km², l'atoll Huvadhu de l'océan Indien comprend 255 îles.

VIE
LA GRANDE BARRIÈRE DE CORAIL ABRITE UNE BIODIVERSITÉ EXCEPTIONNELLE : 1 500 ESPÈCES DE POISSONS ET PLUS DE 125 ESPÈCES DE REQUINS.

ET MORT
LES ÉTOILES DE MER "COURONNE D'ÉPINES" SE NOURRISSENT DES POLYPES QUI CONSTITUENT LA GRANDE BARRIÈRE DE CORAIL. EN 2000, LEUR PROLIFÉRATION A DÉTRUIT 66 % DES CORAUX DU RÉCIF.

TURIN, ITALIE

45°03'N 7°40'E

Le 11 décembre 1993, chez Sotheby's à New York (USA), Alberto Bolaffi (Italie) a déboursé 68 500 $ pour acquérir le **télégramme le plus cher jamais vendu aux enchères**. Il s'agissait du message de félicitations adressé par Nikita Khrouchtchev à Youri Gagarine, le **premier homme dans l'espace**, le 12 avril 1961.

★L'ÎLE LA PLUS JEUNE

L'île de Surtsey, au large de l'Islande, est née le 14 novembre 1963 d'une éruption volcanique sous-marine, lorsque le magma a émergé à la surface. L'activité volcanique, qui avait démarré à 130 m de profondeur, a duré jusqu'au 5 juin 1967. À cette date, Surtsey mesurait 2,7 km². Depuis, la surface de l'île ne cesse de se réduire, à cause de l'érosion.

★LE PLUS GRAND BANC CORALLIEN SUBMERGÉ

Dans l'océan Indien, le récif de Saya de Malha couvre 40 808 km². Situé à 7 m de profondeur, il serait le plus grand atoll du monde (trois fois plus grand que le Great Chagos), s'il émergeait de l'eau.

★LA PLUS ANCIENNE BARRIÈRE DE CORAIL

Le récif de Chazy est une barrière corallienne fossilisée qui s'étend de l'État du Tennessee (USA) jusqu'à Terre-Neuve (Canada). Son émergence la plus significative est l'île de La Motte, dans le Vermont (USA). Formée il y a 450 millions d'années dans l'océan Iapetus, le proto-océan Atlantique, c'est la structure corallienne la plus ancienne du monde.

★LE PLUS LONG RÉCIF FRANGEANT

À la différence des récifs-barrières qui se développent souvent au large et créent un lagon, les récifs frangeants sont accolés à la côte. Le récif de Ningaloo, sur les côtes de l'Australie, s'allonge sur 300 km jusqu'à 100 m de la côte.

RÉCIFS :

l'USS Oriskany, le plus grand récif artificiel, est surnommé Great Carrier Reef, le "grand récif porte-avions".

LE PLUS GRAND RÉCIF ARTIFICIEL

Construit en 1944, le porte-avions de l'US Navy USS *Oriskany*, surnommé "Mighty O", a été mis hors service en 1976. Plutôt que d'être envoyé à la casse, il a été coulé dans le golfe du Mexique, à 38 km au large de Pensacola (Floride, USA). Sabordé le 17 mai 2006 à l'aide de 226 kg d'explosifs C4, il a mis 37 min pour atteindre le fond. Mesurant 45 m de haut et 270 m de long, il abrite de nombreuses espèces marines, une biodiversité rare dans cette partie nord du golfe du Mexique.

LE SAVIEZ-VOUS ?

LE TAUX D'ÉROSION DE SURTSEY, L'ÎLE LA PLUS JEUNE DU MONDE, A CONDUIT LES SCIENTIFIQUES À PRÉDIRE SA DISPARITION POUR 2100.

En 2009, Surtsey a été équipée d'une webcam. Pour plus d'infos, de films et de photos, rendez-vous sur www.surtsey.is

INFO

★ NOUVEAU RECORD
● MISE À JOUR

★L'ÎLE LA PLUS ANCIENNE

Située dans l'océan Indien, au sud-est de l'Afrique, Madagascar s'est détachée du sous-continent indien il y a 80 à 100 millions d'années. Couvrant une superficie de 587 041 km², c'est la 4e plus grande île du monde. Elle recèle 5 % des espèces végétales et animales terrestres.

ENCORE ! D'AUTRES CATASTROPHES NATURELLES P. 44-45.

PIÉMONT, ITALIE

44°55'N 8°37'E

Le 11 octobre 2007, à Alessandria (Piémont, Italie), Elah Dufour-Novi a confectionné la **plus grande barre de chocolat,** d'un poids de 3 580 kg.

MÉTÉO & CLIMAT

ENCORE ! QUE SE PASSE-T-IL QUAND LA NATURE SE DÉCHAÎNE ? POUR LE SAVOIR, TOURNEZ LA PAGE...

★LES HALOS LUMINEUX LES PLUS HAUTS AU-DESSUS DES ORAGES

Les "elfes" sont des phénomènes lumineux qui apparaissent au-dessus des orages, à 97 km d'altitude environ. Ils ont été découverts en 1992 grâce à une caméra de la navette spatiale. Ils ont la forme d'anneaux lumineux rougeâtres dont le diamètre peut atteindre 480 km et durent moins d'une milliseconde.

LA COUCHE DE NEIGE LA PLUS ÉPAISSE

En mars 1911, à Tamarac (Californie, USA), la couche de neige faisait 11,46 m d'épaisseur. Entre 1971 et 1972, il est tombé 31 102 mm de neige à Paradise, Mount Rainier (Washington, USA). Il s'agissait des **plus fortes chutes de neige en l'espace de 12 mois.**

LE PLUS D'ARBRES DÉTRUITS

En France, les 26 et 27 décembre 1999, la tempête a détruit 270 millions d'arbres.

LE VENT LE PLUS RAPIDE

Le 10 avril 1996, au passage du cyclone tropical Olivia, un vent soufflant à la vitesse de 408 km/h a été enregistré sur l'île de Barrow (Australie). C'est le vent le plus rapide associé à une tornade.

LA TEMPÉRATURE LA PLUS ÉLEVÉE SUR TERRE

Pendant une fraction de seconde, la température de l'air, à proximité d'un éclair, monte à environ 30 000 °C. Elle est donc 5 fois plus élevée que celle qui règne à la surface visible du Soleil.

L'ENDROIT LE PLUS VIOLENT DANS UN CYCLONE TROPICAL

Lors d'un cyclone, des nuages se réunissent en une surface de convection circulaire et profonde : c'est le mur de l'œil. Les vents y sont intenses et les précipitations fortes, à la différence de l'œil du cyclone, plus calme. Lorsque le vent dépasse 177 km/h, il arrive fréquemment qu'un second mur se forme, plus loin que le premier.

LA TEMPÊTE DE PLUIE VERGLAÇANTE LA PLUS DÉVASTATRICE

La tempête de pluie verglaçante la plus dévastatrice a frappé l'est du Canada et les régions voisines des USA la 1re semaine du mois de janvier 1998. Ayant débuté le 6 janvier, elle a entraîné la fermeture des aéroports et des gares, bloqué les routes et privé de courant 3 millions d'habitants, soit près de 40 % de la population du Québec. Pendant 5 jours, les lignes électriques ont été recouvertes de 10 cm de glace, d'où l'effondrement de dizaines de milliers de poteaux. Les dégâts ont été estimés à 650 millions $.

★LE 1ER ENSEMENCEMENT DE NUAGE LORS D'UN CYCLONE TROPICAL

Le 13 octobre 1947, des militaires américains ont largué 36 kg de glace sèche dans un ouragan, au-dessus de l'Atlantique. Ils ont observé une "profonde modification de l'enveloppe nuageuse" avant que l'ouragan ne change de direction et ne touche la côte de Géorgie. Le programme, *Project Cirrus*, a été annulé en raison des dégâts.

★LA FORMATION NUAGEUSE LA PLUS RÉCENTE

Le dernier nuage identifié est le cirrus intortus : c'était en 1951. En 2009, les experts ont révélé l'existence d'une nouvelle formation nuageuse : undulatus asperatus. Ce nuage, relativement rare, ressemble aux vagues de l'océan. Il a tendance à se dissiper sans entraîner d'orages.

MAYENCE, ALLEMAGNE

50°01'N 8°14'E

Le **plus vieux livre imprimé** est la bible de Gutenberg, imprimée à Mayence (Allemagne), vers 1455, par Johannes Gensfleisch (1397-1468), dit Gutenberg.

LE SAVIEZ-VOUS ?

LA FOUDRE EST UNE DÉCHARGE ÉLECTRIQUE QUI SE PRODUIT DANS L'ATMOSPHÈRE. LES SCIENTIFIQUES N'EN CONNAISSENT PAS LA CAUSE EXACTE.

Jusqu'à 16 millions d'orages se déclarent par an. Certains éclairs font 8 km de long.

INFO

BANG ! LES ÉCLAIRS POSITIFS SONT INATTENDUS, CAR ILS APPARAISSENT SOUVENT QUAND LE CIEL EST CLAIR OU PEU NUAGEUX.

PAF ! TOUT COMME LES ORAGES, LES ÉCLAIRS SONT PARFOIS DUS À DES ÉRUPTIONS VOLCANIQUES ET DES FEUX DE FORÊTS, QUI REJETTENT ASSEZ DE POUSSIÈRE DANS L'ATMOSPHÈRE POUR GÉNÉRER DE L'ÉLECTRICITÉ STATIQUE.

★LA FOUDRE LA PLUS PUISSANTE

Bien qu'on ne sache pas exactement ce qui provoque la foudre, celle-ci pourrait s'expliquer par la présence de glace dans les nuages, qui favoriserait la division du courant électrique en charges positives ou négatives. Dans moins de 5 % des cas, la foudre a une charge positive : le transfert de l'électricité des nuages vers le sol est positif. Ce type de foudre dure plus longtemps que la foudre normale, elle produit un champ électrique plus intense et donne naissance à des éclairs d'un milliard de volts et à un courant électrique de 300 000 ampères.

★LA PLUS GRANDE COUVERTURE NUAGEUSE DUE À L'ACTIVITÉ HUMAINE

Les traînées blanches du sillage d'un avion sont dues à la condensation de la vapeur d'eau émise par son moteur. Selon les conditions atmosphériques, elles subsistent quelques secondes ou plusieurs heures, et peuvent augmenter la couverture nuageuse de 20 % dans certains couloirs aériens.

★L'OURAGAN LE PLUS VIOLENT

L'ouragan Wilma de catégorie 5, qui s'est déclenché en octobre 2005 et a dévasté la presqu'île du Yucatán (Mexique), était le plus violent jamais enregistré depuis 1851. Une pression barométrique de 882 millibars a été mesurée dans l'œil de Wilma par un avion chasseur, c'est la plus basse relevée dans un ouragan. Dans le mur de l'œil, le vent atteignait 270 km/h.

★LES 1ERS CRISTAUX DE NEIGE IDENTIQUES

Alors que l'on entend souvent dire que deux flocons de neige ne sont jamais identiques, Nancy Knight (USA), chercheur au National Center for Atmosphere Research situé à Boulder (Colorado, USA), a découvert deux cristaux similaires en 1988, en étudiant au microscope les flocons tombés lors d'une tempête dans le Wisconsin.

★LE PLUS GRAND "BLUE JET"

Les "blue jets" sont des lueurs bleues en forme de cône qui jaillissent du sommet des cumulonimbus au cours d'un orage. Leur existence a été découverte en 1989. Le 14 septembre 2001, des scientifiques de Puerto Rico ont noté la présence d'un "blue jet" à environ 80 km d'un orage. Il a duré moins de 1 s.

LES NUAGES QUI S'ÉTIRENT LE PLUS EN HAUTEUR

Sous les tropiques, on a observé des cumulonimbus s'élevant à près de 20 000 m d'altitude, soit environ trois fois la hauteur de l'Everest.

★ NOUVEAU RECORD
● MISE À JOUR

LA TERRE
CATASTROPHES NATURELLES

LE PLUS GRAND NOMBRE DE DÉGÂTS CAUSÉS PAR UN CYCLONE

L'ouragan Katrina, qui a ravagé les côtes de Louisiane (USA) et les États voisins, le 29 août 2005, a causé des dégâts évalués à 156 milliards $. 1 836 personnes ont péri au cours de l'ouragan et des inondations qui ont suivi. Katrina a été le 1er ouragan de catégorie 5 de la saison 2005, le 6e ouragan le plus violent jamais enregistré dans l'Atlantique et la ●**catastrophe naturelle la plus coûteuse**.

★LE PHÉNOMÈNE VOLCANIQUE LE PLUS DANGEREUX

Les flux pyroclastiques sont les phénomènes volcaniques les plus dangereux. Émis par les volcans, ces mélanges de gaz et de roches incandescentes atteignent la température de 1 000 °C et la vitesse de 720 km/h. En 1902, la montagne Pelée (Martinique) a déversé un flux pyroclastique sur la ville de Saint-Pierre, tuant 30 000 personnes.

★LA TEMPÊTE DE NEIGE LA PLUS MEURTRIÈRE

Entre le 3 et le 9 février 1972, il est tombé plus de 3 m de neige dans certaines régions rurales de l'Iran. Cette tempête de neige a mis fin à 4 années de sécheresse mais a causé la mort d'environ 4 000 personnes.

★LE FEU DE FORÊT LE PLUS MEURTRIER

Le 8 octobre 1871, des feux de forêt se sont déclenchés dans le nord-est du Wisconsin et dans le haut Michigan (USA), faisant 1 200 à 2 500 victimes. Plus de 3 800 km² de forêts et de terres agricoles ont été détruits. Cette catastrophe est connue sous le nom de "tragédie de Peshtigo", du nom d'un village ayant perdu la moitié de ses habitants.

★LE PLUS GRAND RISQUE POUR LA RACE HUMAINE

Il y a près de 75 000 ans, l'éruption du volcan Toba a projeté 800 km³ de cendres dans l'atmosphère et créé le plus important cratère volcanique sur Terre. Seules 10 000 personnes auraient pu survivre aux tsunamis et à l'hiver volcanique qui auraient suivi.

L'ANNÉE OÙ LES CATASTROPHES NATURELLES ONT COÛTÉ LE PLUS CHER

En 2005, selon la compagnie d'assurances Swiss Re, le tsunami en Asie, les éruptions volcaniques et les désastres occasionnés par les inondations ont coûté 225 milliards $.

LE SAVIEZ-VOUS ?

UN FLUX PYROCLASTIQUE SE COMPOSE DE ROCHES ET DE DÉBRIS MAINTENUS EN SUSPENSION SOUS L'EFFET DES GAZ CHAUDS ET DE LA VITESSE. IL SE DÉVERSE COMME UNE AVALANCHE.

Les flux pyroclastiques ont fait plus de victimes que n'importe quel autre phénomène volcanique.

INFO

ZURICH, SUISSE

47°22'N 8°33'E

En novembre 1996, des scientifiques du laboratoire du département de recherches d'IBM à Zurich (Suisse) ont conçu le **plus petit boulier du monde**. Composé de molécules, son diamètre est inférieur à un nanomètre (un millionième de millimètre).

LE TSUNAMI LE PLUS MEURTRIER

Le 26 décembre 2004, un séisme de magnitude 9 s'est produit dans l'océan Indien, non loin de la côte indonésienne. Il a déclenché un tsunami qui a ravagé les côtes de 9 pays différents situés au bord de l'océan. On ne connaîtra jamais le nombre exact des victimes, mais le 20 janvier 2005, on estimait que 226 000 personnes au moins avaient péri dans la catastrophe.

ENCORE ! POUR DÉCOUVRIR LA PUISSANCE ÉTONNANTE DU SOLEIL, REPORTEZ-VOUS P. 30-31.

★ LE PLUS DE VICTIMES DE LA CHALEUR

Le mois d'août 2003 a été le plus chaud jamais enregistré dans l'hémisphère Nord. La canicule aurait tué 35 000 personnes, 52 000 selon certaines estimations. Particulièrement meurtrière en France, elle a fait 14 802 morts, surtout des personnes âgées. La température a atteint 40 °C, durant 7 jours consécutifs.

★ LE TOURBILLON DE FEU LE PLUS MEURTRIER

Dans certains cas, des phénomènes semblables à des tornades se déclenchent au cours d'incendies. Le 1er septembre 1923, après le séisme de Kanto qui a dévasté la région de Honshu (Japon), un tourbillon de feu a fait périr 38 000 personnes dans un dépôt de vêtements militaires à Tokyo.

LE PLUS DE VICTIMES DANS DES AVALANCHES

Le 20 janvier 1951, 265 personnes seraient mortes et plus de 45 000 auraient été emportées par une avalanche. Cette année-là, au cours du terrible hiver, 649 avalanches se sont produites en raison de vents violents et d'une couche de neige humide recouvrant la poudreuse dans les Alpes suisses, autrichiennes et italiennes.

LES INONDATIONS LES PLUS GRAVES

En août 1950, des inondations liées à la crue des fleuves Hwai et Yangtze, en Chine, ont détruit 890 000 foyers, tué 490 personnes et privé de toit 10 millions d'habitants. Près de 2 millions d'hectares de terres ont été inondés et 1,4 million d'hectares n'a pu être ensemencé.

LE SÉISME LE PLUS VIOLENT

Le séisme de Valdivia, ou grand séisme du Chili, a eu lieu le 22 mai 1960. Sa magnitude a été évaluée à 9,5 sur l'échelle de l'époque (enregistrant comme l'échelle de Richter la quantité d'énergie libérée par un séisme). Il aurait fait entre 2 231 et 5 700 morts et 2 millions de sans-abri.

★ LA COULÉE DE BOUE LA PLUS MEURTRIÈRE

En décembre 1999, à la suite d'un terrible orage, il est tombé 911 mm de pluie en quelques jours dans l'État de Vargas (Venezuela). Des coulées de boue dévalant des montagnes proches de la côte ont détruit les infrastructures. Il y aurait eu entre 10 000 et 30 000 morts, bien qu'il soit difficile de fournir des chiffres exacts.

VILLES
LES VILLES TOTALEMENT DÉTRUITES PAR LES COULÉES DE BOUE N'ONT PAS ÉTÉ RECONSTRUITES, MAIS TRANSFORMÉES EN PARCS ET EN INSTALLATIONS MUNICIPALES.

ROUTES
LA COULÉE A DÉTRUIT PRÈS DE 60 % DES INFRASTRUCTURES : ROUTES, PONTS ET ÉQUIPEMENTS PUBLICS. ON ESTIME LA FACTURE À 3,2 MILLIARDS $.

★ NOUVEAU RECORD
● MISE À JOUR

HEIDELBERG, ALLEMAGNE

49°24'N
8°42'E

Le **plus gros fût de vin en bois** est le tonneau d'Heidelberg, conservé dans la cave du Friedrichsbau, au château d'Heidelberg (Heidelberg, Allemagne). Fabriqué en 1751, il mesure 7 m de haut, 8,5 m de diamètre, et a une contenance de 221 726 litres.

PLANÈTE VIVANTE

LE PLUS GRAND PRIMATE NOCTURNE

Le corps de l'aye-aye (*Daubentonia madagascariensis*) de Madagascar mesure 40 cm et sa queue 50,5 cm. Il pèse en moyenne 2,76 kg. Ce petit animal nocturne passe 80 % de son temps actif à chercher sa nourriture dans la canopée. Le jour, il dort dans son nid, au creux des arbres.

L'aye-aye est aussi connu pour son 3e doigt de la main particulièrement fin et allongé. Il l'utilise pour tapoter les troncs afin de détecter, à l'oreille, la présence de larves d'insectes. Puis il creuse un trou dans l'écorce et se sert de son 3e doigt pour déloger les larves… un peu pivert sur les bords, l'aye-aye !

AÏE AÏE ! L'AYE-AYE UTILISERAIT L'ÉCHOLOCATION, COMME LA CHAUVE-SOURIS, POUR LOCALISER SES PROIES : PHÉNOMÈNE UNIQUE CHEZ UN PRIMATE.

AÏE, OUILLE ! CE LÉMURIEN NOCTURNE POSSÈDE DES INCISIVES DE RONGEUR, QUI POUSSENT CONTINUELLEMENT ET NE S'USENT JAMAIS.

BRÊME, ALLEMAGNE

53°04'N 8°47'E

Visible à l'œil nu, *Thiomargarita namibiensis* est la **plus grosse bactérie**. Heide Schulz, de l'Institut Max Planck de microbiologie marine, en a trouvé des spécimens de 0,75 mm au large de la Namibie.

QUIZ !
QUELLE EST LA LONGUEUR DE LA QUEUE DE L'AYE-AYE ?
RÉPONSE P. 278

SOMMAIRE

STUTTGART, ALLEMAGNE

48°48'N 9°10'E

6 951 – c'est le **nombre record de danseurs de claquettes** réunis dans un parc municipal de Stuttgart (Allemagne), le 24 mai 1998. La chorégraphie de Ray Lynch (USA), de 2 min et 15 sec, a été exécutée sur *Klicke-di-Klack*, un air composé par le chorégraphe lui-même.

PALÉONTOLOGIE

LE PLUS GROS TRILOBITE

Des scientifiques canadiens ont découvert un trilobite de plus de 70 cm de long et vieux de 445 millions d'années dans le nord du Manitoba (Canada). La nouvelle a été annoncée le 9 octobre 2000.

★LE PLUS GROS ARTHROPODE TERRESTRE

Arthropleura, que l'on connaît grâce aux fossiles découverts en Amérique du Nord et en Europe, ressemblait à un mille-pattes géant. Il a vécu il y a 340 à 280 millions d'années. D'après les scientifiques, son corps constitué d'environ 30 plaques – chacune étant dotée d'une paire de pattes – pouvait atteindre entre 0,3 et 2,6 m de long.

★PREMIÈRE FORME DE VIE SUR TERRE

La 1re forme de vie sur Terre est attestée par les microfossiles de cyanobactéries découverts dans la roche de l'Apex Chert (Australie-Occidentale). Les cyanobactéries auraient 3,465 milliards d'années.

LE FOSSILE LE PLUS ANCIEN

Les stromatolithes sont les plus vieux fossiles témoignant d'une vie primitive sur Terre. Ces structures rocheuses en forme de chou-fleur résultant de l'activité de cyanobactéries seraient apparues il y a 3,5 milliards d'années. En 1954, une colonie de stromatolithes vivants a été découverte dans la baie de Shark (Australie).

ROCHE

LA ROCHE DE LA CEINTURE VERTE DE NUVVUAGITTUQ, SUR LA CÔTE EST DE LA BAIE D'HUDSON (CANADA), AURAIT 4,28 MILLIARDS D'ANNÉES. C'EST LA ROCHE LA PLUS ANCIENNE DE LA TERRE.

★PREMIÈRES EMPREINTES ANIMALES

Le 3 février 2010, des scientifiques ont annoncé la découverte, sur des roches de la province de Terre-Neuve (Canada), de 70 nouvelles empreintes fossiles, attribuées à une cousine de l'anémone de mer actuelle. Elles auraient 565 millions d'années.

LE PLUS VIEUX CHORDÉ

Pikaia gracilens est le plus ancien chordé (membre du groupe comprenant les humains et les vertébrés). Il a vécu au Cambrien moyen, il y a plus de 500 millions d'années. Le premier spécimen de *P. gracilens* a été découvert sur le site de Burgess Shale (Colombie-Britannique, Canada). Il ressemble à un invertébré marin contemporain, sans mâchoire, appelé petite douve (*Dicrocoelium dendriticum*).

LE SAVIEZ-VOUS ?

LE PÉNIS FOSSILISÉ LE PLUS ANCIEN APPARTIENT À UNE FAMILLE DE CRUSTACÉS, LES OSTRACODES, ET MESURE 1 MM DE DIAMÈTRE. IL A ENVIRON 100 MILLIONS D'ANNÉES.

Cameroceras, animal primitif proche du calmar, a été le plus gros animal marin jusqu'il y a environ 438 millions d'années.

INFO

PÉRIODE ÈRE ÉON

PRÉCAMBRIEN (-4 600-543 MILLIONS D'ANNÉES [MA]) *temps géologique avant l'apparition de la vie ; représente 87 % de l'ensemble des temps géologiques*

HADÉEN* (-4 600-4 000 MA)

- 4 600 MA
Formation de la Terre et de la Lune, sans doute par accrétion (association de roches et de gaz), même si certains affirment que la Lune est née de la collision d'un objet avec la Terre

- 4 000 MA
La Terre se fissure du fait de l'activité volcanique ; les temps géologiques débutent avec la formation des ★1res **roches**. La date du début de l'Archéen n'est qu'une estimation, faute de preuves suffisantes : peu de roches de cette période ont subsisté

ARCHÉEN (-4 000-2 500 MA)

- 3 500 MA
Les stromatolites contiennent le ★**plus vieux fossile connu** d'un organisme vivant sur Terre

- 2 500 MA
Vie primitive cantonnée aux océans, l'oxygène étant trop rare sur les continents

PROTÉROZOÏQUE (-2 500-542 MA)

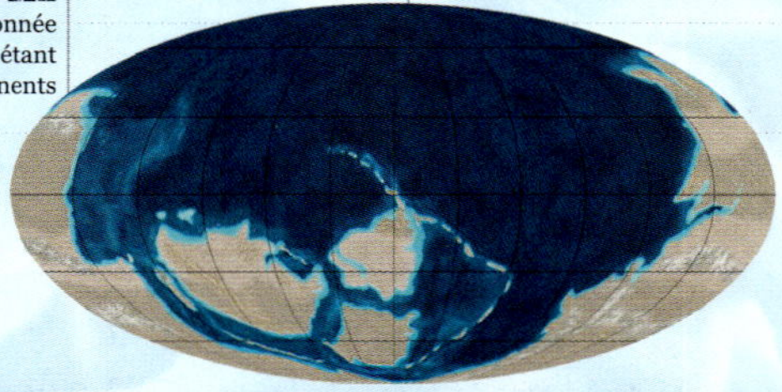

CAMBRIEN (- 542-488 MA)

- 530 MA
Apparition des 1ers crustacés (trilobites) ; le ★**plus ancien vertébré connu**, *Haikouichthys*, est aussi notre ★**plus vieil ancêtre connu**

*Source : Commission internationale de stratigraphie ; * non officiel, non ratifié par l'ICS ; couleurs fixées par la Commission de la carte géologique du monde*

BREGENZ, AUTRICHE

47°30'N 9°45'E

Le **plus long marathon de baby-foot** a duré 51 h et 52 min. La partie a été jouée par Alexander Gruber, Roman Schelling, Enrico Lechtaler et Christian Nägele (tous Autriche) à Bregenz (Autriche), du 27 au 29 juin 2008.

LE PLUS GROS PLACODERME

Les Placodermes sont une classe de poissons à carapace préhistoriques. On ne les connaît que sous forme fossile. Ils ont vécu du Silurien moyen/supérieur au Dévonien (il y a 430-360 Ma). Leur tête et leur corps étaient recouverts d'une carapace formée d'épaisses plaques articulées. L'espèce la plus grande, souvent considérée comme le 1er super-prédateur vertébré de la Terre, était *Dunkleosteus telleri*, présent presque partout dans le monde et mesurant 8-11 m de long.

★ NOUVEAU RECORD
● MISE À JOUR

★PREMIER ANIMAL TERRESTRE

Un mille-pattes fossilisé de 1 cm de long a été découvert près de Stonehaven (Écosse, GB) par un paléontologue amateur, Mike Newman (GB). Il aurait 428 millions d'années et constituerait la 1re preuve de vie sur terre. Cet arthropode, baptisé *Pneumodesmus newmani* en 2004, possédait des spiracles (organes respiratoires primitifs) à l'extérieur du corps.

★LE PLUS GRAND ARTHROPODE

Le plus grand arthropode (invertébré doté de membres articulés) connu actuellement est *Jaekelopterus rhenaniae*, un euriptéride (scorpion de mer) géant, décrit de façon formelle en novembre 2007. La découverte d'une chélicère (pièce buccale ressemblant à une mâchoire) fossilisée, de 46 cm de long, permet d'estimer la longueur totale de l'animal à 2,6 m.

PREMIER INCENDIE D'ORIGINE NATURELLE

Il a eu lieu il y a 419 millions d'années environ, au Silurien. À cette période, l'air aurait contenu plus d'oxygène qu'aujourd'hui. Des scientifiques de l'University's School of Earth, Ocean and Planetary Science de Cardiff (GB) ont découvert les traces d'un incendie de faible intensité, sans doute déclenché par un éclair, en étudiant les fossiles carbonisés de petits végétaux, retrouvés dans des roches près de Ludlow, à la frontière du pays de Galles (GB), en avril 2004.

★PREMIER INSECTE

Rhyniognatha hirsti vivait il y a environ 410 millions d'années à l'emplacement actuel d'Aberdeen (Écosse, GB). Le 1er spécimen découvert a été décrit en 1926 par l'entomologiste Robin John Tillyard (Australie), qui l'a trouvé insignifiant et l'a donné au muséum d'Histoire naturelle de Londres (GB). Quatre-vingts ans plus tard, les entomologistes David Grimaldi et Michael Engel (USA) l'ont examiné à l'aide de microscopes modernes et ont découvert qu'il avait toutes les caractéristiques d'un insecte. Le résultat de leurs recherches a été publié dans *Nature*, le 12 février 2004.

★LE 1ER REPTILE AQUATIQUE

Mesosaurus, qui vivait dans les eaux douces d'Afrique australe et d'Amérique du Sud il y a 320-280 Ma, est considéré comme le 1er reptile aquatique. Long de 2 m maximum, il possédait une double mâchoire souple remplie de fines dents pointues, une longue queue, sans doute dotée d'une nageoire, et des pattes palmées.

★LA 1RE PLANTE TERRESTRE

La première plante vasculaire (dotée d'un appareil circulatoire), *Cooksonia*, est apparue il y a environ 425 millions d'années, au Silurien moyen. Cette plante possédait une tige ramifiée qui se terminait par des structures renfermant des spores, les sporanges.

PHANÉROZOÏQUE (- 543 - 0 MA) *signifie "fait apparaître la vie" en grec ; éon actuel qui se caractérise par la richesse de la vie animale*

PALÉOZOÏQUE (- 542-251 MA) *signifie "vie primitive" en grec*

ORDOVICIEN (- 488-443 MA)

- 480 MA
Les lichens et les myxomycètes sont la seule végétation sur les continents ; 1res incursions des arthropodes sur les continents

SILURIEN (- 443-416 MA)

- 440 MA
Des récifs de corail complexes se forment dans les régions tropicales

- 435 MA
Les arthropodes sont toujours la forme de vie prédominante

DÉVONIEN (- 416-359 Ma)

- 410 MA
Les êtres vivants colonisent les continents ; 1res plantes et champignons près des cours d'eau

- 400 MA
D'énormes poissons à mâchoires dominent les océans

- 370 MA
Des forêts apparaissent ; la faune terrestre est dominée par des mille-pattes et des araignées ; des poissons sortent de l'eau et donnent naissance aux amphibiens, qui respirent l'air et possèdent des pattes

CARBONIFÈRE (- 359-290 MA)

- 330 MA
Apparition d'arthropodes gigantesques ; les continents sont dominés par les amphibiens ; apparition des 1ers reptiles

- 320 MA
Les requins et les poissons osseux dominent les océans

PERMIEN (- 290-251 MA)

- 290 MA
Glaciation ; les reptiles adaptés à la sécheresse dominent

- 248 MA
Un changement radical de climat entraîne la **plus grande extinction de masse** ; 95 % des espèces disparaissent

HAMBOURG, ALLEMAGNE

53°35'N 9°59'E

Le **plus grand magazine de mode** – 212 pages, 1,2 m x 1,5 m – a été présenté à Hambourg (Allemagne) le 30 août 2003. Il s'agissait d'une reproduction du catalogue Bon Prix S2 *Voila !*

PLANÈTE VIVANTE

DINOSAURES

GROS UN AUTRE TITANOSAURIDÉ, *ANTARCTOSAURUS GIGANTUS* (LÉZARD ANTARCTIQUE GÉANT), DÉCOUVERT EN ARGENTINE ET EN INDE, AURAIT PESÉ ENTRE 40 ET 80 TONNES.

PETIT LA ● PLUS PETITE ESPÈCE DE DINOSAURE EST *MICRORAPTOR ZHAOIANUS*. IL ÉTAIT COUVERT DE PLUMES ET MESURAIT 39 CM DE LONG, DONT 24 CM DE QUEUE.

★ NOUVEAU RECORD
● MISE À JOUR

LE DINOSAURE LE PLUS LOURD

En 1994, le spécialiste des dinosaures, Gregory Paul, a estimé le poids d'un titanosauridé d'Argentine, baptisé *Argentinosaurus*, à partir de ses vertèbres fossilisées. Celui-ci aurait pesé jusqu'à 100 tonnes, ce qui en fait le dinosaure le plus lourd de tous les temps.

★ LA PLUS GRANDE AMMONITE

Une coquille incomplète d'ammonite de 1,95 m de diamètre, de l'espèce *Parapuzosia seppenradensis*, a été découverte en Allemagne en 1895. Entière, elle devait mesurer environ 2,55 cm de diamètre. Les ammonites, cousines des calmars et des pieuvres, vivaient dans des coquilles en spirale. L'espèce en question a vécu au Crétacé supérieur (il y a 99,6 à 65,5 millions d'années).

LA PLUS GRANDE EMPREINTE DE DINOSAURE

Les empreintes géantes d'un grand hadrosauridé ("bec de canard") bipède, longues de 1,36 m et larges de 81 cm, ont été découvertes en 1932, à Salt Lake City (Utah, USA).

LES PLUS GRANDS CARNIVORES NON AVIENS

Selon les scientifiques, le groupe des thérapodes (dinosaures à pieds de bête) est à l'origine des oiseaux. Il comprenait le terrible *Tyrannosaurus rex*, *Allosaurus* et, encore plus gros, *Giganotosaurus* (à gauche), qui vivait il y a 93 à 89 millions d'années. Il aurait mesuré jusqu'à 13 m de long et pesé jusqu'à 6 tonnes.

LONG LA ★ QUEUE DE DINOSAURE LA PLUS LONGUE EST CELLE DE *DIPLODOCUS*, UN SAUROPODE D'AMÉRIQUE DU NORD. ELLE POUVAIT ATTEINDRE 13 M DE LONG.

ÉON — **PHANÉROZOÏQUE (-543-0 MILLIONS D'ANNÉES [MA])**
ÈRE — **MÉSOZOÏQUE (-251-65 MA)**
PÉRIODE — **TRIAS** (-251-206 MA) — **JURASSIQUE** (-206-144 MA)

245 MA La Terre est constituée d'un supercontinent appelé Pangée ; c'est **le plus vaste continent de l'histoire de la Terre**

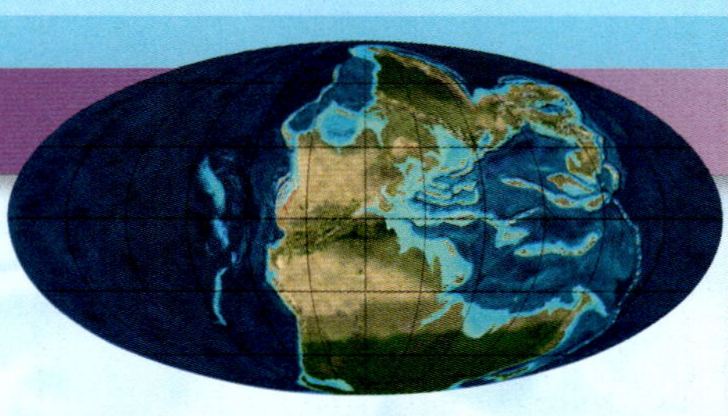

230 MA Les premiers dinosaures – des petits prédateurs bipèdes – font leur apparition

225 MA *Adelobasileus cromptoni*, sorte de musaraigne, est le 1er **mammifère connu**

225 MA Les ptérosaures s'envolent ; les reptiles géants tel l'ichtyosaure *Cymbospondylus* dominent les océans

200 MA Épisode d'extinction, mais les dinosaures prospèrent et prédominent

210 MA **Le dinosaure le plus long**, *Amphicoelias*, aurait mesuré 60 m de long

180 MA Les archosaures (dinosauriens, ptérosaures, crocodiliens) dominent les continents ; les reptiles marins continuent à régner sur les océans

*Source : Commission internationale de stratigraphie ; * non officiel, non ratifié par l'ICS ; couleurs fixées par la Commission de la carte géologique du monde*

59°57'N 10°45'E

OSLO, NORVÈGE

Le **plus grand orchestre** jamais constitué est celui qui a réuni 20 100 membres du Norges Musikkorps Forbund au stade Ullevaal d'Oslo (Norvège), le 28 juin 1964.

ENCORE !
PASSIONNÉ D'ARCHÉOLOGIE ? RENDEZ-VOUS P.82-83.

★ LE PLUS GRAND FOSSILE DE SINOSAUROPTERYX

Le muséum d'Histoire naturelle de la province de Shandong (Chine) abrite un fossile complet de *Sinosauropteryx* mesurant 3,8 m de long. Le *Sinosauropteryx* est le 1er dinosaure à avoir apporté la preuve qu'il avait des plumes sur la tête.

LE PLUS GRAND SQUELETTE DE TYRANNOSAURUS REX ET LE PLUS COMPLET

Le squelette de *Tyrannosaurus rex* le plus grand et le plus complet jamais retrouvé a été baptisé Sue. Il mesure 4 m de haut et 12,5 m de long. Il a été découvert dans le Dakota du Sud (USA), le 12 août 1990, par l'exploratrice Sue Hendrickson (USA) qui lui a donné son nom.

● LE PLUS GROS OISEAU PRÉHISTORIQUE CARNIVORE

Brontornis burmeisteri, qui a vécu en Patagonie (Amérique du Sud) au Miocène, est le plus gros oiseau carnivore de l'histoire. Cet immense ratite (oiseau incapable de voler) mesurait environ 2,8 m de haut et pesait 350 à 400 kg, 2 fois plus que le plus gros oiseau actuel, l'autruche (*Struthio camelus*).

LE NOM DE GENRE LE PLUS LONG

Micropachycephalosaurus, qui signifie "petit lézard à tête épaisse", est le nom de genre le plus long chez les dinosaures, avec pas moins de 23 lettres et 9 syllabes ! Ce petit dinosaure de 50-100 cm de long, baptisé en 1978 par des paléontologues chinois, est un herbivore à grosse tête. Il a vécu en Chine au Crétacé supérieur, il y a 83 à 73 millions d'années.

★ LE PLUS GRAND MOSASAURE

Les mosasaures sont des lézards marins préhistoriques, cousins des varans actuels. Le plus grand mosasaure connu des scientifiques est *Hainosaurus*, qui pouvait mesurer 15 m de long.

★ LE DINOSAURE AUX CORNES LES PLUS LONGUES

Triceratops, un cératopsien d'Amérique du Nord, portait sur le front deux cornes de près de 1 m de long. Elles servaient sans doute lors des combats entre mâles rivaux.

★ LE PLUS PETIT CERVEAU

Stegosaurus ("lézard à plaques") – qui sillonnait il y a 150 millions d'années une zone couvrant le Colorado, l'Oklahoma, l'Utah et le Wyoming actuels (USA) – mesurait jusqu'à 9 m de long mais son cerveau, de la taille d'une noix, ne pesait que 70 g, soit 0,002 % de son poids total évalué à 3 300 kg par un ordinateur (ce pourcentage est de 0,06 % chez l'éléphant et de 1,88 % chez l'homme).

LE PLUS GRAND CROCODILE DE L'HISTOIRE

Sarcosuchus imperator est un crocodile préhistorique qui vivait il y a 110 millions d'années environ. Des restes fossilisés mis au jour récemment dans le désert du Sahara (Afrique) suggèrent qu'il atteignait sa taille définitive de 11-12 m et son poids maximal de 8 tonnes environ, à 50-60 ans.

vient du grec et signifie "fait apparaître la vie" ; éon actuel, caractérisé par la richesse de la vie animale

signifie "milieu de la vie" en grec

CRÉTACÉ
(-144-65 Ma)

160 Ma Le réchauffement de la Terre engendre un climat humide. Une jungle luxuriante de grands conifères et de cycadales se développe

155 Ma *Allosaurus* est un des 1ers grands prédateurs terrestres du Jurassique

150 Ma L'apparition d'*Archaeopteryx* marque le début de l'évolution des dinosaures thérapodes vers les **1ers oiseaux**

130 Ma La Terre abrite désormais des géants, notamment *Giganotosaurus* et *Argentinosaurus*, les **plus grands animaux terrestres de l'Histoire**

115 Ma Les mammifères sont petits mais prolifèrent ; leur taille, leur forme et leur diversité sont limitées par la domination des dinosaures

100 Ma La variété des dinosaures, les vertébrés terrestres qui dominent depuis le Jurassique, est à son apogée

90 Ma Les angiospermes se diversifient grâce à l'apparition des insectes pollinisateurs

65 Ma À la fin du Crétacé, une extinction massive fait disparaître 40 % des familles d'animaux, dont les dinosaures ; l'ère des reptiles est terminée

PLANÈTE VIVANTE

DRÔLES DE BÊTES

★LE PLUS GROS OURS

Le gigantesque ours à face courte (*Arctodus simus*) est le plus gros ours de tous les temps. On estime que cet animal préhistorique, pesait entre 600 et 800 kg. Les mâles étaient plus gros que les femelles. Sur leurs quatre pattes, ils devaient atteindre environ 1,6 m au garrot.

LE PLUS PETIT HOMINIDÉ

Découvert par des scientifiques indonésiens et australiens dans une grotte de l'île de Flores (Indonésie) en 2003, *Homo floresiensis* ne mesurait que 1 m de haut. Cet hominidé vivait encore sur l'île il y a 13 000 ans.

★LA PLUS LONGUE DÉFENSE DE MASTODONTE

Une défense de mastodonte de 5,02 m de long a été exhumée entre le 17 et le 28 juillet sur un chantier de fouilles à Milia (Grevena, Grèce) dirigé par Evangelia Tsoukala, Dick Mol et une équipe de paléontologues de l'université Aristotede Thessalonique et de l'école de géologie.

★ NOUVEAU RECORD ● MISE À JOUR

★LE FOSSILE DE PRIMATE LE PLUS COMPLET

Le 19 mai 2009, une équipe internationale de scientifiques a présenté les restes fossilisés d'un primate ayant vécu il y a 47 millions d'années. C'est le fossile le plus complet d'un primate découvert à ce jour. Le squelette de 1 m de long est celui d'une femelle ressemblant beaucoup à un lémurien actuel. *Darwinius masillae* (c'est son nom) a été découvert en Allemagne en 1993, mais l'authentification et la préparation du spécimen pour la vente ont demandé beaucoup de temps. L'avenir dira quel est véritablement l'intérêt de ce fossile.

FOSSILE
LE MAMMOUTH JARKOV – DU NOM DE GUENADI JARKOV, LE GARÇON DE 9 ANS QUI AIDA À SA DÉCOUVERTE – EST LE PLUS ANCIEN MAMMOUTH ENCORE INTACT. IL AURAIT 23 000 ANS.

FAMILLE
LES ÉLÉPHANTS ET LES MAMMOUTHS FONT PARTIE DE LA FAMILLE DES ÉLÉPHANTINES. L'ÉLÉPHANT D'ASIE EST PLUS PROCHE DU MAMMOUTH QUE L'ÉLÉPHANT D'AFRIQUE.

LE PLUS GROS ÉLÉPHANT DE L'HISTOIRE

Mamuthus trogontherii, le mammouth des steppes, a vécu il y a 1 million d'années dans l'actuelle Europe centrale. D'après un squelette fragmenté retrouvé à Mosbach (Allemagne), cette espèce devait atteindre 4,5 m de haut au garrot – une taille comparable à celle du plus gros éléphant d'Afrique de l'Histoire, qui mesurait 3,6 m et pesait plus de 8,1 tonnes.

ÉON — PHANÉROZOÏQUE (-543-0 MILLION D'ANNÉES [MA])
ÈRE — CÉNOZOÏQUE (-65-0 MA)
PÉRIODE — PALÉOGÈNE (-65-23 MA)

-65 MA
Les continents continuent à dériver vers leur position actuelle ; le supercontinent de la Laurasie n'est pas encore fractionné

-60 MA
Suite à une extinction de masse, seuls les animaux plus petits que le crocodile subsistent ; les oiseaux sont les plus gros animaux et les plus grands prédateurs

-55 MA
La faune mammifère (souvent géante) prolifère au fur et à mesure que les niches écologiques se remplissent ; apparition des éléphants, rongeurs, primates et baleines

-36 MA
L'Antarctique commence à geler, entraînant un refroidissement des océans ; 25 % de la faune du globe disparaît

-30 MA
Apparition des ancêtres de certains mammifères, dont beaucoup sont aussi grands que les dinosaures, comme *Indricotherium*, le **plus grand mammifère terrestre de l'Histoire**

-23 MA
Apparition des 1ers vrais carnivores ; les prairies, qui couvrent un 5e de la planète, dominent le paysage

*Source : Commission internationale de stratigraphie; * non officiel, non ratifié par l'ICS ; couleurs fixées par la Commission de la carte géologique du monde*

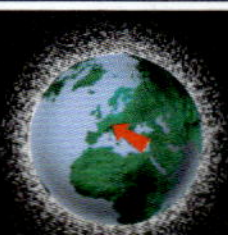

46°04'N 11°08'E

TRENTE, ITALIE

La ●**plus ancienne course internationale de patinage de vitesse** est le Trophée Alberto Nicolodi, organisé par le Sportivi Ghiaccio Trento, à Trente (Italie) depuis 1961. Il a fêté son 49e anniversaire les 20 et 21 février 2010.

ENCORE ! TOUS CES MONSTRES SONT ÉTEINTS DEPUIS LONGTEMPS. SI LES MAMMIFÈRES D'AUJOURD'HUI VOUS INTÉRESSENT, ALLEZ P. 66-67.

★LE PLUS GRAND PARESSEUX

Megatherium, paresseux terrestre géant, a vécu au Pliocène et au Pléistocène durant 5,3 millions d'années, dans ce qui est actuellement l'Amérique du Sud. On pense qu'il mesurait 5,1 m debout sur les pattes arrière et pesait 4,5 tonnes.

LE SAVIEZ-VOUS?

LE PLUS GRAND SQUELETTE COMPLET DE MAMMOUTH A ÉTÉ DÉCOUVERT À WEST RUNTON, PRÈS DE CROMER (NORFOLK, GB) EN 1990. BAPTISÉ ÉLÉPHANT DE WEST RUNTON, IL MESURE 4 M AU GARROT.

Megaloceros giganteus, un cerf géant aujourd'hui disparu, avait des bois pouvant atteindre 4,3 m de diamètre.

INFO

LE PLUS GROS ANIMAL PRÉHISTORIQUE

Indricotherium, de la famille des hiracodontidés, est un rhinocérotidé au long cou et sans corne, haut de 5,41 m au garrot et long de 11,27 m. Il a vécu il y a 35 millions d'années dans l'ouest de l'Asie et en Europe.

★LA PLUS GROSSE BÊTE-TONNERRE

Les bêtes-tonnerre, également connues sous le nom de brontothères ou titanothères, sont d'énormes ongulés périssodactyles (ils ont un nombre impair de doigts et marchent en s'appuyant sur le doigt médian) ressemblant au rhinocéros. *Brontotherium*, le plus gros, vivait en Amérique du Nord il y a 55,8 à 33,9 millions d'années. Il possédait sur le nez une énorme structure osseuse en forme de Y, semblable à une corne. Cet herbivore imposant de 2,5 m de haut au garrot devait peser jusqu'à 1 000 kg. Quand les Indiens d'Amérique ont découvert les 1er os fossilisés de ce gigantesque mammifère, ils ont cru qu'il s'agissait des restes d'un animal légendaire appelé cheval-tonnerre – qui descendait du ciel et faisait des bruits fracassants pendant les orages. D'où son nom de "bête-tonnerre" donné par les scientifiques.

★LE PLUS GROS MAMMIFÈRE OVIPARE

Zaglossus hacketti, un échidné à long bec que l'on connaît grâce à des fossiles retrouvés en Australie-Occidentale, pesait jusqu'à 100 kg et avait la taille d'un mouton. Cet énorme cousin des échidnés (fourmiliers dotés d'épines) actuels a vécu il y a entre 2,6 millions d'années et 12 000 ans.

★LE PLUS GRAND TIGRE À DENTS DE SABRE

Smilodon populator est un tigre à dents de sabre qui a occupé une zone correspondant à l'Amérique du Sud il y a 1 million d'années à 10 000 ans. Il mesurait 1,56 m au garrot et ses deux canines acérées faisaient jusqu'à 30 cm de long.

signifie "fait apparaître la vie" en grec ; éon actuel, caractérisé par la richesse de la vie animale

signifie "milieu de la vie" en grec

NÉOGÈNE (- 23-5 MA)

- 20 MA
Les herbivores ont développé une dentition et un système digestif plus complexe ; ils se rassemblent et migrent en fonction des saisons

- 15 MA
Âge d'or de *Deinotherium*, le 2e plus gros mammifère terrestre de l'Histoire. C'est un proboscidien cousin de l'éléphant actuel

- 10 MA
Carcharodon megalodon, le ★**plus grand requin prédateur de l'Histoire**, peuple les océans ; il mesure 16 m de long et sa gueule fait sans doute 2 m de large

- 4 MA
Nos ancêtres sont la proie de *Dinofelis*, un redoutable mammifère carnivore à dents de sabre de la famille des félins

- 2,5 MA
Homo habilis invente les outils ; le ★**1er humain reconnaissable en tant que tel** descend d'hominidés tels qu'*Australopithecus aferensis*

QUATERNAIRE (- 5-0 MA)

- 2 MA
Les mammouths (genre *Mammuthus*) apparaissent ; leur pelage dense et leur peau épaisse leur permettent de survivre au froid intense

- 190 000 A
Homo sapiens – oui, c'est nous – apparaît en Afrique de l'Est ; en 40 000 ans, il se répand à travers l'Asie, l'Europe et l'Extrême-Orient

PADOUE, ITALIE

45°25'N 11°52'E

Créé en 1545, l'Orto Botanico à Padoue (Italie) est le **plus ancien jardin botanique** du monde encore à son emplacement d'origine. Le plan initial – un jardin central circulaire (symbolisant le monde) entouré d'eau – n'a jamais été modifié.

PLANÈTE VIVANTE

INSECTES & ARACHNIDES

SCARABÉES :

attention, ils mordent ! Leur nom anglais (beetle) dérive de l'allemand et signifie "petit mordeur".

100%

CURIEUX MÉCANISME DE DÉFENSE

Le coléoptère bombardier (genre *Brachinus*) dispose de deux substances chimiques inoffensives en réserve dans son abdomen. Lorsqu'il se sent menacé, les liquides sont transférés dans une cavité et mélangés à un enzyme, produisant une réaction chimique d'une telle violence qu'elle provoque une forte émission de chaleur (jusqu'à 100 °C) par l'anus.

★ LE COLÉOPTÈRE LE PLUS RÉSISTANT

Le coléoptère le plus résistant du monde est un petit insecte de l'espèce *Niptus hololeucus*. Le chercheur Malcolm Burr a découvert 1 547 spécimens en pleine santé, dans une bouteille de caséine restée fermée pendant 12 ans, et déniché une colonie qui avait survécu 15 ans dans une boîte renfermant des feuilles de *Datura stramontium*, une plante toxique.

100%

★ LE NOM LE PLUS LONG

Le nom scientifique le plus long donné à un animal est *Parastratiosphecomyia stratiosphecomyioides*. Constitué de 42 lettres, il désigne la mouche soldat, une mouche vert argenté de la famille des *stratomyidae*.

★ LA PLUS GRANDE FAMILLE

La plus grande famille taxinomique, *Curculionidae*, est celle des charançons. Selon les dernières connaissances scientifiques, elle regroupe plus de 60 000 espèces.

★ LA MÉMOIRE DE FOURMI LA PLUS LONGUE

Elevées ensemble pendant 3 mois puis séparées, les ouvrières de deux espèces de fourmis – *Formica selysi* et *Manica rubida* – sont capables de se reconnaître 18 mois plus tard : la plus longue mémoire de fourmi connue à ce jour.

LA FOURMI LA PLUS MEURTRIÈRE

Habitant les régions côtières de l'Australie, la fourmi *bulldog* (*Myrmecia pyriformis*) se sert de son dard et de ses mâchoires simultanément. Elle a causé au moins 3 morts d'hommes depuis 1936.

L'INSECTE LE PLUS LOURD

L'insecte le plus lourd du monde est le scarabée goliath (*Goliathus goliathus*). À l'état de larve, ce scarabée africain pèse déjà 100 g !

★ LE PLUS GRAND COUSIN

Le cousin le plus grand du monde est l'*Holorusia brobdignagius*. Mesurant jusqu'à 23 cm de long, il est particulièrement mince et fragile.

★ LE NEZ DE COLÉOPTÈRE LE PLUS LONG

Originaire d'Afrique du Sud, le charançon des cycadales (*Antliarhinus zamiae*) mesure 3 cm de long. Il a le nez le plus allongé de tous les coléoptères. Long de 2 cm, celui-ci lui permet de creuser des trous dans les graines de cycadales, où il pond ensuite ses œufs.

100%

LE PLUS LONG MILLE-PATTES

Le mille-pattes géant africain (*Archispirostreptus gigas*) appartenant à Jim Klinger, Coppell (Texas, USA), mesure 38,7 cm de long, 6,7 cm de diamètre, et possède 256 pattes.

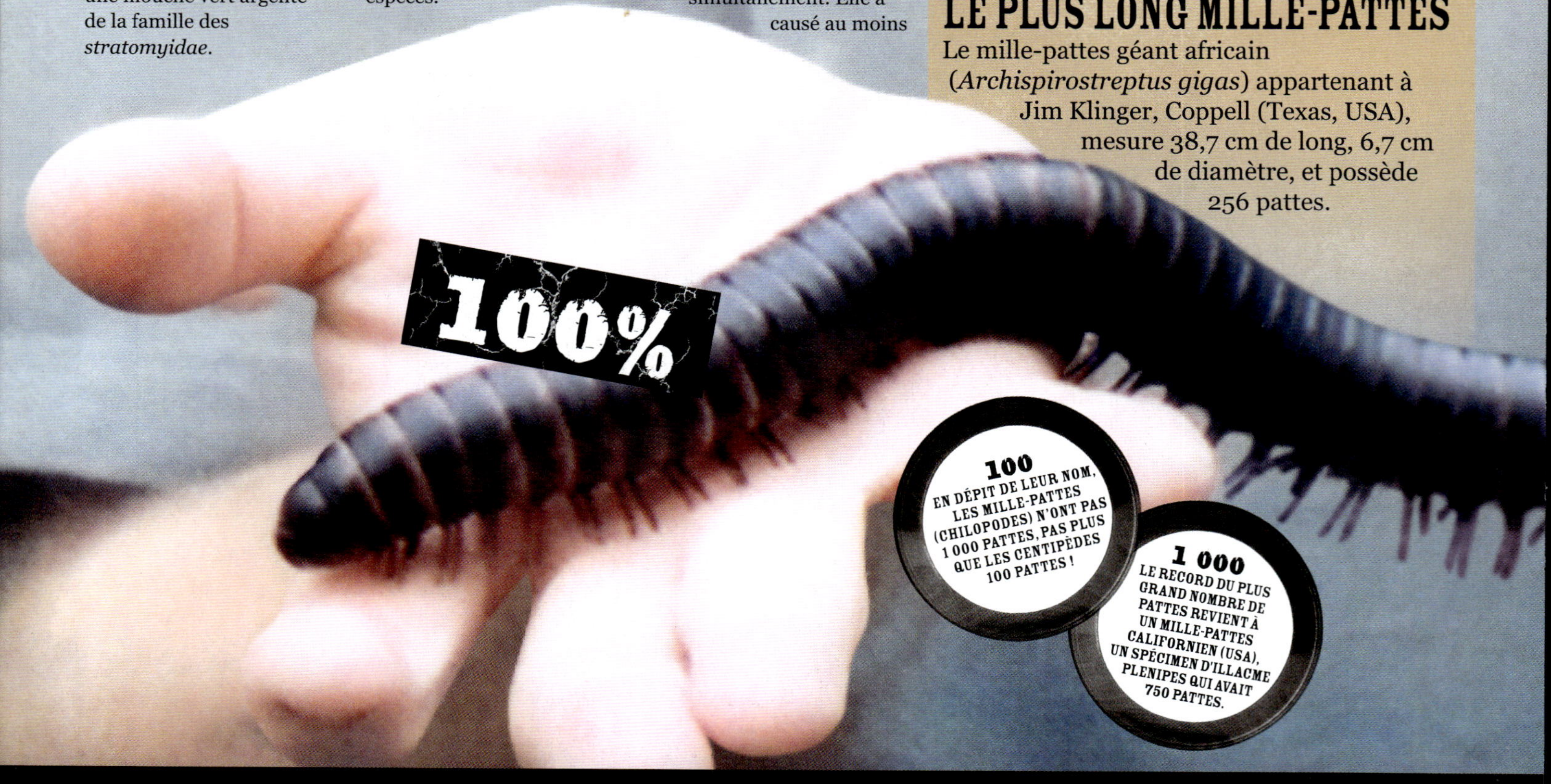

100%

100 EN DÉPIT DE LEUR NOM, LES MILLE-PATTES (CHILOPODES) N'ONT PAS 1 000 PATTES, PAS PLUS QUE LES CENTIPÈDES 100 PATTES !

1 000 LE RECORD DU PLUS GRAND NOMBRE DE PATTES REVIENT À UN MILLE-PATTES CALIFORNIEN (USA), UN SPÉCIMEN D'ILLACME PLENIPES QUI AVAIT 750 PATTES.

57°43'N 11°59'E

GOTHENBURG, SUÈDE

En juin 2000, George Olesen (Danemark) a remorqué un ferry de 11 353 tonnes sur une distance de 5 ,10 m, au port de Gothenburg, en Suède : c'est le **bateau le plus lourd jamais remorqué par un être humain.**

100%

Comme des mandibules, les pédipalpes des arachnides leur servent à attraper leurs proies, à creuser des abris, à se défendre et à séduire.

LE PLUS GROS SCORPION

Un spécimen d'*Heterometrus swannerdami* découvert pendant la Seconde Guerre mondiale en Inde, à Krishnarajapuram, mesurait 29,2 cm, de la pointe du dard à l'extrémité des pinces.

★ LA PLUS GRANDE ARAIGNÉE ORBITÈLE

En 2000, le biologiste slovène Matjaz Kuntner a déniché un spécimen gigantesque d'araignée orbitèle dans les collections de l'Institut pour la protection des plantes, à Pretoria, en Afrique du Sud. Non seulement cet arachnide appartenait à une espèce inconnue, baptisée ultérieurement *Nephila komaci* par le Dr Kuntner, mais il représentait la plus grande araignée orbitèle du monde. D'autres individus ont été identifiés depuis, dont certains à Madagascar. La taille des mâles n'atteint pas le quart de celle des femelles qui mesurent jusqu'à 12 cm de large et tissent des toiles de 1 m de diamètre.

L'ARAIGNÉE LA PLUS GRANDE

En avril 1965, un spécimen mâle d'araignée goliath mangeuse d'oiseaux (*Theraphosa blondi*), trouvé à Rio Cavro, au Venezuela, mesurait 28 cm de large, c'est-à-dire la taille d'une grande assiette.

LA TOILE LA PLUS RÉSISTANTE

Les araignées du genre *Nephila* capturent des petits oiseaux et des grenouilles (photo) dans des toiles si résistantes qu'elles peuvent entraver les mouvements de mammifères et même d'êtres humains. Les araignées de l'espèce tropicale africaine *N. senegalensis* déposent les restes de leurs repas dans un coin de leur toile (on y a découvert des carcasses d'oiseaux).

ENCORE !
P. 56-57 : CRUSTACÉS INCROYABLES
P. 66-67 : MERVEILLEUX MAMMIFÈRES

Cher GWR, mon mille-pattes géant mesure 38,7 cm, est-ce un record ?

Jim Klinger, Jungle Jim's Bugs of the World. Oui, c'en est un !

★ NOUVEAU RECORD
● MISE À JOUR

VENISE, ITALIE

45°27'N 12°21'E

Venise est la **ville la plus humide** du monde. À la fin du xxe siècle, elle était inondée 50 fois par an ; on estime que le niveau de l'eau augmentera de 20,3 cm au cours des 50 prochaines années.

PLANÈTE VIVANTE

CRUSTACÉS & MOLLUSQUES

QUIZ !
LES CRÉATURES SUIVANTES SONT-ELLES DES MOLLUSQUES OU DES CRUSTACÉS ?
A. CRABE B. PIEUVRE C. LIMACE DE MER
RÉPONSE P. 278

★ LA MEILLEURE VISION NOCTURNE

Gigantocypris est un crustacé marin (voir photo) vivant à plus de 1 000 m de profondeur, là où la lumière du jour ne pénètre pas. Heureusement, cet ostracode dispose de la meilleure vision du monde animal. La sensibilité de ses yeux à la lumière est de 0,25 f (f étant l'unité de mesure de cette sensibilité), alors que celle de l'homme est d'environ 2,55. Chaque œil possède une paire de réflecteurs paraboliques renvoyant le moindre rayon au milieu de la rétine.

★ LE PLUS GRAND COPÉPODE

Les copépodes sont de petits crustacés marins, de 1 à 2 mm de long en général, qui

100 % forment la biomasse la plus importante des océans. L'espèce la plus grande, *Pennella balaenopterae*, vit en parasite sur le dos du rorqual commun (*Balaenoptera physalus*). Il peut atteindre 32 cm de long.

LE PLUS GRAND CRUSTACÉ TERRESTRE

Le crabe de cocotier (*Birgus latro*), qui vit dans les îles tropicales et les atolls de l'océan Pacifique et de l'océan Indien, est le plus grand crustacé terrestre vivant. Pesant jusqu'à 4,1 kg, certains sont dotés de pattes de 1 m de long. Le **plus grand crustacé** est le crabe araignée géant (*Macrocheira kaempferi*) : de pince à pince, il mesure plus de 3,7 m.

★ LES CRUSTACÉS LES PLUS RÉCEMMENT DÉCRITS

En 1979, lors d'une plongée dans la Lucayan Cavern sous l'île de Grand Bahama, le biologiste Dr Jill Yager (USA) a découvert une espèce de petit crustacé ressemblant à un ver. Nommée *Speleonectes lucayensis*, celle-ci différait tant de tous les crustacés connus qu'une nouvelle classe taxinomique – Remipedia – a été créée en 1981. D'autres espèces parentes ont depuis été répertoriées, toutes aveugles et dotées de membres en forme de rames, d'où leur nom, les remipèdes (“aux pieds en rame”).

★ LE CRABE LE PLUS MATERNEL

La femelle du crabe des broméliacées (*Metopaulias depressus*), crabe terrestre vivant dans les forêts de montagne, pond ses œufs dans des réserves d'eau de pluie formées au creux des grandes feuilles des broméliacées. Au bout de 3 mois, une fois les œufs éclos, elle nourrit sa progéniture avec de petits insectes et chasse les prédateurs, comme les lézards et les grosses araignées.

TUNIQUE ? LE CHITON GÉANT TIRE SON NOM DU GREC ANCIEN CHITON, QUI DÉRIVE DU MOT CHITONISCOS SIGNIFIANT TUNIQUE.

PANTOUFLE ! LE CHITON RESSEMBLE À... UNE PANTOUFLE ! CRÉATURE NOCTURNE, IL S'ACCROCHE AUX ROCHERS ET SE NOURRIT D'ALGUES ET DE LAMINAIRES.

★ LE PLUS GRAND CHITON

Le chiton est un mollusque marin d'un type primitif. Le plus grand est le chiton géant du pacifique (*Cryptochiton stelleri*). Vivant dans le Pacifique au large des côtes nord-américaines et japonaises, il peut atteindre 33 cm de long et 13 cm de large. Son “manteau” rouge, rappelant le cuir, l'enveloppe comme une tunique et recouvre une série de plaques dorsales articulées.

51°18'N 12°22'E

LEIPZIG, ALLEMAGNE

Le **plus grand ensemble musical de sonnettes de vélos** a été organisé par le professeur Jörg Kärger à l'université de Leipzig (Allemagne), le 23 novembre 2003. Il était composé de 503 participants qui ont joué des chansons traditionnelles allemandes.

LE PLUS GROS BIVALVE

Le plus gros coquillage bivalve existant est le tridacne ou bénitier géant (*Tridacna gigas*), qui vit dans les récifs coralliens du Pacifique et de l'océan Indien. Un spécimen de 333 kg mesurant 1,15 m de long a été ramassé au large de l'île d'Ishigaki, Okinawa (Japon), en 1956. Vivant, il devait peser plus de 340 kg.

LE SAVIEZ-VOUS ?

LE NOM "CRUSTACÉ" VIENT DE CRUSTA (CROÛTE) ET FAIT RÉFÉRENCE À L'EXOSQUELETTE DUR DE L'ANIMAL. "MOLLUSQUE" EST ISSU DE MOLLUSCA ("ÉCORCE MOLLE"). LA COQUE FRAGILE DU MOLLUSQUE RECOUVRE EN EFFET UN CORPS MOU.

Les limaces aiment la bière ! En 1987, des chercheurs de l'université du Colorado (USA) ont identifié leur boisson préférée : le Kingsbury Malt Beverage.

INFO

CROQUE ! CERTAINES LIMACES ONT DES DIZAINES DE MILLIERS DE PETITES DENTS ACÉRÉES, QUI SONT EN PERMANENCE REMPLACÉES.

★LA PLUS GRANDE BERNACLE

Les bernacles sont des crustacés marins qui s'accrochent aux surfaces. La plus grande d'entre elles, *Balanus nubilis*, mesure jusqu'à 12,7 cm de haut.

★LE PLUS GRAND MOLLUSQUE

Un calmar colossal (*Mesonychoteuthis hamiltoni*), pesant 450 kg pour 10 m de long, a été capturé dans la mer de Ross, dans l'Antarctique. C'était un adulte mâle. Il a été transféré en Nouvelle-Zélande afin d'être étudié, et la prise a été annoncée le 22 février 2007. Le calmar colossal est moins grand que le calmar géant, mais il est plus lourd.

LE MOLLUSQUE LE PLUS VENIMEUX

Les deux espèces parentes de poulpes à anneaux bleus, *Hapalochlaena maculosa* et *H. lunulata*, vivent à proximité des côtes australiennes et dans certaines zones d'Asie du Sud-Est. Elles possèdent un venin neurotoxique si puissant que leur morsure, bien que peu douloureuse, peut s'avérer fatale en l'espace de quelques minutes. Chaque individu disposerait de suffisamment de venin pour paralyser (voire tuer) 10 hommes adultes. Les poulpes à anneaux bleus ne sont pas réputés agressifs ; ils ne mordent que lorsqu'on les sort de l'eau ou lorsqu'on les provoque. Ces mollusques disposent d'une propagation radiale de seulement 100 à 200 mm.

LE PLUS GRAND RAPPORT ŒIL-CORPS

Le calmar vampire des profondeurs (*Vampyroteuthis infernalis*) possède le plus grand rapport entre l'œil et le corps de tout le règne animal. Son corps peut atteindre 28 cm de long alors que ses yeux font 2,5 cm de diamètre.

LE PLUS VIEUX MOLLUSQUE

En 2006, une cyprine (*Arctica islandica*) a été remontée des profondeurs au large de l'Islande par une équipe de la Bangor University's School of Ocean Sciences (pays de Galles, GB). Le 28 octobre 2007, les chercheurs ont révélé qu'elle avait entre 405 et 410 ans. Elle a été surnommée "Ming", du nom de la dynastie chinoise au pouvoir à sa naissance !

GASTÉROPODE : d'un mot grec qui signifie "estomac dans les talons", les limaces se déplaçant sur le ventre.

100 %

★LA PLUS GRANDE LIMACE

La plus grande espèce de limace terrestre est la *Limax cinereoniger*. En dehors de la Scandinavie, elle est très largement répandue. Ce mollusque gastéropode se nourrit de champignons et peut atteindre la taille de 30 cm.

VATICAN 41°54'N 12°27'E

L'**armée la plus ancienne** est la Garde suisse pontificale du Vatican, forte de 80 à 90 membres. Cette unité a été fondée le 21 janvier 1506, mais ses origines seraient antérieures au XVe siècle.

PLANÈTE VIVANTE

POISSONS & VIE MARINE

★ LE REGARD DE POISSON LE PLUS BRÛLANT

Pour améliorer sa vue dans l'eau froide et mieux repérer ses proies, l'espadon (*Xiphias gladius*) a des organes spéciaux qui chauffent ses yeux à 28 °C.

QUIZ !
QUEL EST LE PLUS GROS POISSON DES MERS ?
RÉPONSE P. 278

★ LES CRINOÏDES LES PLUS GRANDS

En dépit de leur aspect, les crinoïdes ne sont pas des plantes mais des animaux. L'espèce la plus grande, du genre *Metacrinus*, vit dans l'océan Pacifique. La tige atteint 61 cm et les bras 15,2 cm.

★ LE PLUS GRAND BARRACUDA

Le 11 avril 2002, un barracuda de 38,6 kg a été pêché au large de l'île Christmas (Kiribati) dans l'océan Pacifique.

LE PLUS GROS ŒUF DE POISSON

Le 29 juin 1953, un œuf de requin-baleine (*Rhincodon typus*) de 30,5 x 14 x 8,9 cm a été découvert dans le golfe du Mexique.

★ LE PLUS PETIT OURSIN DE MER

Le test (carapace) de l'espèce d'oursin de mer *Echinocyamus scaber*, qui vit au large de la Nouvelle-Galles du Sud (Australie), mesure 5,5 mm de diamètre.

★ LA PLUS GRANDE FAMILLE DE POISSONS

La famille des Cyprinidés regroupe plus de 2 400 espèces et environ 220 genres. Parmi ses membres les plus connus, citons les carpes (dont le poisson rouge), les tanches, les barbes, les vairons et les barbeaux.

LA PLUS LONGUE NAGEOIRE DE POISSON

Chez les requins-renards (Alopiidés), le lobe supérieur de l'aileron caudal a parfois la même taille que le reste du corps. Des 3 espèces, la plus grande est le requin-renard commun (*Alopias vulpinus*), répandu dans les eaux tempérées et tropicales. Le requin-renard dont le corps est fin et lisse peut atteindre 6 m, dont près de 3 m pour l'aileron caudal.

LE POISSON LE PLUS RAPIDE

Au cours de tests de vitesse sur une courte distance effectués au Long Key Fishing Camp (Floride, USA), l'espadon-voilier (*Istiophorus platypterus*) a parcouru 91 m en 3 s, soit une vitesse de 109 km/h. En comparaison, le guépard fait des pointes à 96 km/h. L'espadon-voilier réalise ses accélérations grâce à ses muscles richement alimentés en oxygène.

LA MÉDUSE LA PLUS VENIMEUSE

La cuboméduse (*Chironex fleckeri*), qui vit au large des côtes septentrionales d'Australie, renferme assez de venin pour tuer 60 hommes. Elle fait en moyenne une victime par an.

★ LA PLUS GRANDE FAMILLE DE POISSONS DE MER

Les Gobiidés comptent plus de 2 000 espèces (dont le gobie nain barbelé, ci-dessous). Leur taille varie entre moins de 1 cm et 30 cm. Ils se fixent au substrat à l'aide de leurs nageoires pelviennes soudées faisant office de ventouse.

★ LA PLUS LONGUE GESTATION

Le requin-lézard (*Chlamydoselachus anguineus*), une espèce très primitive répandue dans tous les océans, a une période de gestation moyenne de 3,5 ans.

41°54'N 12°30'E

ROME, ITALIE

Le 15 février 2003, des défilés contre la guerre ont été organisés dans le monde entier. Selon les chiffres officiels de la police, des millions de personnes ont manifesté dans 600 villes. La **plus grande manifestation contre la guerre** s'est déroulée à Rome (Italie), où 3 millions de personnes ont protesté contre la menace des États-Unis d'envahir l'Irak.

★ NOUVEAU RECORD
● MISE À JOUR

OURSIN : un nom de doudou pour un animal qui n'a absolument rien de doux !

★ L'ÉTOILE DE MER LA PLUS LOURDE

Le 14 septembre 1969, un spécimen de *Thromidia catalai*, une énorme étoile de mer à 5 branches native du Pacifique, a été ramassé au large de l'îlot Amédée (Nouvelle-Calédonie). D'un poids estimé à 6 kg, elle a été transférée à l'aquarium de Nouméa.

LA PLUS LONGUE MIGRATION DE POISSONS

Un thon rouge du Nord (*Thunnus thynnus*) a été repéré au large de Baja California (Mexique) en 1958 et pêché à 483 km au sud de Tokyo (Japon) en avril 1963. Il avait parcouru près de 9 335 km et son poids était passé de 16 kg à 121 kg.

★ LA PLUS GRANDE COLONIE DE CORAIL-CERVEAU

On peut observer un corail-cerveau d'environ 3 m de haut et 5 m de diamètre sur le site de plongée Kelleston Drain, au sud de l'île de Little Tobago (Trinité-et-Tobago). Le corail-cerveau n'est pas un seul et unique organisme : il est composé de millions de polypes de corail individuels vivant ensemble en colonie.

HAUT
LE POISSON QUI VIT À LA PLUS HAUTE ALTITUDE EST LA LOCHE TIBÉTAINE (COBITIDÉS). ON LA TROUVE À 5 200 M DANS L'HIMALAYA.

PROFOND
LE POISSON DES PLUS GRANDES PROFONDEURS EST L'ABYSSOBROTULA GALATHEAE ; IL VIT À 8 370 M DE LA SURFACE.

★ LE POISSON LE PLUS LOURD

Le 11 novembre 1949, un spécimen de requin-baleine (*Rhincodon typus*) a été pêché au large de Baba Island près de Karachi (Pakistan). Il mesurait 12,65 m. C'est le **plus long poisson** du monde et également le plus lourd avec un poids estimé entre 15 et 21 tonnes. Les requins et les raies sont des poissons cartilagineux : leur squelette se compose de cartilage, non d'os comme de nombreuses autres espèces de poisson. Le **poisson osseux le plus lourd** est la môle (*Mola mola*), qui peut peser jusqu'à 2 t et atteindre 3 m de long.

LA PLUS GRANDE MÉDUSE

La plupart des méduses mesurent de 2 à 40 cm de diamètre, mais certaines espèces sont bien plus grandes. Le spécimen le plus grand est une méduse à crinière de lion (*Cyanea capillata arctica*) pêchée dans la baie du Massachusetts (USA) en 1870. Son corps mesurait 2,28 m de large et ses tentacules 36,5 m de long.

LA SURVIE LA PLUS LONGUE D'UN POISSON HORS DE L'EAU

6 espèces de poissons-salamandres vivent dans des marécages d'eau douce asséchés 6 mois par an, parfois l'année entière. Parmi les 4 espèces trouvées en Afrique (*Protopterus annectens*, *P. aethiopicus*, *P. dolloi* et *P. amphibius*) 2 sont considérées comme des expertes de la survie. Quand l'étang s'assèche, elles s'enfoncent profondément dans la vase et secrètent un mucus pour fabriquer un cocon qui maintient l'humidité autour de leur corps. Elles n'utilisent plus leurs branchies pour respirer, mais leurs poumons et peuvent ainsi survivre 4 ans.

LE SAVIEZ-VOUS ?
LA CLASSIFICATION SCIENTIFIQUE DES ESPÈCES RÉPARTIT LES ÊTRES VIVANTS EN FONCTION DU RÈGNE, DE L'EMBRANCHEMENT, DE LA CLASSE, DE L'ORDRE, DE LA FAMILLE, DU GENRE ET DE L'ESPÈCE.

L'Afrique abrite 4 espèces de poissons à poumons. Il en existe 2 autres, une en Australie et l'autre en Amérique du Sud.

INFO

COPENHAGUE, DANEMARK
55°40'N 12°34'E
Bakken est le **plus ancien parc d'attractions du monde toujours en activité.** Situé à Klampenborg, au nord de Copenhague (Danemark), il a ouvert ses portes en 1583 et compte 150 attractions, parmi lesquelles des montagnes russes en bois fabriquées en 1932.

PLANÈTE VIVANTE

AMPHI-BIENS

★LE PLUS GRAND AMPHIUMA

Les amphiumas sont des salamandres aquatiques d'Amérique du Nord, sans langue et dotées de bras minuscules, dont le corps allongé fait penser à celui d'une anguille. L'amphiuma à trois doigts (*Amphiuma tridactylum*) (photo ci-dessus), le plus grand de ces batraciens, peut mesurer 1 m de long. Il possède des branchies mais pas de paupières, et vit dans les marais et les lacs du sud-est des États-Unis.

★L'AMPHIBIEN LE PLUS TRANSPARENT

Les grenouilles "de verre" de la famille des *Centrolenidae* sont natives des forêts tropicales de l'Amérique centrale et du Sud. Leur peau est verte sauf au niveau de l'abdomen où, transparente, elle ressemble à du verre opalescent. Elle laisse clairement apparaître le cœur, le foie et les intestins.

LA GRENOUILLE LA PLUS GRANDE

Une grenouille goliath africaine (*Conraua goliath*) capturée en avril 1899 au bord du fleuve Sanaga, au Cameroun, mesurait 36,83 cm de long et 87,63 cm les pattes étendues, soit la taille d'un lapin. La **plus petite grenouille du monde**, et donc le **plus petit amphibien connu**, est *Eleutherodactylus limbatus*, une grenouille cubaine qui mesure entre 8,5 et 12 mm.

● L'AMPHIBIEN LE PLUS RARE

La liste rouge des espèces menacées mentionne deux crapauds éteints à l'état sauvage :

Le crapaud du Wyoming (*Bufo baxteri*) n'existe plus que dans le Mortenson Lake National Wildlife Refuge du Wyoming (USA) ; déclaré disparu à l'état sauvage en 1980, il a été redécouvert en 1987, mais aucune naissance n'a été signalée depuis 1991.

Les quelques centaines de crapauds cracheurs Kihansi encore en vie (*Nectophrynoides asperginis*, crapaud nain de Tanzanie), sont conservés au zoo du Bronx, New York (USA).

★L'AMPHIBIEN LE MOINS FÉCOND

La grenouille la moins féconde du monde est la grenouille cubaine (*Sminthillus limbatus*), une minuscule espèce de grenouille venimeuse dont la femelle pond un œuf unique. À l'inverse, une femelle de **l'espèce amphibienne la plus féconde du monde**, le crapaud buffle (*Bufo marinus*), peut pondre entre 30 000 et 35 000 œufs par couvée.

LES PLUS VENIMEUX…

Grenouille La phyllobate terrible (*Phyllobates terribilis*) d'Amérique du Sud et centrale mesure 4 à 5 cm, mais sécrète assez de toxine pour empoisonner 10 humains ou 20 000 souris de laboratoire.

QUIZ !

QUEL JEU D'ARCADE REPRÉSENTE UN AMPHIBIEN TRAVERSANT UNE ROUTE ENCOMBRÉE ET UNE RIVIÈRE EN CRUE ?

RÉPONSE P. 278

★LE GENRE LE PLUS PROLIFIQUE

Le genre *Pristimantis* regroupe déjà plus de 400 espèces de grenouilles, et on en décrit de nouvelles tous les ans. Originaires d'Amérique centrale et du Sud, ces petites grenouilles pondent leurs œufs sur la terre ferme. Les grenouilles éclosent directement, sans passer par le stade de têtard.

46°03'N 13°14'E

UDINE, ITALIE

Le 11 juin 2000, l'Udine Pedala 2000, course de vélo de 29,3 km organisée par Rolo Banca 1473 à Udine (Italie), a réuni 48 615 personnes, le **plus grand nombre de participants à un événement cycliste**.

★ NOUVEAU RECORD
● MISE À JOUR

TERRE
LE MOT AMPHIBIEN VIENT DU GREC AMPHI "EN DOUBLE" ET BIOS "VIE" : DOUBLE VIE...

EAU
... CETTE DOUBLE VIE SE RÉFÈRE À LA CAPACITÉ DES AMPHIBIENS DE VIVRE AU SEC ET DANS L'EAU : DES ÊTRES MI-POISSON, MI-REPTILE.

LA PLUS GRANDE CÉCILIE

Les amphibiens sont divisés en 3 groupes : les anoures (grenouilles et crapauds), les urodèles (tritons et salamandres) et les gymnophiones (cécilies). Ces derniers comprennent des espèces tropicales aux pattes atrophiées, dont les yeux disparaissent sous un repli de peau. La plus grande est la cécilie de Thompson (*Caecilia thompsoni*), une espèce colombienne qui peut atteindre 1,51 m de long. Elle habite les forêts tropicales humides, les forêts des vallées subtropicales, les plantations et les jardins.

LE PLUS GRAND AMPHIBIEN

La salamandre géante (famille des *Cryptobranchidae*) est le plus grand des amphibiens. La palme revient à la salamandre géante chinoise (*Andrias davidianus*, ci-contre), qui fréquente les ruisseaux des montagnes de la Chine du Nord-Est, du centre et du Sud : un spécimen exceptionnel provenant de la province du Hunan mesurait 1,8 m et pesait 65 kg.

LE SAVIEZ-VOUS ?
EN JUIN 2009, LES HABITANTS D'ISHIKAWA (JAPON) ONT RAPPORTÉ DE NOMBREUX CAS DE GRENOUILLES ET DE TÊTARDS TOMBANT DU CIEL !

Triton Une goutte de sang du triton de Californie (*Taricha torosa*) contient assez de neurotoxine (tétrodotoxine) pour tuer des dizaines de milliers de souris de laboratoire.

LE PLUS GRAND TRITON

Le triton espagnol rayé (*Pleurodeles waltl*), natif du centre et du sud de l'Espagne et du Maroc, mesure entre 15 et 30 cm de long.
Le **triton le plus petit** est la salamandre sans poumon mexicaine (*Bolitoglossa mexicana*), qui ne dépasse jamais plus que 2,54 cm.

Dans le jeu d'arcade Frogger, un classique des années 1980, les joueurs doivent reconduire des grenouilles en lieu sûr.

INFO

★ LE COASSEMENT LE PLUS STRIDENT

La grenouille des torrents (*Odorrana tormota*) de Chine orientale émet des coassements à 128 kHz – bien supérieurs aux 20 kHz audibles par l'oreille humaine.

100 %

ENCORE ! PLUS D'HISTOIRES ENTRE HOMMES ET ANIMAUX P. 148.

PALERME, ITALIE
Le 10 février 1986, le **plus grand procès de mafieux** de tous les temps s'est déroulé à Palerme (Sicile, Italie). 426 accusés y ont été condamnés, dont 19 à la prison à perpétuité.
38°07'N 13°22'E

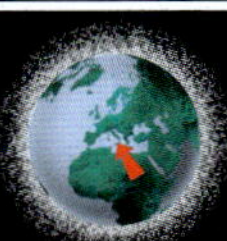

PLANÈTE VIVANTE

REPTILES

★LE CROCODILE LE PLUS RAPIDE SUR LA TERRE FERME

Le crocodile de Johnston (*Crocodylus johnstoni*) atteint 17 km/h en plein galop – un mode de locomotion terrestre dont seules de rares espèces de crocodiles sont capables. Celui-ci vit en Australie et mesure 2,5 à 3 m de long.

★LE PLUS PETIT CHÉLONIEN

De tous les chéloniens (tortues), l'homopode marqué (*Homopus signatus*) est le plus petit. Cette tortue, dont la carapace mesure de 6 à 9,6 cm, est si petite qu'elle peut se cacher dans les minuscules anfractuosités rocheuses.

★LE PLUS GRAND GECKO

Un seul spécimen du gecko géant de Marseille (*Hoplodactylus delcourti*) de 61 cm de long a pu être observé, mais à l'état naturalisé. Il était exposé au Museum d'histoire naturelle de Marseille (Bouches-du-Rhône) depuis plus d'un siècle quand Alain Delcourt a constaté en 1979 qu'il représentait une espèce à part entière, encore inconnue. Ce gecko a été nommé et décrit en 1986.

LE LÉZARD LE PLUS RAPIDE

Au cours d'une série d'expériences dirigées par le professeur Raymond Huey de l'université de Washington (USA) et ses collègues de l'université de Californie à Berkeley (USA), le record de vitesse enregistré par un reptile sur la terre ferme est de 34,9 km/h. Il a été réalisé par le *Ctenosaura*, un iguane d'Amérique centrale à la queue épineuse.

★LA PLUS LONGUE PÉRIODE D'INCUBATION DES REPTILES

De tous les ovipares, le tuatara (voir *Paroles d'experts*, p. 63) est l'animal qui couve ses œufs le plus longtemps. Des relevés scientifiques font état de 13 à 15 mois d'incubation.

★LES PLUS GROS ŒUFS DE CROCODILE

Natif d'Asie du Sud-Est, le faux gavial (*Tomiostoma schlegelii*) est un crocodile aux longues mâchoires étroites et au museau fin qui pond des œufs de 10 x 7 cm en moyenne. Malgré leur nom, les faux gavials s'apparenteraient plus aux gavials qu'aux crocodiles ou aux alligators.

★LE PLUS GRAND LÉZARD VENIMEUX

Avec ses 3,13 m de long et ses 70 kg, le dragon de Komodo (*Varanus komodoensis*) est le plus grand lézard. En 2009, des chercheurs de l'université de Melbourne (Australie) ont découvert que le reptile possédait, outre une salive chargée de bactéries virulentes, une paire de glandes secrétant un venin dans la mâchoire inférieure.

CORNES
LE LÉZARD À CORNES DU GENRE PHRYNOSOMA PEUT FAIRE JAILLIR DU SANG DE SES YEUX POUR EFFRAYER SES PRÉDATEURS.

ÉPINES
LE MOLOCH HÉRISSÉ, OU DIABLE CORNU (MOLOCH HORRIDUS), EST COUVERT D'ÉPINES. C'EST UNE PROIE DIFFICILE À AVALER POUR SES PRÉDATEURS.

BERLIN, ALLEMAGNE

52°31'N 13°25'E

Le **plus grand concert de rock** en termes de participants (600 artistes sur scène) et d'organisation est *The Wall* de Roger Waters du groupe Pink Floyd. Le concert a eu lieu le 21 juillet 1990 sur la Potsdamer Platz, la place qui reliait Berlin-Ouest à Berlin-Est (Allemagne).

LE SAVIEZ-VOUS ?

COMME LE DRAGON DE KOMODO, LE MONSTRE DE GILA (*HELODERMA SUSPECTUM*) ET LE LÉZARD PERLÉ (*HELODERMA HORRIDUM*) SONT VENIMEUX.

De tous les reptiles, les crocodiliens (crocodiles, alligators, caïmans et gavials) sont les êtres vivants les plus proches des oiseaux.

INFO

LA PLUS GROSSE TORTUE

La tortue géante (*Chelonoidis nigra*) des Galápagos est la plus grande tortue du monde. Un spécimen, nommé Goliath, a vécu au Life Fellowship Bird Sanctuary de Seffner (Floride, USA) de 1960 jusqu'à sa mort en novembre 2002. Il mesurait 1,35 m de long, 1,02 m de large et 68,5 cm de haut, et pesait 417 kg.

★LA VISION NOCTURNE EN COULEURS LA PLUS PRÉCISE

Contrairement à la plupart des animaux à vision nocturne, le gecko casqué (*Tarentola chazaliae*) perçoit les couleurs dans la nuit. Il devrait cette capacité particulière à la densité élevée des cônes de sa rétine.

★LE PAYS LE PLUS RICHE EN SERPENTS VENIMEUX

L'Australie compte non seulement le plus grand nombre d'espèces venimeuses de serpents, mais elle abrite 9 des 10 espèces de serpents les plus venimeux du monde – le serpent brun (*Pseudonaja textilis*) en 2e position, le taipan (*Oxyuranus scutellatus*) en 3e et le serpent tigre oriental (*Notechis scutatus*) en 4e.

LE PLUS VIEUX SERPENT

Le record de longévité attesté pour un serpent en captivité est de 40 ans, 3 mois et 14 jours. C'est l'âge atteint par un boa commun mâle (*Boa constrictor*), prénommé Popeye, mort au zoo de Philadelphie (Pennsylvanie, USA) le 15 avril 1977.

LE PLUS GRAND CROCODILE

Le crocodile marin (*Crocodylus porosus*) vit dans les régions tropicales d'Asie et du Pacifique. Le Bhitarkanika Wildlife Sanctuary de l'État d'Orissa (Inde) en héberge 4 de plus de 6 m de long, le plus grand dépassant 7 m. De nombreux rapports non authentifiés font état de spécimens de plus de 10 m. Un mâle adulte mesure en moyenne 4,2 à 4,8 m de long et pèse entre 408 et 520 kg.

LE PLUS PETIT CROCODILE

Le caïman nain de Cuvier (*Paleosuchus palpebrosus*) qui vit dans le nord de l'Amérique du Sud est le plus petit crocodile du monde. Les femelles dépassent rarement 1,2 m et les mâles 1,5 m.

LE LÉZARD LE PLUS RARE

Jusqu'en 1990, on pensait l'iguane de Jamaïque (*Cyclura collei*) éteint. Depuis cette date, avec à peine 100 spécimens adultes identifiés, l'espèce est considérée en danger et se bat pour survivre dans les Hellshire Hills, au sud de la Jamaïque, la seule zone de forêt sèche de taille suffisante qui existe encore sur l'île.

LE SERPENT VENIMEUX LE PLUS LONG

Le venin d'une seule morsure de cobra royal (*Ophiophagus hannah*), vivant en Asie du Sud-Est et en Inde, peut tuer un éléphant ou 20 personnes. Mesurant de 3,65 m à 4,5 m de long, il peut en outre, en se redressant, fixer un être humain dans les yeux.

LE CROCODILE LE PLUS RARE

En 2002, on dénombrait moins de 200 alligators de Chine (*Alligator sinensis*) à l'état sauvage. Vivant dans les zones humides du cours inférieur du fleuve Bleu, le Chang Jiang, cette espèce peut atteindre 2 m de long et peser 40 kg. Leur nombre ne cesse de décroître en raison de la destruction de leur habitat et de la chasse que leur mènent les paysans.

★ NOUVEAU RECORD
● MISE À JOUR

PAROLE D'EXPERT

✪ LE TUATARA RESSEMBLE À UN LÉZARD, MAIS IL EST EN RÉALITÉ LE SEUL REPRÉSENTANT D'UNE FAMILLE DE REPTILES ÉTEINTE, LES SPHÉNODONTIDÉS, VIVANT À L'ÉPOQUE DES DINOSAURES.

✪ TOUS LES REPTILES NE VIVENT PAS SUR LA TERRE FERME. L'IGUANE MARIN (*AMBLYRHYNCHUS CRISTATUS*) ET DIFFÉRENTES ESPÈCES DE SERPENTS MARINS VIVENT DANS L'EAU SALÉE.

✪ LE BASILIC COMMUN (*BASILISCUS BASILISCUS*) EST SOUVENT APPELÉ "BASILIC DE JÉSUS" EN RAISON DE SA CAPACITÉ À SE DÉPLACER SUR L'EAU !

ENCORE ! PLUS DE CRÉATURES À SANG FROID. DÉCOUVREZ LES DINOSAURES P. 50-51.

★LE PLUS GRAND TUATARA

Il n'existe que 2 espèces de tuataras. Elles vivent exclusivement sur les îles, au large des côtes de Nouvelle-Zélande. L'espèce la plus menacée est la plus grande : le *Sphenodon guntheri* qui mesure jusqu'à 76 cm de long pour un poids maximum de 1,4 kg.

PRAGUE, RÉPUBLIQUE TCHÈQUE

Le château ancien le plus vaste est celui de Hradcany, ou château de Prague, à Prague (République tchèque). Il a été construit au IXe siècle sur 7,28 ha.

50°05'N 14°25'E

PLANÈTE VIVANTE

OISEAUX

ENCORE ! L'HOMME AUSSI S'ENVOLE DANS LES AIRS VOIR P. 116-117.

★ LES PLUS VORACES

Les oiseaux les plus voraces sont les trochilidés (les plus petits oiseaux du monde). Leur métabolisme est tellement élevé qu'ils doivent consommer chaque jour au moins la moitié de leur poids en nourriture - essentiellement de minuscules insectes et du nectar.

LE SAVIEZ-VOUS ? JADIS, LES PIGEONS MIGRATEURS SE COMPTAIENT PAR DIZAINES DE MILLIONS EN AMÉRIQUE DU NORD. CHASSÉE PAR L'HOMME, L'ESPÈCE A DISPARU EN MOINS DE 100 ANS.

Une espèce de pinson est appelée géospize vampire (*Geospiza difficilis septentrionalis*), car elle adore le sang !

INFO

LES PLUS RAPIDES

• **en vol plané** : un albatros à tête grise (*Thalassarche chrysostoma*) a volé pendant plus de 8 h à la vitesse moyenne de 127 km/h, une vitesse estimée grâce à un suivi satellite.

• **en vol plongeant** : un faucon pèlerin (*Falco peregrinus*) a été enregistré en train de plonger à la vitesse de 270 km/h selon un angle de 30°, puis de 350 km/h à 45°.

• **à terre** : l'**oiseau terrestre le plus rapide** est l'autruche (*Struthio camelus*), qui peut atteindre 72 km/h à la course.

• **dans l'eau** : l'oiseau qui nage le plus vite est le manchot papou (*Pygoscelis papua*). Il effectue des pointes de vitesse à 27 km/h.

LE RAPACE LE PLUS PUISSANT

La femelle de la harpie féroce (*Harpia harpyja*) tue et transporte des animaux d'un poids égal ou supérieur au sien, soit 9 kg.

LES PLUS PETITS

Le colibri d'Hélène (*Mellisuga helenae*) mâle, qui vit à Cuba et sur l'île de la Jeunesse, mesure 57 mm de long, dont la moitié pour le bec et la queue, et ne pèse que 1,6 g. La femelle est un peu plus grande.

Les colibris et autres trochilidés ont les **battements d'ailes les plus rapides**. Le colibri à gorge rubis (*Archilochus colubris*) peut ainsi effectuer 200 battements d'ailes par seconde.

L'ODORAT LE PLUS FIN

L'odorat des oiseaux est rarement développé, mais l'albatros à pieds noirs (*Diomedea nigripes*) flaire de la graisse de lard frit jetée à l'eau à 30 km de distance.

LES PLUS LOURDS

Le **rapace le plus lourd** est le condor des Andes (*Vultur gryphus*, ci-contre) ; le mâle pèse en moyenne 9-12 kg, pour une envergure de 3 m. L'outarde kori (*Ardeotis kori*), dont le mâle peut atteindre 18,2 kg, vit en Afrique ; c'est l'**oiseau volant le plus lourd**. La palme de l'oiseau le **plus lourd et le plus grand** revient à un ratite, l'autruche (*Struthio camelus)* mâle, qui mesure jusqu'à 2,75 m de haut et pèse jusqu'à 156,5 kg.

LOURD ! LE POIDS DE L'OUTARDE KORI - L'OISEAU VOLANT LE PLUS LOURD - EST TEL QU'IL PRÉFÈRE SE DÉPLACER EN MARCHANT !

MAGIQUE ! LES INDIGÈNES ANDINS RAMASSENT LES OS DU CONDOR DES ANDES, LE RAPACE LE PLUS LOURD, CAR ILS LEUR PRÊTENT DES POUVOIRS DE GUÉRISON.

RATITE : oiseau qui ne peut voler. Vient du latin signifiant "radeau". Comme un radeau, sans quille, ces oiseaux ont le sternum dépourvu de bréchet (crête osseuse saillante).

46°33'N 15°39'E

MARIBOR, SLOVÉNIE

La **plus vieille vigne du monde** pousse à Maribor (Slovénie). Des mesures scientifiques effectuées en 1972 ont établi qu'elle avait au moins 350 ans, si ce n'est 400.

★LE PLUS GROS JAUNE D'ŒUF

Les œufs d'oiseaux dont la proportion de jaune est la plus importante sont ceux des kiwis de Nouvelle-Zélande (ordre des aptérygidés). Il représente en effet 60 % du volume de l'œuf (31 % chez une poule) et contient tellement de nutriments que les poussins peuvent rester plusieurs jours sans manger après l'éclosion.

LE NID LE PLUS PETIT

Le nid du colibri nain (*Mellisuga minima*) fait à peu près la taille d'une coquille de noix. Celui du colibri d'Hélène (*M. helenae*), plus profond mais plus étroit, celle d'un dé à coudre.

LE PLUS GRAND NID COMMUNAUTAIRE

Le nid du républicain social (*Philetairus socius*), oiseau du sud-ouest de l'Afrique, peut atteindre 8 m de long et 2 m de haut. Il ressemble à une botte de foin géante. Accroché à un arbre ou à un poteau de ligne téléphonique, il peut abriter jusqu'à 300 nids individuels. Il n'est pas étonnant que les arbres auxquels ils sont fixés finissent parfois par plier sous le poids !

★LES NIDS LES PLUS HAUT PERCHÉS

Le guillemot marbré (*Brachyramphus marmoratus*), petit oiseau marin de la famille des alcidés, vit dans le Pacifique Nord. Il construit les nids les plus haut perchés, le plus souvent dans de vieux conifères. On en a trouvé sur des branches couvertes de mousse à 45 m du sol.

Ceci explique pourquoi le premier nid formellement identifié comme appartenant à cette espèce n'a été découvert qu'en 1961, en Asie ; en Amérique du Nord, le premier l'a été en 1974.

★LES ŒUFS LES PLUS PETITS

L'autruche (*Struthio camelus*) est l'oiseau qui pond les **œufs les plus gros**, mais aussi les plus petits proportionnellement à sa taille. En effet, l'œuf ne représente que 1,4 à 1,5 % du poids de l'oiseau. Cette même particularité existe chez le manchot empereur (*Aptenodytes forsteri*).

★LES NIDS LES PLUS BAS

Le guêpier d'Orient (*Merops orientalis*) est un petit oiseau qui niche à 400 m d'altitude, dans la région de la mer Morte, au Proche-Orient. Aucun oiseau ne niche à une aussi faible altitude.

★LE CHANTEUR LE PLUS PRODUCTIF

Un petit oiseau chanteur du Nouveau Monde, le viréon olivâtre (*Vireo olivaceus*), peut produire jusqu'à 22 197 chants en 10 h, soit 2 000 chants par heure en moyenne !

★LA MIGRATION LA PLUS COURTE

Par rapport aux milliers de kilomètres qu'effectuent certains oiseaux migrateurs, le tétras sombre (*Dendragapus obscurus*) ne parcourt que 300 m depuis son lieu d'hibernation dans les forêts de conifères des montagnes Rocheuses pour descendre à plus basse altitude se nourrir de graines et de jeunes feuilles.

ÉTRANGE ! COMME LE TORCOL (JYNX) EST CAPABLE DE TOURNER LA TÊTE À PRESQUE 180°, ON CROYAIT AUTREFOIS QUE LES SORCIÈRES L'UTILISAIENT POUR JETER DES SORTS.

★LA LANGUE LA PLUS LONGUE

C'est le torcol fourmilier (*Jynx torquilla*) qui possède la langue la plus longue comparée à sa taille. Elle équivaut en effet aux deux tiers de la longueur totale de son corps (16,5 cm). Pour un humain, cela reviendrait à pouvoir se lécher les genoux sans se pencher !

VIENNE, AUTRICHE

48°12'N 16°22'E

Le **plus long marathon de boîtes à rythmes vocales** a duré 24 h, un exploit réalisé par Michael Krappel (Autriche) lors du Vienna Recordia, à Vienne (Autriche), le 30 septembre 2007.

MAMMIFÈRES

★LA MORSURE DE MAMMIFÈRE LA PLUS PUISSANTE

Au cours de tests, la force de morsure – la mesure de la puissance de la morsure d'un animal par rapport à sa taille – du diable de Tasmanie (*Sarcophilus harrisii*) a été évaluée à 181. À titre de comparaison, celle du tigre est de 127 et celle du lion de 112.

★LA PLUS GRANDE FAMILLE DE MAMMIFÈRES

La plus grande famille de mammifères, celle des Muridés, comprend de nombreux rongeurs. Elle compte plus de 600 espèces, dont la souris commune, le rat et la gerbille. Largement répandus dans le monde entier, les rongeurs ont été introduits par les hommes, souvent à leur insu, dans les îles qui en étaient dépourvues.

LE PLUS GRAND MAMMIFÈRE

Native de la savane sèche de l'Afrique subsaharienne, la girafe adulte mâle (*Giraffa camelopardalis*) mesure entre 4,6 et 5,5 m de haut. Le spécimen le plus grand, une girafe masaï mâle (*G. c. tippelskirchi*) appelée George, a été accueillie au zoo de Chester (GB), le 8 janvier 1959.

L'ANIMAL LE PLUS LENT

Malgré son nom, le paresseux à 3 doigts (*Bradypus tridactylus*) d'Amérique du Sud tropicale n'est pas une créature paresseuse ; il est juste très lent. Au sol, il se déplace à la vitesse moyenne de 1,8 à 2,4 m/min soit 0,1 à 0,16 km/h. Dans les arbres en revanche, il peut atteindre 4,6 m/min soit 0,27 km/h !

★L'HYRAX LE PLUS PETIT

Alors qu'il ressemble à un rongeur, l'hyrax d'Afrique est en réalité plus proche de l'éléphant d'Afrique (*Loxodonta africana*), le **plus grand mammifère terrestre** dont le poids varie de 4 à 7 t. Malgré son imposant cousin, l'hyrax à taches jaunes (*Heterohyrax brucei*) ne mesure que 47 cm de long, certains adultes ne dépassant pas 32,5 cm, pour un poids de 2,4 kg.

À titre de comparaison, le **plus petit animal terrestre** est le pachyure étrusque (*Suncus etruscus*), un petit mammifère insectivore des régions de la Méditerranée et d'Asie du Sud. Le pachyure a la taille d'un pouce humain : il mesure de 36 à 53 mm, possède une queue de 24 à 29 mm et pèse de 1,5 à 2,6 g.

★LE MAMMIFÈRE OVIPARE LE PLUS LÉGER

L'ornithorynque (*Ornithorhynchus anatinus*) d'Australie et de Tasmanie est le plus léger des 5 espèces de monotrèmes (voir *Le saviez-vous ?*). Un mâle pèse en moyenne 1 à 2,4 kg, tandis que les femelles n'excèdent guère 0,7 à 1,6 kg.

ENCORE ! PLUS D'HISTOIRES DE MAMMIFÈRES : FAITES UN DÉTOUR PAR LA FERME P. 156-157.

★LE CHIEN SAUVAGE QUI HALÈTE LE PLUS VITE

Dans son Sahara natal, le renard des sables (*Fennecus zerda*) a une méthode particulière pour se rafraîchir. À partir de 38 °C, il se met à haleter au rythme de 690 respirations/min pour faire baisser sa température corporelle.

★L'OURS LE PLUS AFFAMÉ

Le panda géant (*Ailuropoda melanoleuca*) ne digère que 21 % des bambous qu'il ingère. Il doit donc consommer quotidiennement l'équivalent de 38 % de son poids en pousses de bambou.

BRNO, RÉPUBLIQUE TCHÈQUE

49°12'N 16°37'E

La **plus longue distance parcourue sur un grand-bi (ancêtre du vélo) en 24 h** est de 522,504 km. Ce record a été réalisé par Josef Zimovčák (République tchèque) à Brno (République tchèque), les 20-21 juin 1996.

★ NOUVEAU RECORD
● MISE À JOUR

LE SAVIEZ-VOUS ?
LA PLUPART DES MAMMIFÈRES DONNENT NAISSANCE À DES PETITS SAUF LES MONOTRÈMES OVIPARES QUI PONDENT DES ŒUFS, COMME L'ORNITHORYNQUE ET L'ÉCHIDNÉ.

Le panda géant n'hiberne pas ; son système digestif peu efficace l'oblige à manger toute l'année.

INFO

★ RECORD DE LONGÉVITÉ POUR UN RONGEUR

Le rat taupe nu (*Heterocephalus glaber*) est un drôle de mammifère qui passe sa vie dans les galeries souterraines des prairies tropicales sèches de l'est de l'Afrique. Très sociable et organisé en colonies, il peut vivre 28 ans.

★ LE PLUS GRAND GÉNOME DE MAMMIFÈRE

Le génome, la carte des informations génétiques d'un individu, se trouve dans le noyau des cellules du corps. Le génome du rat viscache roux d'Argentine (*Tympanoctomys barrerae*) contient 16,8 picogrammes d'ADN, contre 6 à 8 chez la plupart des autres mammifères. Ce rat possède en outre **★ plus de chromosomes que tout autre mammifère** avec 102 chromosomes organisés en 51 paires. Les hommes n'ont pour leur part que 46 chromosomes, organisés en 23 paires.

LE PLUS RAPIDE

Chronométré sur une courte distance, le guépard (*Acinonyx jubatus*) peut pousser des pointes à 100 km/h sur un terrain plat : c'est le **mammifère terrestre le plus rapide sur de courtes distances**. Sarah, un spécimen femelle, a parcouru 100 m en 6,13 s au zoo de Cincinnati (Ohio, USA), le 10 septembre 2009, ce qui lui vaut de détenir le record du **★ 100 m le plus rapide pour un mammifère terrestre**. De quoi faire pâlir les meilleurs athlètes, comme Usain Bolt (Jamaïque), avec ses 9,59 s aux 100 m (voir p. 268).

Toutefois, Sarah n'a pas l'endurance d'une antilocapre (*Antilocapra americana*). Originaire de l'ouest de l'Amérique du Nord, celle-ci peut couvrir 6 km à 56 km/h, ce qui en fait le **mammifère terrestre le plus rapide sur de longues distances**.

Enfin, le **mammifère marin le plus rapide** est l'orque ou épaulard (*Orcinus orca*). Le 12 octobre 1958, un spécimen a été observé nageant à 55,5 km/h dans le nord-est du Pacifique.

★ LA QUEUE D'ANIMAL LA PLUS OSSEUSE

Le pangolin à longue queue (*Manis tetradactyla*) possède 47 vertèbres dans la queue, un record pour un mammifère. Les 8 espèces de pangolins ont en outre des épines et des griffes impressionnantes composées de kératine, comme les ongles humains.

★ LA PLUS LONGUE DENT DE BALEINE

Incisive prolongée, la "corne" du narval (*Monodon monoceros*) mesure 2 m en moyenne, mais elle peut dépasser 3 m et peser 10 kg. Autrefois, on pensait que ces défenses en spirale (le plus souvent uniques et non par deux) trouvées échouées sur les plages étaient des cornes de licorne.

MAXI ! LONGUE EN MOYENNE DE 24 M, LA BALEINE BLEUE (BALAENOPTERA MUSCULUS) EST LE PLUS GRAND MAMMIFÈRE !

MINI ! LE PLUS PETIT MAMMIFÈRE EST LA KITTI À NEZ DE PORC (CRASEONYCTERIS THONGLONGYAI) QUI NE MESURE (TÊTE ET CORPS) QUE 29 À 33 MM.

POZNAŃ, POLOGNE

52°25'N 16°55'E

La **plus grande chope de bière** contient 7 000 l. Elle a été fabriquée en bronze à l'occasion de l'ouverture du nouveau centre commercial et culturel Stary Browar de Poznań (Pologne), le 11 mars 2007.

PLANÈTE VIVANTE

PLANTES

★ ★ ★ ★ ★ ★ ★ ★ ★ ★ ★

[La plante cadavre] a la même odeur qu'un cadavre… J'en sais quelque chose, je suis infirmière.
Une visiteuse du Jardin botanique de Huntington, à San Marino (Californie USA)

ENCORE !
DES PLANTES VIVENT AUSSI SOUS L'EAU. VOYEZ LES RÉCIFS DE CORAIL P. 40-41.

★ LE PLUS DE CHROMOSOMES

Tous les organismes vivants ont des chromosomes (parties d'une cellule porteuses de l'information génétique qui détermine les caractéristiques des organismes en question). Alors que les hommes ont en 23 paires, soit 46 chromosomes, la fougère langue de serpent (*Ophioglossum reticulatum*) en aurait 720 paires, soit 1 440. C'est la plante et l'★ **organisme vivant ayant le plus de chromosomes**.

★ LE LIN LE PLUS RARE

Le lin est une plante fibreuse utilisée depuis longtemps pour faire des textiles. L'espèce la plus rare est *Linum cratericola*, originaire des Galápagos. Découvert dans les années 1960, ce sous-arbuste, qui semblait avoir disparu depuis 1981, est réapparu en 1997. Il en existe seulement trois petits groupes sur l'île Floreana, mais ils sont menacés par les chèvres sauvages, les plantes envahissantes et la sécheresse.

★ LE PLUS PETIT ROYAUME FLORAL

Le royaume floral sud-africain est le plus petit parmi les 6 royaumes existants (boréal, néotropical, paléotropical, sud-africain, australien et antarctique).

LA PLANTE CARNIVORE LA PLUS SÉLECTIVE

Nepenthes albomarginata, plante carnivore poussant en Malaisie et en Indonésie, ne se nourrit que de termites *Hospitalitermes bicolor*. Celles-ci, attirées par ses minuscules excroissances (trichomes), glissent parfois dans son urne et sont digérées par les liquides qui se trouvent au fond.

★ LE PLUS D'ESPÈCES BOTANIQUES EN DANGER

Les plaines du Cap, en Afrique du Sud, comptent 15 espèces menacées d'extinction par km².

★ LE SAULE LE PLUS RARE

Le saule à feuilles caduques est courant dans l'hémisphère Nord. Cependant, l'espèce *Salix tarraconensis* est menacée d'extinction. Il n'existe que quelques groupes très dispersés de 10 à 40 spécimens entre Castellón et Tarragone (Espagne).

★ L'IF LE PLUS VIEUX

L'if commun (*Taxus baccata*) qui pousse dans la cour de l'église paroissiale de St Digain, à Llangernyw (nord du pays de Galles, GB), aurait 4 000 ans.

LE PLUS DE BRUYÈRES

L'écosystème végétal du fynbos ("buisson fin" en afrikaans), propre à la région du Cap en Afrique du Sud, contient plus de 600 espèces de bruyères (genre *Erica*). Dans le reste du monde, il n'en existe que 26.

★ L'OIGNON LE PLUS RARE

C'est *Allium rouyi*, espèce endémique à l'Espagne, dont on connaît moins de 300 spécimens répartis en 5 sous-groupes et poussant sur une petite aire d'Andalousie (Espagne).

LA PLANTE LA PLUS TOXIQUE

Compte tenu de la quantité de poison nécessaire pour tuer un homme, la plante la plus vénéneuse est le ricin (*Ricinus communis*). Son poison, la ricine, entraîne des hémorragies internes. Il est 6 000 fois plus puissant que le cyanure et 12 000 fois plus toxique que le venin du crotale.

★ LES LYCOPODES LES PLUS RARES

Les lycopodes sont une forme primitive de plante qui pousse uniquement dans

LA PLANTE LA PLUS MALODORANTE

Poussant dans la forêt pluviale de Sumatra, la plante cadavre, *Amorphophallus titanum*, ou arum titan, fleurit en dégageant une horrible odeur de chair putréfiée afin d'attirer les mouches qui favorisent sa pollinisation. L'effluve est perceptible à 0,8 km à la ronde.

48°10'N 17°07'E

BRATISLAVA, SLOVAQUIE

Les noces de Peter Schmidl et Anna Turceková, deux Slovaques passionnés de moto, à Bratislava (Slovaquie), le 6 mai 2000, a donné lieu au **plus grand cortège de motos (597) pour un mariage.**

LE SAVIEZ-VOUS ?

LA POUDRE FORMÉE PAR LES SPORES DES LYCOPODES EST INFLAMMABLE. ELLE A SERVI À FABRIQUER DES BOMBES EXPLOSIVES ÉPHÉMÈRES POUR LE CINÉMA ET LE THÉÂTRE.

En 1978, le Bulgare Géorgi Markov, assassiné à Londres (GB), a été piqué à la jambe avec la pointe d'un parapluie enduite de ricine.

INFO

les forêts humides et sur les falaises. Le wawae'iole (*Huperzia nutans*) est endémique au mont Koolau, à Oahu (Hawaï, USA).

OIGNON : du mot latin unionem, unité, en référence aux nombreuses couches du bulbe de la plante.

LA PLANTE CARNIVORE LA PLUS RÉACTIVE

Dans le règne végétal, les plantes carnivores sont les plus rapides pour happer leur proie. Sur terre, les feuilles bivalves de la dionée attrape-mouches (*Dionaea muscipula*) se referment en 1/10e de seconde, au moindre stimulus. Sous l'eau, le clapet hermétique de l'utricaire (*Utricularia vulgaris*) piège une proie en moins de 1/15 000e de seconde.

LA PLUS GRANDE COLLECTION DE GRAINES

Au 10 janvier 2008, le Millennium Seed Bank Project (banque de graines du Millénaire), établi dans l'immeuble du Wellcome Trust Millennium, à Wakehurst Place (Sussex occidental, GB), conservait 20 495 espèces de graines.

★ LA PLUS PETITE ORCHIDÉE

Platystele jungermannioides pousse dans la partie basse de la forêt de brouillard du Mexique, du Guatemala, du Costa Rica et du Panamá, entre 200 et 1 000 m d'altitude. Elle mesure environ 6,3 mm de haut et 20 mm de large. Elle fleurit au printemps, ne produisant que 2 ou 3 fleurs minuscules de 2,5 mm de large. La famille des orchidées (près de 25 000 espèces) est la plus importante famille de plantes à fleurs après celle des Composées (Astéracées) qui, elle, est la ● **plus grande** avec plus de 26 000 espèces.

LE JARDIN LE PLUS VISITÉ (PAYANT)

Les jardins botaniques royaux de Kew (Surrey, GB) accueillent en moyenne 1 million de visiteurs par an. Le site de 132 ha abrite 40 édifices historiques importants et plus de 40 000 espèces de plantes. Les jardins ont été inscrits sur la liste du patrimoine mondial de l'Unesco, le 3 juillet 2003.

★ LE PLUS HAUT FEUILLU

Un spécimen d'*Eucalyptus regnans*, appelé le Centurion, a une hauteur de 101 m et un diamètre de 4 m. Il pousse à 80 km de Hobart, capitale de la Tasmanie.

★ LE PLUS VIEUX CYPRÈS

Un cyprès commun (*Cupressus sempervirens*), appelé cyprès de Zarathoustra, attire de nombreux touristes à Abarkooh (Yazd, Iran), car il aurait plus de 4 000 ans. C'est un monument national.

★ NOUVEAU RECORD
● MISE À JOUR

RAPIDE ! CERTAINES ESPÈCES DE BAMBOUS POUSSENT DE 91 CM PAR JOUR, C'EST-À-DIRE DE 3 CM/H. C'EST LA CROISSANCE LA PLUS RAPIDE D'UNE PLANTE À FLEURS.

LENT ! LE THUYA OCCIDENTAL (THUJA OCCIDENTALIS) A LA CROISSANCE LA PLUS LENTE. EN 155 ANS, IL N'ATTEINT PAS PLUS DE 10,2 CM DE HAUT.

TARENTE, ITALIE

Le 6 août 2005, au Piazza Mercato de Mottola, à Tarente (Italie), les Italiens Catucci Pietro et Latte Antonio ont confectionné la **plus grosse focaccia** : 2 800 kg.

40°28'N 17°14'E

LE CORPS HUMAIN

LABRET : ornement fixé sur la lèvre, en général la lèvre inférieure. De taille variable, il va d'un simple clou à un énorme disque en argile.

PIQUÉ... AVANT DE DÉTENIR LE RECORD MASCULIN DE PIERCINGS, JOHN LYNCH ÉTAIT CADRE DANS UNE BANQUE.

AU VIF ! AVANT DE DEVENIR UNE PELOTE D'ÉPINGLES, ELAINE DAVIDSON TENAIT UN CAFÉ-RESTAURANT BRÉSILIEN À ÉDIMBOURG (ÉCOSSE, GB).

En général, les gens sont juste curieux, mais il arrive qu'on veuille me toucher et même m'embrasser.
Elaine Davidson, détentrice du record féminin de piercings

STOCKHOLM, SUÈDE

59°21'N 18°04'E

Les **premiers billets de banque** du monde ont été émis par la banque Palmstruch à Stockholm (Suède) en 1661. Le plus ancien de ces *kreditivsedlars* qui est parvenu jusqu'à nous est daté du 6 décembre 1662.

RECORDS DE PIERCINGS

Depuis son 1er piercing, en janvier 1997, Elaine Davidson (GB) s'est fait poser 4 225 bijoux métalliques sur et dans le corps. Elle détient le record féminin de piercings implantés sur une même personne. Chez les hommes, le record revient à John Lynch, alias Prince Albert (GB), qui arbore 241 piercings, dont 151 sur la tête et dans le cou.

GUINNESS WORLD RECORDS 2011

SOMMAIRE

LE CAP, AFRIQUE DU SUD

33°55'S
18°25'E

Le 3 décembre 1967, la **première greffe du cœur** a été pratiquée par une équipe de 30 personnes dirigée par le professeur Christiaan Neethling Barnard (Afrique du Sud) sur Louis Washkansky (Afrique du Sud) au Groote Schuur Hospital du Cap (Afrique du Sud).

DOSSIER SPÉCIAL L'HOMME LE PLUS GRAND

LE SAVIEZ-VOUS ? SULTAN EST DEVENU UN GÉANT À CAUSE D'UNE TUMEUR DE LA GLANDE PITUITAIRE. QUAND ON LUI A RETIRÉ, IL A ENFIN CESSÉ DE GRANDIR !

La glande pituitaire contrôle l'hormone de croissance : trop d'hormone et vous devenez un géant, pas assez et vous restez tout petit !

INFO

ENCORE ! POUR D'AUTRES HISTOIRES DE GRANDS ET DE PETITS, RENDEZ-VOUS P. 76.

TOURNÉE DU GÉANT 2009

Sultan menait autrefois une vie paisible dans une ferme de la région de Mardín (Turquie). Aujourd'hui, il passe son temps à voyager. Guinness World Records a accompagné le géant turc cet automne 2009 lors de son 1er tour du monde, avec des étapes à Londres (GB), à Madrid (Espagne), à Milan (Italie) et dans bien d'autres villes. Ci-dessus, quelques images de son voyage ; partout le grand homme a fait grande impression.

L'HOMME LE PLUS GRAND DU MONDE

Du haut de ses 246,5 cm, Sultan Kosen est non seulement ●**l'homme le plus grand du monde**, mais aussi le ●**plus grand être humain**. Nul avant lui n'avait dépassé les 243,8 cm à l'âge de 20 ans. Son nom s'ajoute à la liste des 10 autres adultes de plus de 243,8 cm officiellement reconnus par Guinness World Records par le passé. C'est Craig Glenday, éditeur en chef du GWR, qui l'a mesuré à Ankara (Turquie), le 11 février 2009. « Pour éviter toute controverse, j'ai dû prendre ses mesures moi-même. L'enjeu était trop grand pour en laisser la responsabilité à une personne autre qu'un représentant du Guinness World Records. » Quand on est si grand, l'un des gros problèmes est de trouver des habits et des chaussures à sa taille, remarque Sultan. Longs de 36,5 cm, ses pieds sont les ●**plus grands du monde**... D'où des chaussures gigantesques (comparées ci-contre à des tennis de pointure 43), très chères à fabriquer. Sultan a également les ●**plus grandes mains du monde** : 27,5 cm du poignet à l'extrémité du majeur.

HISTOIRE DE GRANDS

SULTAN AVEC MATILDA NIEBERG ÂGÉE DE 2 ANS, AU COURS DE SA VISITE EN GRANDE-BRETAGNE. DU HAUT DE SES 66 CM, ELLE EST PRESQUE 3,5 FOIS PLUS PETITE QUE LUI.

SULTAN N'A COMMENCÉ À GRANDIR DÉMESURÉMENT QU'À L'ÂGE DE 10 ANS. SA CROISSANCE A CESSÉ À 24 ANS, EN 2007 !

RÊVES DE GRANDEUR

À quoi rêve le gentil géant devenu célèbre ? "Je rêve de la même chose que tout le monde. Une femme, une famille, une belle maison. J'aimerais aussi trouver des vêtements dignes de ce nom, à ma taille. Je me suis déjà fait faire un costume sur mesure. Et un de mes rêves s'est réalisé : j'ai aussi un jeans taillé sur mesure !"

LE CORPS HUMAIN

PARTIES DU CORPS

★LA LANGUE LA PLUS LARGE

Encore un record difficile à battre ! La langue de Jay Sloot (Australie) mesure 7,9 cm, en son point le plus large, un record enregistré pendant *Lo Show dei Record* à Rome, Italie, le 18 mars 2010.

100 %

LA LANGUE LA PLUS LONGUE

Si Jay a la langue la plus large, celle de Stephen Taylor (GB) est la plus longue. Elle faisait 9,8 cm de long, de la pointe jusqu'aux lèvres fermées, lorsqu'elle a été mesurée au Westwood Medical Centre de Coventry (GB), le 11 février 2009.

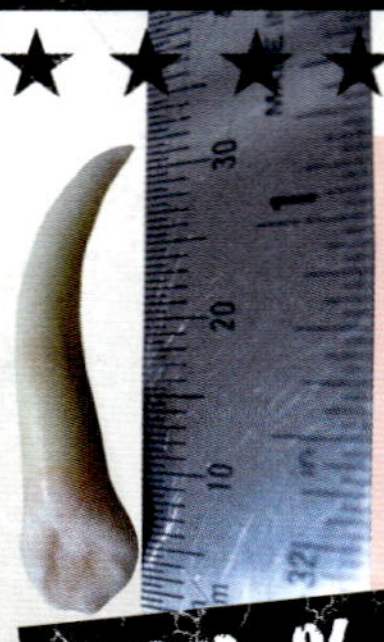

●LA PLUS LONGUE DENT ARRACHÉE

Loo Hui Jing (Singapour) avait une dent de 3,2 cm de long. Elle a été arrachée par le Dr Ng Lay Choo à l'Eli Dental Surgery, à Singapour, le 6 avril 2009.

100 %

★LA BOUCHE LA PLUS ÉLASTIQUE

Les lèvres et les joues de Francisco Domingo Joaquim "Chiquinho" (Angola) ont atteint 17 cm d'extension maximale, le 18 mars 2010. Étrangement, il ne détient pas le record de la plus grande bouche (voir p. 75). Chiquinho souffre d'une maladie des tissus connectifs.

●LES DENTS LES PLUS NOMBREUSES

Le record du plus grand nombre de dents revient à Kanchan Rajawat (Inde) et Luca Meriano (Italie), qui, le 17 octobre 2008, avaient tous deux 35 dents adultes.

★LA PLUS PETITE DENT ARRACHÉE

Une dent de lait arrachée à Colton Laub (USA) le 30 octobre 2002 par le Dr Scott Harden, à la Fountain View Family Dentistry, Acworth (Georgie, USA), mesurait 3 mm.

LA PLUS GRANDE DENT DE LAIT

Ahmed Afrah Ismail (Maldives) avait une dent de lait de 2,3 cm. Elle a été mesurée à Male (république des Maldives), le 28 décembre 2000.

LES PLUS LONGS ONGLES DE PIEDS

Louise Hollis (USA) se laisse pousser les ongles de pieds depuis 1982. Mesurés en 1991, à leur taille maximale, ils totalisaient 220,98 cm de long.

AHH ! LOUISE A EU L'IDÉE DE SE LAISSER POUSSER LES ONGLES DE PIEDS EN 1982, APRÈS AVOIR VU UNE ÉMISSION TÉLÉVISÉE SUR LES ONGLES LES PLUS LONGS.

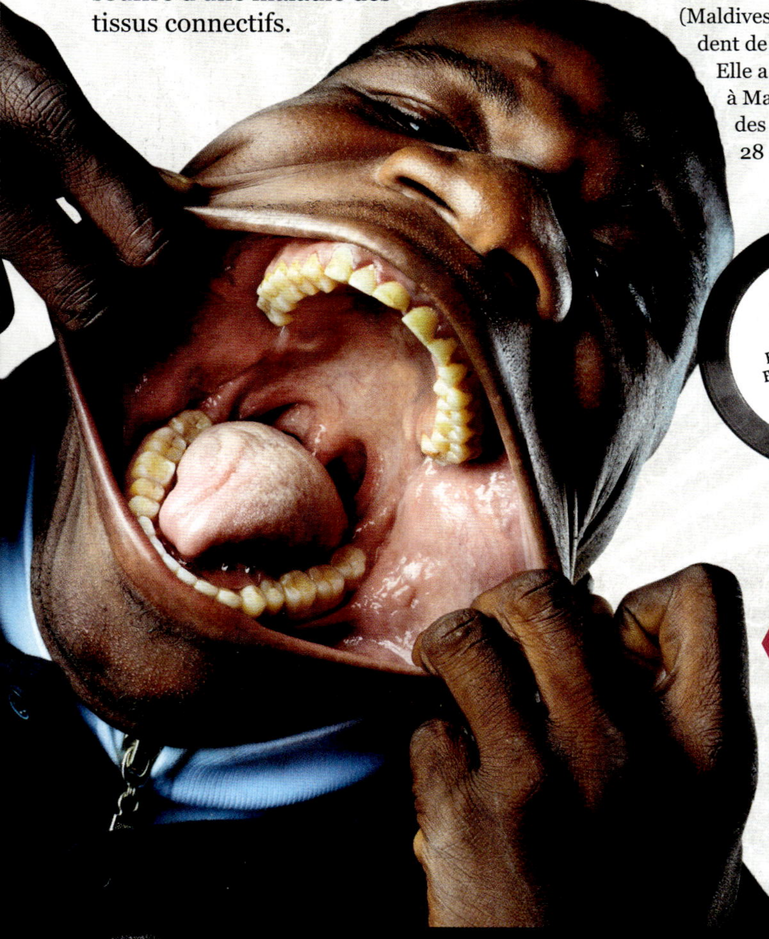

AHH ! LA BOUCHE DE CHIQUINHO EST SI ÉLASTIQUE ET SI GRANDE QU'IL PEUT Y LOGER UNE CANETTE DE 33 CL !

Je l'avais vu en vidéo, sur Internet, mais le rencontrer en chair et en os est extraordinaire.

Marco Frigatti, vice-président des Records, après sa rencontre avec Chiquinho

44°49'N 20°27'E

BELGRADE, SERBIE

Les grands maîtres d'échecs Goran Arsovic et Ivan Nikolic (tous deux ex-Yougoslavie, Serbie actuelle) ont disputé une partie en 269 coups, le 17 février 1989. C'est la **partie d'échecs comptant le plus de coups**. Elle s'est déroulée à Belgrade (Serbie), a duré 20 h 15 mn et s'est conclue par un match nul.

LES PLUS LONGS ONGLES DE L'HISTOIRE (HOMME)

C'est avec regret que nous avons appris le décès de Melvin Boothe (USA) en décembre 2009. Melvin nous avait contactés en 2006 pour nous montrer ses ongles fabuleux. La dernière fois qu'ils ont été mesurés, le 30 mai 2009, chez lui, à Troy (Michigan, USA), ils faisaient au total 9,85 m.

★ **NOUVEAU RECORD**
● **MISE À JOUR**

ENCORE ! PLUS DE RECORDS MÉDICAUX P. 84-85.

LA PLUS GRANDE BOUCHE

J. J. Bittner (USA) est capable d'ouvrir la bouche de 8,4 cm. L'ouverture a été mesurée du bord des incisives inférieures (mandibulaires) au bord des incisives supérieures (maxillaires).

LES PLUS GRANDES MAINS

Les mains de Robert Wadlow (USA, 1918-1940), le **plus grand homme de tous les temps** (voir p. 76-77), mesuraient 32,3 cm du poignet à l'extrémité du majeur. Sa bague faisait 35 mm de diamètre.

LES PLUS LONGS ONGLES (D'UNE MAIN)

La longueur cumulée des ongles de la main gauche de Shridhar Chillal (né en Inde, le 18 août 1937) était de 705 cm, un record établi le 4 février 2004. Celui du pouce mesurait 158 cm, celui de l'index 131 cm, celui du majeur 138 cm, celui de l'annulaire 140 cm et celui de l'auriculaire 138 cm. Chillal s'était coupé les ongles pour la dernière fois en 1952.

LES PLUS LONGS ONGLES (FEMME)

Lee Redmond (USA) s'est laissé pousser les ongles depuis 1979. Au fil des années, après d'innombrables manucures, elle est parvenue à une longueur totale de 8,65 m, mesurée au cours de *Lo Show dei Record* à Madrid (Espagne), le 23 février 2008. Lee a malheureusement perdu ses ongles dans un accident de voiture en 2009, mais elle détient toujours le record.

LE MOINS D'ORTEILS

Le syndrome des deux orteils ("pieds d'autruche") que présentent certains membres de la tribu Wadomo, de la vallée du Zambèze (Zimbabwe), et de la tribu des Kalanga, dans le Kalahari oriental (Botswana), est dû à un gène mutant héréditaire.

LA TAILLE LA PLUS FINE

Cathie Jung (USA) mesure 1,73 m mais son tour de taille ne fait que 53,34 cm. Pour affiner davantage sa silhouette, elle porte un corset qui fait pression sur sa cage thoracique : 38,1 cm. Car Cathie a une passion pour les robes victoriennes. Il suffit d'observer des portraits d'époque pour constater qu'à l'âge du corset, les tailles étaient prodigieusement fines !

LES PLUS LONGUES JAMBES (FEMME)

Mesurées à Torremolinos (Espagne) le 8 juillet 2003, les jambes de Svetlana Pankratova (Russie) atteignaient 132 cm. Cette particularité unique n'est pas sans inconvénients : Svetlana doit souvent s'habiller sur mesure, se baisser pour passer une porte et se plier en quatre pour s'asseoir dans un avion ou une voiture.

LES PLUS GRANDS PIEDS

Doté de pieds de 47 cm de long, Robert Wadlow (USA) chaussait du 37 AA (un bon 75 français !). Pour remercier l'International Shoe Company (USA) de lui avoir fait cadeau de chaussures à 100 $ (1 120 € actuels), Wadlow a participé à une tournée promotionnelle à travers 800 villes américaines.

LE SAVIEZ-VOUS ?
LE FOIE D'UN ADULTE PÈSE DE 1,2 À 1,5 KG, SOIT 1/36E DU POIDS TOTAL MOYEN DU CORPS.

Le foie est la **plus grosse glande** et le **plus gros organe solide** du corps.

INFO

LE PLUS LONG NEZ DU MONDE

Mehmet Ozyurek (Turquie) a un nez long de 8,8 cm, selon les mesures prises sur le plateau de *Lo Show dei Record* à Rome (Italie), le 18 mars 2010.

C'EST UN CAP ! ON PRÉTEND QUE THOMAS WEDDERS, QUI A VÉCU EN ANGLETERRE AU XVIIE SIÈCLE, AVAIT UN NEZ DE 19 CM DE LONG.

MISKOLC, HONGRIE

48°07'N 20°50'E

Le **score le plus élevé dans un match international de handball** est celui de la victoire de l'URSS sur l'Afghanistan par 86 à 2, au cours du "Friendly Army Tournament" de Miskolc (Hongrie), en août 1981.

LE CORPS HUMAIN EXTRÊMES

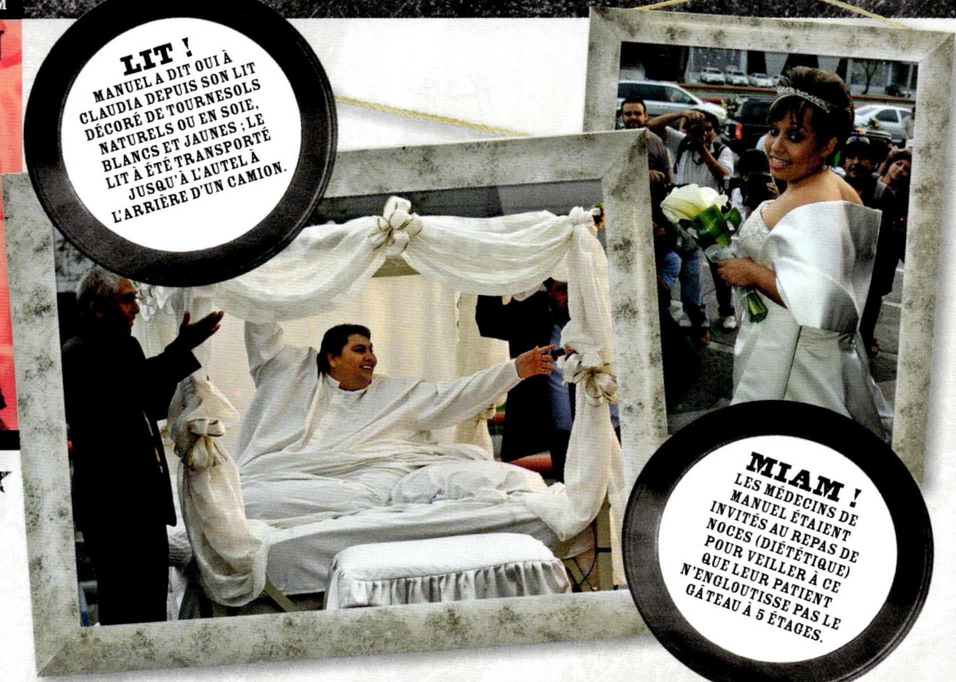

LIT ! MANUEL A DIT OUI À CLAUDIA DEPUIS SON LIT DÉCORÉ DE TOURNESOLS NATURELS OU EN SOIE, BLANCS ET JAUNES ; LE LIT A ÉTÉ TRANSPORTÉ JUSQU'À L'AUTEL À L'ARRIÈRE D'UN CAMION.

MIAM ! LES MÉDECINS DE MANUEL ÉTAIENT INVITÉS AU REPAS DE NOCES (DIÉTÉTIQUE) POUR VEILLER À CE QUE LEUR PATIENT N'ENGLOUTISSE PAS LE GÂTEAU À 5 ÉTAGES.

● L'HOMME LE PLUS LOURD

La dernière fois qu'il a été pesé, en décembre 2009, Manuel Uribe (Mexique) affichait un poids de 416,5 kg sur la balance. Cet homme de 43 ans suit un régime et perd régulièrement du poids depuis 2006, date à laquelle il pesait 560 kg. Bien qu'il soit cloué au lit, Uribe a épousé Claudia Solis (ci-dessus à droite) en secondes noces en 2008.

★ LA PLUS PETITE ADOLESCENTE

La plus petite adolescente connue du monde est Jyoti Amge (Inde, née le 16 décembre 1993). Mesurée le 6 septembre 2009 à Tokyo (Japon), pour *Bikkuri Chojin 100 Special #2* (Fuji TV), elle faisait 61,95 cm. Née à Nagpur (Inde), elle a pour ambition de devenir actrice.

L'HOMME LE PLUS PETIT

De l'Histoire Le plus petit adulte dont la taille a été attestée de façon impartiale est Gul Mohammed (Inde, 1957-1997). Le 19 juillet 1990, il a été examiné et mesuré à l'hôpital Ram Manohar de New Delhi (Inde). Il mesurait 57 cm.

Du monde : Lin Yih-Chih (Taïwan), cloué dans un fauteuil roulant parce qu'il souffre d'ostéogénèse imparfaite, mesure 67,5 cm.

Du monde (pouvant se déplacer) *Voir p. 77.*

LA FEMME LA PLUS PETITE

De l'Histoire Pauline Musters (Pays-Bas, 1876-1895) faisait 30 cm à la naissance ; quand elle est morte d'une pneumonie doublée d'une méningite à l'âge de 19 ans, elle ne mesurait que 61 cm.

Du monde Madge Bester (Afrique du Sud) mesure 65 cm. Souffrant d'ostéogénèse imparfaite de type 3, ses os sont extrêmement fragiles et l'obligent à rester chez elle dans un fauteuil roulant, à Bloemfontein (Afrique du Sud). Sa mère Winnie (morte en 2001) avait la même pathologie et mesurait 70 cm.

Du monde (pouvant se déplacer) Aucune personne dans cette catégorie à la date du 1er avril 2010.

LA PERSONNE LA PLUS LÉGÈRE

Atteinte de nanisme hypophysaire, Lucía Xarate (Mexique, 1863-1889) de San Carlos (Mexique) mesurait 67 cm. Squelettique, elle pesait 1,1 kg à la naissance et 2,13 kg à 17 ans. À 20 ans, elle avait atteint 5,9 kg.

★ LE PLUS PETIT ADOLESCENT

Le plus petit adolescent connu du monde est Khagendra Thapa Magar (Népal, né le 14 octobre 1992). Mesuré le 25 février à Rome (Italie) par des médecins pour *Lo show dei record*, il faisait 65,58 cm. Il fêtera ses 18 ans en octobre 2010 et sera alors considéré par GWR comme le **plus petit homme du monde pouvant se déplacer**.

KOSICE, SLOVAQUIE

48°42'N 21°15'E

La **plus grande portée d'ours bruns** (*Ursus arctos*) née en captivité le 6 janvier 2002 au zoo de Kosice, à Kosice-Kavecany (Slovaquie), comptait 5 petits : Miso, Tapik, Dazzle, Bubu et Cindy (3 mâles et 2 femelles).

ENCORE ! DÉCOUVREZ LES LIMITES DE NOTRE CORPS P. 110-111.

★LA PLUS PETITE MAMAN DU MONDE

Stacey Herald (USA), qui mesure 72,39 cm, a mis au monde son 1er enfant, Kateri, à Dry Ridge (Kentucky, USA), le 21 octobre 2006. Elle a accouché de sa 2e fille, Makaya, le 1er janvier 2008. Stacey est photographiée ici avec son mari Will et leurs deux filles. Son troisième enfant, un garçon prénommé Malachi, est né en novembre 2009.

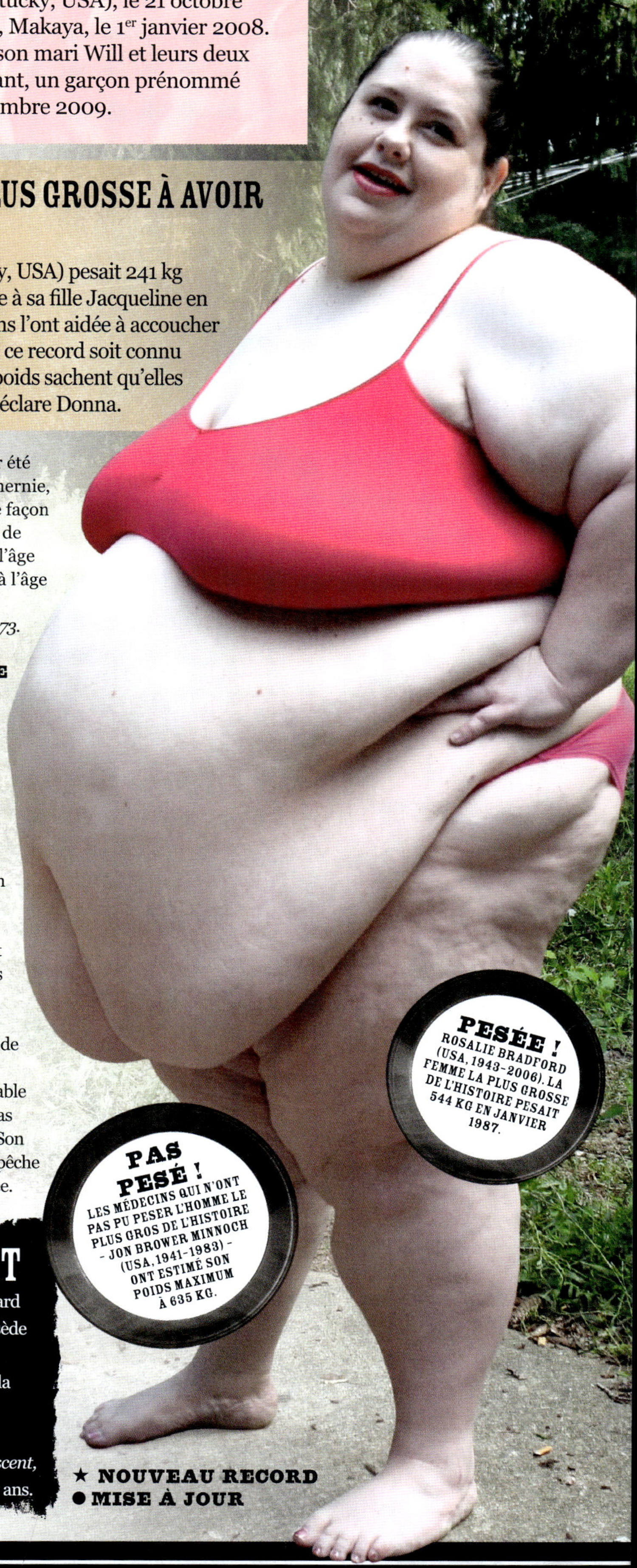

●LA FEMME LA PLUS GROSSE À AVOIR ACCOUCHÉ

Donna Simpson (New Jersey, USA) pesait 241 kg quand elle a donné naissance à sa fille Jacqueline en février 2007. Trente médecins l'ont aidée à accoucher par césarienne. "Je veux que ce record soit connu pour que les femmes en surpoids sachent qu'elles peuvent porter un enfant", déclare Donna.

PESÉE ! ROSALIE BRADFORD (USA, 1943-2006), LA FEMME LA PLUS GROSSE DE L'HISTOIRE PESAIT 544 KG EN JANVIER 1987.

PAS PESÉ ! LES MÉDECINS QUI N'ONT PAS PU PESER L'HOMME LE PLUS GROS DE L'HISTOIRE - JON BROWER MINNOCH (USA, 1941-1983) - ONT ESTIMÉ SON POIDS MAXIMUM À 635 KG.

LA TAILLE LA PLUS INSTABLE

Adam Rainer (Autriche, 1899-1950) mesurait seulement 1,18 m à 21 ans, puis il s'est mis à grandir brutalement. En 1931, sa taille avait presque doublé et atteignait 2,18 m. Il est devenu si faible qu'il est resté alité jusqu'à sa mort, à 51 ans. Il mesurait alors 2,34 m – deux fois la taille qu'il avait à 21 ans. C'est la seule personne de l'histoire à avoir été un nain et un géant.

LE PLUS GRAND HOMME

De l'Histoire Mesuré la dernière fois le 27 juin 1940, Robert Pershing Wadlow (USA, 1918-1940) atteignait 2,72 m, le seul record de taille authentifié de l'histoire. Robert a grandi à un rythme normal jusqu'à 2 ans, mais après avoir été opéré deux fois d'une hernie, sa taille a augmenté de façon exponentielle, passant de 1,63 m à 5 ans à 2 m à l'âge de 11 ans, puis 2,53 m à l'âge de 18 ans.

Du monde : *Voir p. 72-73.*

LA PLUS GRANDE FEMME

De l'Histoire Zeng Jinlian (Chine, 1964-1982) de la commune de Bright Moon (province de Hunan, Chine) mesurait 2,48 m sur son lit de mort.

Du monde ●Yao Defen (Chine) faisait 233,3 cm la dernière fois qu'elle a été mesurée. Elle devrait continuer à grandir dans la mesure où la tumeur de l'hypophyse – glande qui régule la production de l'hormone de croissance – responsable de son gigantisme, n'a pas complètement disparu. Son état de santé actuel l'empêche d'être à nouveau mesurée.

●L'HOMME LE PLUS PETIT

Depuis la mort de He Pingping (Chine) en 2010, Edward Niño Hernández (Colombie, né le 10 mai 1986) possède le titre d'homme le plus petit du monde pouvant se déplacer. Il mesure 70,21 cm. Le règne d'Edward à la tête de cette célèbre catégorie risque d'être l'un des plus courts de l'histoire de GWR. On sait déjà que Khagendra Thapa Magar (*voir Le plus petit adolescent, p. 76*) le détrônera en octobre 2010 lorsqu'il aura 18 ans.

★ NOUVEAU RECORD
● MISE À JOUR

THESSALONIQUE, GRÈCE

40°38'N 22°57'E

La ★**plus longue ceinture de cuir**, fabriquée par l'entreprise Almpani Brothers de Thessalonique (Grèce) en 2008, mesurait 62,91 m.

LE CORPS HUMAIN

À FLEUR DE PEAU

★★★★★★★★★★

★LE PLUS D'AIGUILLES PIQUÉES DANS LA TÊTE

Le 11 avril 2009, 2 009 aiguilles ont été piquées sur la tête de Wei Shengchu (Chine) sur le plateau de *Lo Show Dei Record*, à Milan (Italie).

LA 1RE CHIRURGIE ESTHÉTIQUE

Walter Yeo (GB) a été le premier patient en chirurgie esthétique. En 1917, il a reçu une greffe de peau, prélevée sur son épaule, pour reconstituer ses paupières qui avaient brûlé dans une explosion, alors qu'il était canonnier sur le vaisseau HMS *Warspite*, pendant la bataille du Jutland (1re Guerre mondiale).

ENCORE ! PLUS DE PORTRAITS DE MONSTRES P. 96.

★UN VÉHICULE TIRÉ À L'AIDE DE CROCS DE BOUCHER SUR LA PLUS LONGUE DISTANCE

Le 13 août 2007, à Édimbourg (GB), Hannibal Helmurto (Allemagne) a tiré une camionnette de 4 tonnes sur 107 m, à l'aide de deux crochets de boucher plantés dans son dos.

●LE PLUS DE PIERCINGS EN UNE SÉANCE

Le 16 août 2009, Josh Brown (USA) et Yuri Dubon (USA) ont réalisé 1 200 piercings en une séance de 2 h et 53 min, au Sign Of The Times, Norco (Californie, USA).

LES RETRAITÉS LES PLUS TATOUÉS

La **retraitée la plus tatouée** est une dame de 73 ans. Isobel Varley (GB) a reçu son premier tatouage – un petit oiseau sur l'épaule droite – le 14 août 1986, après une visite au salon du tatouage de Hammersmith (Londres, GB). En avril 2010, 93 % de son corps était couverts de tatouages. Le **retraité le plus tatoué** est Tom Leppard (GB) (photo ci-contre).

★LE PLUS DE TATOUÉS EN SIMULTANÉ

Le 24 septembre 2009, 178 personnes se sont fait tatouer en même temps à la 5e London Tattoo Convention 2009 qui s'est tenue au Tobacco Dock à Londres (GB).

●LA FEMME LA PLUS TATOUÉE

Le corps de Julia Gnuse (USA, ci-dessous) est couvert à 95 % de tatouages. Son 1er tatouage date de 1991. Elle partage cet incroyable record avec Krystyne Kolorful (Canada), à laquelle il a fallu 10 ans pour faire tatouer son corps à 95 %.

37°58'N 23°43'E

ATHÈNES, GRÈCE

931 médailles (303 en or, 301 en argent et 327 en bronze) ont été gagnées aux jeux Olympiques d'Athènes (Grèce) en 2004. C'est le **plus grand nombre de médailles** décerné au cours de jeux Olympiques.

LE SAVIEZ-VOUS ?

LES ★TATOUAGES LES PLUS ANCIENS SONT CEUX D'ÖTZI, UN HOMME MORT IL Y A 5 300 ANS. DÉCOUVERT EN 1991, SON CORPS MOMIFIÉ PORTAIT 57 TATOUAGES.

La peau (**l'organe le plus étendu**) nous protège des infections, de la déshydratation et contrôle notre température.

INFO

★LE RETRAITÉ LE PLUS TATOUÉ

Autrefois **l'homme le plus tatoué du monde,** Tom Léopard (de son vrai nom Tom Woodbridge, GB) avait fait tatouer 99,9 % de son corps en peau de léopard (en jaune et noir). Cet ancien soldat de 73 ans a vécu 20 ans dans la nature, sur l'île de Skye (Écosse, GB), avant de reprendre apparence humaine et d'entrer en maison de retraite à Broadford, sur la même île, en 2008.

●LA PLUS LONGUE SÉANCE DE TATOUAGE

Du 18 au 21 novembre 2009, Lady Kaz Wilson (GB) a tatoué Andy Kyne (GB) pendant 48 h et 11 min au Diamond Tattoo Studio de Wigan (Lancashire, GB), au bénéfice d'une association d'aide aux enfants.

★LE PLUS DE TATOUAGES RÉALISÉS (24 H)

Hollis Cantrell (USA) a exécuté 801 tatouages en 24 h à l'Artistic Tattoo de Phoenix (Arizona, USA), le 16 novembre 2008.

LA PEAU LA PLUS ÉLASTIQUE

Atteint d'une affection très rare appelée syndrome d'Ehlers-Danlos, une anomalie des tissus connectifs de la peau, des ligaments et des organes internes, Garry Turner (GB) peut étirer la peau de son estomac sur 15,8 cm. Le collagène qui renforce les tissus et les rend élastiques fait défaut et entraîne une distension de la peau et une hypermobilité des articulations. Dans les cas les plus graves, il peut s'en suivre une rupture des vaisseaux sanguins.

CICATRICE :

décorative ou non, accidentelle ou volontaire, la cicatrice résulte d'une processus naturel de régénération de la peau.

★LA PLUS GRANDE SCARIFICATION

En Afrique de l'Ouest, les femmes des tribus Nuba et Tiv du Niger se soumettent à des scarifications dans le cadre de rites de passage pour les premières, ou dans un but esthétique pour les secondes. Les entailles sont réalisées à l'aide d'un couteau ou, plus traditionnellement, de pierres, d'éclats de verre ou de noix de coco. Les plaies sont ensuite enduites d'une sève toxique qui produit des boursouflures (chéloïdes).

Chez les jeunes filles Nuba, la scarification du torse est entreprise dès l'apparition des seins et celle de l'abdomen a lieu au moment des premières menstruations. Le dos, les jambes, les bras et le cou sont scarifiés après la naissance du premier enfant.

Chez les Tiv, les cicatrices symbolisent la fécondité. Plus une femme est marquée, plus elle est considérée comme féconde.

ENCRE COLORÉE
Le mantra tibétain "Om Mani Padme Hum" est tatoué en rouge sur le visage et le crâne.

SCALP
Lucky s'est scalpé en trois endroits, révélant son crâne sous le cuir chevelu !

DENTS D'ARGENT
Lucky a fait remplacer ses dents par des prothèses en argent.

LOBES DISTENDUS
Les lobes d'oreilles de Lucky sont non seulement percés, mais aussi distendus.

ENCRE BLANCHE
Lucky a commencé à se faire tatouer en blanc sur fond noir.

ENCRE NOIRE
Tatouage intégral à l'encre noire.

IMPLANTS PECTORAUX
Lucky s'est fait implanter deux barres de titane dans les pectoraux. Quand elles seront retirées, elles laisseront deux anneaux de chair auxquels il attachera des crochets et des poids.

OUILLE ! LUCKY S'EST FAIT TATOUER LES PAUPIÈRES, ENTRE LES ORTEILS ET DANS LES OREILLES. MÊME SES GENCIVES SONT TATOUÉES !

L'HOMME LE PLUS TATOUÉ

Le jongleur de tronçonneuses et avaleur de sabres, Lucky Diamond Rich (Australie, né en Nouvelle-Zélande), a passé plus de 1 000 h chez le tatoueur.

★ NOUVEAU RECORD ● MISE À JOUR

RIGA, LETTONIE

Le **plus grand nombre de fontaines de boisson gazeuse et de Mentos** installées au même endroit est de 1 911. Ce record a été établi par les étudiants de TURIBA, à Riga (Lettonie), le 19 juin 2008.

56°56'N 24°06'E

LE CORPS HUMAIN

POILS & CHEVEUX

COUPE
CHUY – PRONONCER "TCHOUÏ" – PHOTOGRAPHIÉ ICI AU SALON DE COIFFURE I GRI.SIANI DE ROME POUR SA 1RE APPARITION À LA TÉLÉVISION ITALIENNE.

LA FAMILLE LA PLUS POILUE

"Chuy" Jesús Fajardo Aceves (ci-dessus) est l'un des 19 membres (sur 5 générations) d'une famille mexicaine atteinte d'hypertrichose généralisée. Les femmes sont couvertes d'un duvet plus ou moins fin, mais les hommes ont le corps – à l'exception des mains et des pieds – entièrement recouvert d'une épaisse couche de poils.

★ LA PLUS GROSSE BOULE DE POILS

Henry Coffer (USA) est un coiffeur à la retraite de 77 ans qui vit à Charleston (Missouri). Depuis 50 ans, il récupère des poils et des cheveux humains et en a fait une boule géante qui pesait 75,7 kg et mesurait 4,26 m de circonférence le 8 décembre 2008. Henry a commencé à conserver les poils et les cheveux à la demande d'un client. Depuis, il s'en sert notamment pour amender le sol de son jardin.

LE SAVIEZ-VOUS ?
LE SIKHISME INTERDISANT LE RASAGE DU VISAGE, SARWAN SINGH NE S'EST JAMAIS RASÉ. "MA BARBE EST LA PARTIE DE MON CORPS QUE JE PRÉFÈRE."

En 2001, Ismael Rivas Falcón (Espagne) a tiré un train de 2 753,1 kg avec sa barbe.

INFO

LA PLUS GROSSE BOULE DE CHEVEUX

"Trichobézoard" est le nom médical d'une boule de cheveux formée par un malade atteint du syndrome de Rapunzel, ou "trichophagie" – ingestion de ses propres cheveux. Le plus gros jamais extrait d'un corps humain pesait 4,5 kg. Il a été retrouvé dans l'estomac d'une jeune fille de 18 ans soignée au Rush University Medical Center de Chicago (Illinois, USA), en novembre 2007.

★ LE PLUS DE COUPES (EN 8 H)

Rachel Brown (USA) du salon Mimosa de Lake Park (Floride, USA) a réalisé 32 coupes en 8 h, le 16 février 2009. Chacun des 32 clients passés entre ses mains a eu droit à un shampooing, une coupe, un séchage complet et un brushing.

● LA PLUS LONGUE BARBE

Le 4 mars 2010, la barbe de Sarwan Singh (Canada) a été mesurée sur le plateau de *Lo show dei record* à Rome (Italie). Avec ses 2,37 m, c'est la plus longue du monde. Pour ce Sikh emblématique, grand prêtre au Guru Nanak Sikh Temple de Surrey (Canada), "il ne s'agit pas d'un don comparable à celui d'un musicien… mais d'un cadeau de Dieu."

● RECORD DE COUPES PAR ÉQUIPE (EN 24 H)

Le 10 octobre 2009, une équipe de 10 coiffeurs de Supercuts, à Houston (Texas, USA), a effectué 349 coupes de cheveux.

QUIZ !
QUEL EST LE PLUS GRAND DES TROIS : LA PLUS LONGUE BARBE, LA PLUS LONGUE MOUSTACHE OU LA PLUS HAUTE COIFFURE ?
RÉPONSE P. 278

ENCORE !
LE CORPS HUMAIN VOUS RÉSERVE ENCORE PLUS DE SURPRISES,
P. 74-75.

★ L'ADOLESCENTE LA PLUS POILUE

L'adolescente la plus poilue est Supatra "Nat" Sasuphan (Thaïlande). Ce titre lui a été décerné sur le plateau de *Lo show dei record* à Rome (Italie) le 4 mars 2010, où son hirsutisme (pilosité excessive) a été évalué selon la méthode Ferriman-Gallwey.

POILS LA MÉTHODE FERRIMAN-GALLWEY PERMET DE NOTER LA PILOSITÉ FÉMININE SUR UNE ÉCHELLE DE 0 (PAS DE POILS) À 4 (POILS DENSES) EN 9 ENDROITS DU CORPS.

OÙ ILS SONT LOCALISÉS EN 9 ENDROITS : LÈVRE SUPÉRIEURE, MENTON, POITRINE, HAUT ET BAS DU DOS, HAUT ET BAS DE L'ABDOMEN, HAUT DES BRAS ET DES CUISSES.

LA COUPE LA PLUS CHÈRE

Le 29 octobre 2007, un Italien a payé 8 000 £ (9 334 €) pour une coupe de luxe au salon Stuart Phillips de Covent Garden (Londres, GB).

★ LE PLUS DE COLORATIONS CAPILLAIRES (EN 24 H)

Le 21 octobre 2009, 10 coiffeurs et leurs assistants ont teint les cheveux de 380 personnes en 24 h, au salon Schwarzkopf Sergio & Margarida de Lisbonne (Portugal).

● LA PLUS HAUTE COIFFURE

Plusieurs coiffeurs ont échafaudé une coiffure de 2,66 m de haut lors d'une manifestation professionnelle organisée le 21 juin 2009 par KLIPP Unser Frisör à Wels (Autriche).

● LA PLUS HAUTE PERRUQUE

Le 15 mai 2004, Emilio Minnicelli (Italie) a fabriqué une perruque en vrais cheveux sur la Piazza Maggiore de Bologne (Italie). Elle mesurait 14,3 m de haut et pesait 26 kg.

● LA PLUS HAUTE CRÊTE IROQUOISE

Stefan Srocka (Allemagne) possède la plus haute crête iroquoise. Elle a été mesurée à l'Hairgallery Daniela Schorn de Marktrodach (Allemagne) le 2 juin 2009 et faisait 80 cm.

● LES DREADLOCKS LES PLUS LONGUES (FEMME)

Les dreadlocks d'Asha Mandela (USA) atteignaient 5,96 m le 11 novembre 2009, le jour où elles ont été défaites et mesurées par des professionnels pour le GWR Day, dans l'émission *The Early Show* de CBS, à New York (USA).

● LES PLUS LONGUES EXTENSIONS

Le 10 novembre 2007, Kay Meinecke (Allemagne) a posé une extension de 16,25 m de long sur un modèle, dans un centre commercial de Hambourg (Allemagne).

● LES PLUS LONGUES MOUSTACHES

Les moustaches de Ram Singh Chauhan (Inde) faisaient 4,29 m de long lors de l'émission *Lo show dei record*, enregistrée à Rome (Italie), le 4 mars 2010.

LES PLUS LONGS POILS

● **Bras :** 14,61 cm, Justin Shaw (USA), le 7 octobre 2009.
Poitrine : 22,8 cm, Richard Condo (USA), le 29 avril 2007.
Oreille : 18,1 cm, Anthony Victor (Inde), le 17 septembre 2007.
Sourcil : 17,8 cm, Toshie Kawakami (Japon), le 22 juillet 2008.
Cil : 6,99 cm, Stuart Muller (USA), le 7 décembre 2007.
Jambe : 16,51 cm, Wesley Pemberton (USA), le 9 février 2008.
Téton : 12,9 cm, Douglas Williams (USA), le 26 mai 2007.

LA PLUS LONGUE CHEVELURE

La plus longue chevelure du monde attestée est celle de Xie Qiuping (Chine) : elle mesurait 5,627 m le 8 mai 2004. Xie laisse pousser ses cheveux depuis qu'elle a eu 13 ans, en 1973. "Cela ne me gêne pas du tout. J'y suis habituée" dit-elle, "mais avec une chevelure pareille, il faut être patiente et se tenir bien droite."

LA PLUS LONGUE BARBE (FEMME)

Melinda Maxie – nom de scène de Vivian Elaine Wheeler (USA) – avait une barbe de 27,9 cm de long en 2000 (date de la dernière mesure). "Un spectacle de cirque ne se conçoit pas sans femme à barbe", a déclaré celle qui se produit régulièrement dans des cirques depuis l'âge de 8 ans.

★ NOUVEAU RECORD
● MISE À JOUR

HELSINKI, FINLANDE

60°10'N 24°56'E

Le 19 juin 2008, Seppo Mäkinen (Finlande) avait rassemblé 30 105 badges différents provenant de plus de 50 pays. Commencée en 1994, c'est la **plus grande collection de badges**.

SENIORS EN OR

LES PLUS ÂGÉS

	NOM	ÂGE	DATE DE NAISSANCE
1	*Kama Chinen (Japon)*	114	10 mai 1895
2	*Neva Morris (USA)*	114	3 août 1895
3	*Eugénie Blanchard (Guadeloupe/France)*	114	16 févr. 1896
4	*Daisey Bailey (USA)*	113	30 mars 1896
5	*Florrie Baldwin (GB)*	113	31 mars 1896
6	*Eunice Sanborn (USA)*	113	20 juil. 1896
7	*Besse Cooper (USA)*	113	26 août 1896
8	*Walter Breuning (USA)*	113	21 sept. 1896
9	*Chiyono Hasegawa (Japon)*	113	20 nov. 1896
10	*Venere Pizzinato-Papo (Italie)*	113	23 nov. 1896

Source : Gerontology Research Group, 8 mars 2010

RECORD DE LONGÉVITÉ…

●**Être humain** (●**femme**) Kama Chinen d'Okinawa (Japon) est la personne la plus âgée du monde. C'est l'une des rares personnes au monde à avoir des souvenirs du XIXᵉ siècle (voir tableau de gauche) ! Elle est née le 10 mai 1895. On ne sait pas grand-chose d'elle car elle n'a plus de famille en vie.

●**Homme** Walter Breuning (USA). (voir page ci-contre).

★FRATRIE LA PLUS ÂGÉE

Cumulant à elles trois 325 ans et 289 jours, les sœurs Thornton de Shreveport (Louisiane, USA) constituent la fratrie la plus âgée. Elles ont disparu à quelques semaines d'écart : Rosie Thornton Warren (à gauche) le 18 décembre 2009, Carrie Thornton Miller (à droite), le 5 janvier 2010 et Maggie Lee Thornton Renfro (au centre), le 22 janvier 2010.

●**Jumeaux** le jumeau restant seul le plus âgé est Ruth Peter Anderson (USA, né le 24 juillet 1899). Son jumeau, Abel, est mort à 1 an en 1900. *À notre connaissance, aucune paire de jumeaux n'a encore jamais atteint le statut de super-centenaire (plus de 110 ans).* **Jumeaux** à l'heure de la mise sous presse, l'équipe du GWR tente d'identifier les détenteurs du record des **vrais jumeaux les plus âgés**. Actuellement, il cherche à authentifier les 104 ans de Cao Daqiao et Cao Xiaoqiao (Chine, nés le 3 octobre 1905). Les jumeaux vivent à Weifang, dans la province de Shandong (Chine).

★LA PLUS LONGUE CARRIÈRE DE MARCHAND DE GLACES

Né le 26 septembre 1919, Charlie D'Angelo de Clifton (New Jersey, USA) a travaillé sans interruption comme marchand de glaces pendant 30 ans, livrant des crèmes glacées de sa fabrication avec son camion appelé Iggy's Igloo depuis 1979. Il travaille dans le commerce des glaces par intermittences depuis l'âge de 12 ans !

ENCORE ! TROP JEUNES ? ALLEZ FAIRE UN TOUR CHEZ LES DINOSAURES, P. 50-51.

LE SAVIEZ-VOUS ?
LE 20 FÉVRIER 2010, SEULES 76 PERSONNES AUTHENTIFIÉES AVAIENT FRANCHI LE CAP DES 110 ANS… DONT SEULEMENT 3 HOMMES !

Les chances de vivre jusqu'à 128 ans sont de 1 sur 2 560 000 000 000, ou de 1 sur 2,56 milliards !

INFO

DAME
LA FEMME LA PLUS ÂGÉE, MAIS AUSSI LA PERSONNE LA PLUS ÂGÉE – DONT L'ÂGE A ÉTÉ DÛMENT AUTHENTIFIÉ – EST JEANNE CALMENT (FRANCE), DÉCÉDÉE À L'ÂGE DE 122 ANS.

● L'HOMME LE PLUS ÂGÉ

Au décès d'Henry Allingham (GB, 1896-2009), le titre de l'homme le plus âgé est revenu à Walter Breuning (né le 21 septembre 1896) de Great Falls (Montana, USA). À son dernier anniversaire, il est devenu le 12e homme certifié à dépasser 113 ans.

Le titre de l'homme le plus âgé de tous les temps revient à Thomas Peter Thorvald Kristian Ferdinand "Christian" Mortensen (Danemark/USA, 16 août 1882-25 avril 1998). Il est mort à 115 ans et 252 jours – c'est la seule personne des pays du Nord à avoir franchi l'âge vénérable de 113 ans.

★ LE PLUS VIEUX CHEF 3 ÉTOILES AU MICHELIN

Jiro Ono (Japon, né le 27 octobre 1925), propriétaire du restaurant de sushis Sukiyabashi Jiro à Tokyo (Japon), a reçu 3 étoiles au guide *Michelin Tokyo 2008* à l'âge de 82 ans.

★ LA DANSEUSE DE SALSA LA PLUS ÂGÉE

En décembre 2009, Sarah Paddy Jones (GB, née le 1er juillet 1935) et son partenaire, Nicko, ont remporté le 1er prix à l'émission de télé-réalité espagnole "Tu sí que vales".

Frères siamois Ronnie et Donnie Galyon (USA, nés le 25 octobre 1951) sont les siamois les plus âgés. Pendant 36 ans, ils ont travaillé dans des cirques avant de prendre leur retraite en 1991. Ils partagent le même passeport mais disposent chacun d'une carte d'électeur.

Couple marié (en âge cumulé) Karl Dølven (Norvège, né le 31 août 1897) a épousé Gudrun Haug (Norvège, née le 14 octobre 1900) le 4 juin 1927. Ils ont vécu ensemble jusqu'à la mort de Gudrun, le 24 avril 2004 ; elle avait 103 ans et 193 jours et Karl 106 ans et 237 jours – soit 210 ans et 65 jours cumulés.

Le ● **mariage le plus long** est celui d'Herbert et Zelmyra Fisher (tous deux USA). Voir p. 122.

● L'HOMME LE PLUS ÂGÉ DU MONDE

Des éléments récents remettent en cause le record de longévité détenu par Shigechiyo Izumi (Japon). Son certificat de naissance serait en réalité celui de son frère aîné, mort assez jeune. La famille aurait utilisé le nom d'Izumi en tant que "nécronyme", donnant au frère cadet le nom du frère défunt. Shigechiyo Izumi serait donc décédé à 105 ans, non à 120 ans.

★ DÉTENTRICE LA PLUS ÂGÉE D'UN RECORD EN ATHLÉTISME

Le 11 octobre 2009, Ruth Frith (Australie) a battu à 100 ans le record de lancer de poids (4,07 m) aux World Masters Games de Sydney (Australie), des jeux ouverts aux athlètes de tous âges et de toutes capacités.

JEUX
EN 2002, LE WORLD MASTERS GAMES, L'ÉVÉNEMENT MULTISPORTIF BÉNÉFICIANT DE LA PLUS GRANDE PARTICIPATION, A RASSEMBLÉ 24 886 ATHLÈTES.

★ LE PROFESSEUR DE YOGA LE PLUS ÂGÉ

À 83 ans, Bette Calman (Australie) est la femme la plus âgée à enseigner le yoga, cette discipline mentale et physique.

YOGA
LA VÉNÉRABLE BETTE ENSEIGNE LE YOGA DEPUIS 40 ANS. LA VOICI DANS LA POSTURE DU PAON.

★ NOUVEAU RECORD
● MISE À JOUR

EDIRNE, TURQUIE
41°40'N 26°34'E

Le Festival de la lutte à l'huile de Kırkpınar existe depuis 1460. C'est la **compétition sportive la plus ancienne du monde (sans interruption).** Elle se déroule dans la péninsule de Sarayiçi près d'Edirne (Turquie),

MÉDECINE

Nous l'avons choisi parce qu'il était déterminé, motivé et persévérant.
Le professeur Jean-Michel Dubernard à propos de son patient greffé, Denis Chatelier (ci-dessous)

★ LA 1RE DOUBLE GREFFE DE BRAS

En janvier 2000, à la tête d'une équipe internationale composée de 18 chirurgiens et 32 assistants, le professeur Jean-Michel Dubernard (France) a procédé à la greffe de deux bras prélevés sur le cadavre d'un donneur de 18 ans. Le receveur, Denis Chatelier, un Français de 33 ans (photo), avait perdu les siens en manipulant des explosifs, 4 ans auparavant. L'opération qui a duré 17 heures s'est déroulée à l'hôpital Édouard-Herriot de Lyon (Rhône). En 1998, le professeur Dubernard avait réussi la 1re **greffe d'un bras.**

● NOMBRE RECORD DE DOIGTS ET D'ORTEILS

Le 19 mars 2010, un garçon de 6 ans, présentant 15 doigts et 16 orteils, a été admis dans un hôpital de Shenyang (province de Liaoning, Chine). Il avait 3 doigts soudés à chaque main, mais les radios ont montré que leurs os étaient parfaitement développés.

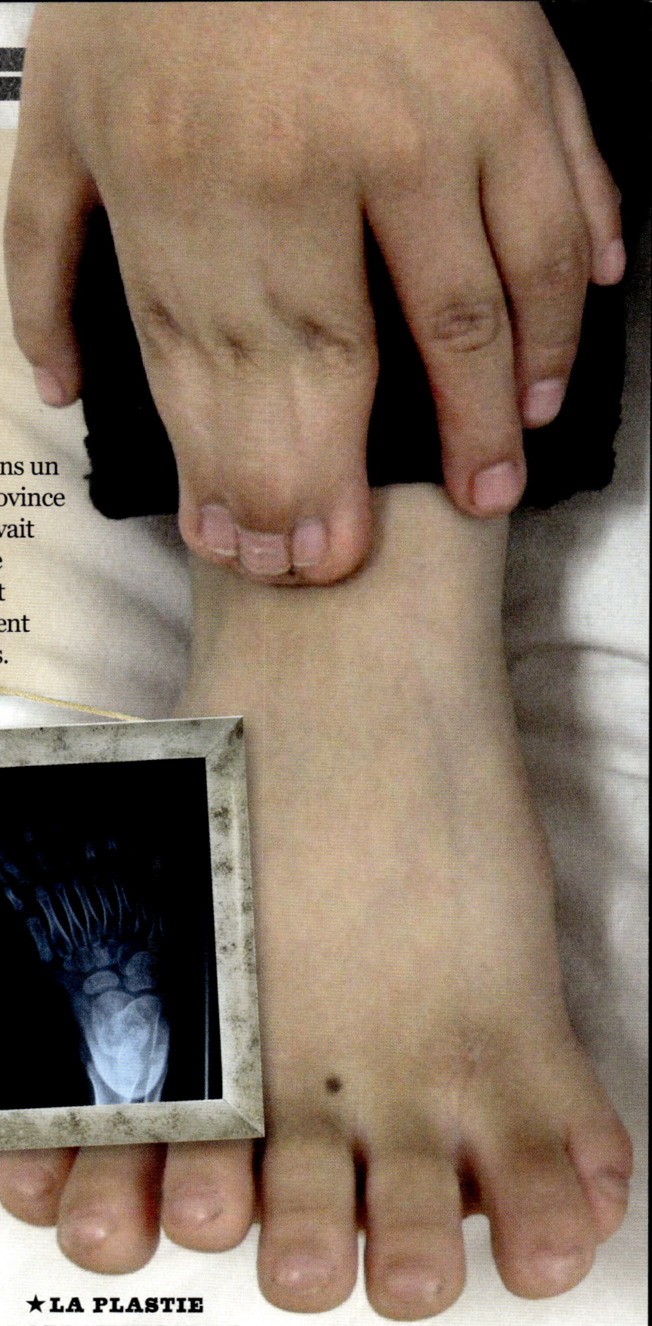

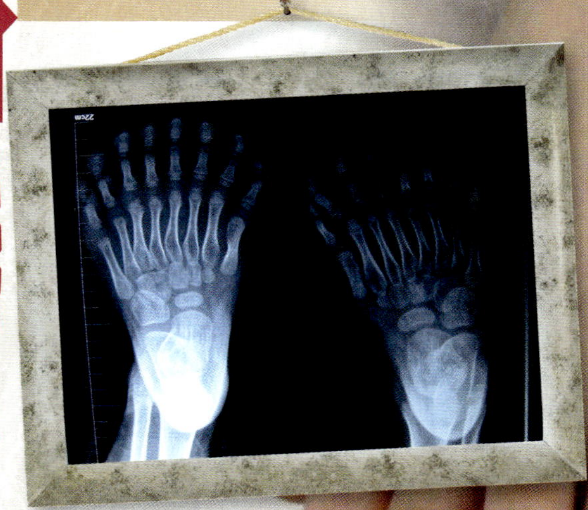

★ RECORD D'EXAMENS DE LA VUE EN 1 H

Le 15 mai 2009, aux Pays-Bas, des volontaires de la Specsavers International BV ont examiné la vue de 648 personnes dans 92 lieux différents.

★ LA PLASTIE ABDOMINALE LA PLUS IMPORTANTE (FEMME)

En mars 2006, des chirurgiens de l'hôpital de Cruces, à Barakaldo (Espagne), ont effectué l'ablation d'une couche adipeuse de 60 kg sur le ventre d'une femme atteinte d'obésité. Au cours de l'opération de 9 h, les chirurgiens ont utilisé des petits élévateurs pour soulever les tissus adipeux de la partie inférieure de l'abdomen. Ces tissus représentaient le poids moyen d'une jeune fill de 17 ans et l'équivalent de 462 000 calories.

AHH! BALAMURALI AMBATI (USA, NÉ LE 29 JUILLET 1977) EST DEVENU LE 19 MAI 1995 LE PLUS JEUNE MÉDECIN. IL AVAIT 17 ANS ET 294 JOURS.

AÏE ! SPÉCIALISTE DE SAUTS À MOTO, EVEL KNIEVEL (USA) DÉTIENT LE RECORD DE FRACTURES DES OS, SOIT 433 À LA FIN 1975.

ENCORE ! VOUS EN SAUREZ PLUS SUR D'ÉTRANGES PARTIES DU CORPS P. 74 !

LE TAUX DE BRÛLURES LE PLUS ÉLEVÉ

Tony Yarijanian (USA, à droite) a subi 25 opérations chirurgicales après avoir eu le corps brûlé à 90 %, suite à une explosion dans le salon de beauté de sa femme, le 15 février 2004. David Chapman (GB) a survécu à des brûlures à 90 % après l'explosion d'un bidon d'essence, le 2 juillet 1996.

38°25'N 27°08'E

IZMIR, TURQUIE

Le **plus vieux pont** encore emprunté est le pont de pierre à une arche qui enjambe le fleuve Meles à Izmir (l'ancienne Smyrne) en Turquie. Il daterait de 850 av. J.-C. Il existe d'autres vestiges de ponts sur l'Havos, datant de 1 600 av. J.-C., dans la région de Mycènes en Grèce.

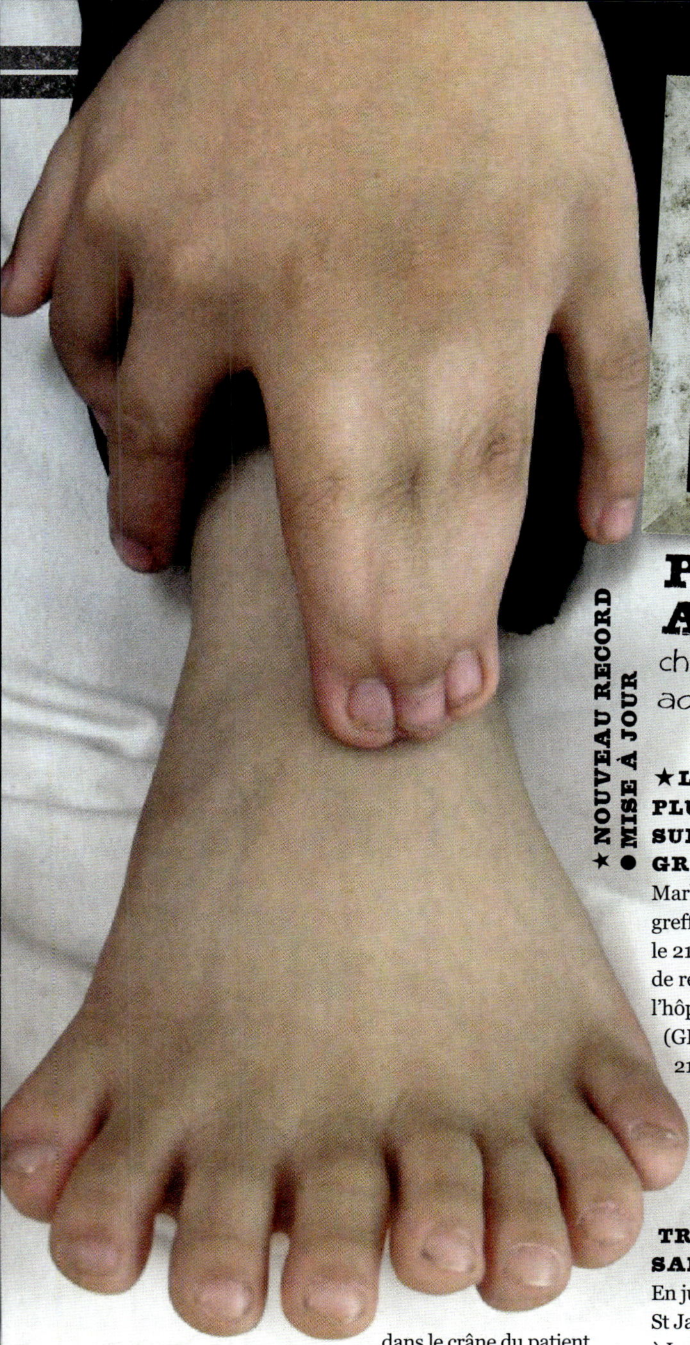

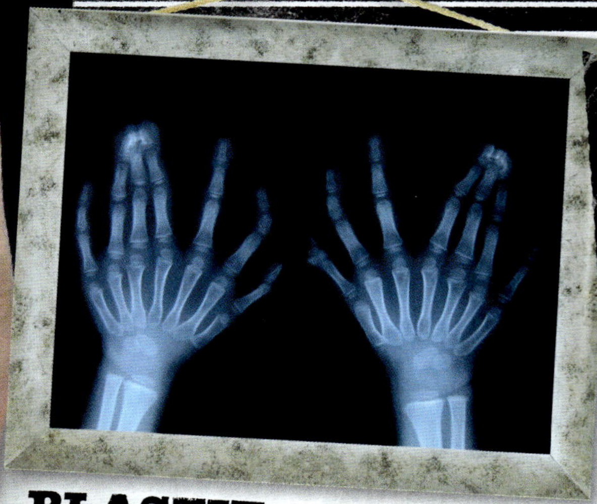

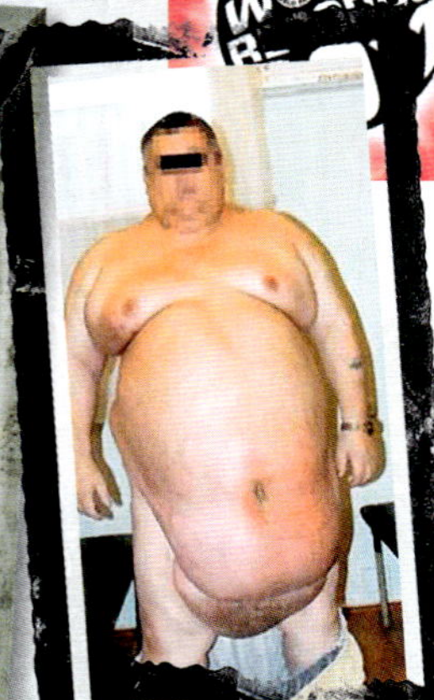

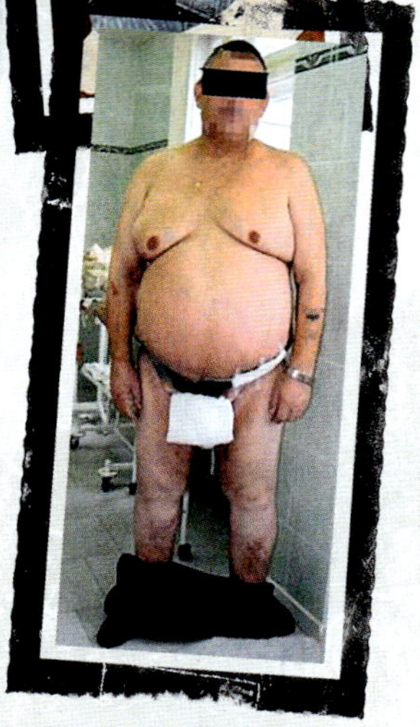

PLASTIE ABDOMINALE : opération chirurgicale qui consiste à retirer les tissus adipeux en surplus de l'abdomen.

★ NOUVEAU RECORD
● MISE À JOUR

★ LE PATIENT LE PLUS ÂGÉ AYANT SUBI PLUSIEURS GREFFES

Mark Dolby (GB) a subi une greffe cœur-poumons-foie, le 21 août 1987, et une greffe de rein en décembre 2005, à l'hôpital Harefield de Londres (GB). Le 22 avril 2009, 21 ans et 244 jours plus tard, il était le seul patient encore en vie après de multiples greffes.

GREFFE SANS TRANSFUSION DE SANG

En juin 1996, une équipe du St James University Hospital à Leeds (GB) a effectué une greffe du foie sans transfusion de sang sur une patiente de 47 ans, Linda Pearson (USA), alors qu'une telle intervention exige normalement de 2,3 à 3,4 litres de sang. Témoin de Jehovah, la patiente a refusé la transfusion pour des motifs religieux.

RECORD D'AMPUTATIONS DE LA MAIN

Clint Hallam (Nouvelle-Zélande) a été amputé trois fois de la main droite. Une 1re fois en 1984 en manipulant une scie circulaire. Des chirurgiens ont recousu sa main, mais à la suite d'une infection, il a fallu l'amputer en 1988. En septembre 1998, l'homme a bénéficié d'une greffe, mais a demandé plus tard à être à nouveau amputé.

LA PLUS JEUNE PATIENTE AYANT SUBI PLUSIEURS GREFFES

Le 7 août 1997, Sarah Marshall (née le 14 février 1997) a subi une greffe du foie, des intestins, de l'estomac et du pancréas à l'hôpital des enfants de Londres (Ouest de l'Ontario, Canada).

● LA PLASTIE ABDOMINALE LA PLUS IMPORTANTE (HOMME)

Selon le site d'information russe, www.life.ru, un homme de 49 ans, Piotr F. (photos ci-dessus, avant et après l'intervention) a subi début 2010, à Voronej (Russie), une opération de 3 h destinée à lui ôter 120 kg de tissus adipeux. Avant, il pesait 240 kg. Comme il n'arrivait plus à marcher, il a eu recours à la chirurgie.

★ HYDROCÉPHALE AYANT VÉCU LE PLUS LONGTEMPS

L'hydrocéphalie est un excès de liquide céphalorachidien dans les cavités du cerveau, qui endommage ce dernier. Le traitement mis au point en 1952 consiste à insérer une sonde de dérivation dans le crâne du patient afin d'évacuer le liquide en excès vers une autre partie du corps. En 1985, le taux de mortalité des hydrocéphales était de 52 %, ce qui rend le cas de Theresa Alvina Schaan (Canada, née le 17 mars 1941) encore plus frappant. Le 7 août 2009, elle vivait avec la maladie depuis 68 ans et 143 jours.

JANV. 2004

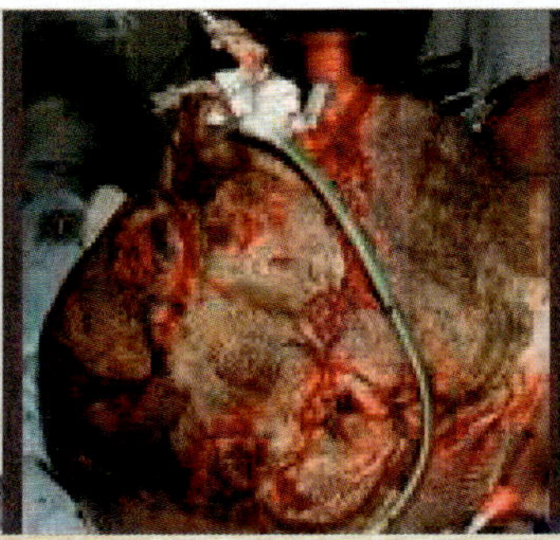

FÉVR. 2004

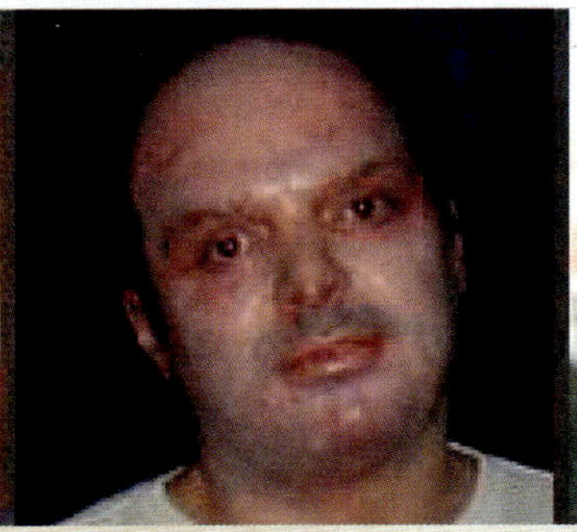

AOÛT 2004

JANV. 2007

OCT. 2007

VARNA, BULGARIE

43°13'N 27°55'E

Le **plus grand document juridique** est une police d'assurance de 9 x 6 m émise par l'ING Asigurari de Viata (Roumanie) et signée à Varna (Bulgarie), le 15 mars 2008.

GRANDS NUMÉROS

(QUELQUES) RECORDS D'ASHRITA

1. Course à l'œuf de 100 m la plus rapide (19,90 s)
2. Mile (1,6 km) le plus rapide en tenant une batte de base-ball en équilibre sur un doigt (7 min 5 s)
3. Course en sac sur 1 mile la plus rapide (16 min 41 s)
4. Record d'équilibre sur un *balance board* (1 h 49 min 5 s)
5. Record d'équilibre sur un ballon de gym (3 h 38 min 30 s)
6. Transport le plus rapide d'un pompier sur 1 mile (15 min 11,87 s)
7. Course de hula-hoop de 10 km la plus rapide (1 h 25 min 9 s)
8. Mile le plus rapide sur un bâton sauteur en jonglant (23 min 28 s)
9. Mile le plus rapide avec quelqu'un sur le dos (13 min 1 s)
10. Record de rebonds d'une balle de ping-pong sur une raquette (3 h 7 s)
11. Mile le plus rapide sur des échasses à ressorts (7 min 13 s)
12. Mile le plus rapide sur un ballon sauteur (15 min 3 s)
13. Record de distance parcourue avec une queue de billard en équilibre sur le menton (1 668 m)
14. Record de sauts en étoile en 1 min (61)

JOHANNESBURG, AFRIQUE DU SUD

26°12'S 28°02'E

Le 2 décembre 1950, au cours du championnat du monde des poids coq à Johannesburg (Afrique du Sud), Vic Toweel (Afrique du Sud) a mis Danny O'Sullivan (GB) K.-O. à 14 reprises en 10 rounds, avant que ce dernier n'abandonne, remportant ainsi le **record de K.-O. au cours d'un match de boxe**.

TOUCHÉ ! EN AVRIL 2009, ASHRITA EST DEVENU LA 1RE PERSONNE À DÉTENIR SIMULTANÉMENT 100 RECORDS GUINNESS WORLD RECORDS.

RATÉ ! ASHRITA N'A PEUR DE RIEN, EXCEPTÉ DE BOIRE LE PLUS DE TABASCO EN 30 S ! "C'EST LE SEUL RECORD QUE JE NE RETENTERAI JAMAIS !"

GUINNESS WORLD RECORDS 2011

SOMMAIRE

RECORD DE RECORDS GWR

Originaire du Queens (New York, USA), Keith Furman doit son prénom d'Ashrita (en sanskrit, "protégé par Dieu") à son professeur de méditation, Sri Chinmoy. Depuis 1979, il a établi ou battu 259 records officiels Guinness World Records. Au moment où ce livre était imprimé, il en détenait 100. Pourquoi une telle passion des records ? "Je veux montrer que l'homme a des capacités infinies s'il croit en lui."

ISTANBUL, TURQUIE

41°0'N 28°58'E

Le 1er septembre 2004, Ilker Yilmaz (Turquie) a fait gicler du lait versé dans son œil à une distance de 279,5 cm à l'Armada Hotel, Istanbul (Turquie). C'est le **plus long jet de lait envoyé par l'œil**.

GRANDS NUMÉROS CASCADES

EN ÉQUILIBRE PRÉCAIRE :

Michele Pilia utilise une rampe pour pencher la voiture sur le côté, puis se sert de son corps pour la maintenir en équilibre.

● LA PLUS LONGUE DISTANCE EN VOITURE SUR DEUX ROUES

Le 26 février 2009, Michele Pilia (Italie) a parcouru 371,06 km sur deux roues, au stade de Sant'Elia à Cagliari (Italie).

★★★★★★★★★★★

EXPLOITS SUR ROUES

LE PLUS GRAND CORTÈGE DE VOITURES SUR DEUX ROUES

Le 26 novembre 2000, une équipe de pilotes Renault a aligné simultanément 16 voitures sur deux roues, à Évreux (France), pour *L'Émission des records*.

★ LE PLUS LONG DÉRAPAGE

Le 18 décembre 2008, Vaughn Gittin Jr (USA) a réalisé un dérapage de 1 914,15 m au volant d'une Ford Mustang GT 2010, sur le circuit de Speedway (Las Vegas, USA).

★ LE PLUS LONG SAUT EN UTILITAIRE TOUT-TERRAIN

Le 31 octobre 2009, à Pauma Valley, en Californie (USA), Junior Quisquis (USA) a réalisé un saut de 14,53 m au volant d'un véhicule utilitaire tout-terrain.

TRAÎNÉ À GRANDE VITESSE PAR UNE MOTO

Le 18 avril 1999, Gary Rothwell de Liverpool (GB) a été traîné à 251,54 km/h par une moto sur le circuit de Bruntingthorpe, Leicester, (GB). Les semelles de ses chaussures étaient revêtues de 2 mm de titane.

LE PLUS DE PERSONNES DANS LA SPHÈRE DE LA MORT

Le 2 novembre 1999 5 motards – Gary Lurent, Humberto Fonseca Pinto, Kurtis Kunz, Humberto H Fonseca Pinto Jr (tous USA) et Bela Tabak, qui dirigeait la cascade –, sont parvenus à évoluer simultanément autour d'une personne placée au centre d'une sphère en acier de 4,33 m de diamètre. La cascade s'est déroulée au Riviera Hotel, Versailles Theater, Las Vegas (Nevada, USA). La personne qui se tenait au centre n'était autre que Robin, la femme de Bela !

LE PLUS DE TOURS SUR LE MUR DE LA MORT

Le 16 avril 1983, à Berlin, (Allemagne), Martin Blume (Allemagne) a arpenté un mur de la mort de 10 m de diamètre au volant d'une Yamaha XS 400 pendant 7 h et 13 s. Il a effectué 12 000 tours à la vitesse moyenne de 48 km/h, parcourant 292 km au total.

● LE PLUS DE DONUTS EN 1 MIN

Le 6 novembre 2009, Emilio Zamora (Espagne) a réalisé 24 donuts (tours à 360°) sur sa moto en 1 min, à Cheste (Valence, Espagne), pendant les championnats du Grand Prix mondial 2009.

● LE PLUS DE GYRATOR SPINS EN BMX EN 1 MIN

Jason Plourde (Canada) a effectué 39 gyrator (360°) spins en 1 min, à l'occasion du *Zheng Da Zong Yi – Guinness World Records Special* qui a eu lieu à Pékin (Chine), le 22 novembre 2009.

DIVERS

★ LE PLUS RAPIDE POUR SE LIBÉRER DE MENOTTES SOUS L'EAU

Le 17 décembre 2006, Matthew "Matt the Knife" Cassiere (USA) s'est libéré de 3 paires de menottes en 44 s, alors qu'il était sous l'eau, au cours de l'émission *Zheng Da Zong Yi – Guinness World Records Special*, à Pékin (Chine). (Voir les rois de l'évasion p. 96.)

★ NOUVEAU RECORD
● MISE À JOUR

★ LA PLUS LONGUE DISTANCE PARCOURUE SUR UNE CORDE RAIDE

Freddy Nock (Suisse) détient le record de la plus longue distance sur corde raide. Il a parcouru 995 m – la longueur de 14 jumbo-jets –, à Zugspitze, près de Garmisch-Partenkirchen (Allemagne), le 30 août 2009. La corde de 50 mm de diamètre était suspendue à 348 m à son point le plus bas, et à 2 500 m à son point le plus haut !

RAIDE
FREDDY NOCK EST UN ARTISTE SUISSE DONT LA FAMILLE PRATIQUE DES ACROBATIES SUR CORDE RAIDE, DEPUIS 1770.

DINGUE
LA PENTE ÉTAIT DE 56 % (0 % CORRESPONDANT À L'HORIZONTALE ET 100 % À LA VERTICALE).

LE SAVIEZ-VOUS ?
L'EXPLOIT DU RÉVÉREND FAST (VOIR P. 89) EST SON 9E RECORD GWR. LE 1ER, EN 1998, CONCERNAIT UN POIDS LOURD DE 16 TONNES QU'IL AVAIT REMORQUÉ SUR 30 M.

INFO
Le révérend Fast n'aurait pu établir ce nouveau record sans l'assistance de l'armée de l'air canadienne.

●LE PLUS GRAND NOMBRE DE SAUTS EN TRIAL BIKE

Le 19 avril 2009, sur le plateau de *Lo Show Dei Record* à Milan (Italie), Benito Ros Charral (Espagne) a enchaîné 48 sauts de barrières sur la roue arrière de son trial bike.

★LE PLUS DE SAUTS PÉRILLEUX ARRIÈRE SUR POGO STICK

Le 17 septembre 2008, Yuan Shiwei (Chine) a enchaîné 25 sauts périlleux arrière sur des échasses à ressort à Dengfeng, dans la province du Henan (Chine).

LA PLUS HAUTE ALTITUDE ATTEINTE AVEC DES BAUDRUCHES

Mike Howard (GB) et Steve Davis (USA), suspendus à 1 400 ballons gonflés à l'hélium, sont montés à 5 580 m d'altitude près d'Albuquerque (Nouveau-Mexique, USA), le 4 août 2001.

LA PLUS LONGUE DISTANCE PARCOURUE EN WING SUIT

Le 12 mars 1999, Adrian Nicholas (GB) a effectué un vol de 4 min 55 s et parcouru 16 km dans un *wing suit*, au-dessus de Yolo County, (Californie, USA). Après avoir sauté de l'avion à 10 317 m, il a atteint la vitesse de 241 km/h.

● LE WINGWALKER LE PLUS ÂGÉ

Le 25 juillet 2009, Thomas Lackey, 89 ans et 33 jours, s'est aventuré sur l'aile d'un avion volant au-dessus de la Manche.

★LE PLUS HAUT SAUT À L'ÉLASTIQUE MAINTENU À BOUT DE BRAS

Le 28 septembre 2008, Patrick Schurf (Autriche) a réalisé un saut à l'élastique de 61,99 m. L'élastique était tenu à bout de bras par Frank Müllner (Autriche) !

● LA PLUS RAPIDE À OUVRIR 10 PORTES VERROUILLÉES

Le 10 janvier 2010, Vennessa Mayer, surnommée Lady Fairy Floss (Australie), est parvenue à franchir 10 portes fermées à clé en 17,32 s, au cours de l'*Australia Smashes Guinness World Records* de Sydney, (Nouvelle-Galles du Sud, Australie).

★RECORD DE SAUT EN HAUTEUR À MOTO (QUARTER PIPE)

Le 25 juillet 2009, en s'élançant à moto d'un quarter pipe, Ronnie Renner (USA) est monté jusqu'à 10,77 m de haut dans les airs (ci-dessous), au cours du Red Bull High Rise de Grant Park, à Butler Field, Chicago, (Illinois, USA).

●L'AVION LE PLUS LOURD TRACTÉ PAR UN HOMME

Le 17 septembre 2009, le révérend Kevin Fast (Canada) a traîné un CC-177 Globemaster III de 188,83 tonnes sur une distance de 8,8 m.

Je n'ose toujours pas regarder cet avion en face.
Rev. Kevin Fast, quelques minutes après avoir établi son record

LE CAIRE, ÉGYPTE

30°03'N 31°13'E

Un des obélisques d'Héliopolis, près du Caire (Égypte), n'a pas bougé depuis son érection vers 1750 av. J.-C., pour commémorer les 30 ans de règne de Sésotris Ier. C'est le **plus ancien obélisque en place**.

GRANDS NUMÉROS
FORCE & ÉQUILIBRE

★ ★ ★ ★ ★ ★ ★ ★ ★ ★ ★

★RECORD DU 20 M LE PLUS RAPIDE EN PORTANT 300 KG SUR LES ÉPAULES

Portant 300 kg sur les épaules, Agris Kazelniks (Lettonie) a parcouru 20 m en 11,4 s dans le studio de *Lo Show Dei Record* à Milan (Italie), le 18 avril 2009.

★LE POIDS LE PLUS LOURD PORTÉ TOUT EN SAUTANT À LA CORDE

Le poids le plus lourd soulevé tout en exécutant 10 sauts à la corde est de 179 kg. Ce record a été réalisé par James Brewster Thompson (USA) à Milan (Italie), le 18 avril 2009.

FORCE

★LE GRIMPEUR SUR GLACE LE PLUS RAPIDE

Le 8 février 2009, Pavel Gulyaev (Russie) a escaladé une paroi de glace de 15 m de haut en 8,748 s, à l'occasion du championnat du monde Ice Climbing World Cup, à Bustemi (Roumanie).

●LE VÉHICULE LE PLUS LOURD TRACTÉ PAR LES CHEVEUX

He Jianma (Chine) a tracté un bus de 8 280 kg attaché à ses cheveux sur 30 m dans le comté de You (Hunan, Chine), le 25 mai 2009.

★TEMPS RECORD POUR RETENIR UN VÉHICULE EN PENTE

À l'aide d'une chaîne attachée à une poignée, Ervin Katona (Serbie) a retenu une voiture de 980 kg sur une pente de 45° pendant 1 min et 2 s, à Milan (Italie), le 25 avril 2009.

★RECORD D'ANNUAIRES DÉCHIRÉS DANS LE DOS EN 3 MIN (HOMME)

Le 17 octobre 2009, Alexander Muromskiy (Russie) a déchiré 6 annuaires téléphoniques (1 048 pages chacun) derrière son dos en 3 min, au centre des arts martiaux de Moscou (Russie).

★RECORD DE POMPES SUR 1 DOIGT EN 30 S

À Pékin, le 23 novembre 2009, Fu Bing Li (Chine) a effectué 25 pompes sur 1 doigt en 30 s.

●RECORD DE DISTANCE DE LANCER D'UNE PERSONNE

Jonathan Macfarlane a projeté Andrew Rainford (tous deux Nouvelle-Zélande) à une distance de 4,87 m à Auckland (Nouvelle-Zélande), le 25 juillet 2009.

★LE VÉHICULE ROUTIER LE PLUS LOURD TIRÉ AVEC LES DENTS

Georges Christen (Luxembourg) a tiré un bus de 9 064 kg avec les dents à Pékin (Chine), le 18 novembre 2009.

●LA POUSSÉE DE VOITURE LA PLUS RAPIDE SUR 1 MILE

Le 12 juin 2009, Mario Mlinaric (Croatie) a poussé une voiture de 1 880 kg sur 1 mile (1,6 km) en 15 min et 21 s à Zagreb (Croatie).

●LE POIDS LE PLUS LOURD SOULEVÉ AVEC L'OREILLE

Le 3 janvier 2009, Zafar Gill (Pakistan) a soulevé 73 kg avec l'oreille, à Lahore (Pakistan). Les poids de gymnastique étaient accrochés à une pince attachée à son oreille droite.

★ NOUVEAU RECORD
● MISE À JOUR

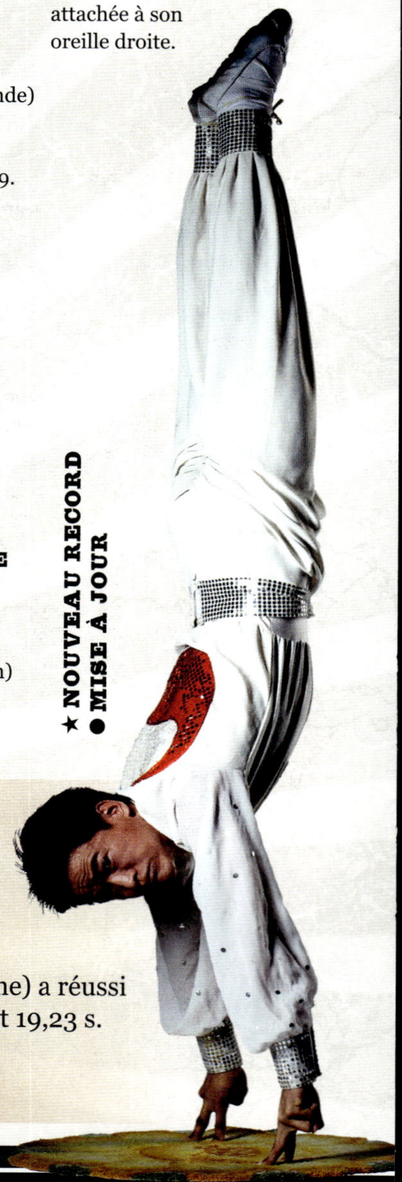

★RECORD DE TEMPS EN ÉQUILIBRE SUR 4 DOIGTS

Le 9 novembre 2008, Wang Weibao (Chine) a réussi à se tenir en équilibre sur 4 doigts pendant 19,23 s. Cet extraordinaire record a été enregistré à Pékin (Chine).

ENCORE ! D'AUTRES CASCADES STUPÉFIANTES PAGE SUIVANTE.

LOUXOR, ÉGYPTE

La plus ancienne inscription alphabétique – un système d'écriture dans lequel les symboles représentent des sons et non des concepts – remonte à 1 900 av. J.-C. Elle a été découverte à Wadi el Hol, près de Louxor (Égypte).

LE SAVIEZ-VOUS ?
LA LANGUE EST SURTOUT FAITE DE MUSCLES. ILS LUI DONNENT SA FORME TOUT EN L'ATTACHANT AU PLANCHER DE LA BOUCHE ET AU FOND DE LA GORGE.

Aneta Florczyk (à droite) a remporté 13 titres aux championnats polonais en développé couché, toutes catégories.

INFO

ÉQUILIBRE

★RECORD UN PNEU SUR LES DENTS
Frank Simon (USA) a maintenu un pneu en équilibre sur ses dents pendant 31 s à Pékin (Chine), le 21 juin 2009.

★RECORD UNE TONDEUSE SUR LE MENTON
Le pasteur Muaddib (GB) a tenu une tondeuse à gazon en équilibre sur son menton pendant 1 min 11 s au Spa Theatre, à Whitby (GB), le 31 octobre 2009.

★LE PLUS DE GÉNU-FLEXIONS SUR UN BALLON (1 H)
Stephen Buttler (GB) a exécuté 1 716 génu-flexions en équilibre sur un ballon de gymnastique pendant 1 h, à Hope House (Shropshire, GB), le 12 novembre 2009.

★LA PLUS LONGUE DISTANCE AVEC UN BALLON DE FOOTBALL SUR LA TÊTE
Le 21 août 2009, Yee Ming Low (Malaisie) a parcouru 11,129 km avec un ballon sur la tête à Selangor (Malaisie).

★LE POIDS LE PLUS LOURD SUR LES PIEDS
Li Chunying (Chine) a tenu 260 kg en équilibre sur ses pieds à Pékin (Chine), le 20 novembre 2009.

★LE PLUS DE PERSONNES SOULEVÉES ET PROPULSÉES EN 2 MIN (FEMME)
Le 19 décembre 2008, Aneta Florczyk (Pologne) a soulevé et lancé 12 personnes en 2 min à Madrid (Espagne).

LE PLUS DE TOURS CONSÉCUTIFS SUR LA TÊTE (FEMME)
Roxanna Milliner (GB) alias B-Girl Roxy a exécuté 21 headspins consécutifs aux finales du B-Boy Championships britannique à O2 Academy Brixton, à Londres (GB), le 11 octobre 2009.

★LE PLUS DE PIROUETTES DE DANSE PAR UN COUPLE (1 MIN)
Lisa Anscomb-Smith et Giles Eadle (tous deux GB) ont exécuté 125 pirouettes de danse en 1 min, à l'occasion de la Great British Salsa Experience, à Manchester (GB), le 22 novembre 2008.

●LE PLUS DE TOURS AVEC LA TÊTE ET LES PIEDS AU SOL (1 MIN)
Zhang Disheng (Chine) a exécuté 52 révolutions avec la tête et les pieds au sol dans le studio de *Lo Show dei Record* à Rome (Italie), le 25 février 2010.

●LE PLUS DE TOURS À L'ENVERS SUR LA BARRE PARALLÈLE (1 MIN)
Wang Jue (Chine) a exécuté 164 tours dans le studio de *Lo Show dei Record* à Rome (Italie), le 25 février 2010.

LE PLUS DE VERRES SUR LE MENTON
Ashrita Furman a tenu en équilibre sur son menton 81 chopes de bière pendant 12,10 s, à New York (USA), le 12 août 2007.

●LE POIDS LE PLUS LOURD SOULEVÉ AVEC LA LANGUE
Le 1er août 2008, Thomas Blackthorne (GB) a suspendu un poids de 12,5 kg à un crochet perçant sa langue, dans le studio d'*El Show Olimpico* à Mexico (Mexique).

MARINELLI : la posture de Marinelli tire son nom du contorsionniste et agent de théâtre H. B. Marinelli (1864-1924).

ARGH ! « ÇA NE FAIT PAS MAL, SINON JE NE LE FERAIS PAS. MAIS CE N'EST PAS DONNÉ À TOUT LE MONDE. »

UNIQUE ! IONA PRÉTEND ÊTRE LA SEULE, EN GRANDE-BRETAGNE, CAPABLE DE RÉALISER LA POSTURE DE MARINELLI.

★RECORD DE TEMPS EN POSTURE DE MARINELLI

Le record de temps en posture de Marinelli – une contorsion arrière en appui sur la mâchoire – est de 50 s. Il a été réalisé par Iona Oyungerel Luvsandorj (Mongolie) à Milan (Italie), le 18 avril 2009.

TEL-AVIV, ISRAËL

32°04'N 34°47'E

Le **plus long service actif pour un chien d'aveugle** est de 14 ans et 8 mois (août 1972-mars 1987). Il est détenu par la chienne labrador retriever Cindi-Cleo, appartenant à Aron Barr de Tel-Aviv (Israël).

GRANDS NUMÉROS

DRÔLES DE RECORDS

★ ★ ★ ★ ★ ★ ★ ★ ★ ★ ★

J'ai commencé à l'école et ne me suis jamais arrêté. Je suis resté un enfant...

L'auteur du rot le plus bruyant, Paul Hunn (à droite), évoquant son "parcours"

SOUS PRESSION
PAUL S'ENTRAÎNE EN BUVANT DES LITRES DE BOISSONS GAZEUSES ET EN CONSERVANT LE GAZ DANS SON ESTOMAC !

● ROT LE PLUS BRUYANT (HOMME)

Paul Hunn (UK) a émis un rot de 109,9 dB à Butlins (Bognor Regis, GB), le 23 août 2009. Le **● rot le plus bruyant émis par une femme** a atteint 107,0 dB ; Elisa Cagnoni (Italie) l'a produit au 13e festival annuel Hard Rock Beer, pendant l'événement "Ruttosound", à Reggiolo (Italie), le 16 juin 2009.

● LE PLUS DE ROUES EN 1 MIN

Marcio Barbosa (Brésil) a réussi 55 roues en 1 min sur la plage d'Arpoador, à Rio de Janeiro (Brésil), le 6 février 2009.

★ LE PLUS LONG ROT

Le plus long rot a duré 1 min 13 s. Il a été produit par Michele Forgione (Italie) au cours de l'épreuve "Ruttosound" du 13e festival annuel Hard Rock Beer, qui s'est déroulé à Reggiolo (Italie), le 16 juin 2009.

★ LE PLUS DE BALLONS GONFLÉS EN 1 H (INDIVIDUEL)

Le plus grand nombre de ballons gonflés en 1 h par une personne est de 320, un record établi par Felipe Nascimento (Brésil) à l'Animasom Store, Leblon Shopping, Rio de Janeiro (Brésil), le 4 février 2009.

● LE PLUS RAPIDE POUR FAIRE EXPLOSER UNE BOUILLOTTE

Le 3 novembre 2009, Shaun Jones (GB), alias Remarkable Man, a mis 18,81 s pour gonfler une bouillotte jusqu'à ce qu'elle explose.

● LE PLUS DE MALTESERS GOBÉS EN 1 MIN

Bipin Larkin (USA) a lancé 59 Maltesers (des boules de chocolat) à 4,5 m de distance dans la bouche d'Ashrita Furman (USA), en 1 min, à New York (USA), le 22 août 2009.

● LE PLUS DE SAUTS À LA CORDE EN 1 MIN

Beci Dale (GB) a réalisé 332 sauts à la corde en 1 min aux Pinewood Studios (GB), le 4 avril 2009.

GONFLÉ !
ANDREW PEUT GONFLER 2 BALLONS SIMULTANÉMENT, UN À CHAQUE NARINE.

★ LE PLUS DE BALLONS GONFLÉS AVEC LE NEZ EN 3 MIN

Andrew Dahl (USA) a gonflé 23 ballons avec le nez, en 3 min, sur le plateau de *Lo Show dei record* à Rome (Italie), le 18 mars 2010.

QUIZ !
AVEC QUELLE PARTIE DU CORPS ANSSI VANHALA A-T-IL FINI SON RUBIK'S CUBE EN 36,77 S ?
RÉPONSE P. 278

LE SAVIEZ-VOUS ?
ANDREW DÉTIENT LE RECORD DU PLUS GRAND NOMBRE DE BALLONS GONFLÉS AVEC LE NEZ EN 1 H : 308 ! CE RECORD A ÉTÉ ÉTABLI À NEW YORK (USA), LE 16 SEPTEMBRE 2008.

Andrew a découvert qu'il pouvait gonfler des ballons avec le nez à l'âge de 7 ans, pendant les longs trajets voyages en voiture.

INFO

★ NOUVEAU RECORD
● MISE À JOUR

ÉRUCTATION :

expulsion de l'air contenu dans l'estomac par la bouche, communément appelé "rot".

●LE PLUS DE CUILLÈRES EN ÉQUILIBRE

Le plus grand nombre de cuillères tenues en équilibre sur le visage est de 17, un record établi par Aaron Caissie (Canada) sur le plateau de *Lo Show dei Record*, à Milan (Italie), le 18 avril 2009.

●LE PLUS DE COUPS DE PIEDS À LA TÊTE EN 1 MIN

Nick Gatelein (USA, ci-dessus) a égalisé le record de Cody Warden (USA), en se donnant 77 coups de pieds à la tête aux X-Games 15 de Los Angeles (Californie USA), le 2 août 2009.

★LE PLUS DE CD LANCÉS ET RATTRAPÉS EN 1 MIN

Le 21 février 2009, Mohammad Rohail Riaz (Pakistan) a lancé et rattrapé 58 CD en 1 min à Dubaï (EAU).

★LE PLUS DE GRAINS DE RAISIN AVALÉS EN 3 MIN

Ashrita Furman (USA) a avalé 182 grains de raisin, lancés à une distance de 4,5 m, au Grand National Park (Arizona, USA), le 10 juillet 2009.

●LE PLUS D'ÉLASTIQUES AUTOUR DU VISAGE

Le 20 septembre 2009, sur le plateau de *NZ Smashes Guinness World Records* au centre commercial de Sylvia Park (Auckland, Nouvelle-Zélande), Shay Horay (Nouvelle-Zélande) s'est mis 71 bandes élastiques autour du visage.

★LE PLUS RAPIDE POUR SE SCOTCHER AU MUR

À New York (USA), le 19 septembre 2009, Ashrita Furman (USA), alias Monsieur-Sait-tout-faire, s'est scotché à un mur avec des bandes adhésives en 6 min 32,87 s.

★LE PLUS DE SOUTIENS-GORGE MIS ET ÔTÉS EN 1 MIN

Le top modèle Rosie Jones (GB) a mis et ôté son soutien-gorge 7 fois en 1 min, dans les bureaux du journal *The Sun*, à Londres (GB), le 9 novembre 2009.

●LE RUBIK'S CUBE LE PLUS RAPIDE

Hai Yan Zhuang (Chine) a terminé son Rubik's cube les yeux bandés en 30,90 s, à Xi'an (Chine), le 4 avril 2010.
Le 7 novembre 2009, à Kose (Estonie), Anssi Vanhala (Finlande) a terminé le cube avec les pieds en 36,72 s.

●LE PLUS DE BALLES DE TENNIS TENUES DANS UNE MAIN

Le 14 juin 2008, à Katmandou (Népal), Rohit Timilsina (Népal) est parvenu à tenir 21 balles de tennis dans une main pendant 14,32 s.

ENCORE ! POUR LES ACROBATIES ET LES TOURS DE CIRQUE, ALLEZ P. 98-99.

●LE PLUS DE PAILLES DANS LA BOUCHE

Simon Elmore (Allemagne) a tenu 400 pailles dans sa grande bouche pendant 10 s, à Sollhuben, Bavière (Allemagne), le 6 août 2009.

JÉRUSALEM, ISRAËL

31°47'N 35°13'E

Le **plus grand parchemin mézouza** du monde mesurait 94 cm de long et 76 cm de large, et son étui 110 cm. Présenté le 19 mai 2004, il a été réalisé par Avraham-Hersh Borshevsky, Jérusalem (Israël).

GRANDS NUMÉROS

ARTS URBAINS

★LE PLUS DE SAUTS ARRIÈRE CONTRE UN MUR, EN 1 MIN
Le 19 juin 2009, Miguel Márquez (Espagne) a exécuté 29 sauts arrière contre un mur en 1 min, sur le plateau du *Zheng Da Zong Yi – GWR Special* à Pékin (Chine).

●LE PLUS LONG CONTRÔLE DE BALLON
Dan Magness (GB) a contrôlé un ballon de football pendant 24 h au cours d'un événement organisé par Sony PlayStation à Covent Garden, Londres (GB), du 30 avril au 1er mai 2009. Dan détient également le **★record du plus long contrôle sur le dos** – 3 min 40 s –, établi le 19 avril 2009.

★LE PLUS DE SAUTS EN DOUBLE DUTCH EN 1 MIN
Nobuyoshi Ando (Japon) a décroché le record du plus grand nombre de sauts à la corde *double dutch* en 1 min (202), lors du DoubleDutch Harbour Festival 09GW, Urban Dock Lalaport Toyosu, Tokyo (Japon), le 3 mai 2009.
Le **plus de sauts en *double dutch* consécutifs en équipe** est de 194, record établi par les Blue and White Rope Skippers (GB) sur le plateau du *Guinness World Records Smashed* aux Pinewood Studios (GB), le 17 avril 2009. Le **nombre record de personnes sautant simultanément avec 2 cordes** est de 38, au cours d'*El Show de los Récords* à Madrid (Espagne), le 5 décembre 2001.

LA PLUS HAUTE ASCENSION D'UNE MOUCHE HUMAINE
Le 25 mai 1981, Daniel Goodwin (USA) a escaladé les 443,2 m de la Sears Tower de Chicago (USA), en s'aidant de 2 ventouses et de crochets.

GRAFFITI

★LA PLUS GRANDE PEINTURE À LA BOMBE
There is Life on the Streets, fresque murale de 760,28 m², est l'œuvre de 580 étudiants de 9 universités turques. Ils l'ont peinte à l'aérosol le 16 août 2004, pour Coca-Cola Ýcecek, à l'aéroport Hezarfen d'Istanbul (Turquie).

LE PLUS GRAND GRAFFITI
L'association en faveur de l'enfance "To hamogelo tou pediou" a créé un graffiti de 700,92 m de long à Kerkyra (Grèce), le 15 décembre 2008.

BASE JUMPING :

"BASE" signifie Buildings/Antennae/Spans/Earth (immeubles, antennes, ponts et falaises, soit tous les points hauts d'où on peut sauter).

★LE PLUS HAUT SALTO ARRIÈRE CONTRE UN MUR
Le 25 mars 2009, Chase Armitage (GB) a effectué un salto arrière de 3,04 m sur le plateau de *Guinness World Records Smashed,* aux Pinewood Studios (GB). Chase réussit également le salto avec une voiture rasant le mur à pleine vitesse.

BASE JUMP

LE POINT DE DÉPART LE PLUS HAUT
Le 23 mai 2006, le Dr Glenn Singleman et sa femme, Heather Swan (tous deux Australie), portant des *wing suits*, ont sauté d'une corniche à 6 604 m d'altitude, sur le mont Meru, Garwhal Himalaya (Inde).

★ NOUVEAU RECORD
● MISE À JOUR

ENCORE ! POUR D'AUTRES RECORDS DU MONDE SUR ROUES ET EXPLOITS DE CASSE-COU, SAUTER À LA P. 260.

51°48'N 36°11'E

KURSK, RUSSIE
La plus grande bataille de tanks de tous les temps s'est déroulée pendant la Seconde Guerre mondiale. Le 12 juillet 1943, 1 500 tanks allemands et russes se sont affrontés dans la région de Prokhorovka, près de Kursk.

●LE PLUS GRAND NOMBRE D'IMMEUBLES ESCALADÉS EN SOLO

Au 1er janvier 2010, Alain "Spiderman" Robert (France) avait escaladé plus de 100 tours, monuments et gratte-ciel, parfois de plus de 400 m de haut, sans cordes, ventouses ou équipement de sécurité, en s'aidant uniquement des tuyauteries et des rebords de fenêtres.

Un de ses exploits les plus extraordinaires a consisté à gravir les Petronas Towers (photo) de Kuala Lumpur (Malaisie). Après deux essais avortés, il en est venu à bout le 1er septembre 2009 (photo de droite).

SAUT ? AUX USA, IL EST PERMIS DE SAUTER DU PONT PERRINE MEMORIAL (VOIR CI-DESSOUS). MAIS SAUTER DE N'IMPORTE QUEL AUTRE PONT RELÈVE DU DÉLIT !

★LE PLUS DE SAUTS SUR UNE MAIN

Le 2 novembre 2007, Victor Mengarelli (Suède) a enchaîné 93 sauts sur une main à l'ICA Maxi de Haninge, en Suède.

★LA PLUS GRANDE HAND WAVE

Le 21 novembre 2009, le Nana Mizuki fan club S C NANA NET (Japon) a rassemblé 7 014 participants au Tokyo Big Site (Japon).

★LE PLUS LONG MARATHON

Les 23-24 mars 2007, Arulanantham Suresh Joachim, Troy Feldman, Jesse Catabog, Donald F. Geraghty, Lance Johnson, Eva Nikitova, Damian Dobrowolski, Dan Rossignoli, Darren Bryan, Karl Alba et Joseph Hersco (tous Canada) ont dansé sans interruption pendant 24 h, au centre commercial de Vaughan Mills à Vaughan (Ontario, Canada).

★LE PLUS DE SAUTS EN POGO

Le record du plus grand nombre de sauts arrière sur un *pogo stick* (8) est détenu par Fred Grzybowski (USA), de l'Ohio (USA), en août 2009. Fred fait du *pogo* depuis qu'il va l'école.

★LE PLUS DE HEADSPINS EN 1 MIN

Le 11 octobre 2009, B-Girl Roxy (surnom de Roxanna Milliner, GB) a réalisé 71 headspins au cours d'une séance d'entraînement des UK B-Boy Championships World Finals, à l'O2 Academy Brixton de Londres (GB).

SAUT COLLECTIF

Le 3 juillet 2004, juste avant minuit, 30 parachutistes de 7 pays se sont lancés dans le vide depuis la tour Ostankino à Moscou (Russie).

LE PLUS DE SAUTS EN 24 H

Les 7-8 juillet 2006, l'officier des Forces spéciales Dan Schilling (USA) a sauté 201 fois dans la Snake River, à Twin Falls (Idaho, USA), depuis le pont Perrine Memorial (148 m), soit une moyenne de 1 saut toutes les 6 min 20 s !

LE BASE JUMPER LE PLUS ÂGÉ

Le 2 août 2002, James Talbot Guyer (USA) a sauté du pont Perrine Memorial, Twin Falls (Idaho, USA), à l'âge de 74 ans et 47 jours.

BREAK DANCE

★LE PLUS DE FLARES EN 1 MIN

Le 9 janvier 2009, Víctor Ortiz (Espagne) a exécuté 37 flares en 1 min, à Madrid (Espagne).

★LE PLUS DE WINDMILLS EN 1 MIN

Le 31 mars 2009, sur le plateau de *Guinness World Records Smashed*, aux Pinewood Studios (GB), LeeRoy Bailey (GB) a réalisé 46 windmills en 1 min.

HIP ! LE PLUS LONG RAP ! LE 5 JUILLET 2003, D O (DUANE GIBSON, CANADA) A RAPPÉ PENDANT 8 H ET 45 MIN.

★LE PLUS D'ELBOW SPINS

Le 19 août 2005, Mark Dossenbach (Suisse) a enchaîné 16 spins sur un coude à Zug (Suisse). Ayant commencé les acrobaties à l'âge de 8 ans, il perfectionnait son art depuis 20 ans !

HOP ! JORDY (FRANCE) – LE PLUS JEUNE RAPPEUR – AVAIT 4 ANS ET DEMI LORSQU'IL A CARTONNÉ AVEC SA CHANSON "DUR DUR D'ÊTRE UN BÉBÉ", EN SEPTEMBRE 1993.

DAMAS, SYRIE

33°30'N 36°17'E

Depuis le 15 mai 2008, l'établissement de Monsieur Shaker Al Samman est le **plus grand restaurant du monde**. Le Bawabet Dimashq Restaurant (restaurant de la Porte de Damas) a en effet une capacité de 6 014 couverts.

GRANDS NUMÉROS

QUEL CIRQUE !

AMIS ! THE GREAT NIPPULINI POSSÈDE DEUX CHIENS, TROIS CHATS, SEPT REPTILES, UNE AMAZONE À FRONT BLEU ET UNE BLATTE GÉANTE DE MADAGASCAR.

★★★★★★★★★★

★LE PLUS RAPIDE POUR SE LIBÉRER DE SES CHAÎNES

Matt "The Knife" Cassiere (USA) a mis un temps record de 49,67 s pour se libérer de ses chaînes sur le plateau de *Zheng Da Zong Yi*, à Pékin (Chine), le 13 novembre 2008.

●LE PLUS RAPIDE POUR SE LIBÉRER D'UNE CAMISOLE DE FORCE

Le 17 novembre 2009, au Hilton Convention Center de Las Vegas (USA), Jackson Rayne (USA) s'est libéré d'une camisole de force en 7,26 s.

LE PLUS DE COUTEAUX LANCÉS AUTOUR D'UNE CIBLE HUMAINE EN 1 MIN

Le 26 décembre 2007, à Freeport (New York, USA), David R. Adamovich (alias The Great Throwdini, USA) a lancé 102 couteaux de 36 cm autour de sa partenaire en 1 min. (Voir "Top 100", ci-dessous.)

Throwdini détient aussi le **record de vitesse du lancer de 10 couteaux autour d'une cible humaine**, en 4 min 29 s.

●LE PLUS RAPIDE POUR SE LIBÉRER DE MENOTTES

Le 6 juin 2009, à Hambourg (Allemagne), Zdenek Bradac (Rép. tchèque), le spécialiste en la matière, s'est libéré d'une paire de menottes en 1,66 s.

Le 9 septembre 2009, à Jablonec nad Nisou (Rép. tchèque), il a ouvert une paire de menottes sous l'eau en 10,66 s, battant ainsi le **★record de vitesse pour se libérer de menottes sous l'eau.**

LE SAVIEZ-VOUS ? LA NUIT, ADAMOVICH SE PRODUIT SOUS LE NOM DE THE GREAT THROWDINI, "ARTISTE DE L'EMPALEMENT". LE JOUR, IL ORGANISE DES MARIAGES : IL A OFFICIELLEMENT MARIÉ DES MILLIERS DE PERSONNES !

●LE PLUS RAPIDE POUR PASSER À 3 REPRISES DANS UNE RAQUETTE DE TENNIS

Ashrita Furman (USA) est passé à travers une raquette de tennis à 3 reprises en 8,1 s, au Panorama Café, à New York (USA), le 4 octobre 2009.

LE PLUS DE PERSONNES SUR DES PLANCHES À CLOUS

Le 8 octobre 2000, à Tallmadge (Ohio, USA), Lee Graber, Todd Graber, Chris Smith et Doreen Graber (tous USA) se sont étendus entre 4 planches à clou empilées, longues

●LE POIDS LE PLUS LOURD SOULEVÉ AVEC LES TÉTONS

Le 26 septembre 2009, Sage Werbock (alias The Great Nippulini, USA), forgeron, soudeur et sculpteur, a soulevé un poids de 31,9 kg accroché aux piercings de ses tétons. La charge était composée de deux enclumes pesant respectivement 24,9 et 6,8 kg, et de chaînes de 0,2 kg.

TOP 100 LES VISITEURS DE NOTRE SITE INTERNET ONT CLASSÉ LE RECORD DU GREAT THROWDINI DANS LE TOP 100 DES MEILLEURS RECORDS GWR DE TOUS LES TEMPS !

★ NOUVEAU RECORD
● MISE À JOUR

GEEK : désigne à l'origine les artistes de cirque qui exécutent des numéros sordides, comme décapiter des animaux avec les dents !

★RECORD DE CANETTES BRISÉES AVEC UN FOUET EN 3 MIN

Adam Winrich (USA) a détruit 23 canettes avec un fouet en 3 min sur le plateau de *Lo Show Dei Record* à Milan (Italie), le 11 avril 2009. Au Stone's Throw Bar d'Eau Claire (Wisconsin, USA), il a battu le ●**record du nombre de claquements de fouets en 1 minute** en faisant claquer son fouet à taureaux 257 fois en 1 min, le 20 juin 2009.

de 15,25 cm (avec 5 cm d'espace entre les clous).

Le 24 juin 2000, Lee Graber, de Tallmadge (Ohio, USA), est resté 10 s entre deux planches à clous, sous 752,5 kg – **le poids le plus lourd supporté sur un lit à clous.** Les clous étaient espacés de 5 cm.

●LE BLOC DE BÉTON LE PLUS LOURD POSÉ SUR UNE PLANCHE À CLOUS

Le 16 février 2008, au Vikings Auditorium d'Erindale, à Canberra (Australie), 16 blocs de béton d'un poids total de 532,3 kg ont été posés sur la poitrine de Neal Hardy (Australie), allongé sur une planche à clous. Les blocs ont ensuite été brisés à l'aide d'un marteau de forgeron.

LE PLUS DE PERSONNES AVALANT LE MÊME OBJET

Thomas Blackthorne (GB), Chayne Hultgren (Australie), Captain Frodo (Norvège) et Gordo Gamsby (Australie), tous avaleurs d'épées, ont avalé les quatre pieds en acier d'un tabouret de bar. Cet exploit à vous retourner les tripes a été réalisé en direct devant le public du Fringe Festival d'Édimbourg (Écosse, GB), le 21 août 2007.

★LE PLUS D'ÉPÉES AVALÉES EN MÊME TEMPS

Le 30 août 2002, 19 avaleurs d'épées (Italie, Suède et USA) ont avalé simultanément un total de 50 épées, à Wilkes-Barre (Pennsylvanie, USA).

LA PLUS LOURDE CHARGE SOULEVÉE AVEC LA BARBE

Aucun adepte de cette discipline ne surpasse les exploits d'Antanas Kontrimas (Lituanie). Le 16 septembre 2007, il a attaché une jeune femme de 63,2 kg à sa barbe et l'a soulevée à 10 cm du sol sur le plateau de l'émission *Zheng Da Zong Yi – Guinness World Records Special,* à Pékin (Chine).

★LE PLUS JEUNE AVALEUR D'ÉPÉES

Selon l'Association internationale des avaleurs d'épées (SSAI), le plus jeune avaleur d'épée recensé est Erik Kloeker (USA, né le 27 octobre 1989). Le 21 juillet 2006, il a avalé une épée en acier massif jusqu'à la garde. Il avait 16 ans et 267 jours.

LA PLUS LONGUE ÉPÉE AVALÉE

Le 28 février 2009, Natasha Veruschka (Inde) a avalé une épée de 74 cm de long. Elle détient aussi le **record féminin du nombre d'épées avalées simultanément**, 13 en tout.

GRANDS NUMÉROS

QUEL CIRQUE !

★ NOUVEAU RECORD ● MIS À JOUR

●3 CONTORSIONNISTES DANS UNE BOÎTE – RECORD DE DURÉE

Le 20 septembre 2009, à l'occasion du *NZ Smashes Guinness World Records* au centre commercial Sylvia Park, à Auckland (Nouvelle-Zélande), Skye Broberg, Nele Siezen et Jola Siezen (toutes Nouvelle-Zélande) sont entrées dans une boîte de 66,04 x 68,58 x 55,88 cm et y sont restées 6 min et 13,52 s.

ENCORE ! D'AUTRES EXPLOITS DE FORCE ET D'ÉQUILIBRE À COUPER LE SOUFFLE P. 90.

★RECORD DE HAUTEUR AU TRAPÈZE FIXE

Amanda Vicharelli (USA, ci-dessus), John "Chuck" Berry (Nouvelle-Zélande) et Johannes "Jojo" Rose (Allemagne) ont réalisé des acrobaties au trapèze fixe à 662 m de hauteur à Xiaozhai Tiankeng (Chine), le 2 octobre 2008.

JONGLEURS

Le 1er mars 2009, à North Richland Hills (Texas, USA), David Slick (USA) a jonglé avec 4 objets pendant 2 h et 23 min. C'est Le ★**record de temps passé à jongler avec 4 objets**.

David Slick détient également le ●**record de temps passé à jongler avec 3 objets** – 12 h et 5 min – réalisé à la bibliothèque de North Richland Hills (Texas, USA), le 22 juillet 2009.

Et histoire de pousser le défi un peu plus loin… Le ●**record de temps à jongler avec 3 balles la tête en bas** est de 5 min et 20 s. Il a été établi par Ashrita Furman (USA), suspendu la tête en bas à l'aide de bottes de gravité, dans le hall du centre Sri Chinmoy à Jamaica (New York, USA), le 21 novembre 2009.

● LE PLUS DE LANCERS EN JONGLEANT (1 MIN)

Le 12 juillet 2009, Zdenek Bradac (République tchèque) a battu son record du nombre de lancers en jonglant pendant 1 min, au festival de Prinzenraub à Altenburg (Allemagne).

●LE PLUS DE HULA HOOPS TOURNANT EN SIMULTANÉ

Le 12 novembre 2009, à l'occasion de la Journée GWR, Paul "Dizzy Hips" Blair (USA) a fait tourner 136 hula hoops simultanément au cours de l'émission de CBS *The Early Show* à New York (USA).

●LES PLUS GRANDES ÉCHASSES

Les plus grandes échasses jamais utilisées mesurent 16,41 m, du sol à la cheville. Saimaiti Yiming (Chine) a effectué 10 pas du haut de ses échasses sans toucher les glissières de sécurité, à Shanshan (Xinjiang, Chine), le 15 novembre 2006.

★LE PLUS RAPIDE SUR CORDE RAIDE SUR 100 M

Le 27 octobre 2009, Aisikaier Wubulikasimu (Chine) a parcouru 100 m sur une corde raide en 44,63 s au Taimu Mountain Scenic Spot de Fuding (province de Fujian, Chine), lors du *Zheng Da Zong Yi – Guinness World Records Special* à Pékin (Chine).

LE SAVIEZ-VOUS ?

SUSPENDU À UN BALLON D'AIR CHAUD À 6 000-6 200 M D'ALTITUDE, MIKE HOWARD (GB) A EFFECTUÉ L'ACROBATIE LA PLUS HAUTE AU TRAPÈZE AÉRIEN.

INFO

Le chapiteau à 3 pistes, popularisé par "Lord" George Sainger en 1860, offre des spectacles en simultané sur 3 pistes.

FAÇON CIRQUE

Le ★**record d'ombrelles ouvertes en équilibre** est de 8. Il a été réalisé par Liu Lina (Chine, ci-contre) au *Zheng Da Zong Yi – Guinness World Records Special* à Pékin (Chine), le 21 juin 2009. 4 jours auparavant, Qiu Jiangning (Chine, à droite) avait sauté dans un cerceau à 3,12 m de hauteur – le ★**saut le plus haut à travers un cerceau.**

SARATOV, RUSSIE

51°43'N 46°01'E

La Fédération aéronautique internationale a validé le record de la **plus longue chute libre en parachute** d'Eugene Andreev (Russie). Il a sauté à 25 458 m d'altitude au-dessus de la ville de Saratov (anciennement Union soviétique, Russie) et fait une chute de 24 500 m le 1er novembre 1962

FUNAMBULE :

appelé aussi "fildeferiste", le funambule, du latin funis "corde" et ambulare "marcher", marche sur une corde raide.

L'ÉLÉPHANT LE PLUS LOURD JAMAIS SOULEVÉ
En 1975, alors qu'il travaillait avec le cirque de Gerry Cottle (GB), Khalil Oghaby (Iran) a soulevé un éléphant de 2 t, le plus lourd jamais soulevé par un homme, à l'aide d'un harnais et d'une plate-forme.

LE PLUS ANCIEN CIRQUE DU MONDE EN ACTIVITÉ
Le Ringling Bros. and Barnum & Bailey Circus (USA), fondé en 1870, est le plus ancien cirque encore en activité, avec le "meilleur spectacle du monde" de Barnum Bailey. Au sommet de sa gloire, il employait 1 200 personnes et parcourait les États-Unis en train dans 100 grands wagons.

PARTICIPATION RECORD À UN SPECTACLE DE CIRQUE
Le 14 septembre 1975, au Superdome de la Nouvelle-Orléans (Louisiane, USA), 52 385 personnes ont assisté au spectacle du Ringling Bros. and Barnum & Bailey Circus.

●LE PLUS HAUT SAUT DANS UNE PISCINE
Le 9 octobre 2009, Darren Taylor (USA) a exécuté un saut dans une piscine à 10,9 m de hauteur – 2,5 cm de plus que son précédent record – à la Gwinnett Arena d'Atlanta (Géorgie, USA).

●LE PLUS DE COUPS DE FOUET (1 MIN)
Adam Winrich (USA) a fait claquer un fouet 257 fois en 1 min au Stone's Throw Bar à Eau Claire (Wisconsin, USA), le 20 juin 2009.

LE PLUS DE SAUTS PÉRILLEUX CONSÉCUTIFS SUR UN CHEVAL
En 1856, au Spalding Rogers Circus de Pittsburgh (Pennsylvanie, USA). James Robinson (USA) a exécuté 23 sauts périlleux sur un cheval.

★LE PLUS DE TOURS À 360° SUR UNE CORDE RAIDE (2 MIN)
Le 20 septembre 2007, Maimaitiaili Abula (Chine) a effectué 41 tours complets sur une corde raide sur le plateau de *Zheng Da Zong Yi – Guinness World Records Special* à Pékin (Chine).

LE PLUS LONG SAUT À DOS DE LION
Le 28 juillet 2006, Edgard et Askold Zapashny (tous deux Russie), de la compagnie de cirque d'État russe, ont effectué un saut de 2,3 m à cheval sur un lion appelé Michael.

★LE PLUS DE ROTATIONS SUSPENDU AU COU D'UNE PERSONNE (30 S)
Reliées au cou par une ceinture, Liu Xiaogao et Liu Jiangshan (toutes deux Chine), de la troupe acrobatique Shenyang Jinying Youth, ont réussi 82 rotations en 30 s sur le plateau de *Zheng Da Zong Yi – Guinness World Records Special* à Pékin (Chine), le 21 novembre 2009.

FLÈCHE HUMAINE
LE 27 DÉCEMBRE 1995, VESTA GUESCHKOVA (BULGARIE) A ÉTÉ PROPULSÉE À 22,9 M, C'EST LA PLUS LONGUE DISTANCE POUR UNE FLÈCHE HUMAINE.

SURNOMMÉ "ALAR", TONY ZEDORAS (USA) A ÉTÉ LA 1RE FLÈCHE HUMAINE, AU BARNUM & BAILEY CIRCUS (USA), EN 1896.

> *La douleur dure une minute, la gloire, toute une vie.*
> **Darren Taylor, alias Professor Splash, champion de saut dans une piscine**

★RECORD DE DISTANCE SUR LES PATTES POSTÉRIEURES

La plus longue distance parcourue par un cheval sur les pattes postérieures est de 30 m. Ce record a été réalisé par Doc, un cheval monté par Gregory Ancelotti (Italie), sur le plateau de *Lo Show Dei Record*, à Milan (Italie), le 25 avril 2009.

KOWEÏT, KOWEÏT 29°22'N 47°58'E

Réalisé par Abdulrahman Al Farsi et Faris Al Farsi (tous deux Koweït), le **plus grand cerf-volant** fait 1 019 m² à plat et mesure 25,475 m de long et 40 m de large. Il dispose d'une surface de vol de 950 m² et a été inauguré à l'occasion du Kuwait Hala Festival à Flag Square (Koweït, Koweït), le 15 février 2005.

GRANDS NUMÉROS
RECORDS DE PARTICIPATION

★ **LA PLUS GRANDE COURSE À RECULONS**
La plus grande course à reculons a réuni 539 personnes lors d'un événement organisé par l'Institut Mater Salvatoris de Kapellen (Belgique), le 13 mars 2009.

★ **LE PLUS GRAND DÉFILÉ DE BIKINIS**
Le record revient à 287 femmes qui ont défilé en bikini au cours d'un événement organisé par Kellogg's Special K à Johannesburg (Afrique du Sud), le 7 novembre 2009.

● **LE PLUS GRAND NOMBRE DE PERSONNES DANS UNE SMART**
16 membres de la troupe Candy Lane Dancers (Nouvelle-Zélande) se sont entassés dans une Smart, au centre commercial de Sylvia Park, à Auckland (Nouvelle-Zélande), le 23 août 2009.

● **LA PLUS GRANDE RÉUNION DE FAMILLE**
Le 9 août 2009, la plus grande réunion de famille a rassemblé 2 585 personnes, chez les Lilly, à Flat Top (Virginie-Occidentale, USA).

● LA PLUS GRANDE DANSE SUR THRILLER

La plus grande danse sur *Thriller* de Michael Jackson a réuni 13 597 participants au cours d'un événement organisé par l'Instituto de la Juventud del Gobierno del Distrito Federal, devant le monument à la Révolution, à Mexico (Mexique), le 29 août 2009.

● **LE PLUS GRAND REGROUPEMENT DE BEATBOX HUMAIN**
Michael Krappel (Autriche) a organisé un rassemblement de *beatbox* avec 327 participants, à Vienne (Autriche), le 27 septembre 2009.

★ **LE PLUS GRAND NOMBRE DE PERSONNES TAMISANT DE L'OR**
Lors d'un événement organisé par Primaria Rosia Montana, 100 personnes ont tamisé de l'or en même temps, à Rosia Montana (Roumanie), le 30 août 2009.

★ **LE PLUS GRAND NOMBRE DE PERSONNES PSALMODIANT**
2 558 personnes ont psalmodié ensemble le 15 août 2009, au Gärdet Park à Stockholm (Suède).

● **LA PLUS GRANDE DANSE BOLLYWOOD**
1 082 étudiants et professeurs de l'Anglo Chinese School ont exécuté une danse Bollywood à Singapour, le 29 avril 2009.

★ **LE PLUS GRAND NOMBRE DE PERSONNES DÉGUISÉES EN ABEILLE**
Le 15 juillet 2009 à Staffordshire (GB), 1 901 personnes s'étaient déguisées en abeille.

★ **LE PLUS GRAND NOMBRE DE PERSONNES EN APNÉE SOUS L'EAU**
280 personnes de la Scuola del Mare 2 (Italie) ont retenu leur respiration sous l'eau à Torri del Benaco, à Vérone (Italie), le 11 octobre 2009.

● **RECORD D'OUVERTURE DE CRACKERS DE NOËL**
1 478 personnes ont ouvert des crackers de Noël à Tochigi (Japon), le 18 octobre 2009.

★ **LA PLUS GRANDE MARCHE CARITATIVE**
Une marche caritative de 1 903 personnes a eu lieu au Rathcoole Park à Rathcoole (comté de Dublin, Irlande), le 5 septembre 2009.

MINI
21 ÉTUDIANTS MALAIS ONT RÉUSSI À ENTRER DANS UNE MINI COOPER RÉTRO, LE 17 JUIN 2006. C'EST LE RECORD DE PERSONNES TENANT DANS UNE MINI COOPER.

MAXI
LE RECORD DU NOMBRE DE PERSONNES TENANT DANS UNE MINI NOUVEAU MODÈLE EST DE 24. IL A ÉTÉ ÉTABLI À MEXICO (MEXIQUE), LE 19 AOÛT 2009.

● LE PLUS GRAND COURS DE DANSE

7 770 personnes ont participé au plus grand cours de danse lors d'un événement organisé par DanceSport Team Cebu International Inc. au Cebu City Sports Centre, à Cebu City (Philippines), le 27 juin 2009. Les participants se sont entraînés plus de 3 semaines avant l'événement pour que la rencontre soit un succès.

★ NOUVEAU RECORD
● MISE À JOUR

TÉHÉRAN, IRAN

35°41'N 51°25'E

Selon les estimations officielles iraniennes, la foule qui s'était formée sur 32 km le long de la route menant au cimetière de Behesht-e Zahra de Téhéran, le 11 juin 1989, pour les funérailles de l'ayatollah Ruhollah Khomeyni, représentait 10 200 000 personnes, soit 1/6e de la population iranienne. C'est la **plus grande participation d'une population à des funérailles**.

●LA PLUS GRANDE RÉUNION DE SCHTROUMPFS

2 510 personnes déguisées en Schtroumpfs, avec le visage, les bras et les jambes peints en bleu, se sont réunies à Swansea Oceana (Swansea, GB), le 8 juin 2009. Ce record a été réalisé par la Jokers' Masquerade et l'université de Swansea.

●LE PLUS DE CERFS-VOLANTS EN VOL

À l'initiative de l'UNRWA, les enfants de la bande de Gaza ont fait voler 3 710 cerfs-volants en même temps sur la plage d'Al Waha (territoire de la Palestine), le 30 juillet 2009.

●LA PLUS GRANDE CHAÎNE

9 758 personnes ont formé une chaîne autour du château fort d'Alba Iulia en Transylvanie (Roumanie), le 29 mai 2009.

●LA PLUS GRANDE FÊTE DU CAFÉ

Elle a rassemblé 8 162 participants et a été organisée par Krüger GmbH & Co. KG (Allemagne) au Jugendpark de Cologne (Allemagne), le 30 août 2009.

★LE PLUS GRAND ENTRAÎNEMENT D'APRÈS UN JEU VIDÉO SPORTIF

Le 22 mai 2009, 605 personnes ont effectué un entraînement sportif d'après des mouvements issus de jeux vidéo sportifs, au terrain de sport du campus d'Electronic Arts, à Burnaby (Colombie-Britannique, Canada).

★LE PLUS DE PERSONNES TRICOTANT SIMULTANÉMENT

937 personnes ont tricoté en même temps, lors d'un événement organisé par Sock Summit LLC à Portland (Oregon, USA), le 7 août 2009.

●LA PLUS GRANDE RÉUNION ANNUELLE DE FEMMES

2,5 millions de femmes ont tenu leur rassemblement annuel à Kerala (Inde), le 10 mars 2009.

★LE PLUS GRAND PIQUE-NIQUE (LIEUX DIVERS)

12 934 personnes se sont rassemblées pour pique-niquer, au cours du National Family Week dans 79 endroits de Grande-Bretagne, le 25 mai 2009.

● LA PLUS GRANDES COURSE À PLUS DE 2 JAMBES

261 personnes ont participé à une course à plus de 2 jambes à l'école élémentaire de Nogata Nord (Japon), le 21 novembre 2008.

★LE PLUS DE PERSONNES DÉGUISÉES EN PERSONNAGES DE STAR TREK

le 14 février 2010, 99 personnes déguisées en personnages de Star Trek se sont réunies au Millenium Bridge, à Londres (GB). Un événement organisé par Namco Bandai Partners en association avec Atari à l'occasion de la sortie du nouveau jeu MMORPG Star Trek Online.

●LA PLUS GRANDE REPRÉSENTATION D'ART MARTIAL

Une représentation d'art martial comptant 33 996 pratiquants de tai-chi s'est tenue au cours d'un événement organisé par le bureau municipal des sports de Pékin, à Pékin (Chine), le 8 août 2009.

LE SAVIEZ-VOUS ?

SIGNIFIANT "BOXE DU SOMMET ULTIME", LE TAI-CHI-CHUAN EST UN ART MARTIAL CHINOIS REMONTANT AUX ENVIRONS DE 1580.

Ken Dickenson et Kevin Bartolo ont réalisé un marathon tai-chi de 25 h et 5 min, en Australie, les 17-18 mars 2006.

INFO

ABOU DHABI, EAU

24°28'N 54°22'E

La **plaque d'immatriculation la plus chère** – portant simplement le chiffre "1" – a été vendue à Saeed Abdul Ghaffar Khouri (EAU) pour 52,2 millions Dh (10,36 millions €), lors d'une vente aux enchères de plaques d'immatriculation par l'Emirates Auction Company, à l'Emirates Palace, à Abu Dhabi (EAU), le 16 février 2008.

GRANDS NUMÉROS

RECORDS DE PARTICIPATION

★RECORD DE PARTICIPATION À UN RALLYE DE BADMINTON

96 personnes ont participé à un rallye de badminton le 23 mai 2009, un record établi par Aviva (Singapour), au Raffles City Mall, Singapour.

★LE PLUS GRAND COURS DE PLONGÉE

2 465 personnes ont suivi un cours de plongée en même temps à Malalayang beach, Manado (Indonésie), le 16 août 2009.

★VOITURES LAVÉES EN 8 H (LIEUX DIVERS)

Au cours du Soaps It Up ! National Car Wash Fundraiser, organisé par le Victory Management Group (USA) le 20 juin 2009, 4 105 personnes aux quatre coins des États-Unis ont lavé des voitures pour réunir des fonds pour la recherche sur la mucoviscidose.

★BOUTEILLES DE CHAMPAGNE SABRÉES SIMULTANÉMENT

Lors d'une rencontre des International Sabrageurs Anonymous à Portarlington, Co. Laois (Irlande) le 18 juillet 2009, 152 bouteilles de champagne ont été sabrées en même temps.

●PARTICIPANTS À UN KARAOKÉ

La plus grande session de karaoké s'est déroulée au Bristol Motor Speedway de Bristol (Tennessee, USA) le 22 août 2009, quand 160 000 personnes ont entonné *Friends in Low Places* de Garth Brooks (USA), avant le départ de la course NASCAR Sharpie 500.

LE PLUS DE...

★MODÈLES DANS UN DÉFILÉ

Le 8 octobre 2009, 260 modèles ont défilé pour la collection Été 2010 de Muaa à Buenos Aires (Argentine).

★SPECTATEURS INVITÉS À DANSER SUR SCÈNE POUR UN CHANTEUR

Le 2 avril 2009, à Londres (GB), 251 spectateurs ont été invités à danser sur scène pour Alesha Dixon (GB).

★ BALLES DE GOLF FRAPPÉES EN MÊME TEMPS

1 873 balles ont été frappées simultanément au Real Federación Español de Golf Course de Madrid (Espagne), le 27 septembre 2009.

●LÂCHERS DE LANTERNES

10 318 lanternes célestes ont été lâchées en même temps au cours d'un événement organisé par Freedom Faithnet Global (Indonésie) à Ancol Carnaval Beach, Jakarta (Indonésie), le 5 décembre 2009.

★LE PLUS GRAND DÉFILÉ DE MINIS

Dans le cadre de la course en Mini Londres - Brighton, un défilé de 1 450 Minis a été organisé au Crystal Palace (Londres, GB), le 17 mai 2009.

MINIS : produites par la British Motor Corporation (BMC), ces modèles ont figuré sur le catalogue de 1959 à 2000.

ICÔNE EN 1999, LA MINI A ÉTÉ ÉLUE DEUXIÈME VOITURE DU XXe SIÈCLE DERRIÈRE LA FORD MODÈLE T.

25°16'N 55°18'E

DUBAÏ, EAU

Le prix le plus important pour une course de chevaux est celui de la Dubaï World Cup qui se déroule à Dubaï (EAU). Il s'élève à 6 millions $, dont 3,6 millions sont attribués au gagnant de la course.

★ NOUVEAU RECORD ● MISE À JOUR

● LA PLUS GRANDE RÉUNION DE SUPER HÉROS

À l'occasion du tournoi des Emirates Airline London Sevens, le 23 mai 2010, 1 091 personnes travesties en super héros se sont réunies au Twickenham Stadium, Londres (GB), au cours d'un événement organisé par la Rugby Football Union et soutenu par event360. Des Hulk et des tortues Ninja s'y côtoyaient, mais nulle trace d'Elvis ou de Père Noël !

ENCORE ! DES COLLECTIONS PLUS FOLLES LES UNES QUE LES AUTRES P. 142-143 !

LES PLUS GRANDS...

● RASSEMBLEMENT POUR HALLOWEEN

En 2009, 508 personnes déguisées se sont retrouvées à Bloomington (Indiana, USA), pour fêter Halloween.

Le 24 septembre 2009, le ★**plus grand rassemblement de squelettes** a attiré 197 personnes à Londres (GB).

★ RÉUNION DE PERSONNAGES DE CONTES DE FÉES

Le 12 novembre 2009, 300 personnes déguisées en personnages de contes de fée se sont réunies pour la journée Guinness World Records, à la Carr's Glen Primary School de Belfast (Irlande du Nord, GB).

★ COURS DE SPORT

882 étudiants de la Ballyclare High School (Irlande du Nord) ont participé à un cours de sport le 12 novembre 2009. Un autre cours très suivi, le ★**plus grand cours de physique**, a attiré 5 401 élèves à Denver (Colorado, USA), le 7 mai 2009.

● LE PLUS GRAND TOURNOI DE FOOTBALL

Du 1er mai au 29 novembre 2009, Copa Telmex 2009 a réuni 187 765 joueurs répartis en 11 280 équipes, à Mexico. Le but du tournoi était de montrer le potentiel de la jeunesse mexicaine.

● LA PLUS GRANDE CONGA SUR GLACE

252 patineurs ont exécuté une conga sur la glace de l'Alexandra Palace Ice Rink de Londres (GB), pour célébrer la journée Guinness World Records, le 11 novembre 2009.

SUR GLACE LA PLUS GRANDE RONDE DE PATINAGE SYNCHRONISÉ A RÉUNI 70 PARTICIPANTS À EINDHOVEN (PAYS-BAS), LE 14 MARS 2010.

MUSCAT, OMAN

23°37'N 58°35'E

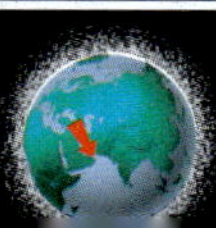

Réalisé en cristal Swarovski, le **plus grand chandelier** du monde est suspendu dans la Grande Mosquée Sultan Qaboosà Muscat (Oman). Il mesure 14,1 m de haut, 8 m de diamètre et comporte 1 114 ampoules.

EXPLOITS HUMAINS

★ LA PLUS JEUNE FEMME À TRAVERSER L'OCÉAN INDIEN

Sarah Outen (GB, née le 26 mai 1985) a traversé l'océan Indien en solitaire d'est en ouest, entre le 1er avril et le 3 août 2009, à bord de son bateau baptisé *Serendipity* (et surnommé *Dippers*). Au début de son voyage, Sarah avait 23 ans et 310 jours.
Elle a largué les amarres en Australie pour gagner l'île Maurice après une traversée de 7 740 km. Au cours de ses aventures, elle a perdu 20 kg malgré les 500 barres chocolatées englouties. Elle a aussi cassé 2 rames.

ENCORE ! SI VOUS AIMEZ LES RECORDS EN PLEINE MER, RENDEZ-VOUS P. 118.

SOMMAIRE

Si on est au top de sa forme et bien préparé, on a toutes les chances de réussir ; avec de la ténacité et un peu de chance, on peut affronter les plus grosses tempêtes. C'est une question de moral, il faut être endurant.
Sarah Outen, navigatrice à la rame

KARACHI, PAKISTAN

24°51'N 67°00'E

Nargis Bhimji de Karachi (Pakistan) a fêté son anniversaire durant 35 h et 25 min en traversant les fuseaux horaires, de Karachi à Singapour, puis à San Francisco (USA), le 27 juin 1998 – c'est l'**anniversaire le plus long** de l'histoire des records.

★ NOUVEAU RECORD
● MISE À JOUR

HOMMES
L'OCÉAN INDIEN N'A ÉTÉ TRAVERSÉ QUE 2 FOIS PAR DES HOMMES EN SOLITAIRE. IL Y A EU PLUS D'HOMMES POUR GRAVIR L'EVEREST QUE POUR FRANCHIR CE REDOUTABLE OCÉAN !

FEMMES
SEULES 8 FEMMES ONT RÉUSSI À TRAVERSER UN OCÉAN EN SOLO – 2 D'ENTRE ELLES SEULEMENT ONT RÉITÉRÉ L'EXPÉRIENCE EN TRAVERSANT UN AUTRE OCÉAN. AUCUNE N'A CHOISI L'OCÉAN INDIEN !

L'OCÉAN INDIEN

L'océan Indien, le 3e océan du monde en taille, représente 20 % de la surface des eaux du globe. Après le Pacifique, c'est l'océan le plus abyssal avec une profondeur moyenne de 3 736 m. La route directe entre l'Australie et l'île Maurice fait 3 100 miles nautiques (5 740 km) – voir la ligne verte, ci-contre. Sarah a parcouru 4 180 miles nautiques (voir la ligne rouge) en raison de "courants violents, de vents contraires et d'une météo imprévisible".

BOMBAY, INDE

La **plus grande dosa** (crêpe de farine de riz) mesurait 9,14 m ! Elle a été préparée par les chefs du Sankalp Restaurant d'Andheri de Bombay (Inde), le 12 février 2006.

18°57'N
72°49'E

GRANDS VOYAGES

●LE PLUS LONG PARCOURS À LA NAGE
Martin Strel (Slovénie) a descendu le fleuve Amazone à la nage, en passant par le Pérou et le Brésil, soit 5 268 km, du 1er février au 8 avril 2007.

LE PLUS LONG VOYAGE...

★EN CYCLOMOTEUR
Eddie Sedgemore (GB) a parcouru 3 077 km sur un cyclomoteur en 28 jours, du 9 mai au 5 juin 2009.

●COMME PÈLERIN
Le plus long pèlerinage autour du monde est de 61 319 km. Parti le 25 décembre 1969, Arthur Blessitt (USA) a parcouru 315 pays, archipels et territoires en portant une croix en bois de 3,7 m de haut et en prêchant la Bible.

●EN PARAPENTE MOTORISÉ
Benjamin Jordan (Canada) a traversé le Canada d'ouest en est en parapente motorisé, soit 8 008 km depuis Tofino (Colombie-Britannique) jusqu'à la baie du Saint-Laurent (Nouvelle-Écosse), entre le 15 mai 2009 et le 24 août 2009. Il a fait plusieurs haltes dans des écoles canadiennes au cours de son périple pour encourager les enfants à vaincre leurs peurs et à réaliser leurs rêves.

EN BATEAU À FOND PLAT
Avec 4 équipiers, John Pearse (GB) a effectué en bateau à fond plat un aller-retour entre Oxford (GB) et Leeds (GB), soit 1 160 km, du 19 juin au 10 août 1965.

EN MARCHANT À RECULONS
À l'âge de 36 ans, Plennie L. Wingo (USA) a parcouru à reculons une distance de 12 875 km en 517 jours, soit une moyenne de 24,89 km par jour. Parti de Santa Monica (Californie, USA) le 15 avril 1931, il est arrivé à Istanbul (Turquie) le 24 octobre 1932.

EN FAUTEUIL ROULANT
Rick Hansen (Canada) a parcouru 40 075 km en fauteuil roulant. Il a traversé 34 pays et 4 continents. Son périple a commencé à Vancouver (Canada), le 21 mars 1985, pour s'y achever le 22 mai 1987.

LES PLUS RAPIDES...

POUR ALLER DE PARIS À LONDRES
Le 24 septembre 1983, David Boyce de la société Stewart Wrightson (Aviation) Ltd a mis 38 min et 58 s pour parcourir la distance de 344 km entre Paris (France) et le siège de la BBC au cœur de Londres (GB). Il a voyagé à moto et en hélicoptère jusqu'au Bourget (France), a pris un Hawker Hunter (piloté par feu Michael Carlton) jusqu'à l'aérodrome de Biggin Hill (GB), puis un hélicoptère qui l'a déposé sur le parking du Centre de la télévision anglaise.

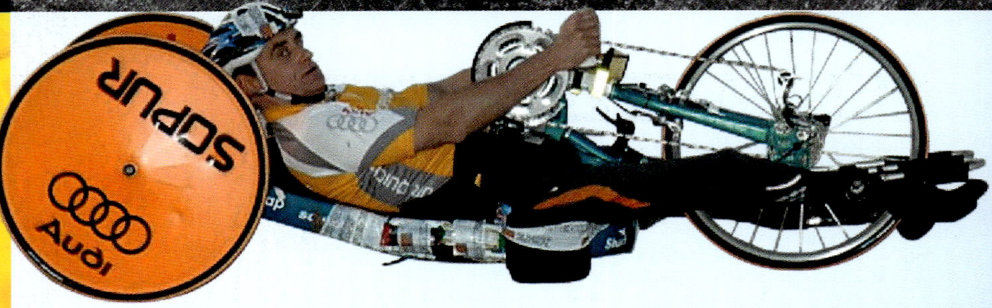

●LE PLUS LONG PARCOURS EN VÉLO À MAIN EN 24 H
Thomas Lange (Allemagne) a parcouru 649,85 km en vélo à main en 24 h sur le circuit des 12/24 heures de Sebring, à Sebring (Floride, USA), du 14 au 15 février 2009.

ENCORE ! VOUS ÊTES PLUS CASANIER QUE GLOBE-TROTTER ? REGARDEZ LA TÉLÉVISION, P. 166.

●LE PARCOURS À VÉLO LE PLUS RAPIDE SUR LA PANAMÉRICAINE
Du 22 juin au 25 octobre 2009, Scott Napier (GB) a parcouru à vélo la route panaméricaine depuis Prudhoe Bay (Alaska, USA) jusqu'à Ushuaïa (Argentine), soit un voyage de 22 690,36 km accompli en 125 jours.

LE SAVIEZ-VOUS ?
EN 2000, GIAMPIETRO MARION (ITALIE) A PARCOURU EN VÉLO LA PARTIE SUD DE LA ROUTE PANAMÉRICAINE, ENTRE CHIGORODÓ (COLOMBIE) ET USHUAÏA (ARGENTINE), EN 59 JOURS.

La route panaméricaine est interrompue par la fosse de Darién, une zone infranchissable.

INFO

GRANDS VOYAGES

Chaque continent offre la possibilité de réaliser de grands voyages d'un point extrême à un autre, ou en reliant deux lieux associés à un événement historique ou romantique. Quel que soit le voyage, vous pouvez être sûr que quelqu'un se lancera dans l'aventure en utilisant un mode de transport saugrenu ou en voulant l'effectuer en un temps record, et pourquoi pas, en combinant les deux ! Voici les parcours les plus rapides.

VOYAGE	DÉPART	ARRIVÉE	DISTANCE	COMMENT	QUI	TEMPS	DATE
Du Caire au Cap	Le Caire (Égypte)	Le Cap (Afrique du Sud)	Environ 11 000 km	À vélo	Chris Evans, David Genders, Michael Kennedy (GB), Paul Reynaert (Belgique), Jeremy Wex, Steve Topham, Scotty Robinson, Andrew Griffin (Canada) et Sascha Hartl (Autriche)	119 jours 1 h et 32 min	18 janvier au 17 mai 2003
De John O'Groats à Land's End	John O'Groats, (Écosse, GB)	Land's End, (Angleterre, GB)	1 407 km	À pied	Andrew Rivett (GB)	9 jours 2 h et 26 min	4 au 13 mai 2002
De Land's End à John O'Groats	Land's End, (Angleterre, GB)	John O'Groats, (Écosse, GB)	1 407 km	Sur un monocycle	Robert Ambrose (GB)	12 jours 1 h et 59 min	13 au 25 août 2000
Route panaméricaine	Ushuaïa (Argentine)	Prudhoe Bay (Alaska)	30 431 km	À pied	George Meegan (GB)	2 426 jours	26 janvier 1977 au 18 septembre 2009
Traversée de l'Australie	Perth, (Australie-Occidentale)	Sydney, (Nouvelle-Galles-du-Sud)	environ 4 000 km	À vélo	Richard Vollebregt (Australie)	8 jours 10 h et 57 min	13 au 21 octobre 2006
Traversée des USA	Jacksonville (Floride)	San Diego (Californie)	4 175 km	Rollers en ligne	Russell "Rusty" Moncrief (USA)	69 jours 8 h et 45 min	5 janvier au 15 mars 2002
Traversée des USA	Newport (Oregon)	Washington, DC	5 248 km	Sur un monocycle	Akira Matsushima (Japon)	43 jours	10 juillet au 22 août 1992
Traversée des USA	San Francisco (Californie)	New York	4 989 km	À pied	Frank Giannino, Jr (USA)	46 jours 8 h et 36 min	1er septembre au 17 octobre 1980

POUR TRAVERSER LE DÉTROIT DE BÉRING SANS ENGIN MOTORISÉ

Dmitri Shparo et son fils Matveï (Russie) ont réalisé la traversée la plus rapide du détroit de Béring – qui sépare l'Asie de l'Amérique du Nord –, à pied et à skis. Ils sont partis de Mys Dezhneva (Russie) le 1er mars 1998 et ont atteint Chariot (Alaska, USA) le 20 mars, après avoir couvert une distance d'environ 290 km.

★ POUR VISITER DES ÉTATS SOUVERAINS

Du 18 juillet 2002 au 24 mai 2009, Kashi Samaddar (Inde) a parcouru 194 pays membres des Nations unies en 6 ans, 10 mois et 7 jours.

POUR EFFECTUER UN RELAIS À VÉLO EN AUSTRALIE

Au départ de Brisbane (Queensland, Australie), une équipe de 8 cyclistes a parcouru 14 314 km en 18 jours, 8 h et 39 min. Durant leur périple qui a duré du 22 octobre au 9 novembre 2001, ils ont visité 19 villes côtières, avant de revenir à Brisbane.

● LE PLUS LONG VOYAGE EN SKATE-BOARD

Parti de Leysin (Suisse) le 24 juin 2007, Rob Thomson (Nouvelle-Zélande) est arrivé à Shanghai (Chine), le 28 septembre 2008, au terme d'un périple de 463 jours. Il avait parcouru 12 159 km sur un skate-board.

RAMPANT
LES 18 ET 19 MAI 2001, ARULANANTHAM SURESH JOACHIM (AUSTRALIE) A PARCOURU 56,62 KM EN RAMPANT SUR UN CIRCUIT DE SYDNEY (NVELLE-GALLES-DU-SUD, AUSTRALIE).

POUSSANT
EN 2001, 30 ÉCOLIERS (AFRIQUE DU SUD) ONT POUSSÉ UNE AUTO NON MOTORISÉE SUR 2 061 KM ENTRE KOMATIPOORT ET LE CAP (AFRIQUE DU SUD), PENDANT 19 JOURS.

★ LE PLUS LONG PARCOURS SUR UNE MINI-MOTO

Ryan Galbraith et Chris Stinson (USA) ont parcouru 716,58 km sur une mini-moto, entre le 5 et le 8 août 2009. Ils sont partis du Colorado (USA) et se sont arrêtés dans le Dakota du Sud (USA).

★ NOUVEAU RECORD
● MISE À JOUR

NEW DELHI, INDE

28°37'N 77°12'E

La **route la plus haute** se situe à 5 682 m d'altitude dans le défilé de Khardungla, l'un des trois cols de la route de Leh-Manali (Cachemire). Construite par l'Organisation des routes frontalières de New Delhi (Inde), la route a été achevée en 1976 et ouverte à la circulation automobile en 1988.

TOUR DU MONDE

> *Ils ne m'auraient jamais laissé partir si je n'avais pas été parfaitement préparé.*
> **Michael Perham, à propos de ses parents**

LE 1ER TOUR DU MONDE LE LONG DE L'ÉQUATEUR SANS ENGIN MOTORISÉ

Entre le 2 juin 1999 et le 27 octobre 2000, Mike Horn (Afrique du Sud) a effectué ce tour du monde en 513 jours, à vélo, en pirogue, à bord d'un trimaran, puis à pied. Son voyage en 6 étapes, qui comprenait une traversée de l'Amazonie et de l'Afrique centrale, a débuté et s'est terminé près de Libreville, au Gabon (Afrique de l'Ouest).

● LE PLUS JEUNE MARIN SOLITAIRE

Michael Perham (GB, né le 16 mars 1992), a fait le tour du monde à la voile sans escale à bord du *TotallyMoney.com* en 284 jours, du 15 novembre 2008 au 27 août 2009. Parti d'Ouessant-Lizard, il a terminé son périple à l'âge de 16 ans 7 mois et 30 jours. Son record n'est pas près d'être battu car Guinness World Records n'accepte plus de jeune de moins de 16 ans pour des exploits aussi dangereux.

LES PREMIERS...

TOUR DU MONDE EN AVION SANS ESCALE

Du 14 au 23 décembre 1986, Richard G. "Dick" Rutan et Jeana Yeager (tous deux USA) ont fait le tour du monde par l'ouest en partant de la base militaire d'Edwards (Californie, USA). Ce voyage sans escale a duré 9 jours. Ils doivent leur succès à *Voyager*, un avion particulier conçu par le frère de Dick, Burt Rutan, qui est aussi à l'origine de la création de *SpaceShipOne*, le vaisseau utilisé pour le **1er voyage spatial privé**.

TOUR DU MONDE EN SOLITAIRE EN BALLON

Du 19 juin au 2 juillet 2002, Steve Fossett (USA) a fait le tour du monde à bord du *Bud Light Spirit of Freedom*, un ballon de 42,6 de haut, gonflé au gaz. Il a décollé de Northam (Australie-Occidentale) et a atterri à Eromanga (Queensland), après avoir parcouru 33 195 km en 14 jours 19 h et 50 min et effectué le **plus long vol en ballon en solitaire**.

TOUR DU MONDE À LA VOILE (EN SOLITAIRE ET SANS ESCALE)

Robin Knox-Johnston (GB) est parti le 14 juin 1968 de Falmouth (Cornouailles, GB), à bord du *Suhaili*, dans le cadre de la course autour du monde du *Sunday Times*. À son retour à Falmouth, le 22 avril 1969, il était le dernier concurrent en lice sur les 9 participants. Il a établi un record et empoché une récompense de 8 070 $.

LA 1RE FEMME À ACCOMPLIR LE TOUR DU MONDE DANS LES DEUX SENS SANS ESCALE

Le 16 février 2009, l'ancien professeur d'éducation physique, Dee Caffari (GB), a terminé le Vendée Globe, tour du monde à la voile, à la 6e place. Elle est la 1re femme et la 4e personne à avoir effectué le tour du

LE 1ER TOUR DU MONDE EN AVION

Du 6 avril au 28 septembre 1924, deux hydravions Douglas DWC de l'armée américaine, le *Chicago*, piloté par le lieutenant Lowell H. Smith (à droite), et le *New Orleans*, commandé par Leslie P. Arnold, ont réalisé le tour du monde, en 57 étapes. Le voyage a débuté et s'est achevé à Seattle (Washington, USA).

ENCORE ! TOUS CES DÉTENTEURS DE RECORD ONT NAVIGUÉ SUR LES OCÉANS. DÉCOUVREZ LEURS EXPLOITS SANS POUR AUTANT LES IMITER P. 38-39.

17°22'N 78°28'E

HYDERABAD, INDE

Ramoji Film City est le **plus grand studio de cinéma**. Ouvert en 1996 à Hyderabad (Inde), il s'étend sur 674 ha et comprend 47 plateaux, ainsi que des décors permanents comme des gares ou des temples.

monde dans les deux sens, en solitaire et sans assistance. Cet exploit en complète un précédent, puisqu'en mai 2006, elle était la **1re femme à avoir fait le tour du monde en solitaire et sans escale par l'ouest**.

TOUR DU MONDE EN VOITURE AMPHIBIE

Le 24 juillet 1950, Ben Carlin (Australie) et sa femme Elinore (USA) sont partis de Montréal (Canada) dans une jeep amphibie modifiée, *Half-Safe*, afin d'effectuer le tour du monde. Le voyage s'est révélé riche en événements car Elinore a quitté son mari en Inde et a demandé le divorce. Ben est parvenu à Montréal le 8 mai 1958, après avoir parcouru 62 765 km sur la terre ferme et 15 450 km sur l'eau.

LES PLUS RAPIDES...

TOUR DU MONDE SUR DES VOLS RÉGULIERS

Le vol le plus rapide, selon les règles en vigueur à la Fédération aéronautique internationale (FAI) autorisant les vols dépassant la longueur du tropique du Cancer ou du Capricorne (36 787,6 km), a été réalisé en 31 h, 27 min et 49 s par un Concorde, l'AF1995, piloté par Michel Dupont et Claude Hetru (tous deux France). Ayant décollé de l'aéroport JFK de New York (USA), l'avion a survolé Toulouse, Dubaï, Bangkok, Guam, Honolulu et Acapulco, avec un équipage de 18 personnes et 80 passagers, entre le 15 et le 16 août 1995.

C'est David J. Springbett (GB) qui a effectué le **tour du monde le plus rapide sur des vols réguliers** conformément aux règlements de la FAI. Parti de Los Angeles (Californie, USA), il a parcouru 37 124 km via Londres, Bahreïn, Singapour, Bangkok, Manille, Tokyo et Honolulu en 44 h et 6 min, du 8 au 10 janvier 1980.

LE 1ER TOUR DU MONDE

On croit souvent que Ferdinand Magellan a réalisé le premier tour du monde. Or il est mort avant de terminer son voyage. Le 20 septembre 1519, il quittait l'Espagne à la tête d'une flotte de 5 vaisseaux, mais seul le vaisseau *Vittoria* commandé par le navigateur Juan Sebastián de Elcano est rentré le 8 septembre 1522, avec à son bord 17 membres de l'équipage d'origine.

TOUR DU MONDE EN HÉLICOPTÈRE

Du 17 août au 3 septembre 1996, John Williams et Ron Bower (tous deux USA) ont effectué le tour du monde par l'ouest (malgré des vents contraires) à bord d'un hélicoptère Bell 430, en 17 jours, 6 h, 14 min et 25 s. Leur voyage a débuté et s'est achevé à Fair Oaks (Londres, GB).

TOUR DU MONDE EN VOITURE

Le record du premier et du plus rapide tour du monde en voiture par un homme et une femme sur les 6 continents, selon les règles en vigueur de 1989 à 1991 pour un trajet dépassant la longueur de l'équateur (40 075 km), est détenu par Saloo Choudhury et son épouse Neena (tous deux Inde). Partis de Delhi le 9 septembre 1989, à bord d'une "Contessa Classic" Hindustan de 1989, ils sont revenus à leur point de départ après un voyage de 69 jours, 19 h et 5 min, le 17 novembre.

À VÉLO ! À 24 ANS ET 125 JOURS, PHILIP WHITE (GB) A FAIT LE TOUR DU MONDE À BICYCLETTE, DU 19 JUIN 2004 AU 24 AVRIL 2005.

LE TOUR DU MONDE À LA VOILE LE PLUS RAPIDE (ÉQUIPAGE)

Bruno Peyron (France) l'a réalisé avec 14 équipiers en 50 jours, 16 h, 20 min et 4 s, à bord du maxi-catamaran *Orange II*, du 24 janvier au 16 mars 2005. Le périple a débuté et s'est achevé à Ouessant.

LUCKNOW, INDE

26°51'N 80°55'E

Le 5 février 2008, l'école Montessori de Lucknow (Inde), créée en 1959, était **l'école la plus fréquentée**. Elle comptait 32 114 élèves pour l'année scolaire 2007-2008.

EXPLOITS HUMAINS
ENDURANCE

LA PLUS LONGUE PLONGÉE EN APNÉE (FEMME)

Karoline Mariechen Meyer (Brésil) a retenu sa respiration sous l'eau pendant 18 min et 32,59 s, dans la piscine Racer Academy de Florianopolis (Brésil), le 10 juillet 2009. Plongeuse professionnelle, elle s'est entraînée pendant 4 mois et a inhalé de l'oxygène pendant 24 min avant de tenter le record.

RECORD DE SAUTS CONSÉCUTIFS SUR UN BÂTON SAUTEUR (HOMME)

Les 22 et 23 septembre 2007, dans le Massachusetts (USA), James Roumeliotis (USA) a effectué 186 152 sauts consécutifs sur un bâton sauteur (ou pogo stick).

DISTANCE

● SURF SUR UN MASCARET

Le 8 juin 2009, Sergio Laus (Brésil) a surfé sur le mascaret Pororoca (longue vague déferlante) de la rivière Araguari, à Amapa (Brésil) durant 36 min, parcourant ainsi 11,8 km.

COURSE SUR UN TAPIS DE JOGGING

La ★**plus longue distance parcourue sur un tapis de jogging par une équipe en 48 h** est de 868,64 km. Cet exploit a été réalisé par les 12 membres de l'équipe Porsche Human Performance (GB) au Festival de la vitesse, à Goodwood (GB), du 3 au 5 juillet 2009. Lee Chamberlain (GB) a parcouru 753,24 km sur un tapis de jogging au centre commercial de Camberley, à Surrey (GB), du 18 au 25 juillet 2009. Il s'agit de la ●**plus longue distance parcourue sur un tapis de jogging en une semaine**.

★VOYAGE SUR UN PADDLEBOARD (ÉQUIPE)

Le 28 août 2009, Stéphanie Geyer-Barneix, Alexandra Lux et Flora Manciet (toutes trois France) ont parcouru sur des paddleboards les 4 830 km séparant l'île du Cap-Breton (Canada) à Capbreton (France), en 54 jours. Elles ont pagayé avec les mains, à genoux ou allongées sur leur planche.

●DISTANCE PARCOURUE PAR UNE MOTO EN 24 H

Omar Hilal Al-Mamari (Oman) a parcouru 2 127 km à moto sur la route reliant Marmool à Thamrait, à Oman, les 18 et 19 août 2009.

●DISTANCE PARCOURUE EN COURANT EN 1 H (FEMME)

Le 12 juin 2008, lors du grand prix d'athlétisme de l'IAAF, à Ostrava (République tchèque), Dire Tune (Éthiopie) a couru 18 517 m en 1 h.

★RELAIS DE NATATION EN EAU LIBRE

Du 9 au 19 septembre 2009, 200 participants ont parcouru à la nage 684,75 km sur le lac de Camlough, à Camlough (Irlande du Nord, GB).

●DISTANCE PARCOURUE SUR DES PLAQUES CHAUDES

Rolf Iven (Allemagne) a parcouru 22,90 m pieds nus sur des plaques chaudes, sur le plateau de *Lo Show dei Record*, à Milan (Italie), le 18 avril 2009.

LE MILE LE PLUS RAPIDE AVEC UNE TENUE DE DÉMINEUR

Le 2 février 2009, le lieutenant Jonathan Kehoe (USA) a couru 1 mile (1,6 km) en tenue de démineur, en 10 min et 16 s, au camp ECHO de Diwaniyah (Irak). Jonathan est lieutenant dans le service de déminage de la marine de guerre américaine. Il portait une tenue EOD 9 de 34 kg.

ENCORE ! DÉCOUVREZ DES RECORDS AUDACIEUX DANS LES AIRS P.116 ET DES EXPLOITS EN MER NÉCESSITANT DU COURAGE ET DE L'ENDURANCE P.118.

3°35'N 98°40'E

MEDAN, NORD DE SUMATRA, INDONÉSIE

Un jeune chien d'arrêt appelé Judy a été capturé par les Japonais en 1942 et interné dans un camp de fortune à Medan (Indonésie) avec l'équipage du bateau *Grasshopper* dont il était la mascotte. C'est donc le **seul chiot prisonnier de guerre** de l'histoire.

LE SAVIEZ-VOUS ?

BART M. HACKLEY (USA) A TERMINÉ LE ★ PLUS DE TRIATHLONS EN UNE ANNÉE, DU 21 FÉVRIER 1988 AU 19 FÉVRIER 1989 (123).

Le 1er triathlon moderne (nage, course à vélo et course à pied) s'est tenu à San Diego (Californie, USA), en 1974.

INFO

★ LA PLUS GRANDE DISTANCE PARCOURUE PAR UNE ÉQUIPE DE RELAIS

Une équipe de relais, le Gillette Phenomenal Tour, a parcouru 3 096 km en plus de 14 jours, du 21 septembre 2009 au 5 octobre 2009.

LE PLUS LONG MARATHON DE VÉLO STATIQUE

Mehrzad Shirvani (Suisse) a fait du vélo statique pendant 8 jours (192 h) au Kortrijk Xpo, à Kortrijk (Belgique), du 17 au 25 janvier 2009. Il a battu de plus de 6 h le précédent record.

IRON

SI LES TRIATHLONS CLASSIQUES NE VOUS SUFFISENT PAS, ESSAYEZ L'IRONMAN : UNE COURSE DE NATATION DE 3,86 KM, UNE COURSE À VÉLO DE 180,25 KM ET UN MARATHON !

DURÉE

● MARATHON DE LECTURE À VOIX HAUTE (ÉQUIPE)

Elizabeth Sánchez Vegas, Ana María Leonardi, María Cristina Alarcón, Lilly Blanco, Devorah Sasha et Isabel Viera, qui font partie de l'International Solidarity for Human Rights, ont lu la Déclaration universelle des droits de l'homme à voix haute sur l'InterAmerican Campus du Miami Dade College, à Miami (Floride, USA), pendant 240 h 15 min et 27 s, du 3 au 13 novembre 2009.

● MARATHON DE DANSE (INDIVIDUEL)

Le Dr Vattikotta Yadagiriacharya (Inde) a dansé pendant 108 h sans s'arrêter à l'auditorium Ravindra Bharathi d'Hyderabad (Inde), du 25 au 29 novembre 2008.

MARATHONS DE TENNIS

Le ● **double de tennis le plus long** a duré 50 h et 8 s. Il a été disputé par Vince Johnson, Bill Geideman, Brad Ansley et Allen Finley (tous quatre USA) à l'YMCA de la vallée de Catawba, à Hickory (Caroline du Nord, USA), du 7 au 9 novembre 2008.

Le ● **plus long simple de tennis** a duré 36 h. Il a opposé Dennis Schrader à Bart Hendriks (tous deux Pays-Bas) à Zandvoort (Pays-Bas), les 10 et 11 septembre 2009.

★ ONE-MAN SHOW

Le comédien Tommy Tiernan (Irlande) est resté débout sur scène pendant 36 h et 15 min au théâtre Nuns Island de Galway (Irlande). Son spectacle a débuté à 15 h, le vendredi 10 avril, et s'est achevé 2 jours plus tard, à 3 h 15.

★ LE PLUS DE TEMPS AVEC UN SCORPION VIVANT DANS LA BOUCHE

Le 11 avril 2009, sur le plateau de *Lo Show dei Record*, à Milan (Italie), Kanchana Ketkaew (Thaïlande) a gardé 2 min et 23 s le scorpion vivant que son mari lui avait mis dans la bouche.

● CONTACT DU CORPS AVEC LA GLACE

Chen Kecai (Chine) est resté 1 h 48 min et 21 s au contact de la glace dans le lac gelé de Jingbo, à Mudanjiang (Chine), le 14 mars 2010.

● POIGNÉES DE MAIN

Le 21 septembre 2009, Jack Tsonis et Lindsay Morrison (Australie) se sont serré la main pendant 12 h 34 min et 56 s à Sydney (Australie).
George Posner et John-Clark Levin (tous deux USA) se sont serré la main pendant 15 h en Californie (USA), le 4 octobre 2009.
Matthew Rosen et Joe Ackerman (tous deux USA) ont fait de même le 21 novembre 2009, durant 15 h 30 min et 45 s à Londres (GB).

MAN

LUC VAN LIERDE (BELGIQUE) A PARCOURU UNE COURSE D'IRONMAN EN UN TEMPS RECORD DE 7 H 50 MIN ET 27 S, À ROTH (ALLEMAGNE), LE 13 JUILLET 1997.

★ NOUVEAU RECORD
● MISE À JOUR

BANGKOK, THAÏLANDE

13°45'N 100°29'E

Dans sa transcription la plus érudite, Krungthep Mahanakhon, le nom officiel de Bangkok, capitale de la Thaïlande, contient 175 lettres. C'est le **nom de lieu le plus long**. Voici sa version courte officielle (sans capitales, celles-ci n'existant pas en thaï) : krungthephphramahanakhon bowonratanakosin mahintharayutthaya mahadilokphiphobnoppharad radchataniburirom udomsantisug (111 lettres).

DOSSIER SPÉCIAL RECORDS DE VITESSE AU SOL

CONDUIT D'ADMISSION
Un conduit d'admission central unique alimente le moteur en air. Étapes : 1. Entrée de l'air ; 2. Compression et pressurisation de l'air ; 3. Injection de carburant puis allumage ; 4. Injection de l'air détendu dans les turbines ; 5. Expulsion des gaz à l'arrière du moteur à travers une buse.

COCKPIT
Le pilote est protégé par une cabine de sécurité rigide en fibre de carbone, inspirée du cockpit des avions de chasse. Pour son concepteur, Andy Green, (le futur pilote de la *Bloodhound*), "c'est le bureau le plus rapide du monde !"

AILETTES
Des ailettes entièrement dynamiques (à gestion électronique), situées au-dessus des roues, s'adaptent en quelques microsecondes pour que la charge verticale des roues soit constante – autrement dit, pour maintenir la voiture au sol !

CHÂSSIS
La coque en fibre de carbone et en titane peut supporter une pression d'air supérieure à 12 tonnes force/m². Les modifications du châssis sont en permanence transmises à l'ordinateur de bord.

★ ★ ★ ★ ★ ★ ★ ★ ★ ★ ★

FIN 2011 (OU DÉBUT 2012) AURA LIEU UNE NOUVELLE TENTATIVE DE RECORD DE VITESSE AU SOL. L'ÉQUIPE QUI TRAVAILLE SUR CE PROJET EST DIRIGÉE PAR RICHARD NOBLE – CI-DESSOUS, À DROITE – ET ANDY GREEN – À GAUCHE (TOUS DEUX GB), DÉTENTEURS DEPUIS 1997 DU RECORD ACTUEL DE PRESQUE 1 228 KM/H. LEUR OBJECTIF : DÉPASSER LA BARRE DES 1 609 KM/H...

RECORD DE VITESSE AU SOL

Le record officiel de vitesse au sol (mesuré sur 1,6 km) est de 1 227,985 km/h (Mach 1,020). Il a été établi le 15 octobre 1997 par Andy Green (GB) dans le désert de Black Rock (Nevada, USA), à bord de la *Thrust SSC* (SuperSonic Car = voiture supersonique).

La *Thrust SSC* a été conçue par l'ancien détenteur du record de vitesse au sol, Richard Noble (GB).

LA PREMIÈRE VOITURE À FRANCHIR LE MUR DU SON

Quand Andy Green a battu le record de vitesse dans le désert de Black Rock en 1997, c'était la 1re fois que le mur du son (généralement situé autour de 1 236 km à 20 °C par temps sec) était franchi au sol. L'onde de choc qui en a résulté a fait trembler les murs d'une école et entraîné le déclenchement des alarmes dans le village voisin de Gerlach.

LA VOITURE DE POMPIERS LA PLUS RAPIDE

Le 2 novembre 1982, le jour où *Thrust 2* tentait de battre le record de vitesse au sol, une Jaguar XJ12 *Chubb* a atteint la vitesse de 210,13 km/h au cours de tests.

LA VOITURE-FUSÉE LA PLUS RAPIDE

La vitesse la plus élevée jamais atteinte par une voiture propulsée par une fusée, la *Blue Flame*, est de 1 016,086 km/h sur le 1er kilomètre chronométré. Le record a été établi sur les plaines salées de Bonneville (Utah, USA) par Gary Gabelich (USA), le 23 octobre 1970, avec des pointes à plus de 1 046 km/h. Le moteur-fusée de la voiture fonctionnait avec un mélange de gaz naturel liquéfié et de péroxyde d'hydrogène.

QUIZ !
QUEL EST LE NOM DU VÉHICULE QUI, LE 1ER, A DÉPASSÉ LA VITESSE DU SON AU SOL ? ET QUI LE PILOTAIT ?
RÉPONSE P. 278

HUE !
QUAND IL ACCÉLÉRERA, LE PILOTE ANDY GREEN SUBIRA UNE ACCÉLÉRATION DE 2,5 G QUI LE PLAQUERA À SON SIÈGE ET REFOULERA SON SANG VERS LA TÊTE.

PAN !
QUAND IL RALENTIRA, ANDY GREEN SUBIRA UNE ACCÉLÉRATION DE 3 G DANS LE SENS OPPOSÉ, QUI CHASSERA LE SANG VERS SES PIEDS. ESPÉRONS QU'IL NE S'ÉVANOUIRA PAS !

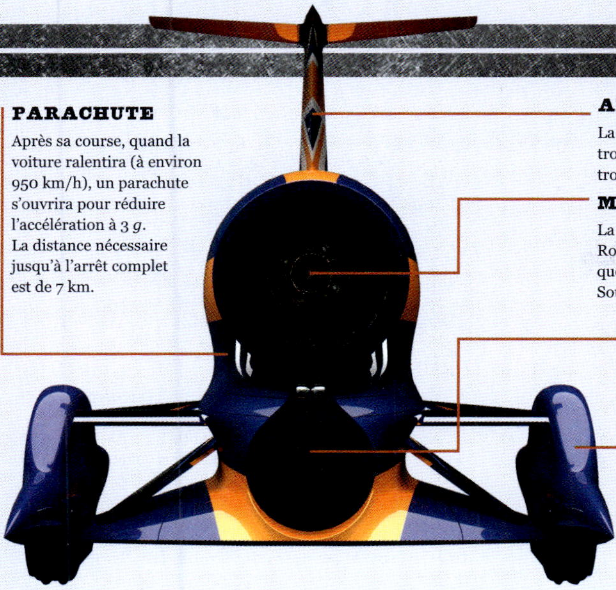

PARACHUTE

Après sa course, quand la voiture ralentira (à environ 950 km/h), un parachute s'ouvrira pour réduire l'accélération à 3 *g*. La distance nécessaire jusqu'à l'arrêt complet est de 7 km.

AILERON

La stabilité directionnelle est assurée par un aileron relativement fin : trop gros, il risquerait de soumettre la voiture aux vents de travers ; trop petit, il la rendrait instable.

MOTEUR EJ200

La moitié de la poussée environ est fournie par un moteur Rolls Royce EJ200 de 1 000 kg : un turboréacteur double-flux que l'on trouve sur le moteur de l'Eurofighter Typhoon. Sous le moteur se trouve le...

MOTEUR-FUSÉE À LITHERGOL

À 563 km/h, le moteur-fusée à lithergol (propergol hybride) de 400 kg entre en jeu. La puissance cumulée du réacteur et de la fusée est de 212 kN – l'équivalent de 180 voitures de F1.

ROUES ARRIÈRE

Les roues de 90 cm en titane massif tournent à 12 000 tours/min. Elles sont protégées par des caches effilés vers l'avant et vers l'arrière, pour réduire la traînée et les protéger du flux d'air.

VOITURE SUPERSONIQUE

La voiture présentée ci-contre est une voiture supersonique (SSC) de 6 422 kg et 12,8 m de long, la *Bloodhound*. Richard Noble espère que son pilote, Andy Green, la propulsera à plus de 1 609 km/h, au-delà du record actuel de vitesse à basse altitude. L'objectif est d'améliorer de 31 % le record établi précédemment par l'équipe avec la *Thrust SSC* !

LA VOITURE LA PLUS RAPIDE PROPULSÉE PAR SES ROUES

La plus grande vitesse atteinte par une voiture propulsée par ses roues (actionnées par le moteur, alors que sur une voiture-fusée, la poussée est fournie par le réacteur) est de 737,794 km/h. Ce record a été établi par *Vesco Turbinator*, un véhicule à turbine piloté par Don Vesco (USA) sur les plaines salées de Bonneville (Utah, USA), le 18 octobre 2001.

VITESSE RECORD POUR UN RESCAPÉ

En septembre 1960, lors d'une tentative de nouveau record de vitesse au sol à Bonneville, le multiple recordman du monde, Donald Campbell (GB), s'est crashé avec sa *Bluebird* alors qu'il roulait à 579 km/h. La voiture a fait un tonneau et Campbell a eu le crâne fracturé. Contre toute attente, il a survécu.

LA PLUS LONGUE TRACE DE PNEUS

Le 15 octobre 1964, à Bonneville (Utah, USA), Norman Craig Breedlove (USA) a perdu le contrôle de *Spirit of America*, la voiture-fusée qu'il pilotait, laissant derrière lui une trace de pneus de presque 10 km de long.

PISTE ! L'ÉQUIPE DE LA BLOODHOUND A CHOISI DE TENTER DE BATTRE LE RECORD SUR HAKSKEEN PAN, UN LAC ASSÉCHÉ DE LA PROVINCE DU CAP-DU-NORD (AFRIQUE DU SUD).

ACH : vitesse d'un objet ar rapport à la vitesse du son. Mach 1, une voiture roule à la tesse du son. *Bloodhound* est onçue pour atteindre Mach 1,4.

CHRONOLOGIE DES RECORDS

MPH	KM/H	ANNÉE	VOITURE	PILOTE	LIEU
39,24	63,15	1898	*Jeantaud*	Gaston de Chasseloup-Laubat (France)	Achères, France
103,56	166,66	1904	*Gobron Brillié*	Louis Rigolly (France)	Ostende, Belgique
203,7	327,82	1927	*Sunbeam*	Henry Segrave (USA)	Daytona, Floride, USA
301,12	484,60	1935	*Bluebird*	Donald Campbell (GB)	Bonneville, Utah, USA
407,45	655,72	1963	*Spirit of America*	Craig Breedlove (USA)	Bonneville
526,28	846,96	1964	*Spirit of America*	Craig Breedlove (USA)	Bonneville
600,60	966,57	1965	*Spirit of America*	Craig Breedlove (USA)	Bonneville
763,03	1 227,98	1997	*Thrust SSC*	Andy Green (GB)	Désert de Black Rock , USA
1 000+	1 609+	2011 ?	*Bloodhound SSC*	Andy Green (GB)	Hakskeen, RES

Les records choisis montrent l'évolution de la vitesse au sol par paliers de 100 km par heure (km/h).

SINGAPOUR

Partie du National Stadium de Singapour le 21 mai 2000, la **plus grande randonnée** de l'histoire, la New Paper Big Walk 2000, a réuni 77 500 marcheurs. Son objectif : inciter à vivre sainement et réunir des fonds pour des œuvres caritatives.

1°22'N 103°48'E

EXPLOITS HUMAINS
TOUJOURS PLUS HAUT

★★★★★★★★★★★

Ce sera une victoire de l'esprit sur le corps. Si nous y arrivons, tout le monde le peut.
Amputé, John Sandford Hart, se prépare à escalader le Kilimandjaro avec des béquilles

★ PLONGÉE EN ALTITUDE

De nombreuses plongées ont eu lieu à l'altitude de 5 900 m, dans un lagon du cratère de Licancabur, volcan sis entre le Chili et la Bolivie. Henri García, membre de l'équipe chilienne Expedición América 1, a passé 1 h et 8 min entre 5 et 7 m de profondeur, le 16 janvier 1995.

FEMME
TAMAE WATANABE (JAPON) A ATTEINT LE SOMMET DE L'EVEREST À 63 ANS ET 177 JOURS, LE 16 MAI 2002. C'EST LA FEMME LA PLUS ÂGÉE À AVOIR RÉUSSI CET EXPLOIT.

● RECORD D'ASCENSIONS DE L'EVEREST

Le sherpa Apa (Népal) a atteint pour la 19e fois le sommet de l'Everest, entre le Népal et le Tibet, le 21 mai 2009. Il détient le record d'ascensions de la plus haute montagne du monde. Apa a commencé à faire de l'escalade dans les années 1980, car comme d'autres sherpas, être guide était un moyen de gagner sa vie.

● L'HOMME LE PLUS ÂGÉ AU SOMMET DU KILIMANDJARO

Reginald W. Alexander (GB, né le 1er octobre 1930) a atteint le sommet du Kilimandjaro (Tanzanie), le 3 août 2009, à l'âge de 78 ans et 306 jours.

★ NOUVEAU RECORD
● MISE À JOUR

● LA PLUS HAUTE ALTITUDE ATTEINTE PAR UNE MOTO

Une équipe de 6 Indiens du Club de moto Disha du nord de Calcutta a conduit une moto Hero Honda à l'altitude de 6 245 m, sur la chaîne de Changchemno, près de Marsemikla (Inde), le 29 août 2008.

LE MARATHON LE PLUS EN ALTITUDE

Inauguré le 27 novembre 1987, le marathon de l'Everest débute à Gorak Shep (5 212 m) et se termine à Namche Bazar (3 444 m). Chez les hommes, en 2000, Hari Roka (Népal) a battu le record de vitesse en 3 h 50 min et 23 s. Chez les femmes, Anna Frost (Nouvelle-Zélande) a couvert la distance en 4 h 35 min et 4 s.

LA 1RE FEMME SUR L'EVEREST

Junko Tabei (Japon) a gravi l'Everest, le 16 mai 1975.

HOMME
SELON LA SENIOR CITIZEN MOUNT EVEREST EXPEDITION, MIN BAHADUR SHERCHAN (NÉPAL) A GRAVI L'EVEREST, LE 25 MAI 2008, À 76 ANS ET 340 JOURS.

LE SAVIEZ-VOUS ?
LE 27 AVRIL 2004, 8 POMPIERS DE LA RAF ONT GRAVI L'EVEREST (8 848 M) À BORD D'UNE MACHINE D'ESCALADE ("VERSACLIMBER") EN 1 H 56 MIN 8 S, EN PARTANT DE L'AÉRODROME DE MOUNT PLEASANT (ÎLES FALKLAND).

En 1856, l'Everest, alors appelé le pic XV, était censé culminer à 8 840 m.

INFO

★ 1ER COUPLE MARIÉ À ATTEINDRE LE SOMMET DE L'EVEREST

Phil et Susan Ershler (USA) sont le 1er couple marié à avoir escaladé l'Everest, le jeudi 16 mai 2002, jour où 54 personnes — un record — ont gravi le sommet.

21°05'N 105°55'E

CHENGDU, CHINE

Le **plus gros bébé panda né en captivité** pesait 218 g à sa naissance au centre de recherches sur le panda géant de Wolong, à Chengdu (province du Sichuan, Chine), le 7 août 2006. Zhang Ka a mis bas pendant 34 h, la **mise bas la plus longue pour une femelle en captivité.**

1ERS À GRAVIR LES 14 SOMMETS DE PLUS DE 8 000 M

14 sommets culminent à plus de 8 000 m au-dessus du niveau de la mer. Ils se trouvent dans la chaîne himalayenne et le massif de Karakoram, en Asie. Reinhold Messner (Italie) est devenu le **1er à les avoir tous conquis** quand il a gravi le sommet de Lhotse, entre le Népal et le Tibet, le 16 octobre 1986, soit 16 ans 3 mois et 19 jours après sa 1re ascension réalisée en juin 1970. Fin 2009, seules 18 personnes avaient réussi cet exploit. Jerzy Kukuczka (Pologne) a été le ★**plus rapide** : il a mis 7 ans, 11 mois et 14 jours pour accomplir cette prouesse, entre le 4 octobre 1979 et le 18 septembre 1987.

(Source du tableau : www.8000ers.com)

MONTAGNE	ALTITUDE	DATE	NATIONALITÉ DE L'EXPÉDITION	1ERS EN HAUT (nationalité si différente de celle de l'expédition)
Everest	8 848 m	29 mai 1953	Britannique	Edmund Hillary (Nouvelle-Zélande), Tenzing Norgay (Inde/Sherpa)
K2	8 611 m	31 juillet 1954	Italienne	Achille Compagnoni, Lino Lacedelli
Kangchenjunga	8 586 m	25 mai 1955	Britannique	George Band, Joe Brown
Lhotse	8 516 m	18 mai 1956	Suisse	Fritz Luchsinger, Ernst Reiss
Makalu	8 485 m	15 mai 1955	Française	Jean Couzy, Lionel Terray
Cho Oyu	8 188 m	19 mai 1954	Autrichienne	Josef Jöchler, Herbert Tichy, Lama Pasang Dawa (Inde/Sherpa)
Dhaulagiri I	8 167 m	13 mai 1960	Suisse	Kurt Diemberger (Autriche), Peter Diener (Allemagne), Ernst Forrer, Albin Schelbert, Nawang Dorje (Népal/Sherpa), Dorji (Népal/Sherpa)
Manaslu	8 163 m	9 mai 1956	Japonaise	Toshio Imanishi, Gyalzen Norbu (Inde/Sherpa)
Nanga Parbat	8 125 m	3 juillet 1953	Austro-allemande	Hermann Buhl (Autriche)
Annapurna I	8 091 m	3 juin 1950	Française	Maurice Herzog, Louis Lachenal
Gasherbrum I	8 080 m	5 juillet 1958	Américaine	Andrew Kauffman, Peter Schoening
Broad Peak	8 051 m	9 juin 1957	Autrichienne	Hermann Buhl, Kurt Diemberger, Marcus Schmuck, Fritz Wintersteller
Gasherbrum II	8 035 m	7 juillet 1956	Autrichienne	Josef Larch, Fritz Moravec, Johann Willenpart
Shisha Pangma	8 027 m	2 mai 1964	Chinoise	Hsu Ching, Chang Chun-yen, Wang Fu-zhou, Chen Sam, Cheng Tien-liang, Wu Tsung-yue, Sodnam Doji, Migmar, Trashi, Doji, Yonten

★ASCENSION LA PLUS RAPIDE DU KILIMANDJARO AVEC DES BÉQUILLES

John Sandford Hart (GB, ci-dessous au centre) a gravi le Kilimandjaro avec des béquilles en 4 jours 20 h et 30 min, entre les 24 et 29 octobre 2009. Il a été amputé de la jambe droite après un accident de bateau.

●ALTITUDE RECORD EN VÉLO

Gil Bretschneider et Peer Schepanski (Allemagne) ont fait du VTT à une altitude de 7 211 m sur les pentes du pic Muztagata (Xinjiang, Chine), le 10 juillet 2009. Ils ont commencé à pédaler le 23 juin 2009, à l'altitude de 5 350 m. Il leur a fallu 17 jours pour atteindre l'altitude de 7 211 m.

HO CHI MINH-VILLE, VIETNAM

10°46'N 106°41'E

Mesurant 57,19 m de long et 40,88 m de large, le **plus grand T-shirt du monde** a été présenté le 9 mars 2006 à Ho Chi Minh-Ville (Vietnam). Il a été réalisé par la société OMO Safe Detergent.

CONQUÊTE DU CIEL

ENCORE ! PLUS LOIN DANS L'ESPACE ? ALLEZ VOIR P. 22.

★ LE PLUS DE SAUTS EN TANDEM EN 24 H PAR UN MONITEUR

Entre le 14 et le 15 avril 2009, Harold "Chip" Bowlin et sa passagère Kristine Gould (tous deux USA) ont effectué 103 sauts en parachute en tandem en 24 h – le record pour un moniteur – à Zephyrhills Skydive City (Floride, USA).

LE SAVIEZ-VOUS ?

LE CAPITAINE ELGEN M LONG (USA) A ACCOMPLI LE 1ER VOL AUTOUR DU CERCLE POLAIRE DANS UN PIPER PA-31 NAVAJO, DU 5 NOV. AU 3 DÉC. 1971, PARCOURANT 62 597 KM EN 215 H DE VOL.

INFO

Mark Malkoff (USA) détient le record de 135 vols commerciaux effectués en 30 jours, du 1er au 30 juin 2009.

★ LA PLUS LONGUE CHUTE LIBRE EN 24 H

La plus longue distance parcourue en chute libre en 24 h est de 102 km, un exploit réalisé par la Nagual Freefly Team – Daniele Fraternali, Cristian Giorgi et Alessandro Mitrugno (tous Italie) – à Fano (Italie), le 28 juin 2009.

Une fois qu'on a appris, les muscles se souviennent.

Peter Chantler (à droite)

LE 1ER VOL AU-DESSUS DU PÔLE NORD

Le 12 mai 1926, à bord du *Norge* qui reliait Spitzbergen (Norvège) à l'Alaska (USA), Roald Amundsen (Norvège) a effectué le 1er survol avéré du pôle Nord. Il était accompagné par un équipage de 15 personnes, parmi lesquels figuraient le concepteur de l'avion, Umberto Nobile (Italie), l'explorateur Lincoln Ellsworth (USA) et le pilote Oscar Wisting (Norvège), également explorateur polaire.

★ LE 1ER AVION À RÉACTION SUR UN PORTE-AVIONS

Le 3 décembre 1945, Eric "Winkle" Brown (GB) aux commandes d'un Sea Vampire de la Royal Navy (immatriculé LZ551/G) a été le 1er homme à décoller et à atterrir en avion à réaction sur un porte-avions (HMS *Ocean*).

★ LES 1ERS BALLONS MILITAIRES

Le 2 avril 1794, l'armée française a créé le corps des aérostiers chargés d'observer les positions de l'ennemi sur le champ de bataille à bord de ballons de reconnaissance (les aérostats).

● LE PLUS LONG VOL EN PARAPENTE (FEMME)

Partie de Quixada (Brésil) en direction de l'ouest le 14 novembre 2009, Kamira Pereira (Brésil) a parcouru 324,5 km en parapente et a battu son propre record de

★ LE PILOTE D'HÉLICOPTÈRE LE PLUS ÂGÉ

À 83 ans, 2 mois et 11 jours, Peter Chantler (GB), a survolé Rosebank Farm, Tarporley (GB), à bord d'un hélicoptère, le 8 avril 2009.

HONG KONG, CHINE

22°18'N 114°12'E

Le **plus long escalator du monde** est le Central Hillside Escalator Link de Hong Kong. Long de 800 m, il relie le quartier des Mid-Levels au marché central, sur l'île de Hong Kong.

323 km, établi 6 jours plus tôt.

● LE CARGO LE PLUS LOURD
Un générateur de centrale électrique pesant 187,6 tonnes a été embarqué sur un avion Antonov Airlines 225 "Mriya" à l'aéroport de Francfort-Hahn (Allemagne), le 11 août 2009.

★ LA PLUS GRANDE FORMATION D'AVIONS CIVILS
37 avions Van's RV menés par Stu McCurdy (USA) ont volé en formation pendant l'AirVenture09 Airshow d'Oshkosh (Wisconsin, USA), les 28 et 29 juillet 2009.

LE 1ER VOL AU-DESSUS DE L'EVEREST
Le 3 avril 1933, deux biplans à cockpit ouvert, équipés de moteurs Bristol Pegasus SIII – un Houston-Westland et un Westland-Wallace – ont survolé le mont Everest (8 848 m), la **plus haute montagne du monde**. Les avions ont décollé de l'aéroport de Lalbalu, près de Purnea (Inde), avec leurs équipages formés par le colonel L. V. S. Blacker et le chef d'Escadrille Lord Clydesdale pour l'un, et le lieutenant D. F. MacIntyre et S. R. Bonnet (tous GB) pour l'autre. Ils ont volé à 30,48 m du sommet, rapportant des photos comme preuve de leur exploit.

★ LE 1ER VOL EN DIRIGEABLE
Le 24 septembre 1852, l'ingénieur Henri Giffard (France) a inauguré en public le premier dirigeable en reliant Paris à Trappes (Yvelines) à bord de son ballon à hydrogène, propulsé à 5 km/h à l'aide d'un petit moteur à vapeur.

★ LE PLUS LONG VOL EN BALLON PAR UNE ÉQUIPE FÉMININE
Le 8 septembre 2009, lors de la Coupe aéronautique Gordon Bennett, les docteurs Ann Webb et Janet Folkes (toutes deux GB) ont établi le nouveau record du monde du plus long vol en ballon par une équipe féminine, dépassant le précédent record (60 h 12 min) de 10 h.

LE TOUR DU MONDE LE PLUS RAPIDE D'EST EN OUEST EN HÉLICOPTÈRE
Simon Oliphant-Hope (GB) a effectué le tour du monde au départ de Shoreham (West Sussex, GB) dans un hélicoptère MD Hughes HU/50 - MD500E, à moteur unique, en 17 jours 14 h 2 min 27 s, à la vitesse moyenne de 88,9 km/h, du 3 au 21 juin 2004.

LA PLUS HAUTE ALTITUDE EN DIRIGEABLE
Le 13 décembre 2004, David Hempleman-Adams (GB) a piloté un dirigeable Boland Rover A-2 à 6 614 m d'altitude au-dessus de Rosedale (Alberta, Canada), un exploit certifié par la Fédération aéronautique internationale (FAI).

LE PLUS LONG VOL EN DIRIGEABLE
En novembre 1928, Hugo Eckener (Allemagne) a maintenu le Graf Zeppelin en altitude pendant 71 h, sur une distance de 6 384,5 km, en reliant Lakehurst (New Jersey, USA), à Friedrichshafen (Allemagne). C'est le plus long vol en dirigeable sans escale, tant en distance qu'en durée.

QUIZ !
EN 1911, LE NORVÉGIEN ROALD AMUNDSEN A ÉTÉ LE PREMIER HOMME À ATTEINDRE LE PÔLE SUD. QUEL AUTRE RECORD POLAIRE A-T-IL ÉTABLI 15 ANS PLUS TARD ?
RÉPONSE P. 278

★ NOUVEAU RECORD
● MISE À JOUR

★ LE DELTAPLANE LE PLUS RAPIDE

Le 26 juillet 2009, Dustin Martin (USA), membre de l'équipe US de deltaplane, a réalisé un circuit triangulaire de 100 km en deltaplane à la vitesse moyenne de 49 km/h. Il a établi son record au-dessus de Zapata (Texas, USA), dans un Wills Wing T2C 144.

★ L'AVION ÉLECTRIQUE LE PLUS RAPIDE

Le 12 juin 2009, Maurizio Cheli (Italie) a fait une démonstration de son avion électrique SkySpark au cours des World Air Games 2009 de Turin (Italie). Durant le vol qui a duré 8 min, il a atteint la vitesse de 250 km/h, un record mondial.

NORD !
IVAN ANDRÉ TRIFONOV (AUTRICHE) A SURVOLÉ LE PÔLE NORD GÉOGRAPHIQUE DANS UN BALLON CLOUDHOPPER DE THUNDER & COLT LE 20 AVRIL 1996...

SUD !
...LE 8 JANVIER 2000, TRIFONOV A SURVOLÉ LE PÔLE SUD GÉOGRAPHIQUE EN BALLON. IL EST AINSI LE 1ER HOMME À AVOIR SURVOLÉ LES DEUX PÔLES.

BANDAR SERI BEGAWAN, BRUNEI
4°53'N 114°56'E
Le **plus grand nombre de pays participant à un rassemblement international d'adeptes de tatouages militaires** est de 13. Le festival international de tatouages 2006 de Darussalam Brunei a été organisé du 29 juillet au 1er août 2006 par le ministère de la Défense et les Forces armées royales de Brunei au stade national Hassanal Bolkiah, à Bandar Seri Begawan (Brunei).

APPEL DU LARGE

★ NOUVEAU RECORD ● MISE À JOUR

OCÉAN ATLANTIQUE

John Fairfax (GB) est la **1re personne à traverser un océan à la rame en solitaire**. Il a traversé l'Atlantique d'est en ouest sur le *Britannia,* du 20 janvier au 19 juillet 1969. Sylvia Cook (GB) et lui ont été les **1ers à traverser le Pacifique en équipe**, du 26 avril 1971 au 22 avril 1972, sur le *Britannia II*. John Fairfax détient le record du **1er homme à traverser deux océans à la rame**. **La plus jeune personne à traverser l'Atlantique à la voile en solitaire** est David Sandeman (GB). En 1976, il a quitté Jersey (GB) sur son bateau *Sea Raider*, long de 10,67 m, pour arriver à Newport (Rhode Island, USA) après 43 jours de traversée. Il avait 17 ans et 176 jours. *Guinness World Records ne reconnaît ni n'encourage ce genre d'exploit en dessous de l'âge de 16 ans.*

★1RE TRAVERSÉE DE L'OCÉAN INDIEN À LA RAME PAR 2 HOMMES

Guy Watts et Andrew Delaney (tous deux GB) ont traversé l'océan Indien à la rame à bord de Flying Ferkins en 102 jours, 13 h et 40 min, entre le 19 avril et le 30 juillet 2009. Cet exploit leur vaut un record GWR pour la **1re** et la **★plus rapide traversée de l'océan Indien à la rame par 2 hommes.**

OCÉAN INDIEN

Entre le 19 avril et le 26 juin 2009, l'équipe Row 4 Charity – Phil McCorry, Matt Hellier, Ian Allen et Nick McCorry (tous GB) – a établi le record de la **★1re traversée de l'océan Indien à la rame par 4 hommes**, à bord du *Bexhill Trust Challenger*.

La **★1re traversée de l'océan Indien par une équipe féminine** revient aux Ocean Angels – Sarah Duff, Fiona Waller, Elin Haf Davis et Joanna Jackson (toutes GB) – à bord de la *Pura Vida.* Le voyage ayant duré 78 jours, du 19 avril au 6 juillet 2009 c'est la **★traversée la plus rapide de l'océan Indien à la rame par une équipe de 4 (femmes)**.

À bord d'*Aud Eamus,* l'équipe Pirate Row – Angela Madsen, Doug Tumminello, Brian Flick (tous USA), Helen Taylor, Paul Cannon, Ian Couch, Simon Chalk (tous GB) et Bernard Fissett (Belgique) – a effectué la **★ traversée la plus rapide de l'océan Indien à la rame** en 58 jours, 15 h et 8 min, du 28 avril au 25 juin 2009. Leur exploit leur a valu un autre record, voir p. 119.

OCÉAN PACIFIQUE

Mick Dawson et Chris Martin (GB) ont été la **★1re équipe à traverser l'océan Pacifique (d'ouest en est)**. Ils ont mis 189 jours, 10 h et 39 min pour relier Choshi (Japon) au Golden Gate Bridge, San Francisco (Californie, USA), à bord du *Bojangles,* du 8 mai 2009 au 13 novembre 2009.

TERRE
À PEU PRÈS 70 % DE LA SURFACE DE LA TERRE EST RECOUVERTE D'EAU, SOIT 360 000 000 KM².

EAU
AVEC SES 166 241 000 KM², L'OCÉAN PACIFIQUE EST PRESQUE DEUX FOIS PLUS GRAND QUE L'ATLANTIQUE (86 557 000 KM²).

TRAVERSÉE LA PLUS RAPIDE DE L'ATLANTIQUE "À PIED"

Du 2 avril au 31 mai 1988, Rémy Bricka (France) a traversé l'Atlantique "à pied" sur des skis de 4,2 m de long, reliant Ténérife (Canaries) à Trinidad en 59 jours. Il a parcouru 5 636 km en tractant une plate-forme qui contenait des provisions et un désalinisateur d'eau. Rémy, également musicien, a produit de nombreux disques depuis les années 1970.

LE SAVIEZ-VOUS ? CETTE ANNÉE, GWR S'EST ASSOCIÉ À L'OCEAN ROWING SOCIETY POUR IDENTIFIER DES RECORDS LIÉS À L'OCÉAN INDIEN – LE 3^{E} PLUS GRAND OCÉAN DU MONDE.

Le Pacifique est l'océan **le plus ancien**. Ses fonds remontent à quelque 200 millions d'années.

INFO

★LA TRAVERSÉE LA PLUS RAPIDE DE LA MER DU NORD EN DOUBLE KAYAK

Partis de Southwold (GB) en double kayak, Ian Castro et Simon Worsley (tous deux GB) ont atteint Zeebrugge (Belgique), après une traversée de 17 h et 53 min, le 4 juillet 2009. Ils ont aussi le record de la **traversée la plus rapide de la mer du Nord en kayak simple** en 24 h et 20 min, le 28 août 1999.

KAYAK : en inuit, le mot "qayak" désigne un canot en bois tendu de peau de phoque et propulsé par une rame.

Né le 19 février 1947, Peter Bird (GB) est le **★plus jeune rameur à traverser le Pacifique d'est en ouest en solitaire**. Parti de San Francisco (Californie, USA), le 23 août 1982, à bord du *Hele-on-Britannia*, il est arrivé à la Grande Barrière de corail en Australie le 14 juin 1983. Il avait 36 ans et 114 jours. Ce faisant, il est aussi devenu le **1er homme à traverser le Pacifique à la rame en solitaire**.

La traversée la plus rapide du Pacifique d'ouest en est, à la rame et en solitaire, a duré 134 jours 12 h et 15 min. Gérard d'Aboville (France) a relié Choshi (Japon), à Ilwaco, (Washington, USA) – soit une distance de 6 200 miles marins (11 482 km) – du 11 juillet au 21 novembre 1991.

Barré par Andrew Urbanczyk (USA), le raft *Nord* a relié Half Moon Bay (Californie, USA) à l'île de Guam (îles Mariannes) en 136 jours, du 26 août 2002 au 28 janvier 2003. Ayant couvert 5 110 miles marins (9 463 km), c'est le **plus long voyage en raft sans escale**.

MANCHE

La **traversée la plus rapide de la Manche à la nage** est de 6 h 57 min et 50 s. Cet exploit a été réalisé le 24 août 2007 par Petar Stoychev (Bulgarie) qui a nagé de Shakespeare Beach, Douvres (GB) jusqu'au cap Gris-Nez (France). Le 24 mai 2007, Micha Robyn (Belgique) a effectué la **★traversée la plus rapide de la Manche en ski nautique**, en 29 min et 26 s.

La **personne la plus âgée à traverser la Manche à la nage** est George Brunstad (USA, né le 25 août 1934). Il avait 70 ans et 4 jours le 29 août 2004, quand il a réalisé cet exploit en 15 h et 59 min.

Établissant le **record de traversée de la Manche en nageant sous l'eau,** Simon Paterson (GB) a relié la France à l'Angleterre, en respirant à l'aide d'un tuyau d'air relié à un bateau, en 14 h et 50 min, le 28 juillet 1962.

Le 5 octobre 2007, Ian Wynne (GB) a relié Shakespeare Beach, Douvres (GB), au cap Gris-Nez (France) en 2 h et 59 min. Il détient le record de la **★traversée la plus rapide de la Manche en canoë-kayak**.

★LA 1RE TRAVERSÉE DE L'OCÉAN INDIEN (ÉQUIPE)

Les 8 membres de l'équipe Pirate Row – 1 Belge, 4 Britanniques et 3 Américains – ont traversé l'océan Indien du 28 avril au 25 juin 2009, à bord de l'*Aud Eamus*.

ENCORE ! PLUS D'AVENTURES AVEC D'AUTRES EXPLOITS D'ENDURANCE P. 110.

SOCIÉTÉ MODERNE

ENCORE ! PLUS DE RECORDS SUR LES PAYS ET LA POLITIQUE P. 126-127.

★ NOUVEAU RECORD
● MISE À JOUR

UNICEF : Après la Seconde Guerre mondiale, les enfants d'Europe étaient menacés par la famine et la maladie. Le fonds des Nations unies pour l'enfance (United Nations Children's Fund - UNICEF) a été créé en décembre 1946 pour leur apporter nourriture, vêtements et soins. Aujourd'hui, l'organisation humanitaire aide les enfants aux quatre coins du monde.

QUI ?
EN JUILLET 2009, LA POPULATION DE L'AFGHANISTAN S'ÉLEVAIT À 28 395 716 HABITANTS. 6 343 611 GARÇONS ET 6 036 673 FILLES (43,6 % DE LA POPULATION) ONT MOINS DE 14 ANS.

OÙ ?
L'AFGHANISTAN SE SITUE EN ASIE DU SUD, AU NORD-OUEST DU PAKISTAN ET À L'EST DE L'IRAN. SA SUPERFICIE, 652 230 KM², ÉQUIVAUT PRESQUE À CELLE DE LA FRANCE.

★ LE PAYS LE PLUS DANGEREUX POUR UN ENFANT

Selon le rapport annuel de l'UNICEF, *La Situation des enfants dans le monde*, l'Afghanistan est le pays le plus dangereux pour les enfants, particulièrement pour les filles. Le taux de mortalité infantile y est de 157 morts pour 1 000 naissances. En plus du danger que représentent les opérations militaires contre les insurgés talibans, le manque d'accès à l'eau potable et l'insécurité galopante rendent difficiles, parfois même impossibles, les programmes de vaccination à grande échelle contre la polio et la rougeole.

22°59'N 120°11'E

TAINAN, TAIWAN

Le **plus grand nombre de lanternes** dans un lieu unique est de 47 759, un record détenu par le Tainan County Government de Solar City, dans la section "Prière pour la Paix" du Tainan Science Park à Tainan (Taiwan), le 24 février 2008.

SOMMAIRE

MANILLE, PHILIPPINES

14°35'N
120°58'E

Le 22 mai 1998, la Banque centrale de Manille, aux Philippines, a émis un billet commémoratif de 100 000 pesos, mesurant 22 x 33 cm. Imprimé par Giesecke Devrient, à Munich (Allemagne), c'est le **plus gros billet du monde** en taille.

SOCIÉTÉ MODERNE

C'EST LA VIE

★ NOUVEAU RECORD
● MISE À JOUR

● LE MARIAGE LE PLUS LONG

Herbert Fisher (USA, né le 10 juin 1905), et Zelmyra Fisher (USA, née le 10 décembre 1907), se sont unis le 13 mai 1924 en Caroline-du-Nord (USA). Le 21 mars 2010, ils étaient mariés depuis 85 ans, 10 mois et 8 jours.

LA MÈRE LA PLUS FÉCONDE

Le record officiel de bébés nés d'une même mère est de 69. Ils ont été mis au monde par la 1re femme de Feodor Vassiliev (Russie). Entre 1725 et 1765, celle-ci a donné naissance à 16 paires de jumeaux, 7 fratries de triplés et 4 de quadruplés, soit 27 grossesses au total. Seuls 2 de ses enfants sont morts en bas âge.

Elle détient aussi le record de quadruplés et de jumeaux mis au monde.

LE PLUS DE TRIPLÉS

Maddalena Granata (Italie, née en 1839) avait déjà mis au monde 15 fratries de triplés à l'âge de 47 ans, en 1886.

ENCORE !
PLUS DE PARTIES DU CORPS ÉTRANGES
P. 78-79.

RECORD D'ALBINOS DANS UNE MÊME FRATRIE

Enfants de Mario et Angie Gaulin (Canada), Sarah (née en 1981), Christopher (né en 1983), Joshua (né en 1987) et Brendan (né en 1989) – les 3 frères figurent sur la photo ci-dessus – sont atteints d'albinisme oculocutané, une maladie héréditaire. Leur père est albinos et leur mère porteuse du gène.

LE PLUS DE GÉNÉRATIONS NÉES LE MÊME JOUR

Ralph Betram Williams (USA, né le 4 juillet 1982), Veera Tuulia Tuijantyär Kivistö (Finlande, née le 21 mars 1997), Maureen Werner (USA, née le 13 octobre 1998), Jacob Camren Hildebrandt (USA, né le 23 août 2001) et Mion Masuda (Japon, né le 26 mars 2005) détiennent tous ce record. Ils fêtent leur anniversaire le même jour qu'un parent, un grand-parent et un arrière-grand-parent.

LE PLUS DE JUMEAUX NÉS À LA MÊME DATE

Deux femmes ont mis au monde 2 paires de jumeaux à la même date. Laura Shelley (USA) a donné naissance à Melissa Nicole et à Mark Fredrick Julian Jr, le 25 mars 1990, et à Kayla May et à Jonathan Price Moore le même jour, mais en 2003. Caroline Cargado (USA) a mis au monde Keilani Marie et Kahleah Mae, le 30 mai 1996, et Mikayla Anee et Malia Abigail le même jour, en 2003.

● LE PLUS DE COUPLES MARIÉS EN 24 H

Le 20 septembre 2009, 163 couples se sont mariés à la suite, au jardin botanique de Singapour (Singapour).

NOCES D'ARGENT
POUR QUE VOTRE MARIAGE DURE LONGTEMPS, SUIVEZ LES CONSEILS D'HERBERT ET ZELMYRA SUR TWITTER : HTTP://TWITTER.COM/LONGESTMARRIED

LE SAVIEZ-VOUS ?
L'ÂGE MÉDIAN SUR TERRE EST DE 28,2 ANS. LA MOITIÉ DE LA PLANÈTE N'A PAS ENCORE CET ÂGE, ET L'AUTRE L'A DÉPASSÉ. DANS QUEL CAS ÊTES-VOUS ?

En moyenne, 6 200 mariages sont célébrés chaque jour aux USA ; un tiers sont des remariages.

INFO

31°12'N 121°30'E

SHANGHAI, CHINE

La **plus haute bibliothèque du monde** se trouve au 60e étage de l'hôtel JW Marriott (soit à 230,9 m du niveau de la rue), sur la place du Lendemain à Shanghai (Chine). Ouverte au public, elle compte 103 étagères d'ouvrages en chinois et en anglais, dont le nombre augmente sans cesse.

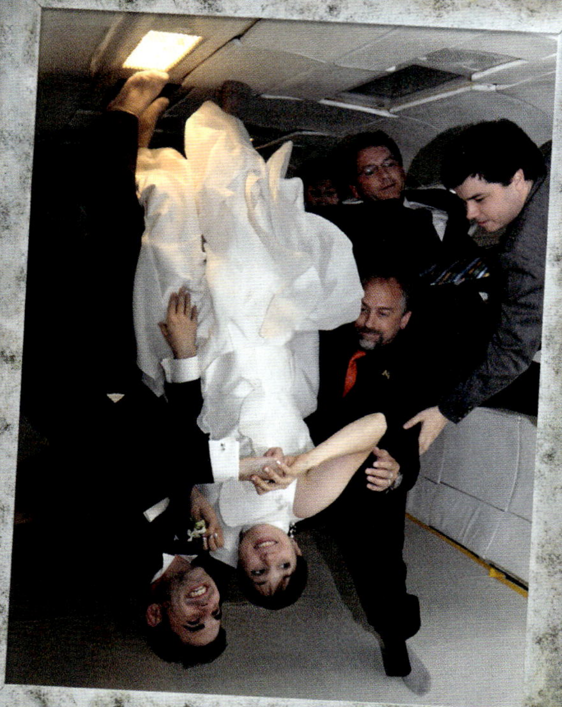

★ LE PLUS DE JUMEAUX ET DE TRIPLÉS DANS UNE MÊME CLASSE

En 2009-2010, la classe de 2de (ci-dessus) du lycée J. J. Pearce de Richardson (Texas, USA) avait 10 paires de jumeaux et 1 fratrie de triplés. En 2006-2007, la classe de 5e du lycée Raymond J. Grey Jr d'Acton (Massachusetts, USA) comptait aussi 10 paires de jumeaux. Et l'école Louis Marshall de Brooklyn, à New York (USA), avait inscrit 29 paires de jumeaux en 1999-2000 (le **plus grand nombre de jumeaux dans la même école**).

● LE PLUS DE SERMENTS DE MARIAGE RENOUVELÉS

Le 20 juin 2009, 1 087 couples mariés ont renouvelé leur serment de mariage à la Miami University d'Oxford (Ohio, USA) pour le "Miami Merger Moment", une manifestation qui se déroule le week-end du rassemblement des anciens élèves de l'université.

● LE PLUS LONG VOILE DE MARIÉE

Lors de son mariage avec Chady Abi Younis (Liban), le 18 octobre 2009 à Arnaoon (Liban), Sandra Mechleb (Liban) portait un voile de 3 358 m de long. Il était plus long que 140 courts de tennis mis bout à bout.

★ LA PLUS FAIBLE DIFFÉRENCE D'ÂGE DANS UN COUPLE MARIÉ

Allan Ramirez (né le 19 décembre 1980, à 00 h 14) et Elizabeth Ramirez (née le 19 décembre 1980, à 00 h 16), originaires du Texas (USA), sont nés à 2 min d'intervalle et se sont mariés le 4 novembre 2000 à Plantersville (Texas, USA).

● LE DIVORCE LE PLUS CHER

Quand le nabab des médias, Rupert Murdoch (Australie), a divorcé de sa femme Anne (Australie) en 1999, après 32 années de mariage, il a accepté de lui laisser une partie de ses biens pour une valeur de 1,7 milliard $ et de lui verser 110 millions $. Il s'est remarié tout de suite après.

★ 1ER MARIAGE EN APESANTEUR

Le 23 juin 2009, Erin Finnegan et Noah Fulmor (tous deux USA) se sont mariés en apesanteur dans un Boeing 727-200 modifié. L'avion a effectué des piqués répétés, passant de 10 970 m d'altitude à 7 315 m.

★ JUMEAUX DE COULEUR DIFFÉRENTE

Des parents métis, Dean Durrant (GB, origine Antilles) et Alison Spooner (GB), couple mixte, ont été surpris en mars 2009, quand Alison a mis au monde des jumelles, Leah et Miah, à la couleur de peau différente. En 2001, ils avaient déjà eu Hayleigh, à la peau sombre, et Layren, à la peau blanche.

CHANCE !
UN COUPLE MIXTE A 1 CHANCE SUR 500 000 D'AVOIR DES JUMEAUX DE COULEUR DE PEAU DIFFÉRENTE, COMME LEAH ET MIYA. AVOIR DEUX PAIRES DE JUMEAUX EST ENCORE PLUS RARE !

TAIPEI, TAIWAN

25°02'N 121°38'E

La **plus grande réunion de jumeaux** a eu lieu à Taiwan, le 12 novembre 1999. Les 3 961 paires de jumeaux rassemblées sur la place de l'hôtel de ville de Taipei venaient de Grande-Bretagne, d'Allemagne, d'Inde et des USA, et avaient entre 1 mois et 88 ans.

SOCIÉTÉ MODERNE

MORT

QUIZ !
EN MOYENNE, COMBIEN DE TOMBES JOHANN HEINRICH KARL THIME A-T-IL CREUSÉES EN 50 ANS DE CARRIÈRE ?
RÉPONSE P. 278

★ LES FANTÔMES LES PLUS CHERS

Deux fioles censées contenir les esprits exorcisés d'un vieil homme et d'une très jeune fille ont été vendues aux enchères sur le Net au prix de 1 990 $, en mars 2010. Avie Woodbury (Nouvelle-Zélande) a déclaré avoir eu recours à un exorciste et un oui-ja pour entrer en contact avec ces esprits, en juillet 2009.

★ LES PLUS VIEILLES CATACOMBES CONNUES

Les 1re sépultures qualifiées de catacombes sont celles qui se trouvent sous l'église San Sebastiano ad Catacumbas (ou Sebastiano fuori le mura) à Rome (Italie), construite au début du IVe siècle. Il existe de nombreuses tombes similaires sur la Via Appia, l'ancienne route menant de Rome à Brindisi, car les inhumations chrétiennes étaient interdites à l'intérieur de Rome.

● LA PLUS GRANDE RÉUNION DE ZOMBIES

Le festival de musique Big Chill de Ledbury (Herefordshire, GB) a accueilli 4 026 zombies, le 6 août 2009. Ces derniers participaient au tournage du film *I Spit on Your Rave* produit par Film4/Warp Films. L'action se déroule en 2019 et a pour vedette le comédien Noel Fielding (GB), qui joue le rôle d'un roi zombie dans une Grande-Bretagne décimée par un virus.

CATACOMBE : sépulture souterraine ou chambre funéraire. Le mot dériverait du latin *cata tumbas* qui signifie "parmi les tombes".

★ LE PLUS GRAND CIMETIÈRE AUTOMATISÉ

À Tokyo (Japon), le temple bouddhique Kouanji de 6 étages est un cimetière automatisé qui, le 1er janvier 2010, abritait les cendres de 6 850 personnes. Les visiteurs ont accès aux urnes carrées en marbre qui renferment les cendres de 9 de leurs proches, grâce à une carte magnétique qui identifie leur emplacement. Les urnes arrivent ensuite sur un tapis roulant. Les funérailles coûtent environ 800 000 yens (8 800 $).

LA PLUS GRANDE FOSSE COMMUNE

À Okinawa (Japon), une fosse de 180 000 victimes de la Seconde Guerre mondiale a été agrandie en 1985 pour recueillir les dépouilles de 9 000 personnes qu'on pensait enterrées sur l'île.

LA SÉPULTURE LA PLUS LOINTAINE

Le 31 juillet 1999, le vaisseau spatial américain *Lunar Prospector* s'est écrasé sur la Lune après 18 mois de missions réussies. L'orbiteur avait à son bord une petite boîte en polycarbonate de 3,8 cm, entourée de papier d'aluminium, qui contenait 28,3 g des cendres d'un pionnier de la science planétaire, le docteur Eugene Shoemaker (USA). Quelques travaux du scientifique étaient inscrits sur le morceau de papier.

ESPRITS GÉNÉREUX
UNE FOIS L'EXORCISTE PAYÉ, LES RECETTES DE LA VENTE DES ESPRITS PIÉGÉS DANS DES BOUTEILLES D'EAU BÉNITE SERONT CONSACRÉES À LA PROTECTION ANIMALE.

LA CRÉMATION LA PLUS GRANDE

En décembre 1997, des tonnes d'ossements (dont 21 347 crânes) ont été incinérées dans un temple de Smut Scom (Thaïlande), pour marquer la fin des enterrements à Bangkok, capitale surpeuplée de la Thaïlande. Les ossements provenaient de tombes abandonnées du cimetière chinois de Bangkok.

SHENYANG, CHINE
41°47'N 123°27'E
Un pinceau de 5,6 m de long et 2,06 m de large – le **plus grand pinceau de calligraphie** – a été utilisé par le calligraphe Zhang Kesi (Chine) pour tracer le caractère chinois *long* (qui signifie "dragon") au cours de l'Exposition internationale d'horticulture de Chine, le 6 mai 2006.

★L'OSSUAIRE LE PLUS GRAND

Les catacombes ou les ossuaires situés sous les rues de Paris (Île-de-France) renferment les ossements de 6 millions de personnes. La cité serait truffée d'un réseau de tunnels et de passages souterrains de 300 km. Les os qui occupent un espace de 11 000 m² ont été déposés là à la fin des années 1700, en raison du manque de place dans les cimetières.

RETRANSMISSION DE FUNÉRAILLES LA PLUS REGARDÉE

On estime que 2,5 milliards de personnes ont suivi les funérailles de la princesse Diana (GB, 1961-1997) à la télévision, le 6 septembre 1997, à Westminster Abbey, à Londres (GB).

LES PLUS GRANDES OBSÈQUES VIRTUELLES

En octobre 2005, Snowly (Chine), une passionnée de jeux vidéo, a joué sans interruption au jeu de rôle en ligne massivement multijoueur (MMORPG) *World of Warcraft* (Blizzard, USA) pendant 3 jours. Elle en est morte d'épuisement. Plus de 100 joueurs ont rendu visite dans le jeu à une cathédrale virtuelle, où une cérémonie a été célébrée en sa mémoire.

LE CORBILLARD LE PLUS RAPIDE

Le 10 juin 2005, Joe Gosschalk (Australie) a parcouru 500 m en 13,7 s – à 158 km/h –, sur la piste de Willowbank dans le Queensland (Australie), à bord de son corbillard Ford LTD P6 de 1979 équipé d'un moteur de 5,7 litres, alimenté en oxyde d'azote.

LA PLUS LONGUE CARRIÈRE DE FOSSOYEUR

À Aldenburg (Allemagne), Johann Heinrich Karl Thieme a creusé 23 311 tombes en tant que fossoyeur en 50 ans de carrière. À sa mort en 1826, son remplaçant a creusé la sienne !

LES PLUS GRANDES OBSÈQUES

15 millions de personnes auraient assisté aux obsèques de C. N. Annadurai, homme politique de Chennai (Inde) (ci-dessus, mort le 3 février 1969). La file de personnes venues se recueillir sur la tombe du chanteur russe Vladimir Vissotski (mort le 28 juillet 1980) s'étirait sur 10 km.

★ NOUVEAU RECORD ● MISE À JOUR

★LA PLUS ANCIENNE FÊTE DES MORTS

Sous une forme ou une autre, le Día de los Muertos (le jour des Morts) est célébré au Mexique depuis plus de 3 500 ans. Pour honorer leurs morts et la déesse Mictecacihuatl (la déesse des morts), les Aztèques et les Méso-Américains observaient des rites et des rituels où des crânes étaient utilisés. Aujourd'hui, la tradition se perpétue les 1er et 2 novembre de chaque année. Les participants aux célébrations et aux fêtes de famille portent des costumes éclatants et des masques.

MORT

AU XVIe SIÈCLE, LES CONQUISTADORS, INCAPABLES D'EMPÊCHER LA CÉRÉMONIE PAÏENNE DU JOUR DES MORTS, L'ONT DÉPLACÉE POUR QU'ELLE COÏNCIDE AVEC HALLOWEEN, MAIS LES DEUX FÊTES NE SONT PAS LIÉES.

MASQUE

CEUX QUI SOUHAITENT COMMÉMORER LA MORT DE LEURS PROCHES ET DE LEURS AMIS DISPARUS PORTENT DES MASQUES EN BOIS REPRÉSENTANT DES CRÂNES OU CALACAS, DANSENT ET FESTOIENT.

SOCIÉTÉ MODERNE

NATIONS & POLITIQUE

★RECORD DE LONGÉVITÉ À LA TÊTE D'UN PAYS DÉMOCRATIQUE

Lee Kuan Yew a été Premier ministre de Singapour pendant 31 ans, de 1959 à 1990. Il demeure une figure politique influente dans le pays, en tant que mentor du Premier ministre actuel, son fils Lee Hsien Loong.

●LE TAUX DE MORTALITÉ LE PLUS ÉLEVÉ DÛ AU SIDA (PAYS)

En 2007, au Zimbabwe, 1 060 personnes sur 100 000 habitants sont mortes du SIDA. On estime à 15,3 % la population atteinte du SIDA, mais la sécheresse, la famine et la faiblesse de l'économie aggravent encore la situation.

★LE PLUS GRAND PAYS SANS AÉROPORT

La principauté d'Andorre est un État de 468 km² et de 71 822 habitants. C'est le plus grand pays sans aéroport. Pour s'y rendre, il faut passer par l'aéroport de Barcelone et effectuer le reste du trajet en autobus.

●LE PAYS LE PLUS CORROMPU

Selon le baromètre mondial de la corruption 2009 de Transparency International, la Somalie est le pays le plus corrompu avec un score de 1,1 sur une échelle qui va jusqu'à 10. À l'opposé, l'Australie, qui obtient 9,4, est le **●pays le moins corrompu**.

★LE PAYS COMPTANT LE PLUS DE GROUPES POLITIQUES ARMÉS

Depuis le 7 janvier 2010, une commission indépendante travaille sur la dissolution des milices armées aux Philippines. Selon le ministre de la Défense, Norberto Gonzáles, il existe 132 groupes armés dirigés par des politiciens, totalisant près de 10 000 individus répartis à travers le pays. Prévues pour assister les forces officielles de sécurité et défendre les communautés menacées par les guérillas séparatistes communistes ou islamistes, ces milices servent souvent à maintenir les politiciens locaux au pouvoir par des manœuvres d'intimidation auprès de leurs rivaux, des électeurs et des journalistes.

★L'ÉTAT LE MOINS STABLE

La Somalie est privée de gouvernement central depuis 1991, date du renversement de l'ancien président. Depuis que les troupes éthiopiennes ont quitté le pays en janvier 2009, l'instabilité politique s'est encore accrue, selon le site Jane's Intelligence Review.

37°33'N 126°59'E

SÉOUL, CORÉE DU SUD

Le 1er **chiot cloné ayant survécu à la naissance** est Snuppy, un lévrier afghan créé par Hwang Woo-Suk (Corée du Sud) et son équipe de scientifiques de l'université nationale de Séoul (Corée du Sud). Il est né par césarienne le 25 avril 2005.

★ NOUVEAU RECORD
● MISE À JOUR

★LES PAYS LES PLUS MENACÉS DE SUBMERSION

Les États de Tuvalu et des Maldives culminent respectivement à 5 et 2,4 m d'altitude. Constitués d'un chapelet d'atolls coralliens (dont celui de Funafuti par exemple), ils sont actuellement sous la menace d'une submersion par les vagues. Cette submersion serait due à la combinaison de plusieurs facteurs, notamment à l'augmentation du niveau des océans provoquée par le réchauffement de la planète.

●LE TAUX D'ACCROISSEMENT NATUREL DE LA POPULATION LE PLUS ÉLEVÉ

La population du Niger, pays d'Afrique de l'Est, devrait connaître une croissance de 3,73 % entre 2010 et 2015, en raison du taux de fécondité élevé dans le pays. On estime que sur cette période, le taux sera de 6,86 enfants par femme en âge de procréer.

★LA DERNIÈRE PERSONNE PARLANT BO

La langue de la tribu Bo des îles Andaman, dans le golfe du Bengale, est apparue il y a 10 000 ans. Depuis le décès de Boa Sr (photo), la dernière personne qui la pratiquait, en janvier 2010, c'est une langue morte.

★LA PLUS GRANDE MANIFESTATION CONTRE LES DROGUES ILLÉGALES

La Grand BIDA March contre les drogues illégales a réuni 332 963 personnes à Manille (Philippines), le 21 mars 2009.

LE PLUS GRAND PRODUCTEUR D'OPIUM

Malgré la baisse de ces dernières années, l'Afghanistan était toujours, d'après les statistiques de l'ONU, le plus grand producteur d'opium en 2008, avec 7 700 tonnes récoltées. Parallèlement, le commerce illégal de l'héroïne lui rapportait 3,4 milliards $ (2,78 milliards €).

★LA PLUS GRANDE SAISIE D'OPIUM

D'après le rapport 2009 de l'Office des Nations unies contre la drogue et la criminalité (UNODC), le pays le plus proche de l'Afghanistan, l'Iran, aurait saisi 427 147 kg d'opium en 2007 (soit 84 % des saisies d'opium dans le monde entier). L'Iran a également réalisé les plus importantes saisies d'héroïne et de morphine en 2007 : 25 580 kg, soit 28 % du total mondial.

★L'AIDE EXTÉRIEURE LA PLUS ÉLEVÉE

Selon des chiffres publiés par *The Economist*, l'aide des États-Unis aux pays étrangers s'élevait à 21,7 milliards $ (17,78 milliards €) en 2007. Le ★**plus gros bénéficiaire d'une aide extérieure** est l'Irak, avec 9,1 milliards $ (7,45 milliards €).

★LE PLUS D'ASSASSINATS DE DÉFENSEURS DES DROITS DE L'HOMME

Le rapport mondial 2010 de Human Rights Watch indique que 8 meurtres ont été perpétrés contre des défenseurs des droits de l'Homme en Russie, en 2009.

LE SAVIEZ-VOUS ?
LE PAYS LE PLUS VASTE DU MONDE EST LA RUSSIE, DONT LES 17 098 242 KM² SE SITUENT À CHEVAL SUR LES CONTINENTS EUROPÉEN ET ASIATIQUE.

INFO
Selon le CIA World Factbook, la Chine est le pays le plus peuplé avec 1,3 milliard d'habitants.

PRÉSENT
LA REINE (ENCORE SUR LE TRÔNE) AYANT RÉGNÉ LE PLUS LONGTEMPS EST SA MAJESTÉ LA REINE ELIZABETH II (NÉE LE 21 AVRIL 1926). ELLE EST MONTÉE SUR LE TRÔNE LE 6 FÉVRIER 1952.

PASSÉ
LA REINE QUI A CONNU LE RÈGNE LE PLUS LONG DE L'HISTOIRE EST VICTORIA (GB), REINE D'ANGLETERRE DE 1837 À 1901 ET IMPÉRATRICE DES INDES À PARTIR DE 1876. SON RÈGNE A DURÉ 63 ANS ET 216 JOURS.

LE MONARQUE (ENCORE SUR LE TRÔNE) AYANT RÉGNÉ LE PLUS LONGTEMPS

Le roi Bhumibol Adulyadej de Thaïlande, Rama IX de la dynastie Chakri, né le 5 décembre 1927, a accédé au trône le 9 juin 1946, à la mort de son frère aîné. Officiellement couronné le 5 mai 1950, il règne depuis plus de 63 ans.

DOSSIER SPÉCIAL CONFLITS

●LE PAYS LE PLUS DANGEREUX POUR LES MÉDIAS

Selon la Fédération internationale des journalistes, 74 journalistes ont trouvé la mort aux Philippines depuis 2002, dont 36 en 2009, dans le cadre du conflit sanglant qui oppose toujours les séparatistes du Front de libération islamique Moro (MILF) aux forces gouvernementales.

●LE PAYS LE PLUS REPRÉSENTÉ DANS LES FORCES DE L'ONU

Le 28 février 2010, le Bangladesh était le pays le plus représenté au sein du personnel en uniforme des missions de maintien de la paix de l'ONU, avec 10 852 Casques bleus déployés dans le monde entier.

●LA PLUS GRANDE ARMÉE

Selon des estimations publiées dans le *CIA World Factbook 2008*, l'armée chinoise compte 218 459 000 militaires actifs et 375 009 345 en âge d'effectuer leur service militaire.

★LE PLUS GRAND SABORDAGE

Le 27 novembre 1942, la flotte française a été sabordée à Toulon (France), sur ordre de l'Amirauté, pour éviter que les forces allemandes ne s'en emparent. Sur les 73 bâtiments coulés, 57 étaient de gros vaisseaux, dont 2 cuirassés, 2 croiseurs de guerre, 4 croiseurs lourds, 2 croiseurs légers, 1 porte-avions, 30 destroyers et 16 sous-marins. Cependant, 3 sous-marins ont pu quitter Toulon pour rejoindre les forces alliées. Plusieurs navires de soutien ont également été sabordés lors de cette opération.

★LE PLUS JEUNE SOLDAT MORT AU COURS DE LA 2E GUERRE MONDIALE

Le 5 février 2010, qui aurait été le jour de son 83e anniversaire, Reginald Earnshaw a été déclaré plus jeune soldat tué au cours de la Seconde Guerre mondiale par la Commonwealth War Graves Commission (qui gère les cimetières militaires). Il avait prétendu avoir 15 ans pour rejoindre la Royal Navy, où il a servi comme garçon de cabine. Il a été tué le 6 juillet 1941, à 14 ans et 152 jours, 5 mois seulement après son incorporation, au cours de l'attaque de son navire, le *SS Devon*, par l'aviation allemande.

REBELLES
LES FORCES GOUVERNEMENTALES BIRMANES NE SONT PAS LES SEULES À ENRÔLER DES ENFANTS. LES REBELLES À QUI ELLES S'OPPOSENT RECRUTENT EUX AUSSI DES ENFANTS-SOLDATS, COMME CELUI-CI.

★LE PLUS D'ENFANTS SOLDATS

La loi internationale considère le recrutement d'enfants de moins de 15 ans dans des forces armées comme un crime de guerre. Il est donc difficile de collecter des données concernant les enfants soldats. Toutefois, selon un rapport publié en 2001 par Human Rights Watch, 70 000 des 350 000 soldats servant dans l'armée birmane auraient moins de 18 ans.

KOBE, JAPON

Shinichi Kobayashi (Japon) a écrit et publié 6 romans entre le 1er octobre 2007 et le 15 septembre 2008. Il détient le **record du nombre de livres écrits par une personne en un an.**

★LA PLUS PETITE ARMÉE

La **plus petite armée et la plus ancienne** est la garde suisse pontificale du Vatican, créée dans sa forme actuelle le 21 janvier 1506. En 2006, elle comptait 110 gardes, qui doivent être célibataires, suisses, catholiques, de sexe masculin et mesurer plus de 1,70 m.

★ NOUVEAU RECORD
● MISE À JOUR

●LE PLUS VIEUX VÉTÉRAN DE LA 1RE GUERRE MONDIALE

Depuis le 18 juillet 2009, Frank Woodruff Buckles, né dans le comté de Harrison (Missouri, USA) le 1er février 1901, est le plus vieux vétéran de la Première Guerre mondiale. Il a servi dans l'armée comme chauffeur d'ambulance de 1917 à 1919. Âgé de 108 ans et 168 jours, il est le seul des 4,7 millions d'Américains ayant participé à cette guerre encore en vie.

★RECORD DE SOLDATS TUÉS PAR LEUR PROPRE ARMÉE

Lors de la campagne de 1788 contre les Turcs, l'armée autrichienne devait traverser un pont à Karansebes (Turquie). Un détachement de cavalerie parti en éclaireur s'est arrêté pour acheter de l'alcool aux paysans locaux. L'infanterie l'a rejoint et a voulu en profiter. Comme les cavaliers refusaient, les fantassins ont tiré en l'air pour leur faire peur, provoquant la débandade parmi les chevaux. Les troupes autrichiennes stationnées à proximité, se méprenant sur ces détonations, ont ouvert le feu sur leurs camarades. La fusillade a duré plusieurs heures et fait plus de 10 000 victimes autrichiennes (morts et blessés).

★LA PLUS GRANDE CONTRIBUTION AU BUDGET DE PAIX DE L'ONU

Le budget de l'ONU pour le maintien de la paix du 1er juillet 2009 au 30 juin 2010 s'élève à 7,9 milliards $ (6,45 milliards €). La plus grosse contribution à ce budget provient des États-Unis (21,7 % du total), suivis par le Japon (12,5 % du total).

★LE PLUS DE PERSONNES AFFECTÉES À DES MISSIONS DE MAINTIEN DE LA PAIX

Selon le Stockholm International Peace Research Institute (SIPRI), 187 586 personnes ont été déployées sur des missions de maintien de la paix en 2008, dont 166 146 au sein de forces armées. L'opération la plus importante a eu lieu en Afghanistan.

●LA PLUS HAUTE DISTINCTION POUR ACTE DE BRAVOURE (ANIMAL)

Créée en 1943 par Maria Dickin, fondatrice du PDSA, un dispensaire pour animaux, la médaille Dickin est la plus haute distinction décernée aux animaux servant dans un conflit armé. Le 24 février 2010, Treo, un labrador noir de 8 ans, est le dernier à avoir reçu cette récompense pour les nombreuses vies qu'il a sauvées en Afghanistan, en inspectant les endroits dangereux et en localisant des engins explosifs improvisés.

★LE PAYS LE PLUS MINÉ

D'après l'ONU, l'Afghanistan partage désormais avec l'Irak le titre de pays le plus miné du monde, avec un nombre de mines estimé à 10 000 pour chacun d'eux. En Afghanistan, plus de 60 Afghans meurent chaque mois à cause de ces mines.

LONG...
LA GUERRE LA PLUS LONGUE, QUI S'EST DÉROULÉE SANS INTERRUPTION, EST LA GUERRE DE TRENTE ANS. ELLE A OPPOSÉ LE SAINT-EMPIRE ROMAIN GERMANIQUE À DIFFERENTS PAYS EUROPÉENS, DE 1618 A 1648.

...COURT
LA GUERRE LA PLUS COURTE A DURÉ DE 9 H 00 À 9 H 45 LE 27 AOÛT 1896. CE CONFLIT ENTRE LA GRANDE-BRETAGNE ET ZANZIBAR (AUJOURD'HUI RATTACHÉ A LA TANZANIE) S'EST ACHEVÉ PAR UNE VICTOIRE BRITANNIQUE.

OSAKA, JAPON

34°40'N 135°30'E

Le **monorail le plus long** du monde est celui d'Osaka (Japon), qui totalise 22,2 km. Sa ligne principale, en service depuis août 1997, relie l'aéroport international d'Osaka à Minami Ibaraki, une gare de la compagnie Hankyu.

SOCIÉTÉ MODERNE

CRIME

★ LE PIRE CRIMINEL DE GUERRE CONDAMNÉ AU XXIe SIÈCLE

Kang Kek leu ou "Douch" a dirigé la prison de Tuol Sleng (Cambodge) dans les années 1970, sous le régime de Pol Pot. Entre 1977 et 1979, seuls 15 prisonniers sur 15 000 ont survécu. Étant donné le nombre de ses victimes, Pol Pot est le pire criminel de guerre condamné au XXIe siècle.

● LA PLUS GROSSE AMENDE POUR EXCÈS DE VITESSE

En janvier 2010, la cour régionale de justice de Saint-Gallen (Suisse) a infligé à un millionnaire suisse une amende record de 290 000 $ pour excès de vitesse. L'homme roulait au volant de sa Ferrari Testarossa rouge à 57 km/h, soit une vitesse supérieure à celle qui était autorisée. Le fait que l'automobiliste ait une fortune estimée à 22,7 millions $ et qu'il soit coutumier de ce genre d'infractions a été pris en compte pour le calcul du montant de l'amende.

★ LE PLUS DE MORTS DUS À DES ÉMEUTES EN PRISON

Au Mexique, la guerre qui oppose les cartels de la drogue et qui a causé la mort de 5 400 personnes en 2008, sévit aussi dans les prisons. En 2008 et 2009, des émeutes ont éclaté durant 6 mois causant la mort de 83 prisonniers et davantage de blessés. Le phénomène se poursuit en 2010. Le 20 janvier 2010, 23 détenus appartenant à des gangs rivaux ont été tués dans une prison de l'État de Durango (nord du Mexique).

● RECORD DE MEURTRES

Selon le 10e rapport des Nations unies sur la criminalité et les activités des systèmes judiciaires de 2005 à 2006, l'Inde était le 1er sur une liste de 86 pays pour le nombre des meurtres en 2006, avec 32 481 homicides volontaires.

★ RECORD DE PROCÈS EN ATTENTE

Selon un rapport annuel remis à la Haute Cour de Delhi (Inde) par le chef de la justice A. P. Shah, les procès en attente de jugement sont si nombreux qu'il faudrait 466 ans pour les régler.

La Cour consacre en moyenne 4 min et 55 s à chaque affaire, mais le jugement définitif n'a pas encore été rendu dans 700 000 cas et 20 millions d'affaires n'ont pas encore été examinés selon le programme de développement des Nations unies. La Cour doit juger 629 affaires civiles et 17 affaires pénales remontant à plus de 20 ans.

● RECORD DE PRISONNIERS DANS LE COULOIR DE LA MORT

Selon le rapport annuel d'Amnesty International en 2009, 7 000 prisonniers au moins attendaient d'être exécutés au Pakistan en 2008, soit presque le tiers des 24 000 condamnés à mort dans le monde. Le pays a procédé à 36 exécutions et prononcé 236 condamnations à mort.

★ RECORD DE FAUX PASSEPORTS

Le 8 mai 2009, Mandip Sharma (Inde) et Brando Sibayan (Philippines) ont été condamnés à 4 ans de prison par un tribunal britannique pour avoir fabriqué des faux passeports. 4 000 ont été découverts par hasard dans le Leicester (GB) par des membres de la Border Agency (Service de l'immigration).

ENCORE ! DÉCOUVREZ LES DERNIÈRES TECHNIQUES DE DÉFENSE P. 208-209.

LE PIRE PORTRAIT-ROBOT… ?

Le record n'a pas pu être homologué. Car ce portrait très rudimentaire du présumé meurtrier, réalisé pour la police bolivienne par un voisin de la victime, Rafael Vargas, poignardé plusieurs fois, a bel et bien permis de procéder à une arrestation.

ADÉLAÏDE, AUSTRALIE

34°55'S 138°36'E

Anthony Lehmann (Australie) détient le **record du plus grand nombre de blagues racontées en 1 h**, soit 549. Il l'a établi au Rhino Room club, à Adélaïde (Australie-Méridionale), le 25 mai 2005.

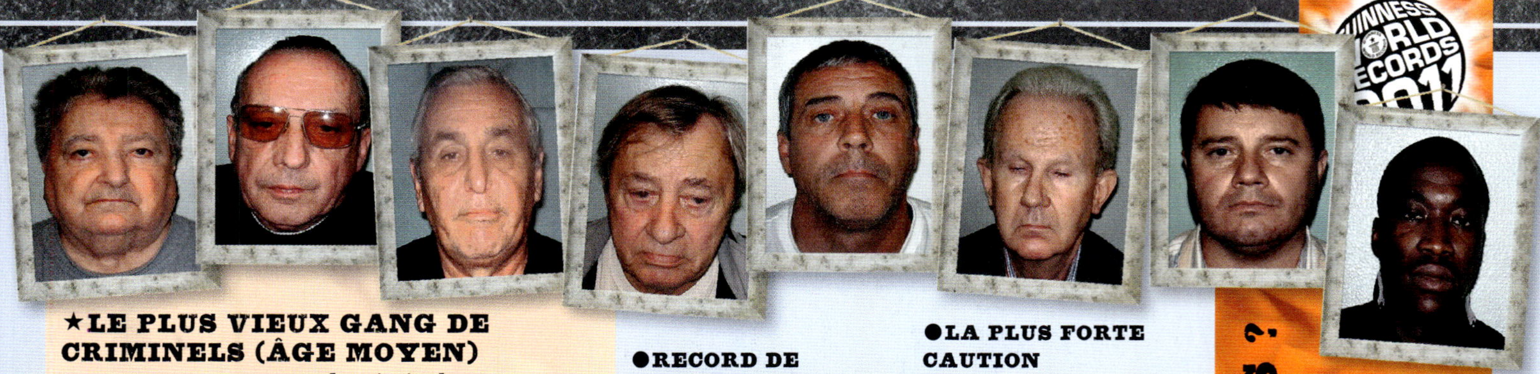

★LE PLUS VIEUX GANG DE CRIMINELS (ÂGE MOYEN)
En mars 2009, un gang de criminels britanniques dont l'âge moyen était de 57 ans (83 ans pour le plus âgé) a plaidé coupable pour des actes de contrefaçon et a été condamné à 13 ans de prison. Ils avaient fabriqué une liasse de billets pour une valeur de 1 600 $ en seulement 30 min.

★LA MEURTRIÈRE LA PLUS ÂGÉE
L'autopsie d'Elizabeth Barrow (USA), âgée de 100 ans, a montré qu'elle avait été étranglée dans sa maison de retraite du Massachusetts (USA), le 24 septembre 2009. Sa meurtrière est Laura Lundquist (USA), sa voisine de chambre de 98 ans, atteinte de démence.

★LA 1RE EXÉCUTION AU MOYEN D'UNE SEULE INJECTION
Le 8 décembre 2009, Kenneth Biros, accusé de meurtre, a été exécuté dans l'Ohio (USA) au moyen d'une seule injection d'anesthésique. C'est la 1re fois qu'une seule injection létale a été utilisée dans un pays démocratique, au lieu des 3 habituelles.

●LA PLUS GRANDE PRISON
Regroupant 5 000 prisonniers, mais prévu pour en accueillir 6 750, l'établissement correctionnel des Twin Towers à Los Angeles (USA) occupe 140 000 m² sur un site de 4 ha. En 2004, son coût s'élevait à 50 millions $ par an, soit 61,21 $ par jour et par prisonnier.

●RECORD DE PRISONNIERS
Selon des données du Centre international d'études sur les prisons du King's College de Londres (GB), le nombre de prisonniers aux USA s'élève à 2,3 millions, dont 1 610 446 ont été condamnés à la fin de l'année 2008. La Chine, dont la population est 4 fois supérieure à celle des USA, ne compte que 1,6 million de prisonniers. Sur 218 pays, le **●pays qui a le moins de prisonniers** est Saint-Marin, avec une seule personne incarcérée.

★LA PLUS GROSSE AMENDE
En septembre 2009, le géant de l'industrie pharmaceutique américiane Pfizer Inc. et sa filiale Pharmacia & Upjohn Company Inc. ont accepté de verser 2,3 milliards $, pour avoir fait la promotion illégale de certains produits pharmaceutiques. Pfizer doit payer une amende de 1,195 milliard $, soit la plus grosse amende de l'histoire des États-Unis dans une affaire pénale.

●LA PLUS FORTE CAUTION
À New York (USA), le 16 octobre 2009, Raj Rajaratnam (Sri Lanka), propriétaire d'un fonds spéculatif de plusieurs milliards de dollars, a versé une caution de 100 millions $ pour sa libération. Il avait été arrêté pour délit d'initié.

★LA PLUS LONGUE DÉLIBÉRATION D'UN JURY
En 1992, s'est ouvert à Long Beach (Californie, USA) le procès que Shirley et Jason McClure (USA) avait intenté 11 ans et 6 mois plus tôt contre des responsables municipaux accusés de complot contre leur projet d'ouverture de maisons de retraite. Après 4 mois et demi de délibérations, le jury a fini par accorder aux McClure 25,5 millions $ de dédommagements.

LE SAVIEZ-VOUS ?
4 289 NOUVELLES INFRACTIONS PÉNALES ONT ÉTÉ CRÉÉES EN GRANDE-BRETAGNE DEPUIS L'ÉLECTION DES TRAVAILLISTES EN 1997.

Sous le gouvernement de Gordon Brown (GB), quelque 33 nouvelles infractions pénales ont été créées par mois.

INFO

QUIZ !
QUEL EST L'ÂGE DE LA PERSONNE LA PLUS VIEILLE À AVOIR ÉTÉ ACCUSÉE DE MEURTRE ?
RÉPONSE P. 278

★ NOUVEAU RECORD
● MISE À JOUR

DEDANS
LA PRISON A OUVERT EN 1997 MAIS EST RESTÉE VIDE EN RAISON D'UN BUDGET INSUFFISANT. LES GARDIENS DEVAIENT REFOULER CEUX QUI TENTAIENT D'Y PÉNÉTRER !

DEHORS
LE 6 JUILLET 2001, 2 H APRÈS AVOIR ÉTÉ JUGÉ COUPABLE D'UNE TENTATIVE DE MEURTRE, KEVIN PULLUM S'EST ÉCHAPPÉ DES TWIN TOWERS EN EMPRUNTANT UNE SORTIE RÉSERVÉE AUX EMPLOYÉS. IL A ÉTÉ REPRIS 18 JOURS PLUS TARD.

SOCIÉTÉ MODERNE

RICHESSES & COMMERCE

★ LA PLUS GROSSE CAGNOTTE

La loterie espagnole de Noël, baptisée El Gordo ("le gros"), est une tradition. C'est la plus grande loterie en termes de cagnotte versée aux joueurs ayant coché les bons numéros. Celle de 2009 a rapporté 2,3 milliards € aux 1 950 gagnants. Ils se les sont partagés, chacun remportant la somme de 300 000 €.

OH ! LA MINE DE DIAMANTS D'ORAPA (BOTSWANA) EST LA PLUS VASTE DU MONDE EN SUPERFICIE. ELLE COUVRE 1,18 KM². EN 2003, ELLE A PRODUIT 16,3 MILLIONS DE CARATS (3 260 KG) DE DIAMANTS.

★ LE PLUS GROS TRÉSOR ANGLO-SAXON DÉCOUVERT

Terry Herbert (GB), spécialisé dans la détection des métaux, a découvert plus de 1 500 objets en or et argent du VIIe siècle dans un champ dans le Staffordshire (GB). Ce trésor, dont la découverte a été annoncée le 24 septembre 2009, comprend plus de 650 objets en or pour plus de 5 kg et 530 objets en argent pesant plus de 1 kg.

● LA PERSONNE LA PLUS RICHE (AUJOURD'HUI)

Estimée à 53,5 milliards $ (43,30 Md €), la fortune de Carlos Slim Helú (Mexique) le place en tête du classement Forbes 2010. Elle comprend des actifs dans une société de téléphonie fixe et dans un conglomérat lié au secteur de la construction, ainsi que des parts dans le groupe financier Inbursa, Bronco Drilling, Independent News & Media, Saks et New York Times Co. Ayant augmenté de 18,5 Md$ (14,98 Md€) en 2009, la fortune de Slim lui a permis de détrôner Bill Gates (USA).

● LA FEMME LA PLUS RICHE

Christy Walton (USA), ex-belle-fille de Sam Walton, le fondateur des grands magasins Wal-Mart, a une fortune estimée à 22,5 milliards $ (18,22 Md€). Sa belle-sœur, Alice Walton (USA), est à la 2e place avec 19,5 Md$ (15,81 Md€).

● LE PLUS GRAND YACHT PRIVÉ

L'*Eclipse*, qui appartient au propriétaire du club de football de Chelsea (GB), Roman Abramovich (Russie), mesure 170 m de long. Il a été construit par les chantiers allemands Blohm + Voss. Équipé de 2 héliports, de 11 cabines d'invités, d'un mini sous-marin et d'un système de défense antimissiles, il est estimé à 392,50 millions € (485 millions $).

AÏE ! À LA FIN DE L'ANNÉE FINANCIÈRE 2009, LA PERTE TOTALE SUBIE PAR LES 1 125 MILLIARDAIRES DU MONDE AURAIT ATTEINT 1,4 BILLION $ (1,13 BILLION €).

QUIZ ! QUI A SUCCÉDÉ À CARLOS SLIM HELU POUR LE TITRE DE L'HOMME LE PLUS RICHE DU MONDE ?

RÉPONSE P. 278

35°31'N 139°42'E

KAWASAKI, JAPON

Le **plus petit escalator du monde** est en fait un tapis roulant dans la galerie marchande d'Okadaya More, à Kawasaki-shi (Japon). Son dénivelé n'est que de 83,4 cm. Il a été installé par Hitachi Ltd.

CASH : "cash" (du mot français "caisse") désigne des espèces ou un règlement comptant.

★LA PLUS GROSSE PERTE DE PATRIMOINE

La crise économique mondiale a affecté beaucoup de fortunes. La plus touchée est celle d'Anil Ambani (Inde). En mars 2009, la baisse de son patrimoine, causée par l'effondrement de la valeur de ses parts dans ses entreprises (Reliance Power, Reliance Communications et Reliance Capital), était estimée à 32 Md$ (25,78 Md€), soit 76 % de sa fortune.

★LA PLUS FORTE BAISSE DU NOMBRE DE MILLIARDAIRES EN 1 AN

À la fin de l'année financière 2009, le nombre de milliardaires dans le monde avait fondu comme neige au soleil. D'après le classement annuel Forbes, il y en aurait 332 de moins, soit 793 en tout, au lieu des 1 125 de l'année précédente.

●L'UNIVERSITÉ LA PLUS RICHE

Fondée en 1636 à Cambridge (Massachusetts, USA), Harvard est la plus ancienne université américaine et la plus riche. Sa dotation a été évaluée à 26 milliards $ (21,06 Md€) en 2009, en baisse par rapport à l'année précédente, où elle s'élevait à 36,9 Md$ (29,89 Md€).

★LE PLUS GROS ACOMPTE PERDU

En 2008, Mikhail Prokhorov (Russie) a accepté de payer 390 millions € pour l'achat de la villa *Leopolda*, propriété de l'héritière Lily Safra (Brésil), à Villefranche-sur-Mer, près de Nice (Alpes-Maritimes). En 2009, il s'est finalement rétracté, perdant ainsi l'acompte de 40 millions €, versé lors de la signature de la promesse de vente.

★LA PLUS GROSSE POLICE D'ASSURANCE-VIE

La plus grosse police d'assurance-vie a été contractée il y a tout juste 20 ans. En juillet 1990, Peter Rosengard (GB) a en effet vendu – depuis une cabine téléphonique ! – un contrat d'assurance-vie de 100 millions $ (81,09 millions €) au profit d'une personnalité de l'industrie américaine du divertissement.

PAROLE D'EXPERT

✪ LE ★1ER MILLIARDAIRE EN DOLLARS DU MONDE A ÉTÉ JOHN D. ROCKEFELLER (USA, 1839-1937). IL A BÂTI SA FORTUNE, ESTIMÉE 1,4 MILLIARD $ (1,13 MD€), SUR LE PÉTROLE.

✪ EN MONNAIE ACTUELLE, LA FORTUNE DE ROCKEFELLER SE MONTERAIT À 210 MILLIARDS $ (169,18 MD€) (CALCUL BASÉ SUR LE POURCENTAGE DU PIB QU'ELLE REPRESENTE), CE QUI FERAIT DE LUI L'HOMME LE PLUS RICHE DE L'HISTOIRE.

✪ ROCKEFELLER A FAIT DON D'UNE GRANDE PARTIE DE SA FORTUNE À DES ŒUVRES CARITATIVES.

●LA PLUS GROSSE FAILLITE D'ENTREPRISE

Le 15 septembre 2008, la banque d'investissement Lehman Brothers Holdings Inc, s'est mise en faillite, avec une dette de 613 Md $ (493,26 Md€). Elle a été victime de la crise des *subprimes*, à l'origine de la récession mondiale de 2008.

LE SAVIEZ-VOUS ?

EN 2009, NEW YORK (USA) A REPRIS À MOSCOU (RUSSIE) SON TITRE DE ★ VILLE COMPTANT LE PLUS DE MILLIARDAIRES. 55 MILLIARDAIRES VIVENT ACTUELLEMENT DANS LA "GROSSE POMME".

Les habitants de Zurich (Suisse) ont le pouvoir d'achat (rapport revenu net moyen/coût de la vie) le plus élevé du monde.

INFO

★ NOUVEAU RECORD
● MISE À JOUR

FULD LA PHOTOGRAPHIE CI-CONTRE REPRÉSENTE RICHARD FULD, P-DG DE LEHMAN BROTHERS HOLDINGS, CONFRONTÉ À DES MANIFESTANTS À WASHINGTON (USA), LE 6 OCTOBRE 2008.

TOKYO, JAPON

35°41'N 139°46'E

Conçu et fabriqué par Mitsubishi Heavy Industries, à Tokyo (Japon), Tower Belcon est un robot transporteur de béton qui a été achevé en 1998. C'est le **plus grand robot** du monde : il mesure 70,5 m de haut, sa flèche fait 76,5 m de long et il peut fournir 180 m^3 de béton à l'heure.

SOCIÉTÉ MODERNE

CONSOMMATION & POLLUTION

★ NOUVEAU RECORD
● MISE À JOUR

ENCORE ! POUR UNE CONSOMMATION PLUS APPÉTISSANTE, DÉCOUVREZ LA CUISINE DE L'EXTRÊME P. 138.

GAZ À EFFET DE SERRE LE PLUS PERSISTANT

De tous les gaz émis qui contribuent au réchauffement planétaire, le plus persistant est le gaz réfrigérant appelé tétrafluorométhane. Il peut subsister 50 000 ans dans l'atmosphère.

●LE PLUS GRAND CONSOMMATEUR D'ÉNERGIE

En 2006, les États-Unis étaient le plus grand pays consommateur d'énergie avec 2 321 millions TEP (tonnes d'équivalent pétrole).

●LE PLUS GRAND PAYS PRODUCTEUR D'ÉNERGIE

La Chine produit plus d'énergie par an que n'importe quel autre pays, avec 1 749 millions TEP (tonnes d'équivalent pétrole) en 2006.

●LA PLUS GRANDE CONSOMMATION D'ÉNERGIE PAR HABITANT

En 2006, les habitants du Qatar consommaient 22 057 KEP (kilo d'équivalent pétrole) par personne et par an. L'Islande arrivait en 2e position avec 14 237 kg. Les États-Unis, le plus gros consommateur d'énergie annuel, se place en 10e position avec 7 768 KEP.

●RECORD D'ÉMISSIONS DE DIOXYDE DE CARBONE PAR HABITANT

Les habitants du Koweït ont émis 36,9 t de dioxyde de carbone par habitant en 2005.

★1re "CLIMIGRATION"

En 2009, le juriste Robin Bronen (Alaska, USA) a forgé le néologisme "climigration" pour décrire le déplacement de personnes dont la survie était menacée par des changements écologiques dus à des modifications du climat.

Bronen a utilisé ce terme dans un rapport sur les communautés indigènes d'Alaska qui ont dû se déplacer en raison de changements climatiques. L'Intergovernmental Panel on Climate Change (IPCC) prévoit 150 millions de "réfugiés climatiques" en 2050.

●LE PAYS ÉMETTANT LE PLUS DE DIOXYDE DE CARBONE

Selon un rapport de l'Agence néerlandaise d'évaluation environnementale, en 2006, le pays responsable de la plus grande production d'émissions de dioxyde de carbone est la Chine : 6 200 millions t de CO_2 contre 5 800 millions t pour les États-Unis. À titre de comparaison, le Royaume-Uni en produit 600 millions t.

LE SAVIEZ-VOUS ?

TOUS LES ANS, NOUS DÉTRUISONS 15 MILLIONS HA DE FORÊT TROPICALE. UN TIERS DES FORÊTS TROPICALES HUMIDES A DISPARU AU COURS DES 50 DERNIÈRES ANNÉES.

Selon un rapport du Prince's Rainforests Project, 137 espèces de plantes, d'insectes ou d'animaux disparaissent par jour.

INFO

SAPPORO, JAPON

43°00'N 141°21'E

Le **record de coups du chapeau (3 buts consécutifs au cours d'un match) en match de ligue** par un joueur de football de 1re division est de 4. Ce record a été signé par Masashi Nakayama (Japon) de l'équipe Jubilo Iwata au 1er tour de la Ligue du Japon, entre le 15 et le 29 avril 1998.

●LE PLUS D'ARBRES PLANTÉS EN 1 H (ÉQUIPE)

Le 5 décembre 2009, 100 personnes ont planté 26 422 arbres au Gransha Park de Derry (GB). Le BBC Breathing Places a réalisé ce record avec le Conservation Volunteers NI, le Western Health & Social Care Trust, le Northern Ireland EA et le conseil municipal de Derry.

★ LA PLUS GRANDE ÉVACUATION D'UNE ÎLE

En 1995, plus de 500 000 habitants de l'île de Bhola (Bangladesh) ont dû partir à cause de la montée des eaux liée à un changement climatique, qui menaçait d'inonder leur île.

★LA VILLE LA PLUS VERTE

Masdar City à Abou Dhabi (EAU) est la 1re ville du monde conçue pour produire ni carbone ni déchets. Toute l'énergie est issue de ressources renouvelables et les déchets sont recyclés. Les voitures sont bannies au profit de véhicules électriques souterrains sans conducteur. Les 50 000 habitants de la ville ne laisseront aucune empreinte carbone.

●LE PLUS DE CANETTES RÉCUPÉRÉES EN 1 MOIS

Entre le 1er et le 31 octobre 2009, l'opération sud-africaine Collect-a-Can a permis de récupérer 2 122 238 canettes dans les écoles d'Afrique du Sud pour un poids total de 66 319,95 kg, dans le cadre d'une initiative de promotion du recyclage des canettes dans le pays.

★LE PLUS DE VÊTEMENTS À RECYCLER

Le 12 août 2009 à Union Station, à Washington (Washington DC, USA), le magazine *National Geographic Kids* a annoncé qu'il avait récupéré 33 088 jeans à recycler au cours d'une collecte du fameux denim. Tous les jeans ont été donnés à l'organisation COTTON. FROM BLUE TO GREEN®, qui les recycle en un isolant, l'UltraTouch™ Natural Cotton Fiber Insulation, un matériau utilisé dans le cadre de la reconstruction dans des zones ravagées par les ouragans et autres catastrophes naturelles. Il faut environ 500 jeans pour fabriquer le coton nécessaire à l'isolation d'une maison de taille moyenne.

● LE PLUS DE BOUTEILLES RECYCLÉES PAR UN CHIEN

Le labrador de Sandra Gilmore de Pontnewydd (Torfaen, GB) a participé pendant 6 ans au recyclage de 26 000 bouteilles de plastique. Lors de ses promenades, il les rapportait à sa maîtresse.

AÏE !
SELON UN RAPPORT DE GARTNER GROUP ET HP, L'INTERNAUTE MOYEN IMPRIME 28 PAGES PAR JOUR.

OH !
LA FABRICATION DE BOUTEILLES À PARTIR DE VERRE RECYCLÉ DEMANDE 30 % DE MOINS D'ÉNERGIE QUE SI ON UTILISE DES MATÉRIAUX BRUTS.

●LA PLUS GRANDE SCULPTURE EN SACS DE PLASTIQUE

Le 12 décembre 2009, un globe de 11 m de circonférence fait de 17 773 sacs de plastique a été dévoilé au Ministerio de Medio Ambiente à Madrid (Espagne) par l'association InspirAction, pour promouvoir le recyclage et sensibiliser aux problèmes environnementaux.

MELBOURNE, AUSTRALIE

37°48'S 144°57'E

La **batte de cricket la plus chère** est celle que sir Donald Bradman a utilisée pour son 1er test-match lors de la série des Ashes en 1928-1929. Elle n'a servi qu'une seule fois et s'est vendue 145 000 $A (74 866 €), au Leski Auctions, à Melbourne (Australie), le 24 septembre 2008.

SOCIÉTÉ MODERNE

LES PLUS CHERS

ENCORE ! LES RICHES ET LES PAUVRES P. 132.

● SCULPTURE VENDUE AUX ENCHÈRES

Le 3 février 2010, chez Sotheby's à Londres (GB), une sculpture en bronze d'Alberto Giacometti (Suisse), *L'homme qui marche I* (1960, hauteur de 1,82 m), a été vendue 65 000 000 £ (104 300 000 $) à un acheteur anonyme.

DOLLAR : vient de l'allemand Thal/Thaler, "vallée". Au XVe siècle, il y avait une mine d'argent à Joachimsthal ; l'argent était battu pour réaliser des pièces (des thalers).

● DESSIN DE MAÎTRE

Le dessin *Tête de Muse* de Raphaël (Italie, 1483-1520) a été adjugé à 46 700 000 $ chez Christie's, à Londres (GB), le 9 décembre 2009.

CHER ! IL Y A 10 ANS, LA GRANDE FEMME DEBOUT 1 DE GIACOMETTI EST DEVENUE LA SCULPTURE LA PLUS CHÈRE. ELLE S'EST VENDUE 14 MILLIONS $ CHEZ CHRISTIE'S.

SORBETIÈRES

Lancée par NitroCream (USA), la gamme de sorbetières G Series, customisées et signées par les artistes Robert Kennedy et Ward Goodell, coûtent 75 000 $. Elles mélangent de l'azote liquide, qui se transforme en gaz à - 196 °C, avec de la glace ou un sorbet.

45 TOURS

En avril 2009, un exemplaire rare de 17 cm d'un 45 tours de 1965 non commercialisé, "Do I Love You (Indeed I Do)" de Frank Wilson (USA), a été vendu 39 294 $ à un anonyme.

★ BARRE DE CHOCOLAT

En 2009, la société Cadbury's (GB) a confectionné une barre Wispa Gold couverte d'une feuille d'or comestible pour fêter son retour après 6 ans de fermeture. Celle-ci (qui ne coûte que 55 p, soit 0,80 €) est disponible chez Selfridges à Londres (GB) pour 961,48 £ (plus de 1 000 €).

★ LIT

Le lit K.mooi Crystal Noir Limited Edition, fabriqué par Maxxa International Limited (Chine), est incrusté de 802 903 cristaux Swarovski CRYSTALIZED™. Il coûte 3 000 000 yuans (440 000 $). Il a été dévoilé à l'exposition 100 % Design, à Shanghai (Chine), le 15 octobre 2009.

★ TRANSPORTS

Selon l'étude 2009 de la société Mercer sur le coût de la vie, un trajet en transports en commun entre la banlieue de Londres et le centre-ville coûte en moyenne 2,62 £ (4 €). C'est le trajet entre une capitale et sa banlieue le plus cher du monde.

★ NOUVEAU RECORD
● MISE À JOUR

●PRIX AU CARAT

Un diamant rectangulaire bleu vif de 7,03 carats, taillé en brillant, s'est vendu chez Sotheby's à Genève (Suisse) au prix record de 1 375 938 $ le carat, le 12 mai 2009.

●LETTRE

La lettre signée la plus chère est celle que George Washington écrivit en 1787 à son neveu Bushrod Washington, insistant sur l'urgence d'adopter une nouvelle constitution pour les États-Unis. Elle a été adjugée à 3 200 000 $, le 5 décembre 2009, chez Christie's, à New York (USA).

LE SAVIEZ-VOUS ?

LE COSTUME LE PLUS CHER (VOIR CI-CONTRE) EST EN LAINE PROVENANT DU SOUS-POIL DE BŒUFS MUSQUÉS DE L'ARCTIQUE. APPELÉE "QIVIUK", C'EST LA LAINE LA PLUS CHÈRE AU MONDE.

La ★**réalisation humaine la plus chère** est la Station spatiale internationale. Elle devrait coûter plus de 100 milliards $!

INFO

★COSTUME

Il a fallu à Alexander Amosu (GB) plus de 80 h et 5 000 points pour créer un costume avec du fil d'or et de la laine pashmina de l'Himalaya, de bœuf musqué de l'Arctique et de vigogne du Pérou. Le costume orné de 9 boutons en diamants et en or 18 carats, a été vendu 113 000 $ en avril 2009 et livré à l'acheteur dans une Land Rover blindée.

●DIAMANT BRUT

Le 26 février 2010, Petra Diamonds Ltd (GB) a vendu un diamant brut de 507,9 carats (la 19e plus grande pierre précieuse jamais découverte) pour 35,5 millions $ à la Chow Tai Fook Jewellery Co., Ltd (Hong Kong). La pierre, appelée Petra Heritage, pesait un peu plus de 100 g et était aussi grosse qu'un œuf de poule. Elle a été extraite de la mine de Cullinan (Afrique du Sud) en septembre 2009.

●CALENDRIER MURAL

Le 27 janvier 2010, un calendrier mural intitulé *Still Missing Still Missed* a été vendu 20 000 £ (30 000 €) à Londres (GB). Cette vente aux enchères soutenait 3 institutions caritatives : Missing Children Europe ; Missing People et Madeleine's Fund Leaving No Stone Unturned, fonds créé pour retrouver Madeleine McCann (GB), disparue alors qu'elle était en vacances avec sa famille au Portugal, le 3 mai 2007. La vente a eu lieu le 1 000e jour de la disparition de l'enfant. Acheté par Duncan Mackay (GB), le calendrier représentait des dessins réalisés par Madeleine, son frère Sean et sa sœur Amelie.

●SUITE D'HÔTEL

65 000 $, c'est le prix d'une nuit dans la suite royale de l'hôtel President Wilson à Genève (Suisse). D'une superficie de 1 670 m², l'hôtel donne sur le Mont-Blanc (à travers des vitres blindées de 6 cm d'épaisseur) et comprend un bar privé, un jacuzzi, un centre de remise en forme et une salle de conférences.

★SOINS DE LUXE

En mars 2010, le Vitality Show de Earls Court à Londres (GB) proposait pour 5 000 £ (7 560 $) une formule incluant un massage du dos avec des diamants chauds, un masque pour le visage à base d'or à 24 carats, un enveloppement corporel au chocolat et un shampoing au caviar et au café.

TRANS-FERT

EN 2003, LE TRANSFERT DE RONALDO DU SPORTING DE LISBONNE (PORTUGAL) AU CLUB DE MANCHESTER UNITED (GB) A COÛTÉ LA MODIQUE SOMME DE 12,2 MILLIONS €.

FILMS

CRISTIANO RONALDO DOS SANTOS AVEIRO A ÉTÉ BAPTISÉ RONALDO EN L'HONNEUR DU PRÉSIDENT AMÉRICAIN RONALD REAGAN, L'ACTEUR PRÉFÉRÉ DE SON PÈRE !

●FOOTBALLEUR

Le transfert de Cristiano Ronaldo (Portugal) du club anglais de Manchester United au Real Madrid, le 1er juillet 2009, a coûté au club espagnol la somme record de 80 millions € (131,86 millions $), soit 75 fois le poids du joueur en or, selon le journal espagnol *El Mundo*.

SYDNEY, AUSTRALIE

33°51'S 151°12'E

Le cinéma Panasonic IMAX de Darling Harbour, à Sydney (Australie), possède **l'écran de projection fixe le plus grand** du monde (35,72 x 29,57 m). Ouvert en septembre 1996, il peut accueillir 540 spectateurs.

SOCIÉTÉ MODERNE

CUISINE EXTRÊME

LES PLUS CHERS...

★**Croquettes de poisson** Depuis 2004, le Barry Coutts' Bistro d'Aberdeen (GB), propose des croquettes de poisson gastronomiques – à base de flétan fumé, de coquilles Saint-Jacques, d'écrevisses, de lotte et de caviar Beluga – au prix de 100 £ pièce.

★**Bouteille** Le 20 juillet 2006, Tequila Ley.925 a vendu une bouteille de tequila en platine et or blanc à un collectionneur privé de Mexico (Mexique), pour 225 000 $.

★**Cerises** En octobre 2007, Nick Moraitis (Australie) a déboursé 35 000 $AUD (23 811 €) pour une barquette de cerises vendues par Sydney Markets (Australie), en faveur de Variety, une œuvre de bienfaisance de Nouvelle-Galles du Sud en faveur des enfants.

★**Cognac** Le restaurant *La Tour d'Argent* (France) a vendu aux enchères une bouteille de vieux cognac datant de 1788, en décembre 2009, pour la somme de 25 000 €.

●LE PLUS GRAND HOUMOUS

Le 10 mai 2010, 300 chefs libanais ont préparé un houmous de 23 130 kg à Ain Saadeh, au nord-est de Beyrouth. Cette purée, qui a battu le record précédemment détenu par Israël, a nécessité 10 tonnes de pois chiches.

LES CHAMPIONS

ALIMENT	MANGÉS EN 1 MIN	NOMS
After Eights (sans mains)	8	Ashrita Furman (USA) James Graham Boyd (GB)
Bananes (épluchées et mangées)	6	Robert Godfrey (USA)
Choux de Bruxelles	31	Linus Urbanec (Suède)
Gousses d'ail	22	Ashrita Furman (USA)
Cafards	5	Alexis Chambon (France)
Ferrero Rocher (chocolats)	8	Chris Vollmershausen (Canada)
Biscuits Jaffa	8	Gustav Schulz (Allemagne)
Piments jalapeño	16	Alfredo Hernandes (USA)
Gelée	455 g	Ashrita Furman (USA)
M&Ms (avec des baguettes)	42	Fero Andersen (Allemagne)
Boulettes de viande	27	Nick Marshall (GB)
Saucisses	8	Stefan Paladin (NZ)
	MANGÉS EN 3 MIN	
Croquettes de poulet	255 g	Mark Kilby (GB)
Beignets au sucre	5	Christopher "Big Black" Boykin (USA)
Raisins (avec une petite cuillère)	151	Ashrita Furman (USA)
Hot-dogs	6	Takeru Kobayashi (Japon)
Huîtres	233	Colin Shirlow (GB)
Maïs (avec un cure-dent)	236	Ian Richard Purvis (GB)

●LE ROI DU PIZZA ROLL

Le ●**plus grand nombre de roulés de pizzas sur les épaules en 30 s** est de 37, un record établi par Tony Gemignani (USA) au Mall of America, Minneapolis (Minnesota, USA), le 20 avril 2006, pour le Food Network channel.

QUIZ !

LE 2 MAI 2007, LUP FUN YAU A ÉTABLI UN NOUVEAU RECORD DU PLUS GRAND NOMBRE DE BEIGNETS À LA CONFITURE AVALÉS EN 3 MIN. COMBIEN EN A-T-IL MANGÉS ?

RÉPONSE P. 278

BRISBANE, AUSTRALIE

La **plus ancienne réserve de koalas du monde** est le Lone Pine Koala Sanctuary de Brisbane (Queensland, Australie). Avec 137 spécimens, elle abrite le **plus grand nombre de koalas en captivité**.

BANANES : elles ne poussent pas sur des arbres ! Le bananier est une des plus grandes plantes herbacées du monde !

● COUPEUR DE BANANES

Le 9 juillet 2009, Graheme Celledoni (Australie) a coupé 96 bananes en deux avec ses mains, en 1 min, lors de l'Innisfail Society Show du Queensland (Australie).

★ LE 1ER COCKTAIL

En septembre 2005, Patrick McGovern, archéologue à l'université de Pennsylvanie (USA), a annoncé la découverte de poteries vieilles de 5 000 ans sur les rives du Tigre, entre l'Iran et l'Irak. Elles contenaient des traces d'acide tartrique, de miel, de jus de pomme et d'orge, un des 1ers grogs de l'histoire.

● LA PLUS GRANDE BATAILLE DE TARTES

Le 7 janvier 2010, Shaw Floors de Grapevine (Texas, USA) a organisé une bataille de tartes. 434 de ses employés se sont lancés 1 200 tartes au chocolat, aux pommes et aux cerises, pour démontrer la résistance aux taches d'une moquette.

LES PLUS RAPIDES POUR...

★**Préparer une dinde** : le 3 juin 2009, Paul Kelly (GB) a préparé une dinde en 3 min 19,47 s à Little Claydon Farm, Essex (GB).

Plumer une dinde : le 17 novembre 1980, Vincent Pilkington (Irlande) a plumé une dinde en 1 min 30 s.

★ RECORD DES TARTES À LA CRÈME LANCÉES AU VISAGE

Le 15 janvier 2010, James Kerley a entarté Damien Bignell (tous deux Australie) avec 46 tartes à la crème lancées en 1 min sur le plateau d'*Australia Smashes Guinness World Records*, au Warringah Mall de Sydney (Australie).

★ LE PLUS DE BOULES DE GLACE

Le 20 septembre 2009, sur le plateau de *NZ Smashes Guinness World Records* au centre commercial de Sylvia Park, Auckland, (Nouvelle-Zélande), Terry Morris (Nouvelle-Zélande) a tenu 25 boules de glace en équilibre sur un cône.

● LE PLUS DE CRÊPES RÉALISÉES EN 8 H

Le 9 mai 2009, 175 volontaires de Batter Blaster™ LLC (USA) ont utilisé 37 plaques chauffantes pour faire cuire 76 382 crêpes et les servir à 20 000 personnes, sur la pelouse du Centennial Olympic Park d'Atlanta (Georgie, USA). Toutes ont versé 1 $ à Homeless et Hosea Feed the Hungry, 2 œuvres caritatives.

N'essayez pas !

RECORD DE NAAN EN 1 H

Le 29 septembre 2009, 5 employés de l'Indian Ocean Restaurant d'Ashton-under-Lyne (GB) ont cuit 640 pains naan.

★ LE PLUS DE TEQUILAS

1 201 différentes bouteilles de tequila ont été présentées à l'Hospicio Cabañas de Guadalajara (Mexique) par l'institut de régulation de la tequila de Mexico, le 6 novembre 2009.

LA PLUS GRANDE...

●**Pile de poppadoms** : le 22 juillet 2009, une pile de 1 052 poppadoms (galettes indiennes) de 1,51 m de haut a été exposée au Curry Lounge de Nottingham (GB).

●**Tour en sucre** : Paul Van den Nieuwenhof (Belgique) a érigé une tour de 1,90 m avec 1 753 sucres, en 2 h 12 min.

● LE PLUS GRAND NOMBRE D'ŒUFS DANS UNE MAIN

Le 21 mars 2009, Zachery George (USA) a tenu 24 œufs dans une main au Subway restaurant de Parsons, (Virginie-Occidentale, USA). Il avait 30 s pour placer les œufs avant de les garder en équilibre pendant 10 s.

★ NOUVEAU RECORD
● MISE À JOUR

★ LE PLUS DE NOIX DE COCO BRISÉES AVEC LES MAINS EN 1 MIN

Le 27 septembre 2009, Muhamed Kahrimanovic (Allemagne, photo ci-contre) a brisé 82 noix de coco avec les mains au cours du Vienna Recordia de Vienne (Autriche). Lors d'un événement similaire en Malaisie, le 21 juin 2009, Ho Eng Hui (Malaisie) a percé 4 noix de coco avec l'index – le **plus grand nombre de noix de coco percées avec un doigt en 1 min.**

COCO... L'ASCENSION LA PLUS RAPIDE D'UN COCOTIER DE 9 M EN 4,88 S A ÉTÉ RÉALISÉE PAR FUATAI SOLO (FIDJI), LE 22 AOÛT 1980.

NUTS ! LE 23 AVRIL 2007, UN ORCHESTRE DE NOIX DE COCOS DE 5 877 PERSONNES A INTERPRÉTÉ LA CHANSON DES MONTY PYTHON "ALWAYS LOOK ON THE BRIGHT SIDE OF LIFE", À LONDRES (GB).

INVERCARGILL, NOUVELLE-ZÉLANDE

46°25'S 168°18'E

Bien que d'origine hongroise (un pays sans littoral), Mike Rácz détient le record de **vitesse pour ouvrir 100 huîtres**, en 2 min 20,07 s, soit 1 huître toutes les 1,4 s. Ce record a été enregistré à Invercargill (Nouvelle-Zélande) le 16 juillet 1990.

SOCIÉTÉ MODERNE

PORTIONS GÉANTES

LE PLUS GRAND CUPCAKE

Un cupcake de 596,47 kg a été confectionné par Global TV Concepts (USA) pendant le 2e concert annuel de l'œuvre caritative THINK PINK ROCKS à Mizner Park, Boca Raton (Floride, USA), le 3 octobre 2009.

★★★★★★★★★★★

INCROYABLES FÊTES

LE PLUS GRAND...	RECORD DE PARTICIPANTS	ORGANISATEUR LIEU	DATE
★Fête pour une naissance	*819*	Mairie d'Utrecht/ Vinkenburgstraat, (Pays-Bas)	24 janv. 09
Petit déjeuner (chaud)	*18 941*	The Cowboy Breakfast Foundation, San Antonio (USA)	26 janv. 01
Petit déjeuner (froid)	*27 854 en 1 h*	Nutella/Arena AufSchalke, Gelsenkirchen (Allemagne)	29 mai 05
Café du matin (lieux multiples)	*576 157*	Macmillan Cancer Relief (GB)	26 sept. 03
●Pique-nique (lieu unique) *(voir aussi p. 101)*	*22 232*	Modelo/Parque da Bela Vista, Lisbonne (Portugal)	20 juin 09
Goûter (lieux multiples)	*280 246*	The Cancer Council/ 6 062 lieux en Australie	26 mai 05

★ NOUVEAU RECORD ● MISE À JOUR

LES PLUS GRANDS

★CROQUETTE DE CRABE

Pesant 114,75 kg, elle a été confectionnée par Special Olympics Maryland, avec la collaboration de Handy International et Graul's Market (tous USA) à Hampden (Maryland, USA), le 13 juin 2009.

★CROQUETTE DE POISSON

La plus grande croquette de poisson, de 2 m de long et de 136 kg, a été réalisée par Michael Gorich (Allemagne) à Bremerhaven (Allemagne), le 22 janvier 2009.

★CARAMEL

Le 29 juin 2009, William Nicklosovich et Peppermint Jim Crosby (tous deux USA) ont fabriqué un caramel de 2,35 t au West Campus du Lansing Community College, Delta Township (Michigan, USA).

★PANSE DE BREBIS FARCIE

Ce plat traditionnel écossais, le *haggis*, est une préparation épicée à base d'abats, de flocons d'avoine et de graisse de rognons. Le plus gros *haggis* pesait 560 kg, le poids d'une vache limousine. Il a été réalisé par le Mauchline Burns Club d'Ayrshire (GB), en mai 2009.

★HALVA

Le *halva* est un dessert du Moyen-Orient. Le 14 octobre 2009, en Israël, l'usine Nazareth Halva en a fabriqué un de 3 811 kg, riche de près 20 millions de calories !

★SUCETTE

Le 27 août 2009, Ashrita Furman (USA) et des membres du New York Sri Chinmoy Centre ont créé une sucette de 7,62 m de long pesant 2,95 t, soit l'équivalent de 165 070 sucettes standard !

●LE PLUS GRAND PLAT DE MOULES

Un plat de moules pesant 3 692 kg a été préparé en public dans les rues de Tarente (Italie), le 1er août 2009.

COMBIEN ?
MOULES : 3 300 KG
TOMATES : 300 KG
AIL : 30 KG
SEL : 3 KG
HUILE D'OLIVE : 150 KG
POIVRE : 20 KG
PERSIL : 20 KG
VIN : 150 L
CROÛTONS : 300 KG

QUI ?
CET ÉVÉNEMENT ÉTAIT ORGANISÉ PAR LE CENTRE COMMERCIAL MONGOLFIERA, DE LA COOP ESTENSE ET DE LA "SOCIETÀ" SVILUPPO COMMERCIALE À TARENTE (ITALIE).

45°52'S 170°30'E

CHRISTCHURCH, NOUVELLE-ZÉLANDE

Le **plus grand nombre de participants à une course de snowboard** est de 88, lors d'un événement organisé par The Rock FM et Mount Hutt, à Mount Hutt, Christchurch (Nouvelle-Zélande), le 6 octobre 2007.

★ LE PLUS GRAND PETIT DÉJEUNER ANGLAIS

Le "petit déjeuner anglais complet" au menu du Mario's Cafe Bar à Bolton (Lancashire, GB) pèse en moyenne 2,9 kg et coûte 10,95 £. Il est gratuit pour ceux qui arrivent à avaler bacon, saucisses, œufs, pain, champignons, boudin, haricots et tomates en moins de 20 min.

● PORRIDGE

Le plus grand bol de porridge préparé avec 25 kg d'avoine et 150 l d'eau par Mornflake Oats (GB) au Lowry Theatre de Salford (GB), le 10 septembre 2009, pesait 171,9 kg. Il a permis de servir 830 petits déjeuners.

● SOUPE

DENK Communicatie a cuisiné 26 658 l de soupe de légumes à Poeldijk (Pays-Bas), le 16 mai 2009.

★ CHAPELET DE SAUCISSES

Le 28 juin 2009, à Gelsenkirchen (Allemagne), plus de 10 000 cervelas ont servi à fabriquer un chapelet de 1 500 m de long. Le **coureur de 1 500 m le plus rapide** – Hicham El Guerrouj (Maroc) – aurait mis 3 min 26 s pour aller d'une extrémité à l'autre !

● BOULETTE DE VIANDE

Le 1er novembre 2009, Nonni's Italian Eatery à Concord (New Hampshire, USA) a confectionné une boulette de viande de 100,92 kg.

★ RAGOÛT DE VIANDE

Un ragoût de 2 328,2 kg à base de 1 294,6 kg de viande d'agneau (75 bêtes) a été cuisiné à Badajoz (Espagne), le 25 octobre 2009.

★ MOJITO

Le plus grand verre de mojito – cocktail cubain à base de rhum, sucre, menthe et jus de citron vert – avait une contenance de 713 l et mesurait 1,34 m de haut et 1,25 m de large. Le cocktail a été mixé par le bar-restaurant Sirio à Spotorno, Savone (Italie), le 28 août 2009, avec 90 kg de citrons verts.

LES PLUS LONGS

★ PAIN À L'AIL

Un pain à l'ail de 3,81 m a été cuit par Cole's Quality Foods à Muskegon (Michigan, USA), le 12 juin 2009.

★ NOUILLE DE RIZ

Une nouille de 548,7 m a été exposée au Taipei County Hakka Museum (Taiwan), le 28 décembre 2008.

LE PLUS GRAND LAPIN EN CHOCOLAT

Un lapin en chocolat de 2 800 kg a été fabriqué par Supermercados Imperatriz Ltda et Nestlé Food Services (tous deux Brésil) à São Jose, Santa Catarina (Brésil), le 30 mars 2009.

LE PLUS LONG BAR

Permanent et d'une seule pièce, le bar du Beer Barrel Saloon à Put-in-Bay, South Bass Island (Ohio, USA), mesure 123,7 m de long. Il compte 56 pompes à bière et 160 tabourets.

HAUT ! DRESSÉ À LA VERTICALE, LE BAR DU BEER BARREL SERAIT PLUS HAUT QUE LA STATUE DE LA LIBERTÉ (PLINTHE INCLUSE) !

PROPRE ROBERT BEGLEY (USA) DÉTIENT LE RECORD DE LA PLUS GRANDE COLLECTION DE SERVIETTES DE BAR : 2 372 SERVIETTES PROVENANT DE 27 PAYS.

WELLINGTON, N-Z

Avec ses 179 436 habitants, Wellington (Nouvelle-Zélande), est la **capitale la plus au sud** d'un pays indépendant.

41°17'S 174°46'E

SOCIÉTÉ MODERNE

COLLECTIONNEURS EN FOLIE

★ ★ ★ ★ ★ ★ ★ ★ ★ ★ ★

●ÉTIQUETTES D'EAUX MINÉRALES

Au 12 janvier 2009, Lorenzo Pescini de Florence (Italie) possédait 8 650 étiquettes d'eaux minérales en provenance de 185 pays et de 1 683 sources. Il a commencé sa collection en 1992.

●TICKETS DE BUS

Ladislav Šejnoha (République tchèque) a réuni 200 000 tickets de 36 pays, tous différents.

★CALENDRIERS

Yakov L Kofman (USA) collectionne les calendriers depuis 1945 et en possédait 16 552 le 26 octobre 2008.

●CAMÉRAS

Depuis 1960, Richard LaRiviere (USA) a amassé une collection de 894 caméras. La plus ancienne, une Darling à main, date de 1907.

★CŒURS

Le Dr Diana Reser (Suisse) a réuni 775 bibelots en forme de cœur depuis qu'elle est devenue chirurgien cardiaque en 2006.

●TROLLS

Sophie Marie Cross (GB) a débuté sa collection de trolls en 2003. Au 3 décembre 2009, elle en possédait 633.

DOH ! LE 20 MARS 2008, CAMERON GIBBS (AUSTRALIE) DÉTENAIT 2 580 OBJETS LIÉS AUX SIMPSON.

NOUVELLES COLLECTIONS

	OBJET	QUI ?	QUANTITÉ	À DATE DU
★	*Billets d'avion*	Miguel Fernández (Espagne)	*1 020*	août 2009
★	*Billets de banque*	Anil Bohora (Inde)	*10 025*	janv. 2009
★	*Bouteilles de cachaça*	Messias Soares Cavalcante (Brésil)	*12 800*	août 2009
★	*Jetons et bons de casino*	Bruce et Sue Wunder (tous deux USA)	*554*	mai 2009
★	*Bibelots - poulet*	Cecil et Joann Dixon (tous deux USA)	*6 505*	juin 2006
★	*Broches de Noël*	Adam Wide (GB)	*1 329*	juin 2009
★	*Bibelots - vache*	Denise Tubangui (USA)	*2 261*	oct. 2009
★	*Bibelots - marmotte*	Bengt W Johansson (Suède)	*468*	nov. 2009
★	*Jokers de cartes à jouer*	Tony De Santis (Italie)	*8 520*	mars 2009
★	*Bibelots - Kappa (esprit de la rivière)*	Tatsuo Kitano (Japon)	*7 845*	juin 2009
★	*Meules*	He Hengde (Chine)	*39 052*	juil. 2009
★	*Lampes à huile*	Gerd Bonk (Allemagne)	*356*	nov. 2009
★	*Bibelots - panda*	Miranda Middleton (USA)	*1 175*	janv. 2009
★	*Timbres (1er jour)*	Joshua Steinberg (GB)	*6 037*	nov. 2004
★	*Sachets de sucre*	Pavlina Yotkova (Bulgarie)	*3 384*	avr. 2009
★	*Planches de surf*	Donald Dettloff (USA)	*647*	nov. 2009
★	*Porte-sachets de thé*	Mimi Wilfong (USA)	*116*	juin 2009

★SCHTROUMPFS

Stephen Parkes (GB) a commencé sa collection de Schtroumpfs dans les stations-service, quand il était enfant. Au 28 janvier 2010, il en possédait 1 061 : des Schtroumpfs de Noël, de Pâques, déguisés en personnages historiques ou engagés dans toutes sortes d'activités. Et la collection continue à s'agrandir...

AUCKLAND, NOUVELLE-ZÉLANDE

36°51'S 174°47'E

Le 19 février 1998, le centre-ville d'Auckland (Nouvelle-Zélande) a été touché par une panne d'électricité, provoquant le **plus long blackout en temps de paix**. Il a duré 66 jours, affectant 7 500 entreprises et résidents, et coûtant 300 millions $NZ aux entreprises (158 millions €).

COLLECTIONS CLASSIQUES

	OBJETS	QUI ?	QUANTITÉ	À DATE DU
●	*Sacs à vomi - avion*	Niek Vermeulen (Pays-Bas)	*6 016*	janv. 2010
●	*Poupées Barbie*	Bettina Dorfmann (Allemagne)	*7 246*	févr. 2010
	Cloches	Myrtle B Eldridge (USA)	*9 638*	mars 2005
	Jeux de société	Brian Arnett (USA)	*1 345*	févr. 2007
●	*Marque-pages*	Frank Divendal (Pays-Bas)	*103 009*	févr. 2010
●	*Bougies*	Véronique Salmont (France)	*2 119*	juin 2009
●	*Réveils*	Jack Schoff (USA)	*1 509*	févr. 2010
●	*Cafetières*	Robert Dahl (Allemagne)	*13 267*	sept. 2009
●	*Panneaux "Ne pas déranger"*	Jean-François Vernetti (Suisse)	*10 000*	juin 2009
	Trèfles à quatre feuilles	Edward Martin, Sr (USA)	*111 060*	mai 2007
●	*Chapeaux*	Roger Buckey Legried (USA)	*100 336*	mars 2010
●	*Bibelots - coccinelle*	Carine Roosen (Belgique)	*3 531*	sept. 2009
●	*Jeux de magie*	Manfred Klaghofer (Autriche)	*2 401*	févr. 2010
●	*Masques*	Gerold Weschenmoser (Allemagne)	*5 385*	mars 2000
●	*Téléphones portables*	Carsten Tews (Allemagne)	*1 563*	févr. 2010
●	*Voitures miniatures*	Nabil Karam (Liban)	*22 222*	nov. 2009
●	*Plaques d'immatriculation*	Shahin Ebrahim Mohajer (Oman)	*561*	mai 2009
●	*Crayons*	Vladimir Jindra (Rép. tchèque)	*11 068*	nov. 2009
●	*Canards jouets*	Charlotte Lee (USA)	*5 429*	févr. 2010
●	*Bibelots Père Noël*	Jean-Guy Laquerre (Canada)	*23 947*	févr. 2010
●	*Mascottes sport*	Adina et Falk Hinneberg (Allemagne)	*874*	févr. 2010
	Autocollants voiture	Bill Heermann (USA)	*4 131*	avr. 2009
	Théières	Tang Yu (Chine)	*30 000*	oct. 2008
●	*Ours en peluche*	Jackie Miley (USA)	*5 400*	oct. 2008
●	*Yo-yo*	John "Lucky" Meisenheimer (USA)	*4 586*	févr. 2010

★ SAVONS

Depuis 1991, Carol Vaughan (GB) a rassemblé 1 331 savonnettes. Toujours à la recherche d'une nouvelle pièce pour compléter sa collection, elle ne s'en sert jamais pour se laver...

● BIBELOTS MICKEY

Le 11 décembre 2008, Janet Esteves (USA) possédait 2 760 bibelots à l'effigie de Mickey. Elle a commencé sa collection enfant, en 1960. Chaque fois que son père se rendait en Californie pour affaires, il lui rapportait des produits Disney.

COIN ! LE 28 MAI 2008, MARY BROOKS (USA) AVAIT RASSEMBLÉ 1 285 OBJETS LIÉS À DONALD. UNE COLLECTION DÉBUTÉE IL Y A 30 ANS.

HAWAÏ, USA 21°18'N 157°49'O

Le 19 décembre 1992, les habitants de Waikiki ont tressé une guirlande de fleurs de 4 434 m de long au Hyatt Regency, Honolulu, (Hawaï, USA) – la **plus longue guirlande jamais confectionnée.**

SOCIÉTÉ MODERNE

GÉANTS DE JARDIN

●LE RUTABAGA LE PLUS LOURD

Un rutabaga présenté par Scott Robb (USA) à la foire Alaska State Fair (USA), le 2 septembre 2009, pesait 37,6 kg. Scott Robb est le détenteur du précédent record datant de 1999, avec un spécimen de 34,35 kg.

FRUITS ET LÉGUMES LES PLUS LOURDS

FRUIT/LÉGUME	POIDS	PRODUCTEUR	DATE
pomme	1,849 kg	Chisato Iwasaki (Japon)	oct. 2005
●myrtille	11,28 g	Polana SP. Zo.o (Pologne)	août 2008
chou de Bruxelles	8,3 kg	Bernard Lavery (GB)	oct. 1992
●chou	57,61 kg	Steven Hubacek (USA)	4 sept. 2009
carotte	8,61 kg	John Evans (USA)	1998
chou-fleur	24,6 kg	Alan Hattersley (GB)	6 août 1999
céleri	28,7 kg	Scott et Mardie Robb (USA)	27 août 2003
courgette	29,25 kg	Bernard Lavery (GB)	1990
concombre	12,4 kg	Alfred J. Cobb (GB)	5 sept. 2003
●groseille à maquereau	62,01 g	Bryan Nellist (GB)	4 août 2009
calebasse	42,8 kg	Robert Weber (Australie)	7 avr. 2001
pamplemousse	3,210 kg	Cloy Dias Dutra (Brésil)	9 nov. 2006
poireau	8,1 kg	Fred Charlton (GB)	6 sept. 2002
citron	5,265 kg	Aharon Shemoel (Israël)	8 janv. 2003
●courgette géante	93,7 kg	B. Wursten (Pays-Bas)	26 sept. 2009
nectarine	360 g	Tony Slattery (N-Z)	janv. 1998
oignon	7,495 kg	John Sifford (GB)	16 sept. 2005
●panais	5,90 kg	Peter Glazebrook (GB)	4 sept. 2009
pêche	725 g	Paul Friday (USA)	23 août 2002
poire	2,1 kg	Warren Yeoman (Australie)	6 mai 1999
ananas	8,06 kg	E. Kamuk (Papouasie-Nouvelle-Guinée)	1994
●grenade	1,85 kg	Ningyi Li (Chine)	4 sept. 2009
pomme de terre	3,5 kg	K. Sloane (GB)	1994
●citrouille	782,45 kg	Christy Harp (USA)	3 oct. 2009
radis	31,1 kg	Manabu Oono (Japon)	9 févr. 2003
●courge	559,73 kg	Bradley Wursten (Pays-Bas)	21 sept. 2007
fraise	231 g	G. Andersen (GB)	1983
tomate	3,51 kg	G. Graham (USA)	1986
pastèque	121,93 kg	Lloyd Bright (USA)	sept. 2005

ENCORE ! D'AUTRES ALIMENTS DÉMESURÉS P. 140.

●LE CONCOMBRE LE PLUS LONG

Frank Dimmock (GB) a cultivé un concombre de 104,78 cm dans une gouttière de la serre de son jardin à Thame (Oxfordshire, GB). Il l'a fait mesurer le 18 septembre 2008.

●LA MANGUE LA PLUS LOURDE

Sergio et Maria Socorro Bodiongan (Philippines) ont présenté cette mangue keitt de Floride de 3,43 kg le 27 août 2009.

MANGUE ! LA MANGUE QUE MARIA A FAIT POUSSER DANS SA COUR MESURAIT 30,48 CM DE LONG ET 49,53 CM DE CIRCONFÉRENCE.

61°13'N 149°53'O

ANCHORAGE, ALASKA, USA

Le **grand glacier dont la progression est la plus rapide** est le glacier Columbia, situé entre Anchorage et Valdez (Alaska, USA). En 1999, il se déplaçait de 35 m en moyenne par jour.

★ L'AVOCAT LE PLUS LOURD

L'avocat d'Amérique centrale et du Sud est le fruit le plus énergétique du monde. Ce spécimen particulier de 2,19 kg, cultivé par Gabriel Ramírez Nahim (Venezuela), un passionné, est le plus calorique de tous. Il a été pesé le 28 janvier 2009 à Caracas (Venezuela).

100 %

NOM
LE MOT "AVOCAT" VIENT DU NAHUATL (LA LANGUE AZTÈQUE) ET SIGNIFIE "TESTICULE". LE NAHUATL A ÉGALEMENT DONNÉ LE MOT "CHOCOLAT".

100 %

● LA PLUS LOURDE GROSEILLE À MAQUEREAU

Bryan Nellist (GB) d'Egton Bridge (North Yorkshire, GB) a cultivé une groseille à maquereau de 62,01 g et l'a récoltée le 4 août 2009.

PLANTES LES PLUS GRANDES

PLANTE	HAUTEUR	PRODUCTEUR	DATE
● *amaranthe*	8,48 m	Jesse Eldrid (USA)	25 oct. 2007
aubergine/brinjal	5,5 m	Abdul Masfoor (Inde)	sept. 1998
haricot	14,1 m	Staton Rorie (USA)	7 nov. 2003
chou de Bruxelles	2,8 m	Patrice et Steve Allison (USA)	17 nov. 2001
cactus (cultivé)	21,3 m	Pandit S. Munji (Inde)	1er janv. 2004
céleri	2,74 m	Joan Priednieks (GB)	1998
chrysanthème	4,34 m	Bernard Lavery (GB)	1995
coleus	2,5 m	Nancy Lee Spilove (USA)	31 oct. 2004
chou sauvage (Brassica oleracea)	4,06 m	Woodrow Wilson Granger (USA)	24 mai 2007
cosmos	3,75 m	Cosmos Executive Committee (Japon)	17 oct. 2003
● *coton*	9,24 m	D. M. Williams (USA)	23 oct. 2009
jonquille	1,55 m	M. Lowe (GB)	1979
pissenlit	1,28 m	Jeppe, Elise et Simon Hvelplund (Danemark)	1991
fuchsia (grimpant)	11,4 m	Reinhard Biehler (Allemagne)	13 juin 2005
Herba cistanches	1,95 m	Yongmao Chen (Chine)	15 août 2006
papayer	13,4 m	Prasanta Mal (Inde)	2 sept. 2003
● *persil*	2,37 m	David Brenner (USA)	10 juin 2009
poivron	4,87 m	Laura Liang (USA)	1999
pervenche	2,19 m	Arvind, Rekha, Ashish et Rashmi Nema (Inde)	10 déc. 2003
pétunia	5,8 m	Bernard Lavery (GB)	1994
rosier (grimpant)	27,7 m	Anne et Charles Grant (USA)	1er août 2004
● *rosier buisson (tuteuré)*	5,66 m	Robert Bendel (USA)	12 oct. 2009
canne à sucre	9,5 m	M. Venkatesh Gowda (Inde)	21 févr. 2005
● *tournesol*	8,03 m	Hans-Peter Schiffer (Allemagne)	17 août 2009
maïs	9,4 m	D. Radda (USA)	1946
tomate	19,8 m	Nutriculture Ltd (GB)	11 mai 2000
zinnia	3,86 m	Everett W. Wallace, Jr et Melody Wagner (USA)	23 oct. 2008

BETTE-RAVE !
EN 2008, PETER GLAZEBROOK (GB) A CULTIVÉ UNE BETTERAVE LONGUE DE 6,405 M, 2 FOIS PLUS LONGUE QU'UNE MINI-COOPER !

SAUCE !
LE PLUS GRAND SACHET DE KETCHUP, DE 1,21 X 2,43 M, CONTIENT 480,69 L DE SAUCE. IL A ÉTÉ RÉALISÉ PAR LE PASTEUR DAVID AMSDEN.

★ NOUVEAU RECORD
● MISE À JOUR

SOCIÉTÉ MODERNE

JEUX & JOUETS

LES PLUS GRANDS JEUX

★LE VIEUX MAC DONALD AVAIT UNE FERME
Le 25 avril 2009, sur le plateau de *Lo show dei record*, à Milan (Italie), 332 personnes ont joué au jeu du *Vieux Mac Donald avait une ferme*.

●LE PLUS DE PARTIES D'ÉCHECS SIMULTANÉES
Les 13-14 août 2009, Morteza Mahjoob (Iran) a joué 500 parties d'échecs simultanément au complexe sportif Engelab à Téhéran (Iran), en à peine 18 h.

★LA TOUR JENGA LA PLUS RAPIDE
Mitchell Bettell (GB) a construit 10 niveaux d'une tour Jenga en 43,94 s au *GWR Live !* de Butlins (GB), le 26 août 2009.

●TÊTE, ÉPAULES, GENOUX ET ORTEILS
Le 23 octobre 2009, 1 461 personnes des écoles Gladesmore Community School et Crowland Primary School ont joué au jeu *Tête, épaules, genoux et orteils* au Markfield Park de Tottenham (Londres, GB).

●SI TU ES HEUREUX ET QUE TU LE SAIS
Le 6 septembre 2009, au cours du festival familial SkyFest d'Édimbourg (GB), 755 personnes ont participé au jeu de *Si tu es heureux et que tu le sais*.

●1, 2, 3, SOLEIL
Le 10 juillet 2009, 987 personnes ont joué à 1, 2, 3, soleil. Un événement orchestré par l'école Sir Thomas Boteler Church of England de Latchford (Warrington, GB).

●CHAISES MUSICALES (AU SOL)
Le 15 juillet 2009, à l'école Saint-Thomas-d'Aquin d'Édimbourg (GB), 348 personnes ont joué aux chaises musicales. Dès l'arrêt de la musique, elles devaient s'asseoir au sol.

CHAISES MUSICALES
Le 5 août 1989, le plus grand jeu de chaises musicales a rassemblé 8 238 participants à l'école anglo-chinoise de Singapour. 3 h 30 plus tard, Xu Chong Wei (Singapour), 15 ans, occupait la dernière chaise.

PILE !
LE PLUS GRAND NOMBRE DE DOMINOS EMPILÉS SUR UNE SEULE PIÈCE EST DE 1 002. CE RECORD A ÉTÉ RÉALISÉ PAR MAXIMILIAN POSER (ALLEMAGNE) À BERLIN (ALLEMAGNE), LE 6 FÉVRIER 2009.

SPIRALE !
LE RECORD DE DOMINOS SUPERPOSÉS EN SPIRALE EST DE 28 800. IL A ÉTÉ RÉALISÉ PAR MAXIMILIAN POSER (ALLEMAGNE) À BERLIN (ALLEMAGNE), LE 14 AVRIL 2009.

★LE PLUS GRAND JEU DE BALLE AU PRISONNIER
L'université de San Diego (USA) a organisé un jeu de balle au prisonnier avec 450 participants à l'Aztec Recreation Center de San Diego (Californie, USA), le 5 septembre 2009.

LE SAVIEZ-VOUS ?
LE 11 AVRIL 2009, UN AVION EN PAPIER LANCÉ PAR TAKUO TODA (JAPON) A VOLÉ PENDANT 27,9 S, AU FUKUYAMA BIG ROSE (HIROSHIMA, JAPON).

La **distance de vol record d'un avion en papier** est de 63,19 m.

INFO

SITKA, ALASKA, USA
57°03'N 135°19'O
Au festival du bois d'Albany (Oregon, USA), le 3 juillet 1988, Guy Germano originaire de Sitka (Alaska, USA) a effectué l'ascension et la descente d'un mât en bois de sapin en 24,82 s. C'est la **montée et descente la plus rapide d'un mât en sapin.**

LEGO : le mot LEGO® est l'abréviation des mots danois "leg godt", signifiant "bien jouer".

★LA PLUS LONGUE DISTANCE PARCOURUE PAR UN MODÈLE RÉDUIT TÉLÉCOMMANDÉ À PILES

Les 5-6 août 2009, au Mans (Sarthe), un modèle réduit représentant un robot pilotant un véhicule à 3 roues a parcouru 23 726 km avec seulement un set de piles Panasonic Evolta.

★ NOUVEAU RECORD
● MISE À JOUR

ENCORE ! POUR LES RECORDS DE JEUX VIDÉO, ALLEZ P. 160.

JEUX DE RÉCRÉ

★ LA PLUS GRANDE MARELLE

Un jeu de marelle de 4 804,55 m a été créé par l'église Victory Baptist en coopération avec la marque de chaussures Toms Shoes® (tous deux USA) au Ladd Landing, à Kingston (Tennessee, USA), le 26 septembre 2009.

★LA PLUS GRANDE MAISON EN LEGO®

Le 17 septembre 2009, dans l'émission *James May's Toy Stories* à Dorking (GB), 1 200 volontaires encouragés par le présentateur James May ont construit une maison en LEGO® grandeur nature de 4,69 m de haut, 9,39 m de long et 5,75 m de large avec 2,4 millions de briques LEGO®.

●LA MARELLE LA PLUS RAPIDE

Ashrita Furman (USA) a terminé une marelle en 1 min et 8 s à New York (USA), le 29 décembre 2009.

★ LE PLUS GRAND JEU DE CHAT

465 personnes ont joué à chat au cours d'un événement organisé par Marcia LeVatte (Canada) à Sherwood Park (Canada), le 29 avril 2009.

★LE PLUS GRAND JEU D'EFFEUILLAGE DE MARGUERITE

Sur le plateau de *Lo show dei record*, à Milan (Italie), le 18 avril 2009, 331 personnes ont arraché des pétales de fleurs dans le cadre d'un jeu d'effeuillage de marguerite.

JOUETS

●LE PLUS GRAND CIRCUIT DE VOITURES ÉLECTRIQUES

Un circuit de voitures électriques de 4 752 km a été créé par James May (GB) et 300 bénévoles à Brooklands (GB), le 16 août 2009.

★RECORD DE RUBIK'S CUBES SOUS L'EAU

Le 16 janvier 2009, David Calvo (Espagne) a terminé 4 Rubik's Cubes sous l'eau en apnée, à Madrid (Espagne).

● LE PLUS LONG TRAIN ÉLECTRIQUE

Un train miniature HO (1/87,1) de 271,97 m de long, constitué de 8 locomotives et de 2 212 wagons, a été réalisé par Miniature Wunderland GmbH, au stade HSV Nordbank Arena de Hambourg (Allemagne), le 25 juillet 2008.

●LE PLUS GRAND NOMBRE DE YO-YO EN SIMULTANÉ

Le 13 mars 2009, 662 personnes ont joué simultanément au yo-yo lors d'un événement organisé par CTC Kingshurst Academy à Birmingham (GB).

●LA PLUS GRANDE MARIONNETTE

Le 6 septembre 2008, le centre de soins Villa Marconi Long-Term Care Centre a présenté sa mascotte, une marionnette de 17,82 m de haut, pour l'annuel Ital-Fest à Ottawa (Canada).

MAGIE DES ANIMAUX

●LE CHIEN À LA PLUS LONGUE LANGUE

La plus longue langue chez un chien mesure 11,43 cm. C'est celle du petit Puggy de Becky Stanford (USA). Cette langue "bien pendue" a été mesurée à la clinique vétérinaire Avondale Haslet (Texas, USA), le 8 mai 2009.

SOMMAIRE

VANCOUVER, COLOMBIE-BRITANNIQUE, CANADA

49°15'N
123°06'O

Le **plus grand orchestre** du monde comptait 6 452 musiciens : orchestre symphonique de Vancouver et étudiants en musique de Colombie-Britannique ont joué *Ten Minutes of Nine* pendant 9 min et 44 s au stade couvert BC Place Stadium de Vancouver (Canada), le 15 mai 2000.

MAGIE DES ANIMAUX

NOM D'UN CHIEN !

★ ★ ★ ★ ★ ★ ★ ★ ★ ★ ★

★ LE PLUS GRAND NOMBRE DE CHIENS HABILLÉS

123 chiens ont défilé à l'occasion du 101 Chihuahua Fashion Show au centre-ville d'Oosterhout (Pays-Bas), le 3 mai 2009. Pour que le record soit validé, chaque chien devait être habillé et traverser le podium au moins une fois, aux côtés de son maître, conformément aux directives de Guinness World Records.

★ 1ER CRASH D'AVION CAUSÉ PAR UN CHIEN

À 14 h 20, le 29 novembre 1976, un berger allemand incontrôlable à bord d'un taxi aérien Piper 32-300 de la Grand Canyon Air a perturbé les commandes, provoquant le crash de l'avion. Le chien a péri avec le pilote et le seul passager. C'est le 1er et à ce jour le seul crash d'avion causé par un animal domestique.

★ LE CHENIL LE PLUS CHER

En 2008, l'architecte Andy Ramus (GB) a conçu un chenil d'un montant de 250 000 £ – surnommé Barkingham Palace (*bark* signifiant "aboyer" en anglais). Il est équipé de gadgets hi-tech comme un écran plasma, une chatière à contrôle rétinien et un contrôle de la température.

★ NOUVEAU RECORD
● MISE À JOUR

L'ABOIEMENT LE PLUS SONORE

108 dB – c'est l'aboiement le plus sonore du monde canin. Il a été produit par Daz, un berger allemand appartenant à Peter Lucken (GB), au Finsbury Park, à Londres (GB), le 15 juin 2009.

LE CHIEN LE PLUS RAPIDE À TUER LES RATS

Dans les années 1820, un bull terrier de 11,8 kg appelé Billy a tué 4 000 rats en 17 h, un record remarquable quand on sait qu'il était borgne. Son record le plus extraordinaire est d'avoir tué 100 rats en 5 min et 30 s au Cockpit de Tufton Street, à Londres (GB), le 23 avril 1825. Il est mort le 23 février 1829 à l'âge de 13 ans.

RECORD DE PROFONDEUR POUR UN CHIEN ÉQUIPÉ DE MATÉRIEL DE PLONGÉE

Dwane Folsom (USA) emmène régulièrement son chien, Shadow, plonger au large de l'île de Grand Cayman, à 4 m de profondeur. Shadow porte une combinaison de plongée avec un casque, une veste lestée et un flexible relié à sa bouteille d'oxygène.

RECORD DE DISQUES ATTRAPÉS AU VOL

Rose, le chien d'Edward Watson (USA), peut attraper 7 disques volants lancés successivement et les tenir dans sa gueule en même temps !

PETIT ! LE PLUS PETIT CHIEN VIVANT NE MESURAIT QUE 10,16 CM. VOYEZ P.152-153 POUR EN SAVOIR PLUS SUR CE MINUSCULE TOUTOU !

TOUT PETIT ! ARTHUR MARPLES (GB) POSSÉDAIT LE PLUS PETIT CHIEN DE TOUS LES TEMPS, UN YORKSHIRE TERRIER NAIN DE LA TAILLE D'UN POING. IL MESURAIT 7,11 CM.

45°31'N 122°40'O

PORTLAND, OREGON, USA

Le **plus petit parc** du monde est le Mill Ends Park, situé sur un terre-plein routier de la SW Front Avenue à Portland (Oregon, USA). Le parc forme un cercle de 60,96 cm de diamètre et couvre 2 917,15 cm².

CANICHE : ce nom serait dérivé du mot "cane", le caniche adorant barboter dans l'eau !

ENCORE ! DES ANIMAUX DOMESTIQUES INSOLITES P. 152 ET P. 154.

RECORD DE VITESSE RÉALISÉ PAR UN CHIEN SUR UN SKATE-BOARD

Découvrez Tillman, le chien amateur de skate-board et de body-board. Ce bulldog vivant en Californie adore la glisse. Il a battu un nouveau record au X-Games 15 de Los Angeles (USA) – il est devenu le chien le plus rapide sur un skate-board ! Le temps moyen réalisé par Tillman pour parcourir aller-retour une distance de 100 m sur un parking est de 19,678 s.

PAROLE D'EXPERT

- SELON LE DR RAYMOND COPPINGER, BIOLOGISTE, IL Y AURAIT 400 MILLIONS DE CHIENS DANS LE MONDE.
- LES CHIENS ONT ÉTÉ LES PREMIERS ANIMAUX À ÊTRE DOMESTIQUÉS.
- LE NOM SCIENTIFIQUE DU CHIEN EST CANIS LUPUS FAMILIARIS, EN RÉFÉRENCE À UNE FORME DOMESTIQUÉE DU LOUP GRIS.
- DANS CERTAINS PAYS, LA CHAIR DE CHIEN EST APPRÉCIÉE. LE JOURNAL *ANIMAL PEOPLE* ESTIME ENTRE 13 ET 16 MILLIONS LE NOMBRE DE CHIENS MANGÉS PAR AN EN ASIE.

LE PLUS LONG VOYAGE D'UN CHIEN POUR RENTRER CHEZ LUI

La distance la plus longue parcourue par un chien perdu pour retrouver sa maison est de 3 218 km. Jimpa, un croisement de labrador et de boxer, est retourné chez lui, à Pimpinio (Victoria, Australie), après avoir traversé tout le pays. Son maître, Warren Dumesney (Australie), l'avait emmené avec lui 14 mois plus tôt pour travailler dans une ferme de Nyabing, dans l'ouest de l'Australie. Pendant son périple, Jimpa a traversé le désert aride de Nullarbor Plain.

RECORD DE TEMPS PASSÉ DANS LE COULOIR DE LA MORT D'UNE FOURRIÈRE

Un chien appelé Word est resté dans le couloir de la mort d'une fourrière pendant 8 ans et 190 jours. Word, un lhasa apso appartenant à Wilton Rabon de Seattle (Washington, USA), a été enfermé à la fourrière Seattle Animal Control Shelter (USA) le 4 mai 1993, après deux incidents impliquant des morsures. Il a été relâché le 10 novembre 2001 et confié au refuge pour cochons Pigs Peace Sanctuary de Washington (USA). Word a terminé ses jours comme "chien de cochon aveugle", pour un cochon dodu souffrant de problèmes de vue !

RECORD DE MARIAGE DE CHIENS

Le 19 mai 2007, 178 couples de chiens ont été "mariés" à l'Aspen Grove Lifestyle Center de Littleton (Colorado, USA), à l'occasion du Bow Wow Vows.

RECORD D'ACCIDENTS FATALS EN UN JOUR AUXQUELS A SURVÉCU UN CHIEN

Le 15 avril 2003, Dosha, une petite chienne croisée, a discrètement pris la poudre d'escampette et quitté sa maison de Clearlake (Californie, USA)... avant de se faire renverser par un camion ! Apitoyé, un policier a décidé d'abréger ses souffrances en lui tirant une balle dans la tête. Puis Dosha a été enfermée dans un sac et placée dans la chambre froide d'un centre pour animaux. Deux heures plus tard, lorsqu'on a ouvert la chambre, la chienne était assise et bien vivante !

LE PLUS GROS OBJET AVALÉ PAR UN CHIEN

En décembre 2000, Kyle, un colley staffordshire bull-terrier de 45,7 cm de long, a avalé un couteau de 38 cm, qui est resté coincé dans son estomac, la lame pointé vers la gorge. Le chien a été transporté à la clinique vétérinaire People's Dispensary for Sick Animals de Leeds (GB), où le Dr Ann Draper a réussi à extraire le couteau. Kyle mène maintenant une vie normale, auprès de sa maîtresse Eva Oliver (GB).

LE SAVIEZ-VOUS ?

- L'EMPREINTE DE LA TRUFFE D'UN CHIEN EST UNIQUE, AU MÊME TITRE QU'UNE EMPREINTE DIGITALE !
- LE CHIEN POSSÈDE 220 MILLIONS DE CELLULES OLFACTIVES ET L'HOMME 20 MILLIONS !

INFO

Les chiens ne transpirent qu'à un seul endroit : entre les coussinets de leurs pattes. Pour se rafraîchir, ils laissent pendre leur langue.

LE CHIEN LE PLUS RAPIDE POUR CREVER 100 BALLONS

44,49 s, c'est le temps le plus court mis par un chien pour crever 100 ballons. Le jack russell terrier Anastasia, appartenant à Doree Sitterly (USA), a réalisé cet exploit au cours de l'émission télévisée *Live with Regis and Kelly* à Los Angeles (USA), le 24 février 2008.

TACOMA, USA

47°14'N 122°26'O

La **plus grande réunion d'anciens élèves** (3 299) a eu lieu au Stadium High School à Tacoma (Washington), à l'occasion du centenaire de l'école le 16 septembre 2006.

MAGIE DES ANIMAUX

ANIMAUX DOMESTIQUES

★NOUVEAU RECORD
●MISE À JOUR

LE PLUS PETIT CHIEN DU MONDE

Lana Elswick, de Raceland (Kentucky, USA), possède le plus petit chien du monde, une femelle chihuahua à poil long baptisée Boo Boo. Le 12 mai 2007, elle mesurait 10,16 cm de haut.

★LE PREMIER CHAT DOMESTIQUE

Des ossements de chat mis au jour lors de fouilles archéologiques dans le village néolithique de Shillourokambos (Chypre) ont permis d'établir que la domestication du chat remonte à 9 500 ans.

LA RACE DE CHIEN LA PLUS INTELLIGENTE

D'après les juges professionnels des concours d'obéissance canine et Stanley Coren (USA), professeur de psychologie à l'université de Colombie-Britannique, le chien le plus intelligent est le border collie, suivi du caniche et du berger allemand.

★RECORD DE SAUT EN LONGUEUR POUR UN COCHON D'INDE

Diesel (ci-dessus) a battu ce record en franchissant un fossé de 20,5 cm, le 27 juillet 2009, à Londres (GB). Le **record de saut en hauteur** (20 cm) a été établi par Puckel Martin le 16 mars 2003.

★LE SAUT DE LAPIN LE PLUS LONG

Le record du monde de saut en longueur pour un lapin est de 3 m. Il a été battu le 12 juin 1999, à Horsens (Danemark), par Yabo, mené par Maria Brunn Jensen (Danemark).

●LE PLUS DE PROPRIÉTAIRES D'ANIMAL DOMESTIQUE (PAYS)

C'est en Australie que la proportion de personnes ayant un animal domestique est la plus élevée : plus de 60 % des ménages ont au moins un animal de compagnie (un chien ou un chat) et 83 % des Australiens en ont un jour possédé un (chiffres de 2010).

LES PLUS LONGUES OREILLES DE LAPIN

Les oreilles de Geronimo, un lapin bélier anglais appartenant à Waymon et Margaret Nipper (USA) ont été mesurées le 1er novembre 2003 à Wichita (Kansas, USA), lors d'une exposition organisée par l'Association américaine des éleveurs de lapins. Elles mesurent 79 cm d'une extrémité à l'autre.

★LA RACE DE CHAT LA PLUS RÉCENTE

Reconnu par plusieurs associations félines, le sphinx, ou chat nu, descend de chats nés à Ontario (Canada) au milieu du xxe siècle et porteurs d'un gène récessif codant l'absence de poils.

À POIL ?
LE SPHINX N'A AUCUN POIL, MAIS SA PEAU A LA MÊME COULEUR QU'UN PELAGE ET PRÉSENTE LES MOTIFS HABITUELS - UNI, TIGRÉ OU ÉCAILLE DE TORTUE - DE LA ROBE D'UN CHAT !

●LE PLUS GRAND LAPIN

Darius, le lapin géant des Flandres d'Annette Edwards (GB, photo ci-dessus), mesurait 129 cm de long le 6 avril 2010, mesures prises pour un article du journal britannique *Daily Mail*.

LE PLUS PETIT LAPIN
Le polonais et le hollandais, deux races naines, ont un poids compris entre 0,9 et 1,13 kg. En 1975, Jacques Bouloc (France) a annoncé la création d'un nouvel hybride de ces deux races ne pesant que 396 g.

LE PLUS VIEUX CHIEN DE L'HISTOIRE
Le plus vieux chien jamais recensé a vécu 29 ans et 5 mois. Bluey, un bouvier australien appartenait à Les Hall (Australie). Arrivé encore chiot chez son propriétaire, en 1910, il est mort le 14 novembre 1939.

LE PLUS VIEUX CHAT DE L'HISTOIRE
Né le 3 août 1967, Creme Puff a vécu avec son maître Jake Perry à Austin (Texas, USA) jusqu'au 6 août 2005. Il est mort à l'âge de 38 ans et 3 jours !

LE PLUS VIEUX POISSON ROUGE DE L'HISTOIRE
À 7 ans, en 1956, Peter Hand de Carlton Minniot (North Yorkshire, GB), a gagné un poisson rouge (baptisé Tish) à la foire. Ses parents, Hilda et Gordon se sont occupés de Tish jusqu'à sa mort en 1999, 43 ans plus tard.

LA GERBILLE APPRIVOISÉE LA PLUS ÂGÉE
Une gerbille de Mongolie baptisée Sahara, née en mai 1973 et appartenant à Aaron Milstone de Lathrup Village (Michigan, USA), est morte le 4 octobre 1981 à l'âge de 8 ans et 4 mois et demi.

LA PLUS PETITE RACE DE HAMSTER DOMESTIQUE
Le hamster de Roborovski mesure 4 à 5 cm. Cette espèce est originaire de Mongolie et du nord de la Chine.

SAUVAGE !
LE SAVANNAH DE 1RE GÉNÉRATION (CROISEMENT ENTRE UN SERVAL ET UN CHAT DOMESTIQUE) EST CONSIDÉRÉ COMME UN CHAT DOMESTIQUE PAR L'ASSOCIATION FÉLINE INTERNATIONALE.

LE PLUS D'ORTEILS CHEZ UN CHAT
Jake, le chat tigré de Michelle et Paul Constant (Canada), avait 28 orteils (7 par pattes), tous munis d'une griffe, d'un coussinet et d'une structure osseuse (au 24 septembre 2002).

★LE PLUS GRAND CHAT DOMESTIQUE

Kimberly et Lee Draper (USA) ont le plus grand savannah de 1re génération. Scarlett's Magic mesurait 41,87 cm le 17 décembre 2009.

●LE PLUS GRAND CHIEN DU MONDE

Giant George, le dogue allemand de David Nasser, de Tucson (Arizona, USA), est le plus grand chien du monde. Il mesurait 109,2 cm et pesait 111 kg le 15 février 2010.

SEATTLE, WASHINGTON, USA

47°36'N 122°19'O

Le **plus grand sapin de Noël coupé** est un sapin de Douglas (*Pseudotsga menziesii*) de 67,36 m de haut, qui a été dressé dans le centre commercial de Northgate, à Seattle (Washington, USA), en décembre 1950.

MAGIE DES ANIMAUX

ZOOS & RÉSERVES

●LE PLUS LONG SERPENT

Fluffy, un python réticulé (*Python reticulatus*), vit au Columbus Zoo and Aquarium, à Powell (Ohio, USA). Le 30 septembre 2009, il mesurait plus de 7,3 m. Découvert en Indonésie en 1912, le **plus long serpent de l'histoire** mesurait 10 m.

LE ZOO LE PLUS VIEUX

La 1re **collection d'animaux vivants** a été constituée entre 2097 et 2094 av. J.-C. dans la ville actuelle de Puzurish (Irak), par Shulgi, souverain de la IIIe dynastie d'Ur. Au début du XIIIe siècle, le roi d'Angleterre Jean sans Terre commença la collection d'animaux la plus chère du Moyen Âge. Elle fut installée dans la Tour de Londres.

Le ●**zoo le plus ancien en activité** est le Tiergarten Schönbrunn, qui occupe une partie du palais de Schönbrunn à Vienne (Autriche).

Créé en 1752 sur l'ordre de l'empereur François Ier pour constituer la ménagerie royale, il fut ouvert au public en 1779. C'est là qu'est né le premier éléphant en captivité en 1906.

★PÉDICURE À GRANDE ÉCHELLE

Les éléphants en captivité sont les plus grands animaux à recevoir des soins de pédicure. Ci-dessus, Boy, un éléphant d'Asie de 39 ans (sous calmants) s'est fait soigner par un vétérinaire allemand au zoo de Kiev (Ukraine), le 23 mai 2009.

LE ZOO LE PLUS GRAND

Par sa diversité, le zoo le plus grand est le Zoologischer Garten Berlin (jardin zoologique de Berlin). Inauguré le 1er août 1844, il est aussi le 1er zoo d'Allemagne. Il abrite 14 000 animaux de 1 500 espèces sur ses 35 ha et accueille en moyenne 2,6 millions de visiteurs par an.

AQUARIUMS

Datant de 1872, le Sea Life de Brighton (Sussex oriental, GB) est le ★**plus ancien aquarium**. D'architecture victorienne, l'édifice abrite des installations modernes et renferme 150 espèces exposées dans 57 espaces. Le Georgia Aquarium d'Atlanta (Géorgie, USA) est l'**aquarium le plus volumineux du monde**, avec 30,28 millions de litres d'eau douce et d'eau de mer. Ouvert en novembre 2005, il abrite sur 51 096 m² 120 000 créatures de 500 espèces, réparties dans 60 réservoirs. Le plus grand, d'une contenance de 23,47 millions de litres, a été conçu pour les requins-baleines.

ENCORE ! LE TOUR DU MONDE DES RECORDS, ÇA COMMENCE P. 46.

OAKLAND, CALIFORNIE, USA

37°49'N 122°16'O

Le 11 janvier 1935, Amelia Earhart (USA) a réussi le 1er **vol en solitaire entre Hawaï et l'Amérique du Nord**. Elle a parcouru 3 860 km en 18 h. Partie de Wheeler Field, à Honolulu (Hawaï, USA), elle a atterri à l'aéroport d'Oakland (Californie, USA)

LE SAVIEZ-VOUS ?

LE PLUS GRAND LION, SIMBA, ÉTAIT UN LION À CRINIÈRE NOIRE MESURANT 1,11 M AU GARROT. IL A VÉCU DANS LES ZOOS DE COLCHESTER ET DE KNARESBOROUGH (GB).

★RECORD DE GIRAFONS NÉS EN CAPTIVITÉ

Denisa, girafe femelle du Safari Park de Ramat Gan (Israël), a donné naissance à 11 petits. Ci-contre, avec son petit dernier, en juillet 2009.

INFO

Le plus grand des grands félins est le tigre. Les grands félins, à la différence des petits, rugissent.

LA PLUS GRANDE PORTÉE DE TIGRES

Le 15 avril 1979, Baghdad, tigresse du Bengale (*Panthera tigris tigris*), a mis au monde 8 petits au Marine World Africa USA, à Redwood (Californie, USA). C'est la plus grande portée de tigres nés en captivité.

★LA PLUS GRANDE VOLIÈRE

Cette volière visitable se trouve dans la réserve ornithologique de Jurong (Singapour), elle-même la plus grande du monde : 8 000 oiseaux y vivent. L'African Waterfall Aviary (volière de la cascade africaine) abrite plus de 1 500 oiseaux de 50 espèces.

●LE PLUS VIEUX GORILLE EN CAPTIVITÉ

Colo est le 1er gorille né en captivité (le 22 décembre 1956). Il vit au zoo Columbus de Powell (Ohio, USA) et a 53 ans.

GORILLE
LE PLUS GROS MAMMIFÈRE À BÂTIR UN NID EST LE GORILLE D'AFRIQUE (*GORILLA GORILLA*), QUI MESURE JUSQU'À 1,8 M ET PÈSE JUSQU'À 227 KG.

GORILLE
LE PLUS GRAND PRIMATE VIVANT EN LIBERTÉ MESURAIT 1,95 M. CE GORILLE DE MONTAGNE MÂLE AVAIT ÉTÉ DÉCOUVERT DANS L'EST DU CONGO EN MAI 1938.

★ NOUVEAU RECORD
● MISE À JOUR

SACRAMENTO, CALIFORNIE, USA

38°33'N 121°28'0

Le **plus long marathon de tennis de table en double** a duré 101 h, 1 min et 11 s. Il a été disputé par Lance, Phil et Mark Warren et Bill Weir (tous USA) à Sacramento (Californie, USA), du 9 au 13 avril 1979.

À LA FERME

●LA PLUS PETITE VACHE

Swallow, une vache Dexter appartenant à Martyn et Caroline Ryder (tous deux GB) et photographiée ici avec Freddie, une Shorthorn de taille normale, mesurait 85 cm au garrot, à la ferme de Pike End, à Rishworth (Halifax, GB), le 22 juillet 2009.

★ NOUVEAU RECORD
● MISE À JOUR

MENTAL ! LES ABEILLES FORMENT UNE GRAPPE QUAND ELLES SE RÉUNISSENT AUTOUR DE LA REINE POUR LA PROTÉGER. CET INDIVIDU, QUI TIENT LA REINE, ATTIRE AINSI LES ABEILLES QUI LE RECOUVRENT ENTIÈREMENT.

●LE MANTEAU D'ABEILLES LE PLUS LOURD

Le 9 mars 2009, à l'Institut de recherches agricoles de New Delhi (Inde), Vipin Seth (Inde) a porté un manteau de 613 500 abeilles qui pesait 61,4 kg.

LA PLUS GRANDE FERME

À sa mort en 1975, Laucídio Coelho (Brésil) possédait 250 000 têtes de bétail. Sa ferme, située dans le Mato Grosso (Brésil), avait une superficie de 8 700 km², 3 fois celle de Rhode Island, le plus petit État américain.

★LA 1RE FERME D'ÉLANS

La première ferme consacrée à la domestication et à l'élevage de l'élan (*Alces alces*), la **plus grande espèce de cerf**, est la ferme créée en 1963 dans la région de Kostroma (Russie). Elle compte entre 10 et 15 femelles productrices de lait. Plus de 800 élans ont été élevés dans cette ferme depuis sa création.

★LA PLUS GRANDE FERME DE FOURMIS

Le 28 décembre 2008, la société Colgate Palmolive a présenté une ferme de fourmis de 1,2 x 0,9 x 0,08 m abritant 200 à 300 fourmis. Cette ferme figure sur une publicité pour du dentifrice placardée sur des abribus de Singapour.

●RECORD DE CORNES POUR UN MOUTON

Les brebis et les béliers de Jacob, une espèce rare de mouton qui vit aux États-Unis et en Grande-Bretagne, possèdent entre 2 et 4 cornes. Certains spécimens en ont jusqu'à 6.

LE SAVIEZ-VOUS ?

CELA A FAIT 30 ANS, LE 17 NOVEMBRE 2010, QUE VINCENT PILKINGTON (IRLANDE) A PLUMÉ UNE DINDE EN 1 MIN ET 30 S, SUR LE PLATEAU DE LA RTE.

Vincent a aussi tué 100 dindes en 7 h et 32 min, le 15 décembre 1978, soit 4 min 30 s en moyenne par dinde !

INFO

LOS ANGELES, CALIFORNIE, USA

34°03'N 118°15'O

Le 1er **film produit à Hollywood** est *In Old California* (USA, 1910).
Il a été tourné à Los Angeles en 1907 par une société de production de Chicago qui s'était installée en Californie pour profiter du temps ensoleillé.

LES PLUS GROSSES CORNES DE BŒUF

Les taureaux ankolé watusi sont réputés pour leurs grosses cornes. Le **bouvillon** (bœuf châtré) Lurch (ci-contre) arbore des cornes de 95,25 cm de circonférence. Chez les **taureaux**, c'est C T Woodie qui détient le record avec des cornes de 103,5 cm.

VITE ! DWAYNE BLACK (AUSTRALIE) A MIS 53,88 S POUR TONDRE UN MOUTON MÉRINOS À PÉKIN (CHINE), LE 20 SEPTEMBRE 2007.

ENCORE PLUS VITE ! DWAYNE BLACK (AUSTRALIE) A TONDU UN MOUTON EN 45,41 S LE 17 AVRIL 2005, À SYDNEY, (NOUVELLE-GALLES DU SUD, AUSTRALIE).

★LA POULE LA PLUS PROLIFIQUE

Lors d'un test officiel mis au point par le professeur Harold V. Biellier et achevé le 29 août 1979 au College of Agriculture de l'université du Missouri (USA), une White Leghorn (N° 2988) a pondu un nombre record de 371 œufs en 364 jours.

★LE PLUS VIEUX MOUTON

Lucky, un mouton croisé Dorset appartenant à Delrae et Frank Westgarth (Australie) de Lake Bolac (Australie), est né le 25 avril 1986.

●LE PLUS VIEUX COCHON

Le plus vieux cochon se nomme Oscar et a eu 20 ans le 29 octobre 2009. Il vit chez son propriétaire, Stacy Leigh Kimbell (USA), à Dallas (Texas, USA).

LES PLUS CHERS...

●**Vache :** une frisonne a été vendue aux enchères pour 1,3 million $ à East Montpelier (Vermont, USA), en 1985.

Chèvre : un mâle angora, élevé par Waitangi Angoras de Waitangi (Nouvelle-Zélande), a été vendu à Elliott Brown Ltd de Waipu (Nouvelle-Zélande) au prix de 82 600 $, le 25 janvier 1985.

Cheval : un pur-sang de course de 2 ans a été vendu 16 millions $ lors d'une vente aux enchères publique, au Calder Race Course (Floride, USA), le 28 février 2006.

★**Cochon :** le 5 mars 1983, E. A. Bud Olson et Phil Bonzio ont versé 56 000 $ à Jeffrey Roemisch du Texas (USA), pour acquérir Bud, un porc châtré.

★**Mouton :** Jimmy Douglas a payé 369 000 $ pour acquérir un bélier Texel de 8 mois à Lanark (Écosse, GB), en août 2009. L'animal a été acquis pour la reproduction.

●LE CHEVAL LE PLUS GRAND

Big Jake, un hongre belge de 9 ans, mesurait 210,19 cm au garrot, au Smokey Hollow Farms de Poynette (Wisconsin, USA), le 19 janvier 2010.

ENCORE ! D'AUTRES HISTOIRES DE TAILLES P. 76-77.

SPOKANE, CALIFORNIE, USA

47°39'N 117°25'O

Le 17 avril 2001, James David (USA) a effectué un dérapage de 130 m à bicyclette, sur une surface plane au Spokane Raceway Park, à Washington (USA), soit le **plus long dérapage contrôlé à vélo**.

CULTURE POPULAIRE

SOMMAIRE

● LES PLUS GROSSES RECETTES POUR UN FILM

Avatar (USA, 2009), film de science-fiction de James Cameron (USA), avec Sam Worthington (GB) et Zoe Saldana (USA) (photo ci-contre), a battu le record de *Titanic* (USA, 1997), du même réalisateur, avec 2,69 milliards $ (1,47 milliard €) de recettes mondiales au 1er février 2010. C'est le **★1er film à dépasser les 2 milliards de $ de recettes.** Cameron détient désormais le **★record du nombre de films ayant dépassé le milliard de dollars de recettes.** Tous les records d'*Avatar* sont affichés dans le tableau ci-dessous.

AVATAR RECORDS

	RECORDS	NOTES	DATE
●	*Recettes pour un film*	Bat *Titanic* (USA, 1997)	26 janv. 2010
●	*500 millions $ atteints le plus rapidement*	En 32 jours – 45 pour *Titanic*	19 janv. 2010
●	*Recettes pour un film interdit - 13 ans*	Bat *Titanic* (USA, 1997)	1er mars 2010
●	*Recettes pour un film en 3D*	Là-haut (USA, 2009, aujourd'hui en 3e position) se place juste devant *Alice au pays des merveilles* (USA, 2010, en 2e position)	1er mars 2010
●	*Recettes pour un film de science-fiction*	2,69 milliards $ (1,47 milliard €)	1er mars 2010
★	*Recettes un 1er janvier*	25,2 millions $ (18,52 millions €)	1er janv. 2010
★	*La plus grande œuvre en motion-capture*	3 ans de motion-capture pour les studios Giant (Los Angeles, USA)	–
★	*La zone la plus vaste filmée en motion-capture*	Un plateau de tournage, baptisé Kong, (Wellington, N-Z) de 45 x 24 x 12 m	–
★	*Nombre d'acteurs filmés en motion-capture pour un film*	Les studios Giant en ont filmé 80	–
★	*1er film en 3D à remporter l'Oscar du meilleur film*	*Avatar* (USA, 2010)	7 mars 2010

32°46'N 117°09'O

SAN DIEGO, CALIFORNIE, USA

De la crête jusqu'au creux, la **plus haute vague** due à un phénomène météorologique ou climatique faisait 34 m. Elle a été mesurée la nuit du 6 au 7 février 1933 depuis l'USS *Ramapo*, qui ralliait Manille (Philippines) à San Diego (Californie, USA).

TIJUANA, BASSE-CALIFORNIE, MEXIQUE

32°31'N
117°02'O

Pesant 3,287 tonnes, la **plus grande salade César** du monde a été préparée par une équipe de 160 personnes pour la Canirac – chambre nationale de l'industrie de la restauration – et présentée à Tijuana (Basse-Californie, Mexique), le 20 octobre 2007.

CULTURE POPULAIRE

JEUX VIDÉO

● LE PLUS GROS CHIFFRE D'AFFAIRES GÉNÉRÉ PAR UN JEU EN 24 H

Call of Duty : Modern Warfare 2 (Activision, 2009) a généré 401 millions $ de chiffre d'affaires en 24 h lors de son lancement mondial, le 11 novembre 2009. C'est le plus gros chiffre jamais atteint par un produit de divertissement à son lancement : plus que n'importe quel film, album de musique ou autre jeu vidéo.

● LE JEU VIDÉO LE PLUS VENDU

Avec 45,7 millions d'exemplaires écoulés entre son lancement, en 2006, et mai 2009, le jeu vidéo le plus vendu de tous les temps est le *Wii Sports* de Nintendo, pré-installé sur la console Wii.

★ LE JEU DE MUSIQUE LE PLUS VENDU

Guitar Hero (RedOctane, 2005) est le jeu de musique qui s'est le mieux vendu avec plus de 32 millions d'exemplaires écoulés entre novembre 2005 et juin 2009.

★ LE JEU DE CONSOLE DE STRATÉGIE LE PLUS VENDU

Le jeu de stratégie nouvelle génération le plus vendu est *Halo Wars* (Microsoft, 2009) : 1,21 million d'exemplaires en mai 2009.

★ LE PLUS GRAND PRIX ATTRIBUÉ LORS D'UN TOURNOI DE FAN MOD

Le tournoi Sendi Mutiara Multimedia Grand National DotA, qui s'est déroulé à Kuala Lumpur (Malaisie) les 22-23 novembre 2008, mettait en jeu 120 000 ringgits (27 230 €). Des concurrents de 7 pays s'y sont affrontés sur *Warcraft III* mod "Defense of the Ancients". Le gagnant, Team Ehome (Chine), a empoché 36,000 RM (8 169 €), ainsi que d'autres prix.

★ LE PERSONNAGE VIDÉO LE PLUS DÉTAILLÉ

Avec ses 32 816 polygones graphiques, Lara Croft, l'héroïne de *Tomb Raider : Underworld* (Eidos Interactive, 2008), est de loin le personnage virtuel le plus fouillé.

43°37'N 116°13'O

BOISE, IDAHO, USA

Le **plus long cor des Alpes** mesure 24,02 m et pèse 83 kg. Fabriqué en épicéa par le Suisse Peter Wutherich, il a exigé une année de travail.

★ NOUVEAU RECORD
● MISE À JOUR

★LE PLUS LONG MARATHON DE FOOTBALL

Du 27 au 28 janvier 2009, à la gare de Victoria, Londres (GB), des *gamers* soutenus par le site de jeux en ligne Stryxa.com ont joué 24 h d'affilée au football sur *FIFA 10* (EA Sports, 2009).

★ LE MEILLEUR LANCEMENT D'UN JEU RPG

Fallout 3 de Bethesda a été vendu à plus de 4,7 millions d'exemplaires dans la semaine qui a suivi son lancement, du 28 octobre au 4 novembre 2008.

●LE MEILLEUR LANCEMENT D'UN JEU PC

Lancée le 13 novembre 2008, l'expansion *World of Warcraft : Wrath of the Lich King* (Activision Blizzard) s'est écoulée à 2,8 millions d'exemplaires en 24 h (4 millions en 1 mois).

★ LE SIMULATEUR DE VOL LE PLUS PUISSANT

Décrite comme "un environnement synthétique de simulation militaire nouvelle génération", la *Simusphère HD World*, produite par Link Simulation and Training (USA) pour des clients comme l'United States Air Force (USAF), est le simulateur de vol le plus puissant du monde. La version F-16 de l'USAF tourne sur 120 PC *dual core*, équipés chacun d'une carte graphique à 400 $, permettant à 10 000 objets d'apparaître simultanément.

★ LE PREMIER CONCERT RÉEL-VIRTUEL SIMULTANÉ

Le 2 juin 2009, le groupe américain de pop punk The Dares (Ben Peterson, Matt Peterson et Martin Lascano) a donné le premier concert réel/virtuel simultané, sur la scène E3 2009 du Los Angeles Convention Center (Californie, USA) et en ligne sur *Free Realms* (Sony, 2009). Le tour de chant des Dares inclut le générique de *Free Realms* : "It's Your World."

★ LE PLUS GRAND ENVIRONNEMENT PAYSAGÉ POUR UN JEU DE COURSE

Avec 40 km de paysages, *FUEL* de Codemaster détient le record pour un jeu de course. L'environnement s'inspire des paysages de l'Amérique du Nord. Modelés à partir de données satellites et générés par le moteur graphique, ils sont soumis à des blizzards, des tsunamis et des tornades.

●LA PLUS GRANDE COLLECTION DE POKÉMON

Lisa Courtney (GB) possède 12 113 objets Pokémon – un record certifié par Guinness World Records le 13 juin 2009.

★LE PLUS LONG MARATHON DE COURSE

À Oslo (Norvège), du 18 au 19 septembre 2009, Rolf Loraas, Hans Moe, Alexander Moerk, Lars-Christian Klingstroem, Per Helge Fagermoen, Benny Charles Fredstad, Benjamin Ward, Jan Dalan et Joachim Olsen (tous Norvège) ont joué 25 h durant à *Need for Speed Shift* (EA, 2009).

DRAW DISTANCE :

environnement 3D représenté dans le jeu.

LONG ! ENTRE NOVEMBRE 2004 ET OCTOBRE 2009, SARA LHADI (PAYS-BAS) A PASSÉ 16 799 H SUR LA MMORPG RUNESCAPE.

RAPIDE ! JUSTIN TOWELL (GB) A TERMINÉ EMERALD HILL, ZONE 1, SONIC THE HEDGEHOG 2 SUR XBOX LIVE ARCADE, EN 21 S, LE 30 OCTOBRE 2009.

CULTURE POPULAIRE

LIVRES

★ NOUVEAU RECORD
● MISE À JOUR

●LA BIOGRAPHIE LA PLUS LONGUE

De 1996 à 2007, Dr A. V. S. Raju (Inde) a écrit une biographie en 32 tomes de son maître spirituel, Sri Sathya Sai Baba (Inde), une figure religieuse très respectée en Inde.

★LE LIVRE LE PLUS CONTROVERSÉ DE L'ANNÉE

Le livre le plus souvent dénoncé à l'American Library Association's (ALA) Office for Intellectual Freedom, est *And Tango Makes Three* de Justin Richardson et Peter Parnell (tous deux USA). Le livre plusieurs fois primé raconte l'histoire véridique de deux pingouins mâles qui élèvent un bébé pingouin. De nombreux parents et éducateurs l'ont attaqué pour sa "promotion de l'homosexualité".

●LE PLUS GRAND LIVRE POP-UP

Le plus grand livre animé (ou pop-up) mesure 1,13 m sur 92 cm et pèse 19 kg. C'est une version grand format de *The Pop-Up Story of Delray Beach* de Roger Culberston (USA), illustré par Al Margolis. Le livre renferme 6 doubles pages à systèmes illustrant les expériences des résidents et visiteurs de Delray Beach (Floride, USA).

LE PLUS DE PRIX NOBEL DE LITTÉRATURE (PAYS)

La France est le pays qui a reçu le plus grand nombre de prix Nobel de littérature (13).

★LE PLUS JEUNE PRIX NOBEL DE LITTÉRATURE

Le poète et romancier Rudyard Kipling (GB, 1865-1936) a remporté le prix en 1907, à l'âge de 42 ans, en reconnaissance de son "sens de l'observation, de l'originalité de son imagination et de la force de ses idées".

★LA PREMIÈRE FEMME À REMPORTER LE PRIX NOBEL DE LITTÉRATURE

Selma Lagerlöf (Suède, 1858-1940) a reçu le prix Nobel de littérature en 1909 pour son "idéalisme, la vivacité de son imagination et la spiritualité qui caractérise son œuvre".

★LE PLUS DE LIVRES AUDIO PUBLIÉS PAR UN AUTEUR

Au 21 avril 2009, L. Ron Hubbard (USA) avait publié 185 livres audio.

★LA PLUS GRANDE DIFFUSION D'UN JOURNAL EN ANGLAIS

Appartenant à la famille Sahu Jain (Inde), *The Times of India* est diffusé à 3 146 000 exemplaires en moyenne, selon les derniers chiffres de la World Association of Newspapers et de l'Audit Bureau of Circulations.

LE LIVRE LE PLUS ÉPAIS

L'intégrale des aventures de *Miss Marple* d'Agatha Christie (GB), composée de 12 romans et 20 nouvelles, a été publiée en un seul volume de 32,2 cm d'épaisseur par HarperCollins le 20 mai 2009.

36°10'N
115°08'O

LAS VEGAS, NEVADA, USA

Le **plus gros chiffre d'affaires annuel** jamais enregistré par les casinos et les lieux de divertissement d'une ville s'élève à 7 673 134 286 $, un record établi par Las Vegas (Nevada, USA) en 2000.

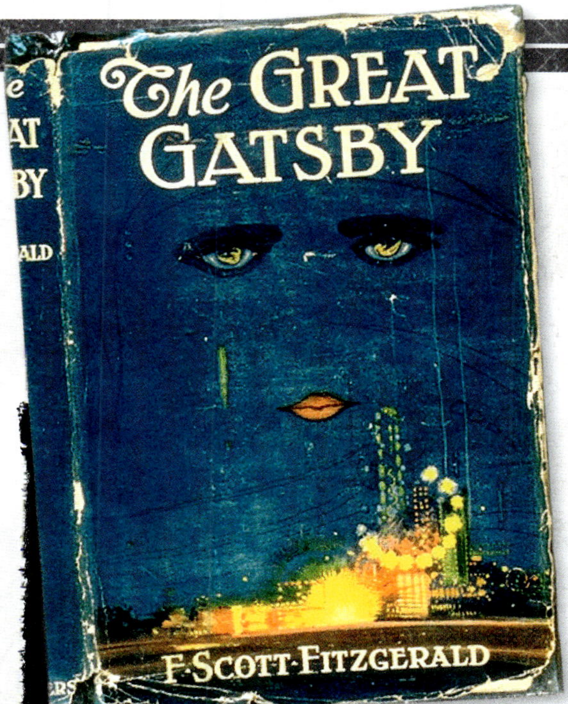

★LA PLAYMATE LA PLUS ÂGÉE

Modèle et présentatrice, Patricia Paay (Pays-Bas, née le 7 avril 1949) a posé pour le numéro de Noël de *Playboy* Hollande le 10 décembre 2009. Elle avait 60 ans.

★LE ROMAN CLASSIQUE LE PLUS CONTROVERSÉ

En tête des ouvrages les plus controversés de l'American Library Association, *Gatsby le Magnifique* (1924) de F. Scott Fitzgerald a été accusé par le Baptist College de Charleston (Caroline du Sud, USA) de contenir des "allusions sexuelles", c'était en 1987 !

★LE LIVRE AUDIO LE PLUS LONG

L'écoute du livre audio *50 conférences* de Takaaki Yoshimoto (Japon), publié le 1er août 2008 par Tokyo Shigesato Itoi Office K. K., (Japon) dure 115 h et 43 min.

LE PLUS LONG ROMAN

À la recherche du temps perdu de Marcel Proust (France) compte près de 9 609 000 signes (chaque lettre et chaque espace équivalent à un signe). Le 1er tome de cette œuvre magistrale, qui en totalise 7, est paru en 1913.

★LA PLUS ANCIENNE MAISON D'ÉDITION

Cambridge University Press est la plus ancienne maison d'édition du monde. Fondée en 1534 par la charte royale que le roi Henry VIII avait accordée à l'université, elle n'a jamais cessé d'imprimer et de publier des livres depuis la parution de son premier ouvrage en 1584.

●L'AUTEUR LE PLUS RICHE

Selon *Forbes*, J. K. Rowling (GB), l'auteure de la série Harry Potter, a gagné plus de 1 milliard $ pour ses romans et les produits dérivés. Rowling est une des 5 femmes devenues milliardaires par leurs propres moyens et le ★**premier auteur milliardaire**. Les 7 livres de la série se sont vendus à 400 millions d'exemplaires dans le monde et ont été traduits en 55 langues, dont le latin et le grec ancien.

LE PLUS DE LIVRES SAISIS LE DOS TOURNÉ

En se servant d'un ordinateur et de quatre claviers vierges, et sans regarder l'écran, Michele Santelia (Italie) a saisi, le dos tourné, 68 livres (20 680 060 caractères ; 24 154 pages ; 266 741 paragraphes ; 516 498 lignes) dans leur langue originale, dont *l'Odyssée, Macbeth,* la Vulgate, le *Guinness World Records 2002* et les manuscrits de la mer Morte (en hébreu ancien). Le dernier ouvrage de langue anglaise qu'il ait saisi, le dos tourné, est *La Vie d'Abraham Lincoln* (956 pages ; 919 124 caractères ; 2 810 paragraphes ; 16 944 lignes). Il en a commencé la saisie le 20 janvier 2009 et l'a achevée le 16 juin 2009.

★LE PLUS GRAND ATLAS

Il y a 350 ans, l'Atlas Klencke a été présenté au roi Charles II d'Angleterre, à l'occasion de son accession au trône (1660). Créé par le marchand hollandais Yohannes Klencke, l'atlas de 39 pages se compose de 41 cartes. Il mesure 1,78 m de haut, 1,05 m de large et 11 cm d'épaisseur.

LE SAVIEZ-VOUS ?

L'ATLAS KLENCKE A ÉTÉ OFFERT À CHARLES II POUR GAGNER SA FAVEUR. À L'ÉPOQUE, LES CARTES ÉTAIENT CONÇUES POUR FLATTER OU INFLUENCER LES PUISSANTS.

Les pages de l'Atlas Klencke (à droite) n'ont pas été consultées depuis 350 ans. Elles seront exposées au public en 2010.

INFO

ENCORE ! PLUS DE RECORDS ET DE CHIFFRES EN LIGNE p. 216.

CALGARY, ALBERTA, CANADA

La **plus longue distance parcourue par la flamme olympique dans un seul pays** a été atteinte au cours des 15e jeux Olympiques d'hiver, au Canada, en 1988. Ayant débarqué à St Johns (Terre-Neuve, Canada), le 17 novembre 1987, elle a ensuite parcouru 18 060 km.

51°02'N 114°08'O

CULTURE POPULAIRE
BANDES DESSINEES & ROMANS GRAPHIQUES

★ NOUVEAU RECORD ● MISE À JOUR

OK, on va maintenant passer aux BD et aux romans graphiques...
tap, tap tap
La réunion éditoriale hebdomadaire bat son plein.
et ne me décevez pas... Vous le regretteriez !
Je veux des records hors du commun !
J'EN AI UN ! LE 1er ROMAN GRAPHIQUE...
LE MOT EST APPARU POUR LA 1re FOIS EN 1976 DANS BLOODSTAR DE ROBERT HOWARD...
J'ADORE CELUI-LÀ ! APPELEZ LE 911 ! IL A PRIS FEU !
...MAIS ATTENDEZ, GEORGE METZER A AUSSI ÉCRIT BEYOND TIME EN 1976, QUI ÉTAIT SOUS-TITRÉ "ROMAN GRAPHIQUE"...
NON, SÉRIEUSEMENT, EST-CE QUE QUELQU'UN peut aller chercher un extincteur ?
...ET IL Y A EU RED TIDE DE JIM STERANKO, ÉGALEMENT BAPTISÉ "ROMAN GRAPHIQUE". IMPOSSIBLE DE SE DÉCIDER !
PAS GRAVE ! ILS PEUVENT SE PARTAGER CE RECORD... QUOI D'AUTRE ? QUI ÊTES-VOUS ?
EXCUSEZ-MOI ! JE SUIS POMPIER.
VOUS CHERCHEZ DES RECORDS CONCERNANT DES BD ? J'EN AI UN POUR VOUS. JOE SIMON, NÉ EN 1913, EST l'★ AUTEUR DE BD LE PLUS ÂGÉ : IL TRAVAILLE TOUJOURS. AVEC SON PARTENAIRE, JACK KIRBY, IL A CRÉÉ MON PERSONNAGE PRÉFÉRÉ, CAPTAIN AMERICA !
Ok, ok ! Je vous crois ! AU SUIVANT !
J'estime que Spiderman devrait être le détenteur du record du ● super héros de jeu vidéo le plus populaire. Il est la vedette d'au moins 35 jeux appartenant à 32 formats différents, et il figure dans au moins 9 autres titres Marvel. Sans compter les flippers, les jeux sur consoles portables et consoles de salon, ainsi que les jeux d'arcade...
Ha, Ha ! Et The dandy ? C'est une BD publiée depuis le 4 décembre 1937 par D.C. Thomson de Dundee (GB). Il s'agit de la plus ancienne BD hebdomadaire de tous les temps encore publiée aujourd'hui !
Merci, on publiera ça si la situation est désespérée, Dan.
OK patron, en voici un que vous allez aimer. C'est le record de la BD la ● plus chère vendue aux enchères. Il s'agit d'un très bel exemplaire d'Action comics n° 1 datant de 1938... Il a été vendu 1,5 million $ en mars 2010.
Vous êtes beaucoup trop payé... mais j'aime bien ce record...
Et maintenant, quelqu'un a-t-il une idée pour illustrer le sujet ?
JR.

TÉLÉVISION

●LES ÉMISSIONS LES PLUS REGARDÉES (2009)

Dans le monde : La série la plus regardée est *Docteur House* (Fox). Selon les sondages de l'agence Eurodata TV Worldwide, la série – avec Hugh Laurie (GB) dans le rôle du peu conventionnel Docteur Gregory House – a été vue par plus de 81,8 millions de spectateurs dans 66 pays.

En GB : La finale de *Britain's Got Talent* a été suivie par 18 millions de téléspectateurs.

En Europe : Le *Concours Eurovision de la chanson* 2009 a tenu en haleine 122 millions de spectateurs.

Aux USA : "Réunion", de la saison 7 de *NCIS : Enquêtes Spéciales* (NBC) a attiré 21,37 millions de spectateurs.

★LA SÉRIE MÉDICALE LA PLUS ANCIENNE

Casualty (BBC, depuis 1986) est la série médicale diffusée en primetime la plus ancienne. *General Hospital* (ABC, depuis 1963) est à l'antenne depuis plus longtemps encore : elle est ainsi la **●série diffusée en journée la plus ancienne**, depuis la fin annoncée de *As the World Turns* (CBS, 1956-2010).

FOU
SUR LA PHOTO, DON ET BETTY DRAPER (JON HAMM ET JANUARY JONES, TOUS DEUX USA) DE LA SÉRIE MAD MEN SUR LE MONDE IMPITOYABLE DE LA PUBLICITÉ DANS LES ANNÉES 1960.

●RECORDS D'AUDIENCE

2009 : Les funérailles de Michael Jackson (USA), le 7 juillet 2009, ont été suivies par 2 à 3 milliards de personnes.

Sport : Selon la BBC, les matchs de première ligue de football anglaise sont suivis par 600 millions de foyers dans 202 pays.

★RECORD DE "DÉCALAGES TEMPORELS"

Selon Nielsen, la série ayant suscité le plus de décalages temporels en 2009 a été *Battlestar Galactica* (SYFY), soit un bonus de part d'audience de 59,4 %. Le décalage temporel permet au téléspectateur d'enregistrer une série sur DVR ou grâce à un modem box.

● SÉRIE LA PLUS LONGTEMPS DIFFUSÉE

Après la fin annoncée de *As the World Turns* (CBS, depuis 1956) en septembre 2010, la série britannique *Coronation Street* (ITV, depuis 1960) gagnera le titre de série la plus ancienne encore diffusée. Par la même occasion, l'acteur William Roache (GB) qui tient le rôle de Ken Barlow depuis le 1er épisode deviendra l'**●acteur de série à la plus grande longévité**.

●LES MEILLEURES PARTS D'AUDIENCE (ACTUELLES)

La 3e saison de *Mad Men* (Lionsgate/AMC, photo de gauche), *Sons of Anarchy* (FX) et *Modern Family* (ABC) sont les séries actuelles qui bénéficient du plus grand nombre de critiques positives : les téléspectateurs les ont toutes créditées d'une note de 86/100 sur le site metacritic.com.

75 ANNÉES DE TÉLÉVISION

Bien que des expériences aient été menées dans le monde entier à partir des années 1920, la télévision telle que nous la connaissons est née à 15 h, le 2 novembre 1936, à Londres (GB), quand la BBC a lancé la **1re diffusion régulière de spectacles télévisés**.

Bonjour, mesdames et messieurs. J'ai le grand plaisir de vous présenter le monde magique de la télévision...

1res paroles prononcées à la télévision par Leslie Mitchell

1936 : 1er présentateur
Venant de la radio, Leslie Mitchell a été le 1er présentateur aux côtés de Jasmine Bligh et Elizabeth Cowell (tous trois GB), les **1res présentatrices à la télévision**.

1936 : Le 1er duo de comédiens danseurs noirs
Buck et Bubbles (tous deux USA) est apparu dans *Variety* (GB), une émission diffusée dès le 1er jour.

1936 : 1er magazine télévisé
Le show de variété *Picture Page* (GB) a été diffusé dès le 1er jour. Son animateur Joan Millar (Canada) a été la **1re star du petit écran**.

40°45'N 111°53'O

SALT LAKE CITY, UTAH, USA

Barney Clark (USA), dentiste à Des Moines (Washington), a reçu le **1er cœur artificiel** implanté par le chirurgien William C. DeVries. L'opération a eu lieu à l'Utah Medical Center de Salt Lake City, les 1-2 décembre 1982. Le patient avait 61 ans.

★ LE DOCUMENTAIRE LE MIEUX NOTÉ (2009)

Monty Python : Almost the Truth (IFC), une série en 6 épisodes, s'est vu attribuer une note moyenne de 84/100 par les téléspectateurs et a remporté la palme du documentaire le plus plébiscité en 2009.

●LES PLUS GROS REVENUS

Acteur : Charlie Sheen (USA) serait payé 800 000 $ pour chaque épisode de *Mon Oncle Charlie* (CBS, depuis 2003).

Actrice : Katherine Heigl (USA), alias Dr Izzie Stevens de *Grey's Anatomy* (ABC, depuis 2005), touche 200 000 $ par épisode.

● LES STARS DU PRIME TIME LES MIEUX PAYÉES

Alors qu'Oprah est la **star de la télévision la mieux payée** (voir ci-dessus), la liste Forbes Celebrity 100 désigne Simon Cowell (GB) et Tyra Banks (USA) comme les stars du *prime time* les mieux rémunérées. De juin 2009 à juin 2010, Cowell aurait gagné 75 millions $ et l'ex-top modèle Tyra Banks 30 millions $.

EMMY AWARDS

★RECORD DE VICTOIRES

Sur les 195 nominations aux Primetime Emmy Awards, la cérémonie des oscars (Academy Awards) a obtenu 46 récompenses.

★LE PLUS DE VICTOIRES POUR UNE SÉRIE MUSICALE OU COMIQUE

The Daily Show with Jon Stewart (Comedy Central) a remporté 7 années de suite l'Emmy de la meilleure série de variété musicale ou comique.

★LA PLUS JEUNE ACTRICE À GAGNER UN EMMY (1ER RÔLE)

En 2007, à l'âge de 23 ans, America Ferrara (USA, née le 18 avril 1984) a reçu le prix de la meilleure actrice dans une série comique, pour son rôle de Betty Suarez dans *Ugly Betty* (ABC).

● CÉLÉBRITÉ LA MIEUX PAYÉE

De juin 2009 à juin 2010, Oprah Winfrey (USA) a gagné environ 275 millions $, grâce à son magazine télé, son contrat à la radio, sa société de production Harpo et le lancement du Oprah Winfrey Network.

★ RECORD DE NOMINATIONS (1 AN)

Spectacle de variété : *Saturday Night Live* (NBC) – 13 nominations en 2009. **Comedy show** : *30 Rock* (NBC) – 22 nominations en 2009. **Drame** : *NYPD Blue* (ABC) – 27 nominations en 1994. **Mini-séries** : *Racines* (ABC) – 37 nominations en 1977.

Les seules personnes à ne jamais tomber sont celles qui ne s'aventurent jamais sur une corde raide.
Oprah Winfrey

★RECORD D'EMMYS POUR DES PROGRAMMES EN JOURNÉE

La *Rue Sésame* du Public Broadcasting Service a remporté 122 Daytime Emmys depuis 1984.

IDOLE
COWELL A PRODUIT LES FRANCHISES GOT TALENT ET X FACTOR – LES CONCEPTS D'ÉMISSION LES MIEUX VENDUS DE TOUS LES TEMPS. À NOTER : TALENT A ÉTÉ N° 1 EN GB ET AUX USA EN MÊME TEMPS.

★ NOUVEAU RECORD ● MISE À JOUR

1936 : 1re pièce de théâtre à la télé le 5e jour, diffusion d'extraits de la pièce *Marigold*, de L. Allen Harker et F. R. Pryor (tous deux GB).

1937 : 1re série pour enfants *For the Children* (GB) a commencé le 24 avril à 15 h. Hormis durant la 2e Guerre mondiale, la série a été diffusée sans interruption jusqu'en 1950. Ses épisodes duraient 10 min.

1937 : 1er cours de cuisine télévisé Marcel Boulestin (France, à gauche) a lancé *Dish of the Month* (GB) le 15 octobre.

1938 : 1er film de SF à la télé *R.U.R. (Les Robots universels de Rossum)*, adapté d'une pièce tchèque de Karel Capek, avec la **1re apparition de robots**.

1939 : 1re retransmission aux USA L'inauguration de l'Exposition universelle de New York par Franklin D. Roosevelt (USA), le 30 avril 1939, est retransmise en haute définition dans tout le pays.

1939-1946 : BBC TV arrête de diffuser pendant la Seconde Guerre mondiale.

1940 : Diffusion des **1ers matchs de hockey** (25 février) et de **basket-ball** (28 février).

1941 : 1re publicité TV Le 27 juin, la chaîne WNBT de NBC (USA) diffuse une publicité pour une montre Bulova.

1949 : 1ers Emmy Awards L'équivalent des oscars pour la télévision est diffusé le 25 janvier.

MESA, ARIZONA, USA

33°25'N 111°50'O

La **plus grande vitesse atteinte par un véhicule fonctionnant à l'énergie solaire** est 78,39 km/h. Ce record a été obtenu par Molly Brennan (USA) au volant de la *Sunraycer* de General Motors, à Mesa (Arizona, USA), le 24 juin 1988.

SÉRIES POLICIÈRES

★ NOUVEAU RECORD ● MISE À JOUR

★ LE PREMIER APPEL À TÉMOIN TÉLÉVISÉ

La 1re fois que la police s'est servie de la télévision pour résoudre un crime remonte à 1938, en Allemagne, et au 3 octobre 1943 à New York pour retrouver une personne disparue. *Police 5* (LWT, 1962-1992), animé par Shaw Taylor (GB), a été la 1re émission à faire régulièrement appel au grand public dans le cadre d'affaires criminelles.

★ LA PREMIÈRE SÉRIE POLICIÈRE

Telecrime (BBC, 1938-1939) – *Telecrimes* en 1946 – mettait le public au défi de résoudre des crimes avant les enquêteurs. La série a fait entrer le ★ **1er détective à la télévision**, l'inspecteur Holt (interprété par J. B. Rowe, GB) ainsi que son ★ **1er coéquipier**, le sergent Carter (Richard George, GB).

★ LA PLUS ANCIENNE SÉRIE POLICIÈRE (DATE)

La série allemande *Der Alte* ("Le Renard") est diffusée sur ZDF depuis 1977. Les séries policières britanniques les plus anciennes sont *Taggart* et *The Bill*, qui tournent depuis 1983. Aux USA, la plus vieille série policière, *Law & Order* ("Police Judiciaire" – NBC), a été lancée en 1990.

★ LA MEILLEURE FRANCHISE DE SÉRIE POLICIÈRE

The Bill (photo à droite) a été à l'origine de 3 séries

★ LA SÉRIE POLICIÈRE LA PLUS LONGUE (EN NOMBRE D'ÉPISODES)

En avril 2010, la série *The Bill* (ITV, 1983-2010), dont la fin est programmée pour le 30 septembre 2010, totalisait 2 389 épisodes déjà diffusés. En dépit de ses nombreuses transformations, *The Bill* est un soap policier, ce qui explique son grand nombre d'épisodes.

FRANK COLUMBO

Peter Falk (USA) est le ★ **policier à la plus longue carrière**. Il a incarné le lieutenant Columbo de *Prescription Murder* (NBC, 1968) jusqu'à *Columbo Likes the Nightlife* (ABC) en 2003.

JANE MARPLE

Le ★ **record d'interprétations de Miss Marple**, la détective d'Agatha Christie, est de 12, un record partagé par Joan Hickson (*Miss Marple*, BBC, 1984-1992, en bas à droite) et Geraldine McEwan (*Marple*, ITV, 2004-2009, en bas à gauche) (toutes deux GB).

GEORGE DIXON

Le ★ **policier le plus prolifique** est PC George Dixon (Jack Warner, GB), qui a joué dans 431 épisodes de *Dixon of Dock Green* (BBC, 1955-1976).

FRANK
À LA QUESTION : QUEL EST VOTRE PRÉNOM ? COLUMBO RÉPONDAIT TOUJOURS : "LIEUTENANT". OBSERVEZ BIEN SON BADGE ET VOUS Y VERREZ SON PRÉNOM : FRANK!

FIELDS
GRACIE FIELDS (GB) A ÉTÉ LA 1RE ACTRICE À JOUER MISS MARPLE POUR LA NBC (USA), DANS *GOODYEAR TV PLAYHOUSE : A MURDER IS ANNOUNCED* EN 1956.

1951 : 1re diffusion en couleurs
Le 25 juin, CBS diffuse les 1res images en couleurs depuis 5 stations de la côte est des USA... pour un public quasi inexistant, vu l'absence ou presque de téléviseurs couleur !

1951 : 1er emploi de détecteurs mobiles de télé en Grande-Bretagne pour débusquer la fraude à la redevance.

1952 : Le plus long soap de l'histoire est une production de Procter & Gamble, *Guiding Light* (CBS, USA). Lancé le 30 juin, il s'est terminé en 2009.

1953 : Après l'échec du système CBS, RCA devient le système standard aux USA.

1954 : 1re diffusion nationale en couleurs (USA) NBC (qui fait partie de RCA) lance la 1re émission nationale en couleurs le 1er janvier, à l'occasion du Tournament of Roses Parade de Pasadena (Californie).

1954 : 1re série en couleurs NBC lance *The Marriage*.

1954 : 1er bulletin météo présenté par George Cowling (GB) qui se tient debout devant une carte projetée sur un écran.

1957 : Lancement de *The Sky at Night* (BBC). 1re apparition de Patrick Moore (GB, à gauche), qui continue de présenter l'émission. Il est de ce fait le **plus ancien présentateur de la télé**.

32°12'N 110°55'0

TUCSON, ARIZONA, USA

Dayton C. Fouts de Tucson (Arizona) a eu la **plus longue carrière de Père Noël**, ayant rempli ce rôle tous les ans, de 1937 à 1997. Après avoir officié 55 ans à Harvey (Illinois), il a poursuivi sa carrière à Tucson, où il fait sa dernière apparition lors d'un concert du Tucson Boys Chorus.

★1RE FEMME POLICIER À LA TÉLÉ

Police Woman : Decoy (USA), une série diffusée en 1957-1958, met en scène Beverly Garland (USA) dans le rôle de Patricia "Casey" Jones, une femme policier infiltrée. La 1re actrice britannique à jouer un policier est Jill Gascoigne (GB), qui a incarné l'inspectrice Maggie Forbes (à gauche) dans *The Gentle Touch* (ITV, 1980-1984).

(*Burnside*, 2000 ; *Beech is Back*, 2001 ; et *MIT : Murder Investigation Team*, 2003-2005), qui totalisaient 2 413 épisodes au 1er avril 2010.

La **série policière ayant eu le plus de succès (en dehors des soaps)** est *Z-Cars* (BBC, 1962-1978). Avec ses séries dérivées *Softly Softly* (1966-1969), *Softly Softly : Task Force* (1969-1976), *Barlow at Large* (1971-1973), *Barlow* (1974-1975), *Jack the Ripper* (1973) et *Second Verdict* (1974), cette série qui comptait 799 épisodes au départ a fini par totaliser plus de 1 100 épisodes.

La **série policière actuelle qui connaît le plus grand succès (hors soap)** reste *Law & Order* ("Police Judiciaire", voir à droite).

★SÉRIE POLICIÈRE LA MIEUX NOTÉE

Selon metacritic.com, *Les Soprano* reste la série policière la mieux notée par les critiques, avec un score de 96/100 ; *Sur écoute*, une série plus strictement "policière" puisque les héros sont des policiers et non des criminels, arrive en 2e position avec 89/100. La série qui a le plus étonné les critiques en 2009 a été *White Collar* (USA Network/Fox), notée 78/100.

★LA PLUS GROSSE FRANCHISE POLICIÈRE (ACTUELLE)

Si *Z-Cars* détient le record absolu, la plus grosse franchise actuelle est *Law & Order* ("Police judiciaire", NBC, depuis 1990). Incluant *Section Criminelle, Unité Spéciale* (sur la photo, Mariska Hargitay et Ice-T, tous deux USA) et les vieilles séries *Cour de Justice* et *Conviction*, elle compte 915 épisodes à ce jour.

HERCULE POIROT

Le ★**plus grand nombre d'apparitions sous les traits d'Hercule Poirot** est de 60, un record détenu par David Suchet (GB), qui espère filmer toute la série (85 enquêtes) avant son 65e anniversaire, en mai 2011.

PERRY MASON

Le ★**record de meurtres résolus à la télé** est de 297, un record détenu par le *defence attorney* Perry Mason (Raymond Burr, USA, 1917-1993) dans *Perry Mason* (CBS, 1957-1966) et les téléfilms *Perry Mason TV Movies* (NBC, 1985-1893).

SHERLOCK HOLMES

Le **record d'incarnations de Sherlock Holmes** par Jeremy Brett (GB) est de 41, dans la série produite par ITV de 1984 à 1994. Alan Wheatley (GB) a joué dans la **1re série télé de Holmes** : *Sherlock Holmes* (BBC, 1951).

1958 : Le **1er acteur mort en direct** est Gareth Jones (GB). Il est décédé pendant le tournage d'*Armchair Theatre* (ITV).

1958 : *Blue Peter*, la **plus ancienne émission pour enfants**, débute sur BBC1.

1960 : Lancement du soap aux nombreux records, *Coronation Street* (voir p. 166).

1963 : 1er assassinat en direct : Lee Harvey Oswald (USA), l'assassin présumé de John F. Kennedy, est abattu par Jack Ruby (USA) sous l'œil des caméras.

1963 : La **série de SF diffusée depuis le plus longtemps**, *Doctor Who*, démarre le 12 novembre.

1965 : 1re utilisation d'un mot grossier à la télé, le 13 novembre, par Kenneth Tynan (GB), au cours d'une émission satirique intitulée *BBC3*.

1969 : L'alunisage attire 600 millions de téléspectateurs – 1/5e de la population mondiale. C'est le **direct le plus suivi de l'Histoire**.

1973 : La **1re série de télé-réalité**, *An American Family*, est suivie par 10 millions de spectateurs.

1975 : BBC utilise pour la 1re fois des symboles météorologiques, devenus depuis des standards.

SASKATOON, SASKATCHEWAN, CANADA

52°10'N 106°38'O

Mesuré le 27 novembre 2004, le **plus long cil de chien** atteignait 13,6 cm. Il appartient à Prince Albert, le lhasa apso de Sandra Daku, de Saskatoon (Saskatchewan, Canada).

SCIENCE-FICTION & FANTASY

★ L'ADAPTATION LA PLUS RÉUSSIE D'UN TÉLÉFILM DE SCIENCE-FICTION

Le film tourné par la Paramount (USA) en 2009, d'après la série télévisée *Star Trek* (NBC, USA, 1966-1969, à droite), a rapporté 385 494 555 $, soit l'une des plus grosses recettes pour l'adaptation *live-action* d'une série.

★1RE SÉRIE DE SCIENCE-FICTION

La 1re série télévisée de science-fiction est *Captain Video and His Video Rangers* (Dumont, USA, juin 1949-avril 1955). Diffusée en direct le soir à 19 h, la série relatait les exploits de Captain Video (joué par Richard Coogan, USA), inventeur et "Maître de la Science" en 2254.

★LA 1RE SÉRIE TV DE SCIENCE-FICTION ENREGISTRÉE

Les 1ers films télévisés étaient diffusés en direct (voir *Captain Video*, ci-dessus). La 1re série de science-fiction préenregistrée est *Rocky Jones, Space Ranger* (USA, sous licence, 1953). C'est grâce à ces séries enregistrées, utilisant des décors et des effets spéciaux, que le genre de la science-fiction a pu se développer.

★LA 1RE SITCOM DE SCIENCE-FICTION

La 1re série animée diffusée à une heure de grande écoute, *Les Jetson* (ABC, USA), a débuté en 1962. Il s'agissait de l'équivalent fururiste de la série *Les Pierreafeu*. L'action se déroulait en 2062 et projetait l'Amérique moderne dans le futur. La ★1re **sitcom de science-fiction live-action** a été *Mon Martien favori* (CBS, USA, 1963-1966). Le héros, un Martien, se pose en catastrophe sur Terre. Un reporter essaie de le faire passer pour un de ses proches.

WOOD L'ORGANISATION TORCHWOOD, BASÉE À CARDIFF (GB), ENQUÊTE SUR LES ACTIVITÉS DES EXTRATERRESTRES SUR TERRE.

TORCH DANS TORCHWOOD (ANAGRAMME DE DOCTOR WHO), JOHN BARROWMAN (GB, DEVANT SUR LA PHOTO) EST LE CAPITAINE JACK HARKNESS.

★LA MEILLEURE MINI-SÉRIES DE SCIENCE-FICTION

Children of Earth (GB, 2009), 3e saison de la mini-série Torchwood (GB) de la BBC, a reçu une note de 80/100 sur metacritic.com. C'est la mini-série de science-fiction la mieux notée en 2009, dépassant la nouvelle version de *The Prisoner* (AMC/ITV, GB).

1976 : *Le Muppet Show* est diffusé au Royaume-Uni le 5 septembre, puis aux USA le 27 septembre, et devient la **série la plus populaire du monde**, avec 300 millions de spectateurs dans 103 pays.

1976 : La BBC lance officiellement son service de télétexte CEEFAX.

1977 : Le **1er bêtisier** *It'll Be Alright on the Night* (ITV, GB) est animé par Denis Norden (GB). Il présente les gaffes intervenues dans les émissions de télévision.

1979 : 1re utilisation de données satellite dans les bulletins météo.

1981 : Lancement de MTV aux USA.

1983 : Record d'audience à la télé (USA) pour le dernier épisode de *M*A*S*H* (CBS, à gauche), diffusé le 28 février 1983. 60,3 % des foyers américains pouvaient le voir et 125 millions de personnes l'auraient regardé.

1985 : Le *Live Aid*, à Londres (GB) et à Philadelphie (USA) est regardé par 1,5 milliard de spectateurs dans le monde, c'est le **concert de rock humanitaire à la plus large audience.**

1986 : Plus de 30 millions de personnes suivent le divorce de Den et Angie dans *EastEnders* (BBC, GB), le jour de Noël. C'est la **plus grande audience pour une série en Grande-Bretagne.**

35°06'N 106°36'O

ALBUQUERQUE, NOUVEAU-MEXIQUE, USA

Grâce à la Z-Machine des laboratoires Sandia d'Albuquerque (Nouveau-Mexique, USA), des scientifiques ont obtenu des températures supérieures à 2 milliards de kelvins, la **température la plus élevée créée par l'homme.**

LE FRIC C'EST CHIC

COUPLES RICHISSIMES

	COUPLE	GAINS CUMULÉS (1er JUIN 2008-1er JUIN 2009)
1	*Shawn "Jay-Z" Carter & Beyoncé Knowles (USA, à droite)*	122 m $
2	*Harrison Ford & Calista Flockhart (USA)*	69 m $
3	*Brad Pitt & Angelina Jolie (USA)*	55 m $
4	*Will Smith & Jada Pinkett Smith (USA)*	48 m $
5	*David & Victoria Beckham (GB)*	46 m $
6	*Ellen DeGeneres & Portia de Rossi (USA)*	36 m $
7	*Tom Hanks & Rita Wilson (USA)*	35,5 m $
8	*Jim Carrey & Jenny McCarthy (USA)*	34 m $
9	*Tom Cruise & Katie Holmes (USA)*	33,5 m $
10	*Chris Martin (GB) & Gwyneth Paltrow (USA)*	22 m $

Source : *Forbes*

ENCORE ! LES DERNIERS RECORDS BATTUS DANS L'INDUSTRIE MUSICALE, P. 184-187.

ENCORE ! PLUS DE CHIFFRES ET DE RECORDS P. 216.

★LA VEDETTE LA PLUS DIGNE DE CONFIANCE

Dans une enquête d'E-Poll Market Research pour *Forbes*, les personnes sondées devaient classer les personnalités en fonction de "leur loyauté, de leurs engagements et de leur charme". L'acteur James Earl Jones (USA) est en tête. Il est la voix de velours des jeux Olympiques sur NBC et du slogan de CNN (mais aussi celle du personnage de Dark Vador qui n'inspire pourtant guère confiance dans *Star Wars* !).

●LA FEMME LA PLUS RECHERCHÉE SUR GOOGLE

La chanteuse Lady Gaga (USA, alias Stefani Joanne Angelina Germanotta) était en 2009 la femme la plus recherchée sur Google, le **plus grand moteur de recherche**.

Saviez-vous que Lady Gaga tire son nom de scène d'un hit de Queen *Radio Ga Ga* ?

●L'HOMME LE PLUS RECHERCHÉ SUR LE NET

La mort prématurée de Michael Jackson (USA, 1958-2009) a poussé des millions d'internautes à surfer sur le Net, faisant du chanteur l'homme le plus recherché en 2009. Le surnom de "Roi de la pop" a été décerné pour la 1re fois à Michael Jackson au musée de Guinness World Records, à Hollywood (Californie, USA).

●LA VEDETTE D'UNE SÉRIE TÉLÉ LA MIEUX PAYÉE

Du 1er juin 2008 au 1er juin 2009, Simon Cowell (GB), juge dans *X Factor* et *American Idol*, a gagné 75 millions $.

★LE SPORTIF LE PLUS INFLUENT

Malgré une fin d'année déplorable, Tiger Woods (USA), le golfeur légendaire, a touché 103 millions $ en 2009, et a fini en tête de la liste des 100 sportifs les plus influents de *BusinessWeek*.

★LE MARIAGE DE VEDETTES LE PLUS RECHERCHÉ SUR GOOGLE

Le mariage de l'année, à en croire Google, serait celui de la star de la télévision Khloé Kardashian et du joueur Lamar Odom des LA Lakers (tous deux USA), le 27 septembre 2009. L'événement était le mieux placé sur la liste du Google Zeitgeist (service de référencement).

PLUS

L'ÉMISSION DE TÉLÉ-RÉALITÉ KEEPING UP WITH THE KARDASHIANS A DÉBUTÉ EN OCTOBRE 2007 AUX USA. ELLE EST CONSACRÉE À L'UNIVERS MONDAIN DE LOS ANGELES.

PERSONNALITÉS ET TWEEPS*

L'acteur Ashton Kutcher (USA, ci-dessous) est en tête de la bataille des célébrités sur Twitter. Il est le ★ **1er tweep à avoir attiré plus de 1 million d'internautes.** Selon Google, le ★ **tweep le plus recherché en 2009** était la chanteuse Miley Cyrus (USA, ci-dessous).

234 901 INTERNAUTES

4 649 421 INTERNAUTES

*TWEEPS : INTERNAUTES UTILISANT TWITTER

FARGO, DAKOTA DU NORD, USA

46°53'N 96°48'O

La **plus grande batte de base-ball** mesure 4,08 m et a une circonférence de 101,6 cm. Appelée "Big Bruce", elle est en frêne blanc, comme toutes les battes de la Major League. Elle appartient au club de base-ball des Fargo-Moorhead RedHawks (Fargo Baseball L.L.C) de Fargo (Dakota du Nord, USA).

CULTURE POPULAIRE
MUSIQUE

HIT ! LES BLACK EYED PEAS SONT RESTÉS N° 1 DU 18 AVRIL 2009 AU 10 OCTOBRE 2009.

HIT-PARADE

★RECORD D'ENTRÉES SIMULTANÉES AU HOT 100 (FEMME)

Le 14 novembre 2009, la chanteuse de country, Taylor Swift (USA), 19 ans, est devenue la 1re femme à faire 8 entrées dans le Hot 100 (USA). C'est aussi la 1re artiste à avoir eu 5 titres en même temps dans le Top 30.

★MEILLEURES VENTES D'ALBUMS DU XXIE SIÈCLE (USA)

Ces 10 dernières années, le rappeur Eminem (USA) a vendu 32 241 000 albums aux États-Unis.

★RECORD D'ENTRÉES AU HIT-PARADE DES ALBUMS (GB)

Le 19 septembre 2009, 16 albums des Beatles (GB) sont entrés dans le Top 75 britannique, dont 4 dans le Top 10, un record pour un groupe.

●RECORD DE SEMAINES SUCCESSIVES EN TÊTE DU HOT 100 (USA)

En 2009, les Black Eyed Peas (USA) sont restés 26 semaines consécutives en tête du Hot 100. Au bout de 12 semaines, leur single "Boom Boom Pow" a été remplacé par "I Gotta Feeling", classé n° 1 pendant 14 semaines.

★RECORD DE TUBES POUR UNE ADOLESCENTE (USA)

Chanteuse et actrice, Miley Cyrus (USA), 16 ans, a fait sa 29e entrée au Hot 100 (USA), le 7 novembre 2009 avec "Party in the USA". Elle n'est autre qu'Hannah Montana.

●L'ALBUM LE PLUS VENDU DÈS LA 1RE SEMAINE EN GB

Sorti le 23 novembre 2009, l'album *I Dreamed a Dream* de Susan Boyle (GB) s'est vendu à 411 820 exemplaires dès la 1re semaine en Grande-Bretagne (133 599 le 1er jour). C'est l'album d'un chanteur solo qui a eu le plus de succès en une semaine.

●RECORD D'ALBUMS CONSÉCUTIFS N° 1 (USA)

Le 6 juin 2009, avec *Relapse*, Eminem (USA) s'est retrouvé pour la 5e fois consécutive en tête du Top 50 des albums (USA), égalant ainsi le record établi entre 1998 et 2003 par le rappeur DMX (USA).

●RECORD D'ALBUMS N° 1 POUR UNE FEMME (GB)

11 albums de Madonna (USA) ont été classés n° 1 (GB), dont le dernier, *Celebration,* le 3 octobre 2009. À cette date, Madonna était la **chanteuse ayant vendu le plus d'albums au XXIe siècle en Grande-Bretagne**, soit 6,68 millions d'exemplaires.

★RECORD D'ALBUMS N° 1 POUR UNE FEMME (USA)

Le 17 octobre 2009, à 67 ans, Barbra Streisand (USA) a vu pour la 9e fois un de ses albums n° 1 aux USA. C'est la 1re artiste à avoir eu un album à la 1re place au cours de 5 décennies.

LE SAVIEZ-VOUS ?
LES 15 DVD DE MADONNA ONT FINI DANS LE TOP 5. LES 4 DERNIERS, DONT *CELEBRATION* EN OCTOBRE 2009, ONT ÉTÉ CLASSÉS N° 1.

INFO
Madonna Louise Ciccone est née le 16 août 1958 à Bay City (Michigan, USA). Son 1er album, *Madonna,* est sorti en 1983.

HIT ! STEFANI JOANNE ANGELINA GERMANOTTA, ALIAS LADY GAGA, EST NÉE LE 28 MARS 1986. ELLE A VENDU PLUS DE 11 MILLIONS D'ALBUMS ET PLUS DE 35 MILLIONS DE SINGLES NUMÉRIQUES.

●RECORD DE SEMAINES AU HIT-PARADE (GB) EN UNE ANNÉE

En 2009, Lady Gaga (USA) est restée 154 semaines au Top 75 britannique (dont 90 semaines dans le Top 40), surtout grâce à "Just Dance", "Poker Face", "Paparazzi" et "Bad Romance".

● LA PLUS FORTE PROGRESSION EN TÊTE DU HIT (GB)

"Boys and Girls" de Pixie Lott (GB) est passé de la 73e à la 1re place du Top 75 britannique, le 19 septembre 2009.

★ L'ALBUM NUMÉRIQUE LE PLUS VENDU AUX USA

En juillet 2009, le groupe Coldplay (GB) a vendu plus de 1 million d'albums numériques aux USA.

★ RECORD D'ENTRÉES SIMULTANÉES AU TOP 20 USA

Le 14 novembre 2009, Taylor Swift (USA) est la 1re artiste à avoir eu 5 titres en même temps au Top 20 ("Jump Then Fall", "Untouchable", "Other Side of the Door", "Superstar" et "Come in with the Rain").

★ 1RE DIFFUSION EN 3D SUR INTERNET

Le trio de rock Keane (GB) est le 1er à avoir diffusé un enregistrement en 3D sur le Net. Il a chanté 5 chansons en 20 min sur le plateau du Studio Two d'Abbey Road, à Londres (GB). Keane a aussi sorti **le 1er single sur clé USB**, "Nothing in My Way", en 2006.

★ RECORD D'ENTRÉES SIMULTANÉES DANS LE HIT-PARADE DES SINGLES (GB)

Le 23 janvier 2010, les chanteurs de la série TV américaine *Glee* (USA) ont fait leur entrée dans le hit-parade britannique. Cinq de leurs singles ont été classés en même temps au Top 75.

★ L'ALBUM D'UNE CHANTEUSE LE PLUS RAPIDEMENT VENDU EN GB

Sorti en novembre 2009, le 1er album de Susan Boyle (GB) *I Dreamed a Dream,* s'est vendu à plus de 1 million d'exemplaires en seulement 21 jours. C'est l'album qui a connu les meilleures ventes en Grande-Bretagne en 2009. Diffusé pour la 1re fois dans l'émission de télévision *Britain's Got Talent*, le clip de la chanson du titre a été le plus visionné sur YouTube en 2009.

MUSIQUE NUMÉRIQUE

★ RECORD DE TÉLÉCHARGEMENTS EN UN AN (USA)

En 2009, Lady Gaga (USA) a vendu 11,1 millions de singles téléchargés aux USA. Parmi les groupes, les Black Eyed Peas (USA) détiennent le record avec 10,3 millions de singles téléchargés.

● SINGLE NUMÉRIQUE LE PLUS VENDU (GB)

L'enregistrement de 1993 "Killing in the Name" du groupe californien de hard rock alternatif Rage Against the Machine a fait son entrée à la 1re place au Top 50 des singles en GB, le 26 décembre 2009. 502 672 exemplaires, disponibles en téléchargement, ont été vendus la 1re semaine.

★ NOUVEAU RECORD
● MISE À JOUR

CULTURE POPULAIRE
MUSIQUE

★★★★★★★★★★★

C'est un grand honneur pour moi de visiter les bureaux de GWR. J'adore ce livre.
Michael Jackson, le 14 octobre 2006

LE SAVIEZ-VOUS ?

THE ESSENTIAL DE MICHAEL JACKSON EST L'ALBUM RESTÉ LE PLUS LONGTEMPS N° 1 (GB) AU COURS DE CE SIÈCLE. IL A OCCUPÉ LA 1RE PLACE 7 SEMAINES CONSÉCUTIVES EN 2009.

Michael Jackson est le seul chanteur solo avec 13 singles classés n° 1 aux États-Unis. Les Beatles (GB) détiennent **le record de singles n° 1 aux États-Unis**, soit 20.

INFO

● RECORD DE SINGLES VENDUS EN UNE ANNÉE (GB)
Pour la 1re fois, 152,7 millions de singles ont été vendus au Royaume-Uni en 2009. 98 % d'entre eux avaient été téléchargés. Depuis 1967, c'est la 1re année que les singles se vendent mieux que les albums.

LES PLUS GROS GAINS

★ TOURNÉE (ARTISTE SOLO)
Sticky & Sweet de Madonna (USA), du 23 août 2008 au 2 septembre 2009, a rapporté 408 millions $.

★ CHANTEUSE EN TÊTE DES VENTES

En décembre 2009, Madonna (USA) avait vendu 75 millions d'albums aux USA et 200 millions à l'étranger.

● LES GAINS ANNUELS LES PLUS ÉLEVÉS POUR UNE POP STAR
En 1989, Michael Jackson (USA) était désigné par le magazine *Forbes* comme l'artiste le mieux payé, avec 125 millions $ de gains annuels. 21 ans plus tard, ce record n'a toujours pas été battu.

★ COUNTRY
L'artiste de country Kenny Chesney (USA) a obtenu les plus gros gains du XXIe siècle. Depuis 2002, ses spectacles ont généré plus de 500 millions $ avec 7 millions d'entrées.

★ LE COFFRET LE PLUS GROS ET LE PLUS CHER DU TOP 40 (USA ET GB)
Le coffret de 16 CD, *The Beatles in Stereo*, vendu 243,98 $, est entré 15e au hit-parade US des albums, le 26 septembre 2009. Une semaine plus tôt, il était n° 24 au Royaume-Uni et se vendait 172 £.

JEUNES & SENIORS

● LE CHANTEUR LE PLUS ÂGÉ N° 1 DU HIT-PARADE (GB)
Tom Jones (GB) avait 68 ans et 9 mois quand il a interprété "Barry Islands in the Stream" avec Vanessa Jenkins, Bryn West et Robin Gibb (tous GB).

★ LE GROUPE DE FILLES ISSU DE LA TÉLÉ-RÉALITÉ LE PLUS POPULAIRE

En janvier 2009, 20 titres de Girls Aloud (GB/Irlande) ont figuré au Top 10, dont 17 singles consécutifs, de décembre 2002 à décembre 2007.

★ NOUVEAU RECORD
● MISE À JOUR

★LE PLUS DE RECETTES POUR UNE TOURNÉE EN SOLO EN AUSTRALIE

La chanteuse P!nk (Alecia Moore) (USA) a gagné 80 millions $ à l'issue de ses 58 spectacles en Australie, auxquels ont assisté 660 000 personnes l'été 2009.

MICHAEL JACKSON, 1958-2009

L'artiste est mort le 25 juin 2009 à l'âge de 50 ans. Cette année-là, il avait vendu **11,3 millions de titres** en ligne aux USA et **2,8 millions d'albums** au Royaume-Uni. Depuis sa mort jusqu'à la fin novembre 2009, **7 millions d'albums, 10,2 millions de titres en ligne** et **1,3 million de DVD** de l'artiste ont été vendus aux USA.

Le 1er matin après sa mort, la vidéo **"Beat It" a été téléchargée plus de 1 million de fois sur YouTube** et, la 1re semaine, **2,6 millions de titres de Michael Jackson ont été téléchargés** aux USA. Le chanteur détenait 8 records. Le 14 octobre 2006, il était venu à Londres pour recevoir ses certificats (à droite).

Créé pour une œuvre caritative, ce single était n° 1 au hit-parade britannique, le 21 mars 2009.

★ARTISTE LE PLUS ÂGÉ N° 1 AU HIT-PARADE AVEC UN 1ER ALBUM (USA & GB)

Susan Boyle (GB) avait 48 ans quand son 1er album *I Dreamed a Dream* s'est retrouvé n° 1 aux hit-parades américains et britanniques.

★LE PLUS JEUNE ARTISTE DE COUNTRY DE L'ANNÉE

En 2009, à l'âge de 19 ans, Taylor Swift (USA) est devenue la plus jeune artiste à recevoir la plus haute récompense de la Country Music Association's (CMA). Cette année-là, ses 43 spectacles lui ont rapporté 23,7 millions $ et son album *Fearless* est celui qui s'est le mieux vendu aux USA.

●ARTISTE LE PLUS ÂGÉ N° 1 ET RECORD ENTRE 2 ALBUMS N° 1

Le 9 mai 2009, Bob Dylan (USA) est devenu à 67 ans l'artiste le plus âgé en tête du hit-parade britannique avec son nouvel album *Together Through Life*. C'était la 1re fois qu'il avait un album classé n° 1 depuis 38 ans et 7 mois. Ses deux derniers albums n° 1 ont été enregistrés en studio à 44 ans et 1 mois d'intervalle, ce qui constitue un autre record.

HIT !
PLUS DE 55 MILLIONS D'EXEMPLAIRES DE L'ALBUM THRILLER DE MICHAEL JACKSON AURAIENT ÉTÉ VENDUS AUX USA, ET 100 MILLIONS D'EXEMPLAIRES DANS LE MONDE.

ENCORE ! D'AUTRES FILMS P. 176-180.

★LE PLUS DE RECETTES POUR UN CONCERT FILMÉ

Le 28 octobre 2009, le film des répétitions de Michael Jackson pour la tournée *This Is It* a rapporté 250 millions $. Projeté simultanément dans 250 000 salles dans le monde, il a généré 200 millions $ de recettes les deux 1res semaines.

SPRINGFIELD, MISSOURI, USA

37°11'N 93°17'O

Steve Gordon (USA) a parcouru une **distance record à reculons sur un monocycle** (109,4 km) à Springfield (Missouri, USA), le 24 juin 1999.

THÉÂTRE & SPECTACLES

★PRODUCTEUR DE THÉÂTRE LE PLUS PROLIFIQUE

De janvier 1975 à juillet 2008, l'impresario Howard E. Pechet (Canada) a produit 485 pièces dans 10 théâtres canadiens.

●LE PLUS DE PALMAS DE FLAMENCO EN 1 MIN (HOMME)

Le 1er avril 2010, José Miguel Fernández Pintado (Espagne) a tapé dans ses mains 814 fois en 1 min, sur le plateau de *Lo Show dei Record* à Rome (Italie).

LE PLUS PETIT THÉÂTRE PROFESSIONNEL

Fondé en 2004, le théâtre Lilli Chapeau, à Miltenberg (Allemagne), n'a que 27 places assises. Il propose 70 spectacles par an avec une seule comédienne, Lilli Chapeau, nom de scène de Celine Bauer (ci-dessus à droite).

LE CHEVAL DE PANTOMIME LE PLUS RAPIDE (FEMMES)

Sous un déguisement de cheval, Samantha Kavanagh et Melissa Archer (toutes deux GB, à l'avant et à l'arrière du cheval) ont couru 100 m en 18,13 s , lors d'un événement organisé par l'agence de publicité Claydon Heeley Jones Mason à Harrow School (Middlesex, GB), le 18 août 2005.

Le **●cheval de pantomime le plus rapide (hommes)**, avec Shane Crawford et Adrian Mott (tous deux Australie), a parcouru 100 m en 12,045 s, non loin du studio du *Footy Show* à Melbourne (Victoria, Australie), le 30 juillet 2009.

Le **★ cheval de pantomime le plus rapide (mixte)**, formé par Nafi Baram et Kathleen Rice (tous deux GB, respectivement à l'avant et à l'arrière), a couru 100 m en 16,37 s au Battersea Millennium Arena (Londres, GB), le 30 novembre 2006.

Je m'aime comme je suis ! Impossible de me retenir quand je vois un jambon de Noël !

Edna Turnblad dans *Hairspray*

ENCORE ! RETOURNEZ P. 182-183 POUR TOUS LES RECORDS DU SHOW-BIZ.

●LE PLUS DE TONYS POUR UNE PIÈCE DE THÉÂTRE

The Coast of Utopia de Tom Stoppard (GB) a gagné 7 Tony Awards en 2007. La trilogie constituée de *Voyage*, *Shipwreck* et *Salvage* dure 9 h et couvre une période de 33 années. Elle explore le thème du changement en mettant en scène quelque 70 auteurs, politiciens, philosophes et journalistes russes.

★LE PLUS DE TONY AWARDS POUR AVOIR JOUÉ UN PERSONNAGE DU SEXE OPPOSÉ

Deux acteurs ont reçu un Tony Award pour avoir joué un personnage du sexe opposé : Mary Martin (USA) pour son interprétation de *Peter Pan* en 1956 et Harvey Fierstein (USA, à gauche) dans le rôle de Edna Turnblad, dans *Hairspray* en 2003.

★ LE PLUS DE TONY AWARDS POUR LA MEILLEURE ACTRICE DANS UNE COMÉDIE MUSICALE

Angela Lansbury (GB, à gauche) a gagné 4 Tony Awards comme meilleure actrice pour un 1er rôle dans une comédie musicale pour *Mame* (1966), *Dear World* (1969), *Gypsy* (1975) et *Sweeney Todd* (1979). Le ★**plus de Tony Awards pour un acteur dans une comédie musicale** est de 3, un record détenu par Hinton Battle (USA, à droite), avec *Sophisticated Ladies* (1981), *The Tapdance Kid* (1984) et *Miss Saigon* (1991), dans la catégorie 1er rôle dans une comédie musicale.

LA PRODUCTION THÉÂTRALE LA PLUS RAPIDE

En association avec Apex Productions, les acteurs et l'équipe de la Dundee University Musical Society ont joué *Seven Brides for Seven Brothers* au Gardyne Theatre (Dundee, GB) le 27 septembre 2003, à 19 h 30, soit 23 h 30 après avoir reçu le script. Ce temps record a été mis à profit pour les auditions, le casting, l'organisation des répétitions, la publicité, la mise en scène, ainsi que la conception et la réalisation des décors.

● LE PUBLIC LE PLUS NOMBREUX POUR VOIR UN COMÉDIEN

Le 12 juillet 2008, le comédien Mario Barth (Allemagne) a joué devant un public de 67 733 personnes à l'Olympiastadion, Berlin (Allemagne).

● LE PLUS DE REPRÉSENTATIONS SIMULTANÉES D'UN SPECTACLE

Le 6 décembre 2008, à 16 h 15, le Stagecoach Theatre Arts a organisé le plus de représentations simultanées d'un spectacle, soit 66 représentations de la pièce *Glad Rags*, en GB, en Irlande et en Allemagne.

● LE PLUS DE DANSEURS SUR LES POINTES

Le 22 avril 2009, 220 danseurs se sont tenus sur les pointes pendant 1 min lors du gala du 10e anniversaire de Youth America Grand Prix (USA), au New York City Center de Manhattan (New York, USA).

● LE PLUS D'APPARITIONS THÉÂTRALES EN UNE NUIT

Le 9 juillet 2009, Pendem Krishna Kumar (Inde) s'est produit sur scène dans 9 représentations théâtrales différentes, à Suryapet (Inde).

★ NOUVEAU RECORD
● MISE À JOUR

● PIÈCE JOUÉE LE PLUS LONGTEMPS

The Mousetrap (La Souricière) d'Agatha Christie (GB, 1890-1976) a été jouée pour la 1re fois le 25 novembre 1952 à l'Ambassadors Theatre (Londres, GB). Elle a ensuite déménagé le 25 mars 1974, après 8 862 représentations, pour s'installer au St Martin's Theatre, où elle est jouée depuis. Le 10 mai 2010, la pièce comptait 23 940 représentations à son actif. C'est la pièce à l'affiche depuis le plus longtemps. La photo ci-dessous montre la distribution de la 58e représentation annuelle.

SAINT PAUL, MINNESOTA, USA

44°57'N 93°06'O

Le **plus grand immeuble de glace** est un palais qui a été construit à Saint Paul (Minnesota, USA) en janvier 1992, pour le carnaval d'hiver. Bâti par TMK Construction Specialties Inc., il était constitué de 18 000 blocs de glace, pesait 4 900 tonnes et mesurait 50,8 m de haut.

CULTURE POPULAIRE

ART & SCULPTURE

★ LE PLUS GRAND DESSIN DANS LE SABLE

La plus grande œuvre d'art réalisée dans le sable, et le **plus grand dessin à main levée**, mesure 4,86 km de diamètre et se compose de 1 000 cercles. Jim Denevan (USA) l'a créée dans le Black Rock Desert (Nevada, USA) en mai 2009, en 7 jours, avec un râteau et des chaînes tirées par un véhicule.

★ LA PLUS GRANDE MOSAÏQUE EN RUBIK'S CUBES

5 artistes du collectif artistique Cube Works Studio (Toronto, Canada) ont reproduit *La Cène* de Léonard de Vinci avec… 4 050 Rubik's cubes ! Cette miraculeuse mosaïque "cube-iste" mesure 5,18 x 2,59 m, pour un poids total de 500 kg. Elle a été terminée le 23 octobre 2009.

LES PLUS GRANDS…

● DESSIN

Le plus grand dessin au crayon d'un seul artiste – *My journey of life, where I meet people of different color, birds, trees, etc… and the life goes on* – mesure 457,2 m de long sur 50,8 cm de large et couvre une superficie de 232,25 m². Il a été exécuté par Jainthan Francis (USA) et mesuré à Sayreville (USA), le 21 juin 2009.

● ANAMORPHOSE SUR TROTTOIR

Pour marquer le lancement de l'*Âge de glace 3* en DVD en Grande-Bretagne en novembre 2009, la Twentieth Century Fox Home Entertainment a chargé l'artiste Edgar Mueller (Allemagne) de réaliser la ● **plus grande œuvre anamorphique sur trottoir**. La reproduction en trompe-l'œil du poster du film de 318 m² a été exécutée devant le Westfield Shopping Center à Londres (GB).

La Fox – en partenariat avec Ice Bulb LLC de Santa Monica (Californie, USA) – a fait la promotion du film en créant une sculpture de glace de 14,83 m de haut à l'effigie de Scrat, le 27 octobre 2009.

● PEINTURE AU DOIGT

Le 26 novembre 2009, 3 242 étudiants de Hong Kong (Chine) ont exécuté une peinture au doigt de 2 101,43 m².

★ MOSAÏQUE EN VOLANTS DE BADMINTON

Le 2 août 2009, Fuqiang Zhao (Chine) a imaginé une mosaïque de 30,375 m² composée de 5 236 volants de badminton. Celle-ci représente deux cœurs entrelacés portant la mention : "Pour l'amour des volants, ensemble pour toujours."

● MOSAÏQUE EN PERLES

Cao Zhitao (Chine) a réalisé la plus grande mosaïque en perles lors d'un événement organisé par le gouvernement municipal de Fuxin (Liaoning, Chine), le 25 octobre 2009. Elle s'étend sur 6,72 m² et se compose de plus de 30 000 perles en agate.

● PEINTURE AUX NUMÉROS

La plus grande peinture aux numéros mesure 2 461,3 m². Elle a été réalisée par 960 élèves de l'école primaire de Tongliao (Mongolie-Intérieure, Chine), le 30 septembre 2009.

★ MOSAÏQUE NUMÉRIQUE AU SOL FIGURANT LA LUNE

Le 4 avril 2009, 11 amateurs d'astronomie (GB) ont utilisé le télescope de Patrick Moore (GB), astronome et présentateur de l'émission télévisée *The Sky at Night* sur la BBC, pour prendre 288 clichés de la Lune, les assembler numériquement et créer une mosaïque de 87,4 mégapixels.

● LA PEINTURE AUX NUMÉROS LA PLUS LONGUE

La peinture aux numéros la plus longue du monde mesure 959,35 m. Intitulée *Birds and Wetlands*, elle a été réalisée par 2 041 personnes au cours d'un événement organisé par le Hong Kong Wetland Park, à Hong Kong (Chine), le 17 octobre 2009.

Le résultat est un ensemble imbriqué d'icônes… avec des subtilités dans les ombrés et la profondeur. **Cube Works Studio, au sujet de la mosaïque de Rubik's cubes**

● LA PLUS GRANDE SCULPTURE GONFLABLE

Gulliver représente un volume de 1 791,11 m³ pour 60 x 20 x 7 m. Il a été exposé et mesuré à Taipei (Taiwan), le 20 juillet 2009.

ENCORE ! POUR PLUS D'EXPLOITS DÉMESURÉS, RENDEZ-VOUS P. 202.

★ PEINTURE SUR TROTTOIR
Une œuvre à la craie sur trottoir de 5 600 m de long et de 2 m de large a été dessinée par 5 000 étudiants d'Iéna (Allemagne), le 5 juin 2009.

● BANDE DESSINÉE
Le 25 janvier 2010, étudiants, professeurs et personnel de l'école supérieure de Vasavi Vidhyalaya de Trichy (Inde) ont créé une bande dessinée continue de 601 m de long, mesurée à Tamil Nadu (Inde).

DIVERS

★ LA COLLECTION LA MOINS ONÉREUSE D'UN MUSÉE PUBLIC
Le Museum of Bad Art (MOBA) de Boston (Massachusetts, USA) possède la collection d'œuvres d'art la moins chère de tous les musées publics. Les 573 œuvres ne valent que 1 197,35 $.

★ LA PLUS ANCIENNE PEINTURE MURALE
En octobre 2006, la mission archéologique française de Dja'de el-Mughara – site néolithique sur l'Euphrate près d'Alep (Syrie) – a identifié sur les murs d'une maison une série de peintures géométriques de 2 m² datant de 9 000 ans av. J.-C.

★ LA PLUS ANCIENNE SCULPTURE FIGURATIVE

La *Vénus de Hohle Fels* est une silhouette féminine gravée dans une défense de mammouth, datant d'environ 33 000 ans av. J.-C. Elle a été découverte dans une grotte à Hohle Fels près d'Ulm (Bade-Wurtemberg, Allemagne), en septembre 2008, par Nicolas Conard et l'équipe de l'université de Tübingen (Allemagne).

● LA PLUS GRANDE SCULPTURE EN BALLONS GONFLABLES

Le 25 septembre 2009, John Cassidy (USA) a utilisé 434 ballons gonflables pour fabriquer un biplan de 490 cm de large et de 375 cm de long.

★ MOSAÏQUE EN CONFETTIS
De février à juin 2008, Nikki Douthwaite (GB) a composé une mosaïque de 3,07 x 2,08 m avec 587 000 confettis.

● FRESQUE MURALE
Ernesto Espiridión Ríos Rocha (Mexique) a peint seul la plus grande fresque murale couvrant 1 678 m² à Mazatlán (Mexique), le 6 octobre 2009.

LES PLUS LONGUES...

● PEINTURE
Le 13 décembre 2009, à l'occasion d'un événement organisé par le ministère de l'Éducation à Manama (Bahreïn), 8 000 élèves d'écoles locales ont réalisé la peinture la plus longue. Elle mesure 4 955 m et illustre la vie à Bahreïn.

NOUVELLE-ORLÉANS, LOUISIANE, USA

Le **combat de boxe avec gants le plus long** a opposé Andy Bowen et Jack Burke (tous deux USA) à La Nouvelle-Orléans (Louisiane, USA), les 6-7 avril 1893. Ce match en 110 rounds de 7 h et 19 min (de 21 h 15 à 4 h 34) s'est soldé par un match nul.

INGÉNIERIE & TECHNOLOGIE

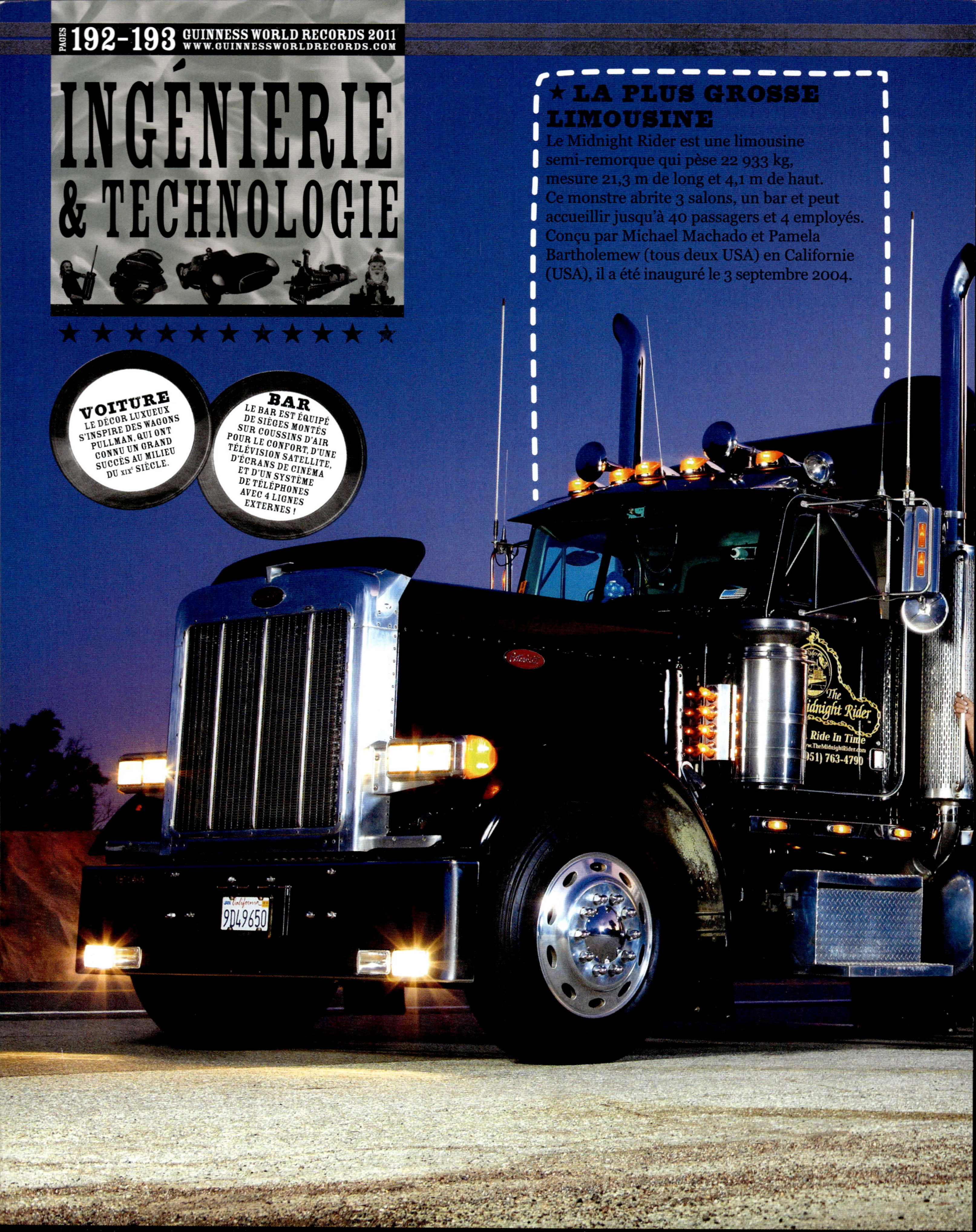

★ LA PLUS GROSSE LIMOUSINE

Le Midnight Rider est une limousine semi-remorque qui pèse 22 933 kg, mesure 21,3 m de long et 4,1 m de haut. Ce monstre abrite 3 salons, un bar et peut accueillir jusqu'à 40 passagers et 4 employés. Conçu par Michael Machado et Pamela Bartholemew (tous deux USA) en Californie (USA), il a été inauguré le 3 septembre 2004.

VOITURE
LE DÉCOR LUXUEUX S'INSPIRE DES WAGONS PULLMAN, QUI ONT CONNU UN GRAND SUCCÈS AU MILIEU DU XIXe SIÈCLE.

BAR
LE BAR EST ÉQUIPÉ DE SIÈGES MONTÉS SUR COUSSINS D'AIR POUR LE CONFORT, D'UNE TÉLÉVISION SATELLITE, D'ÉCRANS DE CINÉMA ET D'UN SYSTÈME DE TÉLÉPHONES AVEC 4 LIGNES EXTERNES !

★ NOUVEAU RECORD
● MISE À JOUR

ENCORE ! PLUS DE RECORDS SUR 4 ROUES P. 210-211.

SOMMAIRE

THUNDER BAY, ONTARIO, CANADA

8°22'N
89°14'O

Malgré une jambe artificielle, Terry Fox (Canada, 1958-1981) a participé à une course pour une œuvre caritative et suscité 24,7 millions Can$ (17,9 millions €) de dons. C'est la **somme la plus élevée jamais versée pour une telle course**. Reliant St John's, Terre-Neuve, à Thunder Bay, Ontario, Terry a parcouru 5 373 km en 143 jours, du 12 avril au 2 septembre 1980.

INGÉNIERIE & TECHNOLOGIE

ARCHI-TECTURE

★ NOUVEAU RECORD ● MISE À JOUR

★L'OBSERVATOIRE PANORAMIQUE LE PLUS HAUT

L'observatoire panoramique en verre au 100e étage du Shanghai World Financial Center à Pudong (Chine) se situe à 477,96 m. Le Park Hyatt Shangai, qui occupe les étages 79 à 93 du building est l'●**hôtel le plus élevé du monde**.

★LA PLUS GRANDE PORTÉE D'UN TOIT PLAT EN BÉTON ARMÉ

Ouvert au public le 23 juillet 2009, le Satsang Hall du temple de Govind Devji à Jaïpur (Inde) possède un toit plat en béton armé d'une portée de 36,27 m, conçu par la société N. M. Roof Designers Ltd.

★LE PLUS GRAND RESTAURANT TOURNANT

Situé au 45e étage du World Trade Center de Mexico (Mexique), le Bellini est un restaurant de cuisine italienne et internationale qui s'étend sur 1 044,66 m². Il a ouvert ses portes en 1994.

●LE PLUS GRAND CENTRE COMMERCIAL

L'intérieur du centre commercial Dubai Mall à Dubai (EAU) dispose d'une surface au sol de 548 127 m², répartie sur 4 niveaux. Il abrite 1 200 boutiques et plus de 160 stands alimentaires. Il a ouvert le 4 novembre 2008.

LE PLUS GRAND HALL D'HÔTEL

Le hall de l'hôtel Hyatt Regency de San Francisco (Californie, USA) mesure 107 m de long, 49 m de large et 52 m de haut, soit la hauteur d'un immeuble de 15 étages. Il compte 300 000 lumières en cascade, des arbres, un cours d'eau et une fontaine.

●LE PLUS HAUT BUILDING

Le Burj Khalifa (anciennement Burj Dubai) a ouvert le 17 janvier 2009 à Dubaï (EAU). Culminant à 828 m, c'est le ●**plus haut building du monde** et l'édifice le plus haut jamais construit par l'homme.

HAUT ! STRUCTURE LA PLUS HAUTE DU MONDE, LE BURJ KHALIFA COMPTE AUSSI LE ★PLUS D'ÉTAGES (160).

TRÈS HAUT ! DUBAÏ COMPTE D'AUTRES STRUCTURES IMPRESSIONNANTES, COMME LE ROSE RAYHAAN, LE ●PLUS HAUT HÔTEL (333 M).

47°03'N 87°57'O

MILWAUKEE, WISCONSIN, USA

Né le 12 janvier 1916, le lieutenant détective Andrew F. Anewenter (USA) a fait la **plus longue carrière comme officier de police**. Il a servi dans la police de Milwaukee (Wisconsin) pendant 61 ans, du 1er juin 1942 jusqu'à sa retraite, le 15 mai 2003.

★ LA PLUS GRANDE STRUCTURE D'ACIER

Conçu par les architectes Herzog & de Meuron (Suisse), le stade olympique de Pékin, appelé "nid d'oiseau", a coûté 423 millions $. Il occupe 258 000 m² sur un site de 21 ha. Construite en acier, la structure elliptique du stade pèse 38 101 tonnes.

LE PLUS GRAND TERMINAL PASSAGERS

Le terminal passagers de l'aéroport international de Hong Kong, dont la construction a coûté 20 milliards $, mesure 1,3 km de long et couvre 550 000 m². Il accueille 45 millions de passagers par an pour 460 vols quotidiens. Le hall des bagages rivalise en taille avec le stade Yankee de New York (USA).

★ LA PLUS HAUTE STRUCTURE D'ACIER

La Willis Tower de Chicago (Illinois, USA) est un gratte-ciel en acier de 442 m de haut qui abrite des bureaux sur 108 étages. Achevée en 1974, elle occupe 423 637 m².

★ LA PLUS HAUTE STRUCTURE EN BÉTON

Achevé en 2009, le building Trump International Hotel & Tower de Chicago (Illinois, USA) atteint 360 m de haut – 423 m en comptant la flèche du bâtiment. Conçu par Skidmore, Owings et Merrill, le complexe de 92 étages accueille 486 appartements résidentiels et un hôtel de 339 chambres. C'est la structure en béton la plus haute du monde.

LA CONCENTRATION D'HÔTELS À THÈME LA PLUS ÉLEVÉE

Plus de 16 hôtels à thème s'alignent sur le Strip, grand boulevard de Las Vegas (Nevada, USA). Parmi ces thèmes figurent Paris et New York, l'île au trésor et Venise. Las Vegas peut se targuer de compter 120 000 chambres d'hôtel, 1 pour 4 habitants.

LE PLUS GRAND TOIT DE STADE RÉTRACTABLE

Achevé en juin 1989, le stade SkyDome situé près de la CN Tower à Toronto (Canada), héberge les célèbres matchs de son équipe de base-ball, les Blue Jay, et se caractérise par une toiture rétractable de 3,2 ha, à 86 m de hauteur et de 209 m d'envergure au plus large. Malgré ses 11 000 tonnes, il ne lui faut que 20 min pour s'ouvrir complètement et mettre ainsi le terrain et 91 % des places à l'air libre.

LE PLUS GRAND PALAIS RÉSIDENTIEL

L'Istana Nurul Iman ("palais de la lumière et de la foi" en arabe) du sultan du Brunei, érigé dans la capitale Bandar Seri Begawan, est le plus grand palais résidentiel du monde : 200 000 m², 1 788 pièces et 257 salles de bains.

LE SAVIEZ-VOUS ?

LE CENTRE COMMERCIAL DUBAI MALL ATTIRE 750 000 VISITEURS PAR SEMAINE. IL RENFERME UN AQUARIUM, UN CINÉMA ET UNE PATINOIRE.

Burj Khalifa (image principale) détient le record de l'★**édifice comptant le plus d'étages** (160 !).

INFO

En Chine, un nid d'oiseau vaut très cher, c'est un mets que l'on déguste en des occasions spéciales.

L'architecte Li Xinggang explique l'origine du surnom du stade.

★ LE PLUS GRAND... GRAND MAGASIN !

Construit par Shinsegae Co. Ltd et ouvert le 26 juin 2009, le grand magasin Shinsegae ("nouveau monde") à Busan (Corée du Sud) couvre une superficie de 293 905 m², battant ainsi de plus de 95 000 m² le précédent record détenu par le Macy's de New York (USA).

La **plus longue opération chirurgicale** a été réalisée du 4 au 8 février 1951 à Chicago (Illinois, USA) sur Gertrude Levandowski (USA). Il a fallu 96 h pour lui enlever un kyste ovarien.

MONTAGNES RUSSES

CHER
LA ★ MONTAGNE RUSSE LA PLUS COÛTEUSE, (50 MILLIONS $) EN RAISON DE L'ACIER PUR UTILISÉ, EST STEEL DRAGON 2000 DE MIE (JAPON). VOIR CI-DESSOUS.

★ LA PLUS RAPIDE (TOUTES CATÉGORIES)

À Nürburg (Allemagne), la montagne russe ring°racer du parc Nürburgring, a pour thème la Formule 1. Son système de catapulte à air comprimé propulse les passagers à 216,9 km/h en 2,5 s, soit 2 fois plus vite qu'une voiture de F1.

★ LA PLUS CHÈRE

Expedition Everest a coûté à Disney 100 millions $. L'attraction ouverte en 2006, après 6 ans de recherches et de construction, consiste en un voyage en train à travers l'Himalaya avec un raccourci par la Montagne Interdite, où se trouve le terrible Yéti – animal audio-animatronique de 6,7 m de haut contrôlé par 19 actionneurs et couvert de 93 m² de fourrure.

● RECORD D'INVERSIONS

Dans *Colossus* du Thorpe Park, à Chertsey (Surrey, GB), les passagers ont la tête en bas à 10 reprises, tous les 850 m. L'attraction a une hauteur maximale de 30 m et une vitesse de pointe de 65 km/h. Les inversions incluent 1 looping vertical, un double cobra roll (2 demi-loopings verticaux), 1 double tire-bouchon et 5 heart rolls (tonneaux de 360 °). *Tenth Ring* de Chimelong Paradise, à Guangzhou (Chine), compte autant d'inversions, mais c'est une copie de *Colossus*.

LES PLUS RAPIDES

★ TOUTES CATÉGORIES

Voir *ring°racer*, à gauche.

★ 4E DIMENSION

Dans ce type de montagne russe, les sièges placés des 2 côtés du rail tournent autour d'un axe horizontal. La ★ **1re attraction en 4D** était *X* de Six Flags Magic Mountain ouverte en 2002, mais la ★ **plus rapide** est *Eejanaika* de Fuji-Q Highland à Fujiyoshida (Yamanashi, Japon), qui atteint 126 km/h.

VOLANTE

Tatsu de Six Flags Magic Mountain, à Valence (Californie, USA), est la montagne russe la plus rapide. Les passagers ont le dos parallèle aux rails, ce qui leur donne l'impression de voler. La vitesse maximale est de 99,7 km/h. Avec ses 51,8 m de haut, cette attraction est la **montagne russe la plus haute** du monde.

NAVETTE

Dans cette catégorie, les wagons n'effectuent pas un circuit complet, avançant puis reculant. *Superman the Escape* de Six Flags Magic Mountain, à Valence (Californie, USA), et *Tower of Terror* du Dreamworld, à Gold Coast (Australie), sont les plus rapides. Ouvertes toutes deux en 1997, elles permettent d'atteindre la vitesse de 161 km/h.

LES 10 PLUS RAPIDES

	VITESSE	ATTRACTION	PARC	LIEU	DATE
*	216,9 km/h	*ring°racer*	Nürburgring	Nürburg, Allemagne	2009
1	205,8 km/h	*Kingda Ka*	Six Flags Great Adventure	Jackson, New Jersey, USA	2005
2	192,9 km/h	*Top Thrill Dragster*	Cedar Point	Sandusky, Ohio, USA	2003
3	171,9 km/h	*Dodonp*	Fuji-Q Highland	Fujiyoshida, Yamanashi, Japon	2001
4	161 km/h	*Superman the Escape*	Six Flags Magic Mountain	Valence, Californie, USA	1997
		Tower of Terror	Dreamworld	Coomera, Australie	1997
5	152,7 km/h	*Steel Dragon 2000*	Nagashima Spa Land	Nagashima, Kuwana Mie, Japon	2000
6	149 km/h	*Millennium Force*	Cedar Point	Sandusky, Ohio, USA	2000
*	144,7 km/h	*Intimidator 305* (ci-dessus)	Kings Dominion	Doswell, Virginie, USA	2010
7	136,6 km/h	*Goliath*	Six Flags Magic Mountain	Valence, Californie, USA	2000
		Phantom's Revenge	Kennywood	West Mifflin, Pennsylvanie, USA	1991
		Titan	Six Flags Over Texas	Arlington, Texas, USA	2001
8	134,9 km/h	*Furius Baco*	PortAventura Park	Salou, Tarragone, Espagne	2007
9	131,8 km/h	*Xcelerator*	Knott's Berry Farm	Buena Park, Californie, USA	2002
10	129,9 km/h	*Fujiyama*	Fuji-Q Highland	Fujiyoshida, Yamanashi, Japon	1996
		Thunder Dolphin	Tokyo Dome City	Bunkyo Tokyo, Japon	2003

Source : Roller Coaster Database * Encore fermée au moment où nous mettions sous presse.

LE SAVIEZ-VOUS ?

L'ASIE EST LE ★CONTINENT QUI COMPTE LE PLUS DE MONTAGNES RUSSES (828), SUIVIE PAR LES USA (731).

La ★montagne russe la plus longue est *Steel Dragon 2000*. L'attraction ouverte le 1er août 2000 mesure 2 478,9 m de long.

INFO

★ NOUVEAU RECORD ● MISE À JOUR

●SANS PLANCHER
Dans ce type de montagne russe, les passagers sont sur des sièges suspendus autour d'un rail central et pivotent d'un côté, puis de l'autre, ce qui accentue les montées et les virages. *Vortex* du Canada's Wonderland de Vaughan (Ontario, Canada) et *Ninja* du Six Flags Magic Mountain de Valence (Californie, USA) atteignent 88,5 km/h.

●LA PLUS RAPIDE (EN BOIS)
Colossos du Heide-Park Soltau en Basse-Saxe (Allemagne) a une vitesse maximale de 120 km/h. C'est aussi la **montagne russe en bois la plus haute** : 60 m.

LES PLUS HAUTES

TOUTES CATÉGORIES
Kingda Ka est la plus haute de toutes les montagnes russes (à droite).

★4E DIMENSION
Eejanaika du Fuji-Q Highland de la préfecture de Yamanashi (Japon) mesure 76 m de haut. Le circuit d'une durée de 2 min et 10 s a coûté un peu plus de 3,5 milliards de yuans (35 millions $).

VOLANTE
Tatsu, voir La montagne russe la plus rapide, ci-contre.

NAVETTE
Ouverte en 1997, *Superman the Escape* du Six Flags Magic Mountain de Valence (Californie, USA) s'élève à 126,5 m.

★SANS PLANCHER
Vortex du Wonderland de Vaughan (Ontario, Canada) a une hauteur de 27,7 m.

LES PLUS RAIDES

●TOUTES CATÉGORIES
Mumbo Jumbo du Flamingo Land Theme Park & Zoo de Malton (GB) a un angle de chute de 112°. Mesurant 30 m de haut, l'attraction a été inaugurée le 4 juillet 2009 et a coûté 6,3 millions $. La chute entraîne une accélération de 4 g (40 im/s²).

EN BOIS
El Toro du Six Flags Great Adventure de New Jersey (USA) a un angle de chute de 76°. Le circuit de 1 341 m est parcouru en 1 min et 43 s, à la vitesse de 120 km/h. Il culmine à 57,3 m au-dessus du parc à thème.

●NAVETTE
L'angle de chute le plus fort dans cette catégorie est de 90°. Ce record est détenu par 14 circuits. La montagne russe navette la plus récente a une longueur de 60 m. Il s'agit d'*Aftershock* du parc à thème Silverwood d'Athol (Idaho, USA), qui faisait autrefois partie du Six Flags Great America de Gurnee (Illinois, USA).

LA PLUS HAUTE (TOUTES CATÉGORIES)
Kingda Ka du Six Flags Great Adventure de New Jersey (USA) s'élève à 139 m de haut. À son ouverture en 2005, c'était la plus rapide.

MONTGOMERY, ALABAMA, USA
Ed Long de Montgomery (Alabama, USA) a totalisé 64 396 h et 55 min de vol entre mai 1933 et juin 1999 : un **nombre d'heures de vol record pour un pilote**. Durant ces 7 années passées dans les airs, il a inspecté des lignes à haute tension pour le compte de l'Alabama Power Company.

32°21'N 86°19'O

INGÉNIERIE & TECHNOLOGIE

MÉGA CONSTRUCTIONS

★ LA PLUS GRANDE PROTECTION CONTRE LES INONDATIONS

Le plan Delta inclut une série de barrages, d'écluses et de barrières de protection édifiés près des côtes néerlandaises afin de protéger les régions du pays situées à basse altitude. Commencés en 1950, les travaux se sont achevés en 1997 avec la création des barrières Maeslantkering et Hartelkering. L'ensemble comprend environ 16 495 km de digues et près de 300 structures.

● LA PLUS GRANDE EXCAVATION FAITE PAR L'HOMME

La mine de cuivre de Bingham Canyon, à côté de Salt Lake City (Utah, USA), est la plus grande excavation creusée par l'homme. Plus de 5,4 milliards de tonnes de gravats ont été déblayés depuis 1906. Visible depuis l'espace, l'excavation a un diamètre de 4 km et une profondeur de 1,2 km. Elle a été baptisée "le trou le plus riche de la Terre".

En 2004, la mine a produit plus de 15,4 millions de tonnes de cuivre, ainsi que 652 millions g d'or et 5,3 milliards g d'argent.

● LA CHARGE LA PLUS LOURDE SOULEVÉE PAR UNE GRUE

Le 18 avril 2008, une barge lestée d'eau et pesant 20 133 tonnes a été soulevée par une grue "Taisun", sur le chantier naval Yantai Raffles, à Yantai (Chine).

★ LE PLUS LONG PUITS DE PÉTROLE

Le puits de pétrole de BD-04-A est long de 12 289 m, dont une section horizontale de 10 902 m. Il a été achevé en mai 2008 par Maersk Oil Qatar et Qatar Petroleum, dans le champ pétrolifère d'Al-Shaheen, non loin de la côte du Qatar.

★ LA PLUS GRANDE EXCAVATION FAITE À LA MAIN

La mine Jagersfontein, située à proximité de Jagersfontein (Afrique du Sud), est une mine ouverte d'où sont extraits les plus gros diamants jamais découverts. Elle a été en service de 1888 à 1971, d'abord à ciel ouvert, puis comme mine souterraine. Creusée à la main entre 1888 et 1911, elle était profonde de 201 m. Son ouverture couvre 19,65 ha.

★ LA TOUR LA PLUS PENCHÉE

Édifiée à Abou Dhabi (EAU), la "Capital Gate" a une inclinaison de 18° et une hauteur de 160 m. Conçue par Global Architects RMJM (Dubaï), elle a été terminée le 4 janvier 2010.

LE PONT LE PLUS HAUT

Enjambant la vallée du Tarn (Aveyron), le viaduc de Millau mesure 2 460 m de long. Il est soutenu par 7 piles en béton, dont la plus haute culmine à 333,88 m.

★ NOUVEAU RECORD
● MISE À JOUR

INDIANAPOLIS, IN, USA

39°47'N 86°09'0

Le 1er **vainqueur de l'Indy 500** est Ray Harroun (USA). Le 30 mai 1911, au volant de sa Marmon Wasp, il a maintenu une vitesse moyenne de 120,06 km/h tout au long de la course, qui s'appelait à l'origine "International Sweepstakes".

LE SAVIEZ-VOUS ?

AVEC SES 360 M DE LONG ET SES 225 282 TONNES BRUTES, LE MS *OASIS OF THE SEAS* EST LE ●PLUS GRAND NAVIRE DE CROISIÈRE.

Le MS *Allure of the Seas*, navire jumeau d'*Oasis*, devrait être mis à l'eau en 2010.

INFO

★LE PLUS GRAND LAC DÛ À UNE EXPLOSION NUCLÉAIRE

Le 15 janvier 1965, dans le cadre de son programme d'essais nucléaires civils, l'Union soviétique a fait exploser un engin nucléaire de 140 kilotonnes sous le lit asséché du fleuve Chagan (Kazakhstan). Le cratère qui en a résulté a permis la création d'un lac de retenue, le lac Chagan. Ce dernier a une capacité d'environ 100 000 m³.

L'HÔPITAL LE PLUS HAUT

Il s'agit de la Guy's Tower du Guy's Hospital de Londres (GB). Achevé en 1974, l'édifice comporte 34 niveaux et se dresse à 142,6 m de hauteur.

LE PLUS GRAND ASCENSEUR À BATEAUX

L'ascenseur à bateaux de Strépy-Thieu, situé sur le canal du Centre dans le Hainaut (Belgique), utilise un système de contrepoids pour faire monter ou descendre les bateaux le long d'un axe vertical de 73,15 m. Les deux bacs, dans lesquels les bateaux sont placés, mesurent 112 x 12 m et pèsent entre 7 200 et 8 400 tonnes en fonction du niveau de l'eau. Il faut 7 min pour faire monter un bateau.

★LE PYLÔNE ÉLECTRIQUE LE PLUS LONG

À Jiangyin (province de Jiangsu, Chine), deux pylônes de lignes électriques se dressent sur les rives opposées du fleuve Yangtze à une hauteur de 346,5 m. Ils permettent aux lignes électriques d'enjamber le fleuve, large de 2 303 m à cet endroit. Un autre pylône, sur la montagne Damaoshan dans la ville de Zhoushan (Chine), s'élèvera pour sa part à 370 m du sol, en 2010.

★LE CANAL LE PLUS LARGE

Le canal de Cape Cod, qui traverse la presqu'île reliant le cap Cod au Massachusetts (USA), a été construit entre 1909 et 1916. Il mesure 28 km de long et 164,6 m de large. C'est un segment de l'Atlantic Intracoastal Waterway qui s'étire sur 4 800 km le long de la côte Est des États-Unis.

L'INFRASTRUCTURE SUR TERRE LA PLUS CHÈRE

En 1984, la construction du barrage de la centrale hydroélectrique d'Itaipu sur le fleuve Paraná, entre le Brésil et le Paraguay, a coûté 27 milliards $ (35,93 milliards $ actuels). Seule la Station spatiale internationale (ISS) a coûté davantage.

●LA CHEMINÉE LA PLUS HAUTE DÉTRUITE

La centrale électrique Westerholt de Gelsenkirchen-Westerholt (Allemagne) fonctionnant au charbon a été construite dans les années 1960 et fermée en 2005. Édifiée en 1997, sa cheminée de 337 m de haut était la plus grande d'Allemagne. Elle a été détruite au moyen d'explosifs, le 3 décembre 2006.

★L'AUTOCLAVE LE PLUS GRAND

Un autoclave sert à stériliser le matériel médical ou les instruments de laboratoire. En août 2006, la société ASC Process Systems (USA) a annoncé la construction d'un autoclave de 2 321 m³. Il est destiné à tester les composants de l'avion de ligne Boeing 787 Dreamliner, en les soumettant à des températures pouvant aller jusqu'à 232 °C et à des pressions de 10,2 bars.

★L'ÉDIFICE LE PLUS SPACIEUX

La principale usine de montage de la compagnie Boeing à Everett (Washington, USA), où ont été assemblés les Boeing 747, 767 et 777, dispose d'un volume de 13,4 millions m³ et d'une surface au sol de 39,8 ha.

ENCORE ! D'AUTRES RECORDS DE L'AÉRONAUTIQUE P. 116-117.

LOUISVILLE, KENTUCKY, USA

38°15'N 85°45'O

Le Grawemeyer Award for Music Composition de l'université de Louisville (Kentucky, USA) est la **plus grosse récompense pour un compositeur**. Son montant est de 200 000 $.

INGÉNIERIE & TECHNOLOGIE

ROUTE & RAIL

> *Pas besoin de peser 150 kg et de chiquer du tabac pour conduire un camion.*
> **Lisa Kelly, camionneuse sur la route de glace**

★ LA PLUS LONGUE ROUTE DE GLACE

La route de glace qui relie Contwoyto à Tibitt (Canada) a servi la première fois en 1982 pour approvisionner les mines des Territoires du nord-ouest. Ouverte de janvier à fin mars, elle est reconstruite chaque année. Elle couvre 568 km, dont 495 à travers des lacs gelés.

● LA GARE LA PLUS HAUTE

La gare ferroviaire de Tanggula (Tibet), sur la ligne Qingzang, se situe à 5 068 m d'altitude. C'est la plus haute du monde. Inaugurée le 1er juillet 2006, cette gare sans personnel dispose d'un quai de 1,25 km de long.

ROUTE

LE RÉSEAU ROUTIER LE PLUS DANGEREUX

D'après les résultats de son premier rapport sur la sécurité routière dans le monde, l'OMS estime que le réseau routier le plus dangereux, évalué à partir du nombre d'accidents mortels, est celui de l'Érythrée (Afrique). En 2007, on a recensé 48 morts pour 100 000 habitants.

● LE PLUS LONG TUNNEL ROUTIER SOUS-MARIN

La Tokyo Bay Aqua-Line, composée d'un pont et d'un tunnel, traverse la baie de Tokyo. Le tunnel de 9 583 m de long a été inauguré en 1997.

★ LE PLUS GRAND RÉSEAU ROUTIER NATIONAL

Les États-Unis sont sillonnés par 6 465 799 km de routes, dont 4 209 835 sont goudronnés. La Chine, avec 3 583 715 km de routes, se place en 2e position.

★ LE PLUS VIEUX "ROND-POINT MAGIQUE"

Les ronds-points multiples ont été inventés par le Road Research Laboratory (GB) pour décongestionner les carrefours. Installé à Swindon (GB) en 1972, le premier, surnommé "le rond-point magique", se compose de 5 mini-ronds-points reliés les uns aux autres à l'intérieur d'un cercle, ce qui permet au trafic de s'écouler dans les deux sens autour d'un rond-point central.

★ LE TRAIN À RÉACTION LE PLUS RAPIDE

Le M-497 est un prototype expérimental de train à réaction, alimenté par deux turboréacteurs General Electric J47-19. Développé et testé en 1966 aux États-Unis, il peut atteindre la vitesse de 296 km/h.

39°08'N
84°30'0

CINCINNATI, OHIO, USA

Le **plus grand rassemblement d'épouvantails** en a réuni 3 311 au festival Flower and Farm organisé par la Société d'horticulture de Cincinatti, sur Coney Island, à Cincinnati (Ohio, USA), le 12 octobre 2003.

★ LE PLUS VIEIL ÉCHANGEUR À 4 NIVEAUX

Inauguré en 1953, le Four Level Interchange de Los Angeles (Californie, USA) superpose des routes à plusieurs voies sur 4 niveaux. En fluidifiant la circulation entre la Route 101 et la Route 110, il limite les célèbres embouteillages de la ville.

★ LE PLUS VIEUX TUNNEL DE MÉTRO

Le tunnel de l'Atlantic Avenue à Brooklyn (USA) a été construit en 7 mois, en 1844. Il mesure 767 m de long sur 6,4 m de large et 5,2 m de haut. C'est le premier passage souterrain destiné à décongestionner une ville en surface et assurer la sécurité des gens et la circulation des trains. Il a fonctionné jusqu'en 1861, date à laquelle il a été bouché. Il a été redécouvert en 1981.

RAIL

★ LE MÉTRO LE PLUS LONG (LONGUEUR CUMULÉE)

En longueur cumulée, les voies du métro de Londres (GB) s'étendent sur 400 km. Avec 270 stations et un réseau souterrain à 45 %, c'est le **plus vieux métro du monde,** puisque la première section a été inaugurée en 1863.

● LE PLUS GRAND RÉSEAU FERROVIAIRE NATIONAL

Les États-Unis possèdent 226 427 km de voies ferrées. La Russie occupe la 2e place, avec 87 157 km de voies.

LE PLUS PETIT TRAIN BLINDÉ

Pendant la Seconde Guerre mondiale, la ligne Romney, Hythe & Dymchurch, qui relie Hythe à Dungeness (Kent, GB) et dont les rails sont écartés de 381 mm, a été réquisitionnée par le gouvernement britannique. La locomotive à vapeur et plusieurs voitures, quatre fois plus petites que celles des trains ordinaires, ont été recouverts d'un blindage.

LA PLUS PETITE LOCOMOTIVE À VAPEUR

Le 3 juillet 1938, la *Mallard* No. 4468 "Classe A4" de la London & North Eastern Railway a tiré 7 voitures à 201 km/h entre Grantham (Lincolnshire, GB) et Peterborough (Cambridgeshire, GB).

LA LIGNE LA PLUS RÉSISTANTE

Le 8 avril 2008, le Fortescue Metals Group (Australie) a achevé les 250 km d'une ligne ferroviaire à une voie capable de supporter des trains de 2,5 km de long transportant une charge de 38 400 tonnes de minerai.

LA PLUS VIEILLE LOCOMOTIVE À VAPEUR ENCORE EN SERVICE

La *Fairy Queen,* construite en 1855 par Kitson Thompson Hewitson de Leeds (GB), a été remise en service en octobre 1997 pour le plus grand bonheur des touristes. Elle tire 2 wagons (dont un wagon-restaurant) entre Delhi Cantonment et Alwar (Rajasthan, Inde).

★ NOUVEAU RECORD
● MISE À JOUR

TCHOU ! LA FAIRY QUEEN ROULE OFFICIELLEMENT À 40 KM/H, MAIS ELLE PEUT ALLER À UNE VITESSE BIEN SUPÉRIEURE.

TCHOU ! LA FAIRY QUEEN, RESTAURÉE ET REMISE EN ÉTAT DE MARCHE EN 1966, EST AUJOURD'HUI CONSERVÉE AU MUSÉE NATIONAL DU TRAIN INDIEN À NEW DELHI.

ATLANTA, GÉORGIE, USA

33°45'N 84°23'O

Willie Jones (USA) a été admis au Grady Memorial Hospital d'Atlanta (Géorgie, USA), le 10 juillet 1980, pour un coup de chaleur (il faisait 32,2 °C ce jour-là). Sa température corporelle s'élevait à 46,5 °C : la **plus élevée jamais enregistrée.**

INGÉNIERIE & TECHNOLOGIE

GRANDS FORMATS

★★★★★★★★★★★

LES PLUS GRANDS...

★SAC À DOS
Fabriqué par Lulu Caty (Rainbow Max Co., Chine), un sac à dos de 3 m de haut et de 2,95 m de large, orné du chat Lulu Caty, a été présenté à Dubai (EAU), le 10 octobre 2009.

★ÉTOILE DE NOËL
Confectionnée par Apple A Day Properties (Inde) et dévoilée à Kochi (Kerala, Inde), le 31 décembre 2009, cette étoile de Noël mesure 31,59 m de haut. Elle a été créée pour fêter l'inauguration d'une nouvelle école de musique dans la ville.

●LA PLUS GRANDE CHAUSSURE DE SPORT

En mars 2009, le Launch Group (GB) a fabriqué une chaussure de sport de 4 m de long, 1,6 m de large et 1,7 m de haut, à Cardiff (GB), pour les supermarchés Tesco afin de soutenir la recherche sur le cancer en Grande-Bretagne.

★LE PLUS GRAND TOURNEVIS

Thomas Blackthorne (GB) possède le plus grand tournevis : le manche acrylique mesure 19,5 cm de large et 50 cm de long, la tige en acier est longue de 51 cm et épaisse de 25 mm. Longueur totale de l'outil : 101 cm.

●TASSE À THÉ
Le Mercy Health Center de Fort Scott (Kansas, USA) a fabriqué une tasse à thé de 2,41 m de diamètre et de 0,6 m de hauteur. D'une contenance de 3 000 l, la tasse géante a été présentée le 26 septembre 2009.

★ÉVENTAIL
Créé par la société Goods of Desire (G.O.D.), un éventail qui, ouvert, mesure 8,48 m de long et 5,18 m de haut a été présenté au magasin Peak Galleria de G.O.D., à Hong Kong (Chine), le 20 août 2009. En bois et en papier, il s'utilise de la même façon qu'un éventail standard.

★VERRE DE SPRITZER
Un verre de spritzer d'une contenance de 500 l a été fabriqué par l'agence hongroise de promotion du vin à Budapest (Hongrie), le 20 juin 2009. Pour le remplir, 250 l de vin rosé de Neszmely ont été mélangés à 250 l d'eau de Seltz.

●TEE DE GOLF
À Escanaba (USA), les étudiants du cours de Jerry Havill au Bay de Noc Community College ont fabriqué un tee géant de 8,13 m de long. Dévoilé le 23 juillet 2009, l'objet a une tête de 88,9 cm de diamètre et une tige de 35,24 cm de large.

●POMPON
Le 30 juin 2009, le département des arts créatifs de Self Unlimited, dans le Kent (GB), a confectionné un pompon de 91,4 cm de haut et de 320 cm de diamètre.

●AFFICHE
Réalisée par Alpiq (Suisse) en hommage aux athlètes suisses participant aux jeux Olympiques de

●LE PLUS LONG CLUB DE GOLF UTILISABLE

Long de 4,09 m, ce club a été créé et utilisé par Karsten Maas (Danemark). Il a servi à envoyer une balle à 123 m. La trajectoire a été mesurée avec un appareil de la marque Trackman au Bella Centre de Copenhague (Danemark), le 24 janvier 2009.

ENCORE ! D'AUTRES MÉGA-RÉALISATIONS PAGES SUIVANTES.

36°00'N 84°15'O

OAK RIDGE, TENNESSEE, USA

En avril 1996, les scientifiques du Laboratoire national d'Oak Ridge (USA) ont envoyé le **courant électrique le plus intense** (2 millions d'ampères par cm²) le long d'un fil supraconducteur.

● LA PLUS GRANDE ARMOIRE

Jan Bilý (Rép. tchèque) a créé, avec sa société Art-Style, une armoire à 2 portes, haute de 6,06 m, large de 4,07 m et profonde de 1,5 m. Celle-ci a été présentée et mesurée à Prague (Rép. tchèque), le 10 septembre 2009.

Vancouver (Canada), une affiche de 42,6 x 63,1 m a été présentée et mesurée au barrage de Cleuson, près de Nendaz (Suisse), le 8 février 2010.

★ BONNET DE PÈRE DE NOËL

Des enfants norvégiens du Chill Youth Club ont confectionné un bonnet de 15,47 m de long et de 8,23 m de large. Il leur a fallu 3 mois pour réaliser le couvre-chef présenté à Fredrikstad (Norvège), le 9 décembre 2008.

★ LE PLUS GRAND BALLON DE PLAGE

Un ballon de plage gonflable de 12,59 m de diamètre a été fabriqué par Westtoer (Belgique) et exposé à Liège (Belgique), le 8 août 2009.

★ TROMPETTE

La trompette fabriquée par Benny J. Mamoto (Indonésie) mesure 32 m de long. Son pavillon a un diamètre de 5,20 m et une circonférence de 6,8 m. L'instrument, qui peut être joué, a été exposé à Tondano (nord du Sulawesi, Indonésie), le 31 octobre 2009.

LES PLUS LONGS...

● BOULIER

Un boulier de 13,11 m de long a été présenté le 25 octobre 2009 à Fuxin (Liaoning, Chine) lors d'une manifestation organisée par la Commission pour le développement et les réformes du gouvernement municipal de Fuxin.

● CANAPÉ

Un canapé de 890,25 m a été mesuré à Sykkylven (Norvège), le 14 juin 2009. Réalisé par 20 fabricants de meubles de la région, il avait été assemblé et exposé en face du pont Sykkylven.

★ NAPPE

Une nappe de 1 151,2 m de long et de 1,6 m de large a été confectionnée par la société Green Development Ltd (Pologne) et présentée à Żyrardów (Pologne), le 13 juin 2009.

● PARCOURS DANS UNE MAISON HANTÉE

La maison hantée de Fort Worth Texas (USA) proposait, le 12 septembre 2009, un parcours long de 689,17 m.

● TRAÎNE DE ROBE DE MARIÉE

La Watters Inc. (USA) a créé une traîne de 2 386,44 m de long, mesurée à Round Mountain (Texas, USA), le 19 décembre 2009.

★ CHAÎNE EN BOIS

Le 2 octobre 2009, Markley B. Noel (USA) a fabriqué une chaîne en bois de 148,59 m de long, à Kalamazoo (Michigan, USA).

● LA PLUS LONGUE PLANCHE DE SURF NAVIGABLE

Rico De Souza (Brésil, en photo) a vogué sur une planche de surf de 9,42 m de long à Solemar (Espirito Santo, Brésil), le 12 juin 2009. La **plus grande planche de surf de l'histoire** est l'œuvre de Nev Hyman (Australie) : 12 m de long, 3 m de large et 30 cm d'épaisseur. Elle a été lancée dans le Queensland (Australie), le 5 mars 2005.

HOP ! UNE CORBEILLE À PAPIERS HAUTE DE 7,13 M ET LARGE DE 4,76 M A ÉTÉ CRÉÉE PAR REALIZAR IMPACT MARKETING ET MODELO (PORTUGAL), EN JUIN 2009.

SPLASH ! UN PINCEAU DE 4,35 M DE LONG A ÉTÉ FABRIQUÉ PAR PRIMARIA MUNICIPIULUI CAMPINA (ROUMANIE) EN SEPTEMBRE 2009.

INGÉNIERIE & TECHNOLOGIE

GRANDS FORMATS

★ LE PLUS GRAND ÉCRAN DE TÉLÉVISION HAUTE DÉFINITION

Le 28 janvier 2010, un écran de télévision haute définition LED Diamond Vision mesurant 10,88 x 107,52 m a été présenté à l'hippodrome de Meydan, à Dubaï (EAU). L'écran géant de 1 169,82 m² a été créé par Mitsubishi Electric Corporation (Japon) pour la Meydan City Corporation, dont le siège se trouve à Dubaï.

● LA PLUS LONGUE CHAÎNE DE BALLONS

Les clients du centre commercial de Belforte (Italie) ont fabriqué une chaîne de 4,77 km avec 42 000 ballons. Elle a été mesurée et exposée à Serravalle (Italie), le 12 juillet 2009.

★ LA PLUS LONGUE CHAÎNE DE LANCES D'INCENDIE

Verband Bernischer Gemeiden et Gebäudeversicherung Bern ont constitué la plus longue chaîne de lances d'incendie qui a permis de transporter de l'eau sur 56 km, de Frutigen à Berne (Suisse), le 19 septembre 2003.

GRANDS FORMATS

	OBJET	DIMENSIONS	DÉTENTEUR DU RECORD	DATE
●	*Stylo à bille*	3,63 m long	Biswaroop Roy Chowdhury (Inde)	29 mars 2009
●	*Structure en boîtes de conserve*	115 527 boîtes	Disney VoluntEARS (USA)	11 février 2010
●	*Boîte en carton*	6,12 m de large ; 14,05 m de long ; 2,75 m de haut	Chegg.com (USA)	19 septembre 2009
●	*Assiette en céramique*	2 870 kg ; 5,8 m de diamètre	Joe Kabalan et l'Association des industriels libanais (Liban)	24 octobre 2009
●	*Chaise*	30 m de haut	XXXLutz et Holzleimbauwerk Wiehag GmbH (Autriche)	9 février 2009
●	*Jeu d'échecs*	Plateau : 5,89 m de chaque côté Roi : 119 cm de haut ; 37,4 cm de large	Medicine Hat Chess Club (Canada)	27 mai 2009
★	*Chinowa*	11 m de diamètre	Aichiken Gokokujinjya (Japon)	28 juin 2009
●	*Baguettes pour manger*	8,4 m	Wakasa Chopsticks Industry Cooperative (Japon)	22 mars 2009
★	*Tasse de chocolat chaud*	318,23 l	Ville de Saint-Thomas (Canada)	22 décembre 2009
★	*Tasse de boisson non alcoolisée*	4 593,7 l	Gouvernement populaire du district de Jiagedaqi (Chine)	6 août 2009
★	*Coussin*	10,08 x 10,08 m	Shanghai Konglong Textile Ornaments Co., Ltd	29 mai 2009
●	*Biscuit pour chien*	105 kg	Warner Bros Entertainment UK et the Canine Cookie Company (tous deux GB)	5 octobre 2009
●	*Drapeau*	43 404,95 m²	Grace Galindez-Gupana (Philippines)	11 avril 2009
●	*Flûte*	3,25 m de long ; 5 cm de diamètre	Maison de l'enfance et de la jeunesse de Fushun (Chine)	14 juillet 2009
●	*Maillot de football*	71,35 x 79,15 m	AVEA (Turquie)	5 avril 2009
★	*Guirlande de fleurs fraîches*	2,2 km de long	Les habitants de Peiting (Allemagne)	19 juillet 2009

★ NOUVEAU RECORD ● MISE À JOUR

● LE PLUS GRAND CHÂTEAU DE CARTES

Bryan Berg (USA) a construit un château de cartes de 10,39 m de long, de 2,88 m de haut et de 3,54 m de profondeur au Venetian® Macao-Resort-Hotel de Macao (Chine), le 10 mars 2010. La structure, constituée de 218 792 cartes, reproduisait la ligne d'horizon de Macao.

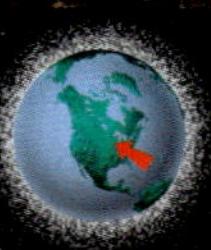

42°20'N 83°03'O

DETROIT, MICHIGAN, USA

Mickey Mantle (USA) a réalisé pour les New York Yankees le **plus long home run dans un match de baseball de Major League** (193 m) contre les Detroit Tigers, au stade Briggs, à Detroit (Michigan, USA), le 10 septembre 1960.

GRANDS FORMATS... SUITE

	OBJET	DIMENSIONS	DÉTENTEUR DU RECORD	DATE
★	*Bâton lumineux*	3 m de haut ; 20 cm de diamètre	KNIXS GmbH (Allemagne)	29 juin 2009
●	*Tapis tissé à la main*	955 m²	Samovars, Tapis & Antiquités (Koweït)	1er novembre 2009
★	*Fer à cheval*	56 cm de long ; 61,5 cm de large	Caritas Tagesstätte Krumbach (Autriche)	21 juin 2008
★	*Bouteille impossible*	60 litres	Aidano Dallafiora (Italie)	24 août 2009
●	*Canapé gonflable*	20,5 m de long ; 8,10 m de large ; 8,1 m de haut	Jacobs Krönung (Allemagne)	14 avril 2009
★	*Javelot*	28,83 m de long ; 30 cm de diamètre	Vattenfall (Allemagne)	31 juillet 2009
★	*Maquette d'avion (envergure des ailes)*	15 m d'envergure	Markus Stadelmann (Suisse)	8 mai 2009
●	*Carte postale*	48,75 m²	Deutsche Post (Allemagne) et Toyota Cars (Japon)	10 août 2009
●	*Punching-ball*	6,97 m de haut ; 98 cm de large ; 800 kg	Helio Dipp Jr et Cintia Schmitt (tous deux Brésil)	28 mars 2009
●	*Ciseaux*	2,31 m du bout à la poignée	Neerja Roy Chowdhury (Inde)	16 août 2009
★	*Feuille de papier faite à la main*	13,9 x 6,9 m	Faite pour Masaki Takahashi et Kazuki Maeda (tous deux Japon)	19 août 2009
●	*Sac à provisions (en papier)*	4,18 m x 6,62 m x 1,79 m	Kaufland (Roumanie)	18 mai 2009
●	*Douche*	30,48 m de long ; 12,19 m de large ; 3,04 m de haut	Pompiers de PertPlus et de Chicago (USA)	9 juillet 2009
★	*Lanterne céleste*	11,68 m de haut ; 10 m de large ; 9,3 m de profondeur ; volume de 1 086,24 m³	Jhon Freddy Daza, Eyder Burbano et Rene Muñoz (tous Colombie)	11 janvier 2009
★	*Tablette des Dix commandements*	65,04 m²	Grace Galindez-Gupana (Philippines)	11 avril 2009
★	*Pantalon*	12,19 m de long ; 7,92 m de tour de taille	Rishi S. Thobhani de R.S.T. International Limited (GB)	23 mai 2009

● LA PLUS GRANDE SANDALE

Conçue pour Diseos Ruddy, Bucaramanga (Colombie) et créée en décembre 2003 par Nelson Jiménez Florez (Colombie), elle mesure 6,6 m de long, 2 m de large et 3,5 m de haut.

● LE PLUS GRAND SAC À MAIN

En juin 2001, à Offenbach (Allemagne), Picard et Klar ont fabriqué un sac haut de 5 m, large de 6,5 m et profond de 2,5 m.

★ LE PLUS GRAND ÉTALAGE DE PRODUITS

Un étalage de boîtes de mouchoirs Kleenex d'une superficie de 289,64 m³ a été réalisé par le Al-Mansouriya Consumers Trading Co. et Olayan Kimberly-Clark (tous deux Koweït) au Sultan Center (Koweït), le 7 mars 2010.

★ LE PLUS LONG BANC EN BOIS

Les habitants d'Osieczna (Pologne) ont fabriqué un banc en bois de 613,13 m de long, qui a été présenté à Szlachta (Pologne), le 27 août 2005.

● LA PLUS GRANDE BÊCHE

Une bêche de 3,61 m de haut, dotée d'un fer de 59,8 cm de large, a été fabriquée par Rollins Bulldog Tools Ltd (GB) et dévoilée à Wigan (GB), le 7 décembre 2009.

● LA PLUS GRANDE CHEMISE BOUTONNÉE

Le 25 juin 2009, Walbusch (Allemagne) a présenté une chemise boutonnée de 65,39 m de long, avec une largeur de poitrine de 52,72 m et des manches de 23,98 x 15,64 m. Ce vêtement gigantesque a été mesuré au LTU-Arena de Düsseldorf (Allemagne).

GANT
LE PLUS GRAND GANT DE BASEBALL A UNE HAUTEUR DE 8 M, UNE LARGEUR DE 9,7 M, ET UNE ÉPAISSEUR DE 3,6 M. IL PÈSE 9 070 KG.

● LE PLUS GRAND NAIN DE JARDIN

La société PHU MALPOL (Pologne) a présenté un nain de jardin géant de 5,41 m, en polystyrène et fibre de verre, à Nowa Sol (Pologne), le 2 juin 2009.

DESSOUS
EN ALLEMAGNE, LE 16 AOÛT 2004, SVEN GOEBEL (ALLEMAGNE) A CONSTRUIT UNE STRUCTURE DE 3 M DE HAUT ET DE 5 M DE LARGE, À L'AIDE DE 70 000 SOUS-BOCKS.

COLUMBUS, OHIO, USA

Partant du fait qu'une plaisanterie a un début, un milieu et une fin, Mike Hessman, qui vit à Colombus (Ohio, USA), a réalisé le **plus long marathon de blagues.** Il en a raconté 12 682 en 24 h, les 16 et 17 novembre 1992.

39°59N
82°59O

INGÉNIERIE & TECHNOLOGIE

ÉNERGIES DURABLES

★ LE PLUS GRAND TOKAMAK

Avec un diamètre de 2,96 m et une contenance de 100 m³ de plasma, le Joint European Torus de Culham (Oxfordshire, GB) est le plus grand tokamak du monde. Les tokamaks emprisonnent le plasma dans des champs magnétiques et sont employés pour étudier les réactions de fusion nucléaire.

★ LA PLUS GRANDE STATION PHOTOVOLTAÏQUE

Le parc photovoltaïque d'Olmedilla (Espagne) se compose de 162 000 panneaux solaires et produit 60 MW par grand soleil. Achevé en septembre 2008, il fournit suffisamment d'électricité pour 40 000 foyers.

★ NOUVEAU RECORD
● MISE À JOUR

★ LE PLUS ANCIEN COMBUSTIBLE ALTERNATIF

En Europe, vers 1500, la surexploitation du bois lié à son emploi comme combustible domestique a accéléré la déforestation et entraîné la pénurie. Les Européens se sont alors tournés vers le charbon, premier exemple d'un combustible de remplacement dans notre Histoire.

★ LA PLUS GRANDE CENTRALE HYDROÉLECTRIQUE À VAGUES

En novembre 2009, Aquamarine Power (GB) a inauguré Oyster, un engin de démonstration de 194 tonnes installé au large des îles Orkney (GB), à 10 m de profondeur. Il contient une pièce mobile qui oscille au passage des vagues, entraînant des pistons hydrauliques qui actionnent à leur tour une turbine. Ce modèle a été conçu pour fournir 315 kW.

L'énergie hydroélectrique est le **plus grand pourvoyeur d'énergie renouvelable**, avec 770 GW (gigawatts) produits en 2007.

★ L'ÉOLIENNE LA PLUS ÉLEVÉE

En décembre 2007, une éolienne conçue pour alimenter une mine dor en électricité a été inaugurée près de la mine de Veladero, à San Juan, dans la cordillère des Andes (Argentine). Construit par DeWind (Allemange) et exploité par Barrick (Canada), le générateur se situe à 4 110 m d'altitude.

Le 11 mars 2009, en Espagne, des vents violents ont permis au réseau d'éoliennes du pays de générer 11 180 MW (mégawatts), soit 40 % de la totalité de ses besoins énergétiques – la ★**plus grande proportion d'énergie éolienne jamais atteinte**.

★ LE PLUS GRAND IMMEUBLE SOLAIRE

En décembre 2009, un immeuble a été inauguré à Dezhou, dans le Shangdong (Chine), dont presque tous les besoins électriques sont assurés par des panneaux solaires installés sur le toit. Couvrant une superficie de 75 000 m², ce bâtiment abrite des centres de recherche, des salles d'exposition et un hôtel.

TAMPA, FLORIDE, USA

27°58'N 82°28'O

En mai 1994, Howard Jenkins, de Tampa (Floride, USA), a découvert que 88 millions $ avaient été transférés par erreur sur son compte en banque. Après avoir retiré 4 millions $, sa conscience l'a poussé à restituer intégralement les 88 millions $. Il aura eu la consolation d'entrer dans le Guinness World Records au titre du **plus gros remboursement**…

LE SAVIEZ-VOUS ?

1 MILLION DE WATTS (MW) SUFFISENT À FOURNIR 600 FOYERS EN ÉLECTRICITÉ.
UN GIGAWATT (GW) ÉQUIVAUT À 1 000 MW.

Le **plus grand champ d'éoliennes du monde**, à Altamont Pas (Californie, USA), aligne 7 300 turbines.

INFO

Ce prototype de centrale électrique utilise l'eau de mer et l'eau douce des cours d'eau. La capacité initiale de la station est de 4 kW, mais les scientifiques espèrent atteindre 25 MW à l'orée de 2015.

★ PREMIÈRE CENTRALE À CHARBON PROPRE

En septembre 2008, la Schwartze Pumpe, un nouveau prototype de centrale électrique, est devenue opérationnelle à Spremberg (Allemagne). C'est la première au monde à employer la technique CCS – capture et stockage du carbone – qui consiste à capturer le CO_2 émis par la combustion du charbon, l'empêchant d'entrer dans l'atmosphère.

★ LE PLUS D'ÉLECTRICITÉ PRODUITE PAR UN CERF-VOLANT

En 2008, des scientifiques de l'université de technologie de Delft (Pays-Bas) ont produit de l'électricité avec un cerf-volant, grâce à un système appelé Laddermill. L'idée est de laisser le cerf-volant s'élever dans les airs en l'amarrant à un générateur fixe au sol. Le cerf-volant de 10 m² utilisé pour le test est parvenu à générer 10 kW – suffisamment d'électricité pour subvenir aux besoins de 10 foyers environ. Les chercheurs pensent qu'à terme les cerfs-volants pourront générer 100 MW d'électricité, assez pour alimenter 100 000 foyers.

★ LA PLUS GRANDE SOURCE D'HÉLIUM 3

L'hélium 3, un isotope de l'hélium, est dispersé dans l'espace par le vent solaire. Sur Terre, il n'existe qu'à l'état de trace. En revanche, sur la Lune, l'absence d'atmosphère et de champ magnétique permet aux atomes d'hélium 3 d'origine solaire de se déposer sur le sol. L'isotope, découvert par les astronautes de la mission Apollo, pourrait servir de combustible pour la fusion nucléaire. Selon les scientifiques, 1 million de tonnes d'hélium 3 se trouveraient à la surface de la Lune et permettrait de pourvoir aux besoins de la Terre pendant des milliers d'années.

★ PREMIER GÉNÉRATEUR OSMOTIQUE

En novembre 2009, un prototype de centrale électrique à osmose a été inauguré sur les rives du fjord d'Oslo (Norvège). Il génère de l'électricité grâce à l'osmose, un phénomène naturel de diffusion entre deux solutions de concentrations différentes à travers une membrane semi-perméable. La différence de pression générée par le passage d'une substance à travers la membrane peut être convertie en électricité.

★ LA VOITURE AU BIOCARBURANT LA PLUS RAPIDE

Le 3 avril 2009, Jürgen Hohenester (Allemagne) a atteint 364,6 km/h au volant d'une voiture fonctionnant au biocarburant, sur le ATP de Papenburg (Allemagne). La technologie a été développée par l'organisme de certification TÜV Rheinland.

★ LE PLUS GRAND CHAMP D'ÉOLIENNES OFFSHORE

Le champ d'éoliennes offshore Horns Rev 2 a été inauguré officiellement le 17 septembre 2009. Situé dans une zone peu profonde de la mer du Nord, au large du Danemark, il produit 209 MW grâce à 91 turbines d'une capacité de 2,3 MW chacune.

ÉNERGIE
LES USA SONT LE PLUS GRAND PRODUCTEUR D'ÉNERGIE ÉOLIENNE, QUI FOURNIT 2 % DE LEUR ÉLECTRICITÉ. CETTE PROPORTION DEVRAIT ATTEINDRE 20 % EN 2030.

VENT
LE 1ER CHAMP D'ÉOLIENNES A ÉTÉ INSTALLÉ EN 1980, SUR CROTCHED MOUNTAIN, (NEW HAMPSHIRE, USA). CHACUNE DES 20 TURBINES PRODUISAIT 30 KW.

DÉFENSE

LE C-5M SUPER GALAXY, AVION DE TOUS LES RECORDS

Le 13 septembre 2009, le plus gros avion de l'US Air Force, le Lockheed Martin C-5M Super Galaxy, a établi 41 records lors d'un vol effectué depuis la base aérienne militaire de Dover (Delaware, USA), dont 33 nouveaux et 8 mises à jour de records existants. Il a battu le record d'altitude, d'altitude avec charge, de temps pour atteindre une altitude précise depuis le décollage, et de la plus lourde charge transportée à 2 000 m d'altitude.

★ LE PLUS GRAND "CIMETIÈRE" D'AVIONS

Le 309e *Aerospace Maintenance and Regeneration Group* (baptisé "Le cimetière", ci-dessus) est un endroit où l'armée de l'air américaine conserve 4 000 avions hors service, pour les remettre en état de fonctionnement ou récupérer leurs pièces détachées. Ce site de 10,3 km² se trouve sur la base aérienne militaire de Davis-Monthan, à Tucson (Arizona, USA).

★ NOUVEAU RECORD ● MISE À JOUR

★ LE PLUS LONG TIR DE PRÉCISION MORTEL

En novembre 2009, Craig Harrison (GB), membre de la cavalerie de la Maison royale britannique, a tué 2 Talibans à une distance (homologuée par GPS) de 2 474 m (2,47 km). Les balles de 8,59 mm ont mis environ 3 s pour atteindre leur cible, située à 914 m au-delà de la portée recommandée pour son fusil de précision, un L115A3. Un 3e tir leur a arraché leur mitraillette.

★ 1RE UTILISATION DE PLAYSTATIONS POUR ENTRAÎNER LES SOLDATS

La marine britannique est la 1re organisation à utiliser des PlayStations Sony à des fins militaires. Les ingénieurs de la Royal Navy en ont été équipés pour travailler sur des logiciels didactiques produits par la Maritime Warfare School du HMS Collingwood de Fareham (GB). L'école a déjà acheté 230 consoles, tenant ainsi compte de l'arrivée d'une génération pour qui étudier dans les livres n'est plus naturel.

★ LE DRONE LE PLUS DANGEREUX

Le Predator C Avenger est un drone qui peut voler à la vitesse de 740 km/h à 18 288 m pendant 20 h. Sa capacité à transporter 1 360 kg d'armes et son design furtif – sans angles saillants afin de réduire sa signature radar – en font le drone le plus dangereux à ce jour. Son 1er vol a eu lieu le 4 avril 2009.

★ LE ROBOT-SERPENT À USAGE MILITAIRE LE PLUS PERFECTIONNÉ

Le ministère de la Défense israélien a mis au point un robot-serpent de 1,8 m de long, pour récolter des informations en milieu hostile. Il peut être équipé de matériel vidéo et audio commandés depuis un ordinateur portable, et possède aussi des applications pour localiser des survivants après une catastrophe ou une attaque terroriste.

★ LE PLUS PETIT DRAGUEUR DE MINES ROBOTISÉ

Des ingénieurs du Massachusetts Institute of Technology (MIT), à Massachusetts (USA), ont conçu des robots plus petits qu'un briquet en s'inspirant du couteau (*Ensis directus*), un coquillage qui peut s'enfouir d'environ 1 cm en 1 s. Utilisé en association avec un sonar pour sonder le fond et localiser les mines sous-marines, il peut aussi servir à les faire exploser.

LE SAVIEZ-VOUS ?
LE L115A3 EST UN FUSIL CONÇU POUR UN TIR DE PRÉCISION À 600 M ET UN TIR DE HARCÈLEMENT JUSQU'À 1 100 M.

Les balles de fusil de 8,59 mm sont lourdes et moins susceptibles d'être déviées de leur trajectoire.

INFO

★ LA PLUS PETITE IMPRIMANTE DE BORD

La ToughWriter 5 est la plus petite imprimante de bord du monde. Elle mesure 185 mm de profondeur et pèse moins de 4 kg.

PLUS ! ENCORE DES RECORDS SUR LES TECHNOLOGIES MILITAIRES P. 128-129.

LA HAVANE, CUBA 23°08'N 82°23'O

Le **procès qui a attiré le public le plus nombreux** a été celui du capitaine Jesús Sosa Blanco (51 ans), jugé pour 108 meurtres, les 22-23 janvier 1959. À cette occasion, on a dénombré jusqu'à 17 000 personnes dans le palais des sports de La Havane (Cuba).

ENCORE !
PLUS DE PROUESSES TECHNOLOGIQUES
P. 198-199.

★ RECORD D'ARMES NUCLÉAIRES

D'après la *Federation of American Scientists,* la Russie détenait, en mai 2010, 4 650 têtes nucléaires opérationnelles sur un stock de 12 000 unités. La photo représente le missile balistique intercontinental Topol-M, exposé à la parade de la Journée de la victoire à Moscou, en mai 2009.

★ LE PLUS ANCIEN NAVIRE DE GUERRE

Le VMF *Kommuna*, construit aux Pays-Bas en 1915, est un catamaran de sauvetage de 2 267 tonnes toujours en service dans la marine russe, qui sert à récupérer des petits sous-marins. Maintenir ce navire en état de fonctionnement est plus économique que de concevoir et construire son remplaçant.

★ LE PLUS GRAND DIRIGEABLE

Eureka, construit par Zeppelin Luftschifftechnik GmbH (Allemagne) et propriété de la société américaine Airship Ventures Inc., mesure 75 m de long. Un projet de dirigeable qui servirait de plate-forme géostationnaire destinée au renseignement militaire et à la reconnaissance est à l'étude.

★ LE PLUS LONG VOL POUR UN AVION-ESPION SOLAIRE

Entre le 28 et le 31 juillet 2008, *Zephyr*, un drone solaire de type HALE (volant à haute altitude et doté d'une grande autonomie) a effectué un vol de 82 h 37 min. *Zephyr*, qui se lance à la main, vole grâce à l'énergie solaire fournie par les panneaux en silicium amorphe posés sur ses ailes de 22,8 m de long. La nuit, il est alimenté par une batterie lithium-soufre qui se recharge durant la journée. Grâce à sa structure en fibre de carbone, il pèse moins de 30 kg. Il est conçu pour transporter du matériel de surveillance militaire et voler à 18 288 m d'altitude jusqu'à à 112 km/h.

★ 1RE UTILISATION DE QUADS DANS DES COMBATS

200 quads améliorés ont été commandés pour les forces britanniques engagées en Afghanistan. Ils seront utilisés pour livrer du matériel de combat et équipés de doubles brancards pour évacuer deux blessés à la fois et les prendre en charge le plus rapidement possible.

★ LE NAVIRE DE COMBAT EN ZONE LITTORALE LE PLUS RÉCENT

L'USS *Independence* LCS-2, un navire de combat en zone littorale (Littoral Combat Ship) a été commandé par la marine américaine et mis en service le 16 janvier 2010. Second de la classe LCS, c'est le 1er d'un nouveau genre de navire en aluminium doté d'une triple coque. Construit par General Dynamics et Austal (USA), il mesure 115,5 m de long et peut transporter 75 membres d'équipage et 2 hélicoptères MH-60S Seahawk. Sa vitesse de pointe avoisine les 44 nœuds (81,4 km/h).

★ LE SYSTÈME DE DÉFENSE OPÉRATIONNEL UNIQUE LE PLUS CHER

Avec son équipage, son armement, ses 85 avions et ses autres systèmes de défense et de communication, le porte-avions à propulsion nucléaire USS *Ronald Reagan* (classe CVN 76) a coûté au total 4,5 milliards $ (3,67 Md €).

★ SOUS-MARIN DOTÉ DES PLUS GRANDES "OREILLES"

Le HMS *Astute*, un sous-marin nucléaire d'attaque, effectue actuellement des essais pour la marine britannique. Son sonar – de type 2076 – possède les plus grandes "oreilles" que l'on puisse trouver sur un système de détection. Il pourrait détecter un navire quittant le port de New York, depuis la Manche à 5 556 km de distance.

PLOUF
HMS ASTUTE RECYCLE L'EAU ET L'AIR, CE QUI LUI PERMET DE FAIRE LE TOUR DU GLOBE SANS REMONTER EN SURFACE.

PLOUF
LE RÉACTEUR NUCLÉAIRE DU SOUS-MARIN POURRA FONCTIONNER 25 ANS (DURÉE DE SERVICE PRÉVUE) SANS ÊTRE RAVITAILLÉ EN COMBUSTIBLE.

VÉHICULES

LA VOITURE LA PLUS PETITE ET LA PLUS BASSE

La ★**voiture la plus petite**, 104,14 cm de haut sur 66,04 cm de large, a été mesurée à Wingrave (GB), le 8 mai 2009. La ★**voiture la plus basse** fait 48,26 cm de haut. Ces deux véhicules ont été conçus par Perry Watkins (GB).

★ACCÉLÉRATION 0-100 KM LA PLUS RAPIDE PAR UNE VOITURE DE SÉRIE 4 PLACES

La Nissan GT-R a effectué une accélération de 0 à 100 km en 3,5 s sur le circuit Nürburgring à Nürburg (Allemagne), le 17 avril 2008.

●KILOMÉTRAGE LE PLUS ÉLEVÉ

Une Volvo P-1800S de 1966 appartenant à Irvin Gordon d'East Patchogue (New York, USA) affichait 4 379 033,78 km au compteur en août 2009. Elle roule toujours. Son propriétaire parcourt 160 000 km par an, en raison des nombreux événements auxquels il participe en Europe et aux USA.

●VITESSE MOYENNE LA PLUS ÉLEVÉE POUR UNE VOITURE À VAPEUR

Le 26 août 2009, Don Wales (GB) a réalisé 2 fois de suite une moyenne de 225,05 km/h sur 1 km de piste avec le British Steam Car's *Inspiration Streamliner*, sur la base militaire aérienne Edwards en Californie (USA).

LA VOITURE LA PLUS CHÈRE

15 millions $ pour le coupé Bugatti Royale type 41 de 1931 vendu par Nicholas Harley (GB) à la Meitec Corporation (Japon), le 12 avril 1990.

★LA "VÉTÉRAN" LA PLUS CHÈRE

Le 3 décembre 2007, un collectionneur britannique a déboursé 3 521 500 £ (3 774 141 €) pour la Rolls-Royce Brighton Run, numérotée 20154. Cette voiture (2 places, 10 ch) a été construite à Manchester (GB) en 1904, ce qui la place dans la catégorie "vétéran" (antérieure à 1905).

LA MOTO DE SÉRIE LA PLUS RAPIDE

La Suzuki GSX1300R Hayabusa atteint 312 km/h. Nommé d'après un faucon pèlerin japonais, ce véhicule de 215 kg est propulsé par un moteur de 1 298 cm³, DOHC, 4 soupapes par cylindre.

LE REMORQUAGE DE CARAVANE LE PLUS RAPIDE PAR UNE VOITURE DE SÉRIE

Le 24 octobre 2003, une Mercedes Benz S600, pilotée par Eugene Herbert (Afrique du Sud), a atteint 223,881 km/h en remorquant une caravane standard à la

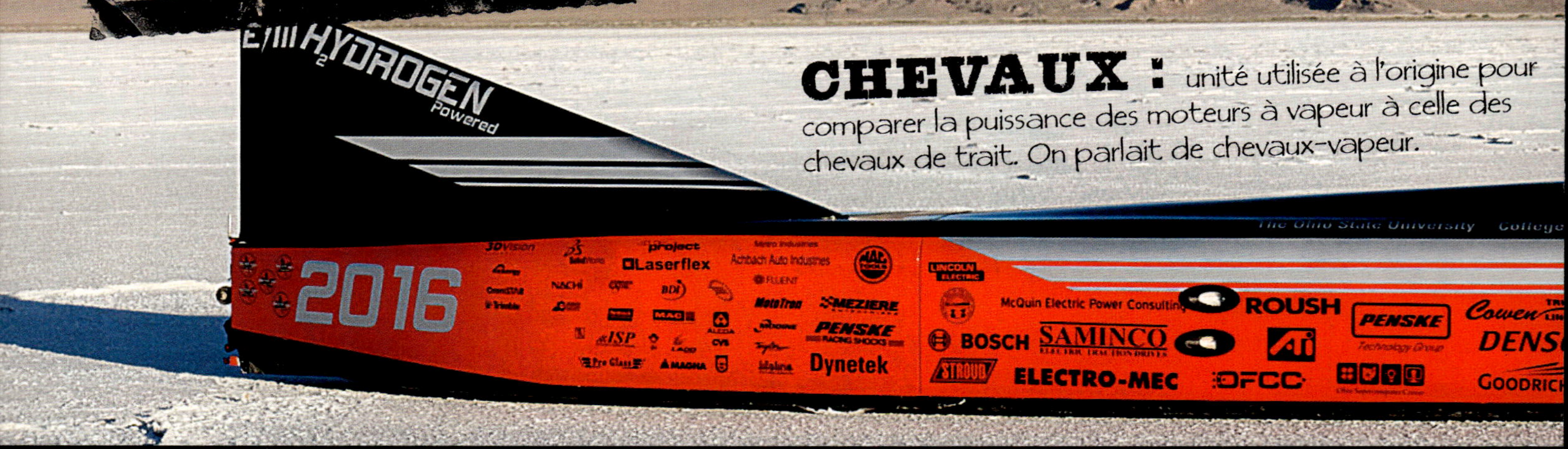

CHEVAUX : unité utilisée à l'origine pour comparer la puissance des moteurs à vapeur à celle des chevaux de trait. On parlait de chevaux-vapeur.

JACKSONVILLE, FLORIDE, USA

30°19'N 81°39'O

Ted St Martin (USA) détient le **record du nombre de paniers marqués au cours d'une démonstration de basket-ball.** Il a marqué 5 221 paniers (lancers libres) à Jacksonville (Floride, USA), le 28 avril 1996.

LE SAVIEZ-VOUS ? EN JUILLET 2009, UNE BUGATTI DE 1925 A ÉTÉ REMONTÉE DU FOND DU LAC MAJEUR (ITALIE), OÙ ELLE GISAIT DEPUIS 73 ANS. ELLE POURRAIT SE VENDRE AUX ENCHÈRES PLUS DE 80 000 £ (88 849 €).

La Bugatti avait été jetée à l'eau en 1936 par son propriétaire, un fonctionnaire suisse mécontent de devoir payer la taxe d'importation.

INFO

★ LA VOITURE D'APRÈS-GUERRE LA PLUS CHÈRE

Le 17 mai 2009, une Ferrari 250 Testa Rossa 2 places de 1957 – une voiture de course fabriquée en 22 exemplaires –, a été vendue sur le site Ferrari de Maranello (Italie) 8 000 000 £ (8 884 940 €). C'est la plus grosse somme d'argent déboursée pour une voiture d'après-guerre.

● LA VOITURE ÉLECTRIQUE LA PLUS RAPIDE

La vitesse moyenne la plus élevée atteinte par un véhicule électrique est de 487,672 km/h sur une distance de deux fois 1 km. Conçu et construit par des étudiants en ingénierie de l'université d'État de l'Ohio au Center for Automotive Research (CAR), Buckeye Bullet 2 a été pilotée par Roger Schroer (USA) sur le désert de sel de Bonneville (Utah, USA), le 25 septembre 2009. Le véhicule à hydrogène a été surnommé *La Jamais Contente* en hommage au premier véhicule à avoir franchi les 100 km/h en 1899.

OH ! PREMIER VÉHICULE À HYDROGÈNE, FB2 EST PROPULSÉ PAR UN MOTEUR ÉLECTRIQUE DE 700 CHEVAUX ALIMENTÉ PAR DE L'HYDROGÈNE ET DE L'OXYGÈNE EMBARQUÉS.

AH ! UN RADIATEUR RÉSISTANT MAL À 480 KM/H, IL FAUT UTILISER UN BAIN DE GLACE POUR REFROIDIR LE CARBURANT.

base militaire aérienne de Hoedspruit, près du parc national de Kruger (Afrique du Sud). La tentative de record a été organisée par Risk Administrative Consultants.

LA VOITURE DE SÉRIE LA PLUS RAPIDE

Le 13 septembre 2007, une Ultimate Aero TT Super Car, construite par Shelby Supercars (USA), a atteint 412 km/h (moyenne sur deux essais) sur l'autoroute 221 (Washington, USA).

LA VOITURE LA PLUS LÉGÈRE

Louis Borsi (GB) a construit et conduit une voiture de 9,5 kg. Équipée d'un moteur de 2,5 cm³, elle atteint la vitesse maximale de 25 km/h.

★ LA VOITURE AMPHIBIE LA PLUS RAPIDE

Avec un moteur basé sur le motopropulseur de la Corvette LS, le WaterCar Python est le véhicule amphibie le plus rapide du monde. Sur l'eau, il atteint la vitesse de 96 km/h et sur la terre ferme, il peut effectuer une accélération 0-100 m en 4,5 s. Le Python est fabriqué à la main et sur commande. Les prix démarrent à 200 000 $.

★ NOUVEAU RECORD
● MISE À JOUR

SAVANNAH, GÉORGIE, USA

32°04'N 81°05'O

Le **record de vitesse enregistré sur un aquabike** (PWC) est de 122,79 km/h sur 1 km et a été établi par Forrest Smith (USA) sur une Yamaha GP1200R modifiée, à Savannah (Géorgie, USA), le 5 juillet 2002.

TECHNOLOGIES DE POINTE

ENCORE ! LES TOUTES DERNIÈRES DÉCOUVERTES SCIENTIFIQUES SONT P. 214-215.

★ L'APPAREIL PHOTO NUMÉRIQUE AVEC ZOOM X10 LE PLUS FIN

L'appareil photo 12,1 mégapixels Exilim EX-H10 de Casio a une épaisseur de 24,3 mm. C'est l'appareil photo numérique à zoom optique x10 le plus fin et un des plus légers (164 g). Il prend 100 photos par jour pendant 10 jours sans être rechargé.

★ NOUVEAU RECORD
● MISE À JOUR

★ LA SOURIS LA PLUS SÛRE

La souris PalmSecure de Fujitsu ressemble à une souris optique ordinaire, mais elle est dotée d'un dispositif de sécurité digne de la CIA pour empêcher une utilisation non autorisée : quand vous posez la main sur la souris, un capteur biométrique "photographie" le réseau de vos veines palmaires (propre à chaque individu) et vous donne le feu vert s'il coïncide avec le réseau "autorisé". Prix de vente : 20 500 Y (180 €).

★ LE TÉLÉPHONE PORTABLE À ÉCRAN TACTILE LE PLUS LÉGER

Le modu-t (ci-contre, à droite), fabriqué par modu Ltd (Israël), pèse 55,1 g et mesure 46,5 x 75 x 11 mm. Il a été lancé au Mobile World Congress de Barcelone (Espagne), le 15 février 2010.

100 %

★ LE TÉLÉVISEUR LE PLUS CHER

Le cadre du téléviseur PrestigeHD Supreme Rose a été fabriqué avec 28 kg d'or rose 18 carats et orné de 72 diamants parfaits de 1 carat. Il coûte 1,5 million £ (1 795 000 €).

BLING ! CE PRESTIGIEUX TÉLÉVISEUR ROSE A ÉTÉ DESSINÉ PAR STUART HUGHES (GB). L'INTÉRIEUR DU CADRE EST EN PEAU D'ALLIGATOR COUSUE MAIN.

★ LE TÉLÉVISEUR LCD LE PLUS FIN

Le groupe LG (Corée) a créé un écran à cristaux liquides HD intégral (1 920 x 1 080 pixels) de 2,6 mm d'épaisseur. L'écran de 106 cm utilise un système de rétro-éclairage par LED ultramince. L'appareil ne pèse que 4,2 kg.

FIN EN MAI 2009, LG PROPOSAIT UN ÉCRAN LCD DE 5,9 MM D'ÉPAISSEUR – LE PLUS FIN DU MONDE. 7 MOIS PLUS TARD, LE GROUPE CORÉEN BATTAIT SON PROPRE RECORD AVEC CE NOUVEL ÉCRAN.

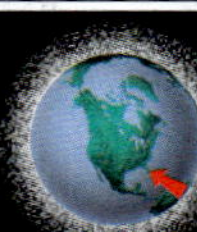

25°47'N 80°13'O

MIAMI, FLORIDE, USA

Le 8 novembre 1996, au Jackson Children's Hospital de Miami (Floride, USA), Cheyenne Pyle, à peine âgée de 1 h, a reçu le cœur d'un donneur, devenant le **plus jeune patient à recevoir une greffe**.

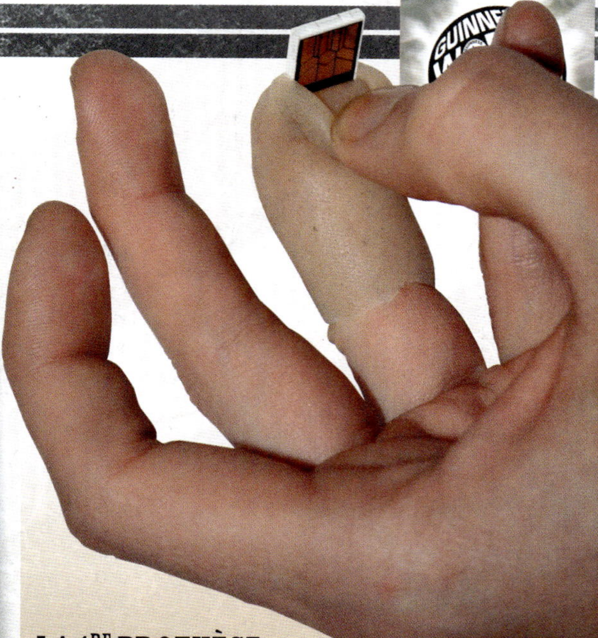

LA 1RE PROTHÈSE-CLÉ USB

En mai 2008, Jerry Jalava (Finlande), analyste-programmeur, a perdu un bout de doigt dans un accident de moto. Plutôt qu'une prothèse ordinaire, il a fait fabriquer une clé USB de 2 Go. Il peut y stocker des données et les emmener partout avec lui.

★ LE 1ER CAMESCOPE 3D

Le 7 janvier 2007, Panasonic a présenté le premier camescope 3D destiné aux professionnels. Il est équipé d'un double optique pouvant enregistrer des films en haute définition sur une carte mémoire SD. Une démonstration a été organisée lors d'une présentation à la presse à l'usine d'Amagasaki (préfecture de Hyogo, Japon). Son prix de vente : 21 000 $ (17 130 €).

★ LE PLUS PETIT LECTEUR MP3

Pas plus gros que 2 sucres, le lecteur MP3 Micro Sport (ci-contre) est doté d'une mémoire de 4 Go, d'un son stéréo intégral grâce à ses 2 oreillettes et d'une batterie rechargeable.

★ L'ASPIRATEUR LE PLUS PUISSANT

L'aspirateur manuel Dyson DC31 est actionné par un moteur numérique tournant à 104 000 tr/min, soit 5 fois plus vite que le moteur d'une voiture de F1 et 10 fois plus vite qu'un avion de ligne classique !

★ LE SMS TAPÉ LE PLUS VITE

Le 14 novembre 2009, Sonja Kristiansen (Norvège) a tapé un message de 160 caractères en 37,28 s, à l'Oslo City, un centre commercial d'Oslo (Norvège).

★ L'APPLICATION POUR IPAD LA PLUS VENDUE (USA)

En avril 2010, Apple a lancé son iPad, attendu avec impatience par le public. 300 000 exemplaires de cette tablette PC ont été vendus dès le premier jour (700 000 d'après certaines estimations) et 1 million d'applications ont été téléchargées. Au mois d'avril 2010, l'application la plus vendue était Pages, un programme de traitement de texte. L'application gratuite la plus téléchargée était iBooks, un service qui permet de télécharger et de lire des milliers de livres électroniques, dont de nombreux gratuitement. *N'oubliez pas de consulter* **Guinness World Records : At Your Fingertips**, *une appli gratuite (en anglais) pour iPad où vous retrouverez toutes sortes de records.*

★ LE VÉLO ÉLECTRIQUE LE PLUS COMPACT

Avec ses 10 kg et ses dimensions réduites une fois plié (15 x 60 x 60 cm), le YikeBike est le vélo électrique le plus compact du marché. La forme de ce "mini-bi" rappelle celle du grand-bi, l'ancêtre de la bicyclette apparu dans les années 1870.

PITTSBURG, PENNSYLVANIE, USA

La 1re **greffe de cellule du cerveau** a été réalisée à l'UPMC (University of Pittsburgh Medical Center) le 23 juin 1998. Elle visait à réparer les conséquences d'un AVC sur une patiente de 62 ans, Alma Cerasini (USA), atteinte de troubles du langage et de paralysie.

40°26'N
79°58'O

À LA POINTE DU PROGRÈS

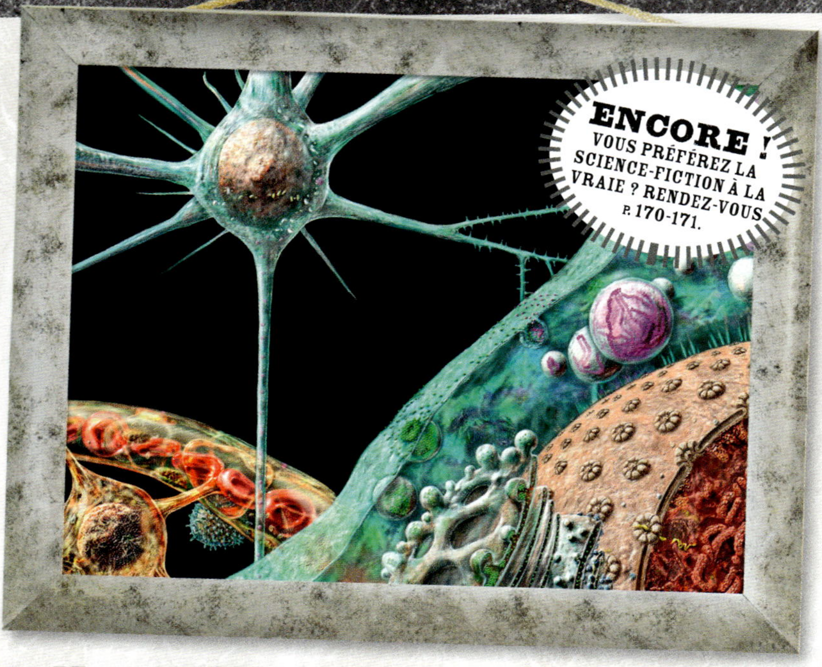

★LE MATÉRIAU ARTIFICIEL LE PLUS IMPERMÉABLE

En février 2010, des scientifiques de l'université de Floride (USA) ont annoncé avoir créé une surface presque totalement imperméable, ou hydrofuge. Il s'agit de feuilles de polypropylène sur lesquelles de minuscules "poils" irréguliers rappellent la structure microscopique des poils de certains arthropodes se déplaçant sur l'eau.

★ NOUVEAU RECORD
● MISE À JOUR

★L'ÉNERGIE LA PLUS IMPORTANTE PRODUITE PAR UN LASER ET FOCALISÉE SUR UNE CIBLE UNIQUE

En juin 2009, des scientifiques du National Ignition Facility, au laboratoire national de Lawrence Livermore (Californie, USA) ont mis en route un puissant appareil laser pour étudier la fusion nucléaire. Les 192 faisceaux laser de l'appareil sont dirigés vers un récipient de la taille d'un ongle, qui recevra une petite bille de carburant hydrogène lors des expériences. Le 27 janvier 2010, l'appareil a marché quelques milliardièmes de seconde et focalisé une énergie de 1 mégajoule sur la cible, l'équivalent d'une explosion provoquée par 0,2 kg de TNT.

★1RE PREUVE D'ÉVOLUTION SANS ADN

En janvier 2010, des chercheurs du Scripps Research Institute ont annoncé avoir obtenu la preuve qu'une évolution est possible dans des protéines inanimées dépourvues d'ADN, appelées prions (photo ci-dessus). Ces prions ont démontré leur capacité à s'adapter à des environnements nouveaux et à suivre les règles de la sélection naturelle. Les prions sont responsables de 20 maladies du cerveau chez l'homme et l'animal.

★LE LABO ENTERRÉ LE PLUS PROFOND

SNOLAB, situé à 2 km sous terre, à Sudbury (Ontario, Canada) abrite le Sudbury Neutrino Observatory. On a pu y réaliser une expérience destinée à détecter les particules interagissant faiblement avec la matière (neutrinos). La roche filtrant le rayonnement cosmique, on a pu observer les neutrinos qui pénètrent facilement dans la matière.

●LE PLUS GRAND NOMBRE PREMIER CONNU

Le dernier nombre premier (divisible uniquement par lui-même et par 1) géant a été découvert grâce au projet Great Internet Mersenne Prime Search. L'annonce en a été faite le 23 août 2008. C'est un nombre premier de Mersenne, qui s'écrit donc sous la forme $2^n - 1$, n étant un nombre premier. $2^{43\,112\,609} - 1$ contient 12 978 189 chiffres.

●L'ORDINATEUR LE PLUS RAPIDE

En novembre 2009, le super ordinateur Jaguar du laboratoire national d'Oak Ridge (Tennessee, USA) est devenu le plus rapide du monde, après avoir subi des modifications. Construit par Cray Inc. (USA), il a une capacité de 1,759 pétaflop (1 pétaflop : 10^{15} opérations à virgule flottante par s).

LE SAVIEZ-VOUS ? LE SUPERORDINATEUR JAGUAR POURRAIT SERVIR À EXPLORER DE NOUVELLES SOURCES D'ÉNERGIE OU ÉTUDIER LES CHANGEMENTS CLIMATIQUES.

Le constructeur Boeing a utilisé le superordinateur Jaguar pour tester des formes d'avions.

INFO

CHARLESTON, CAROLINE DU SUD, USA

32°47'N 79°56'O

Le navire confédéré *H.L. Hunley* a été le **tout premier sous-marin à couler un autre vaisseau en temps de guerre**. Pendant la guerre de Sécession, il a en effet coulé le *Housatonic*, un bâtiment de la marine de l'Union, au large du port de Charleston (Caroline du Sud, USA), le 17 février 1864.

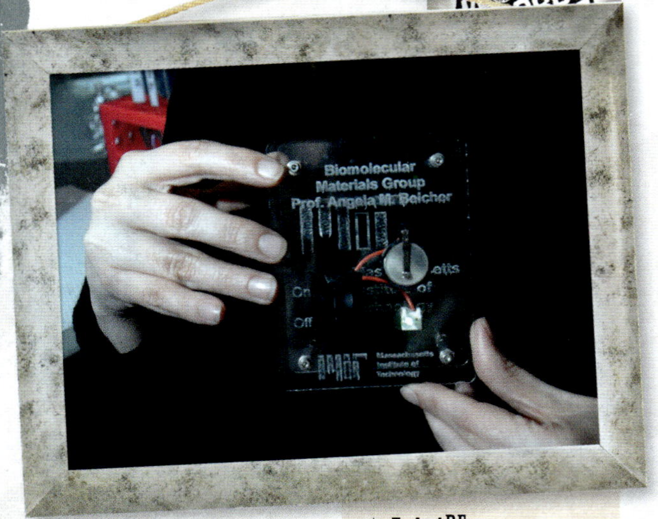

★LE LASER À LA PLUS COURTE LONGUEUR D'ONDE

Le Linac Coherent Light Source (LCLS), du SLAC National Accelerator Laboratory de Stanford (Californie, USA), est un laser qui produit des rayons X de 0,15 nanomètre de longueur d'onde. La lumière visible perceptible par l'homme est de 390 à 750 nanomètres.

●L'ACCÉLERATEUR LE PLUS PUISSANT

Le 19 mars 2010, des scientifiques du Grand collisionneur d'hadrons (LHC) de Genève (Suisse) ont utilisé l'accélérateur de particules pour produire 2 faisceaux de protons qui ont circulé grâce à une énergie de 3,5 TeV (téraélectronsvolts). Par comparaison, l'énergie cinétique d'un moustique en vol est équivalente à 1 TeV.

●LA LUMIÈRE LA PLUS LENTE

En janvier 2010, une équipe de scientifiques (USA) a annoncé avoir "congelé" la lumière et l'avoir figée sur place pendant 1,5 s à l'aide d'une matière ultrafroide appelée condensat de Bose-Einstein.

●LA PLUS HAUTE TEMPÉRATURE ARTIFICIELLE

En février 2010, des chercheurs du Collisionneur d'ions lourds relativistes du laboratoire national de Brookhaven, à Long Island (New York, USA), ont annoncé avoir fait entrer des ions d'or en collision, presque à la vitesse de la lumière, et créé un court instant un état de la matière appelé plasma quark-gluon. On pense que celui-ci a rempli l'univers quelques microsecondes après le Big Bang. Lors de l'expérience, le plasma a atteint des températures de l'ordre de 4 000 milliards °C, soit 250 000 fois la température au cœur du Soleil.

LA PLUS BASSE TEMPÉRATURE ARTIFICIELLE

Une équipe de chercheurs du Massachusetts Institute of Technology (MIT) de Cambridge (Massachusetts, USA) conduite par le Pr Aaron E. Leanhardt a réussi à produire une température de 450 picokelvin au-dessus du zéro absolu, en refroidissant un condensat de Bose-Einstein. Les résultats ont été publiés dans le magazine *Science* du 12 septembre 2003.

★LA 1RE FORME HOMOGÈNE MONOSTATIQUE

Le Gömböc est une forme mathématique dont la théorie a été énoncée en 1996 par 2 scientifiques, Péter Várkonyi et Gábor Domokos (tous deux Hongrie). Il s'agit d'une forme tridimensionnelle monostatique, convexe et homogène (sa densité est la même en tous points). Elle a la particularité de posséder 2 points d'équilibre : un stable et un instable.

★LA 1RE BATTERIE À VIRUS

En avril 2009, des chercheurs du MiT (Massachusetts, USA) ont annoncé l'utilisation de virus génétiquement modifiés pour créer les pôles négatif et positif d'une batterie lithium-ion. D'après les tests, cette batterie peut être rechargée au moins 100 fois sans se détériorer.

LONG
LA 1RE SYNTHÈSE DU COPERNICIUM A ÉTÉ OBTENUE GRÂCE À L'ACCÉLÉRATEUR LINÉAIRE DU GSI (PHOTO), UN APPAREIL DE 120 M DE LONG.

VITE
CE TYPE D'ACCÉLÉRATEUR AUGMENTE CONSIDÉRABLEMENT LA VITESSE DES PARTICULES CHARGÉES.

●L'ÉLÉMENT LE PLUS LOURD

Le copernicium (numéro atomique 112) est l'élément le plus lourd officiellement reconnu. Il a été synthétisé pour la 1re fois le 9 février 1996 au Gesellschaft für Schwerionenforschung (GSI) de Darmstadt (Allemagne) et baptisé copernicium le 19 février 2010.

PANAMÁ, PANAMÁ 8°59'N 79°31'O

Adriaan Marais et Marinus du Plessis (Afrique du Sud) ont parcouru le **trajet le plus long jamais effectué en vélo aquatique**, soit 17 266,69 km. Ils ont rejoint Panamá le 19 septembre 2006 après 95 jours de navigation.

INTERNET

● LE PREMIER .COM

Enregistrée par le fabricant d'ordinateurs Symbolics Inc. (USA) le 15 mars 1985, Symbolics .com est la plus ancienne adresse.com du monde. Encore en activité, elle a été rachetée par XF.com en 2009.

★ PREMIER TWEET

Le site Twitter, inventé par Jack Dorsey (USA) en 2006, permet de déposer des messages (tweets) ne dépassant pas 140 caractères, qui sont ensuite transmis aux abonnés. Le premier tweet a été posté par Dorsey à 21 h 50 PST (Pacific Standard Time) le 21 mars 2006, avec le texte : "J'installe mon twitter".

★ PREMIER TWEET DE L'ESPACE

Le 21 octobre 2009, les astronautes Nicola Stott et Jeff Williams (tous deux USA) ont pris part à un "tweetup" en direct depuis la station spatiale internationale, avec quelque 35 membres du public présents au siège de la NASA à Washington DC (USA).

★ LE PLUS GRAND BOTNET

En décembre 2009, une opération conjointe de la police espagnole et du FBI a mis au jour un réseau de plus de 13 millions de PC infectés par un virus, le *Mariposa botnet*, conçu pour voler des numéros de cartes de crédit, des mots de passe et des données sur les comptes bancaires. Il avait contaminé des ordinateurs dans 190 pays, par le biais de clés USB, de liens spammés et en exploitant une faille d'Internet Explorer.

★ LE DOMAINE AU SUCCÈS LE PLUS FULGURANT

Le domaine .me est le code du Monténégro, pays devenu indépendant en juin 2006. L'enregistrement des adresses a commencé le 16 juillet 2008. En janvier 2010, plus de 320 000 adresses étaient déjà attribuées, ce qui en fait le domaine national au succès le plus rapide dans l'histoire d'Internet, en particulier auprès des membres de réseaux sociaux.

MÈME
UNE IDÉE, UNE EXPRESSION OU UNE IMAGE ÉTONNANTE QUE TOUT LE MONDE VEUT VOIR – COMME UNE BLAGUE OU UNE VIDÉO YOUTUBE. SUR INTERNET, LES MÈMES SE DIFFUSENT COMME DES "VIRUS".

● LE MÈME LE PLUS CÉLÈBRE

Selon MSNBC, le meilleur mème (voir à gauche) de 2009 a été le "dérapage" de Kanye West au cours des MTV Video Music Awards à New York (USA), le 13 septembre, quand il a pris le micro des mains de la gagnante Taylor Swift pour dire que Beyoncé aurait dû gagner. La gaffe de West a donné naissance au mème "*Ima let you finish*". Le "Crasher Squirrel" (l'écureuil qui s'invite) arrive en 2e place. Il s'agit d'une photo prise par Melissa Brandts et son mari Jackson, en mode retardateur, dans laquelle un écureuil est venu inopinément se planter devant l'objectif.

LE SAVIEZ-VOUS ?

LANCÉE LE 15 JANVIER 2000, WIKIPEDIA EST LA PLUS GRANDE ENCYCLOPÉDIE EN LIGNE. LE 31 MARS 2010, SES 19 878 548 PAGES RÉDIGÉES EN DE NOMBREUSES LANGUES ONT ÉTÉ ÉDITÉES 377 162 709 FOIS DEPUIS SA CRÉATION.

WIKIPEDIA
The Free Encyclopedia

TORONTO, ONTARIO, CANADA

43°39'N 79°23'O

La CN Tower de Toronto (Canada), haute de 553,34 m, est la **plus haute structure autoportante du monde**. Sa construction a coûté 63 millions $. Les travaux ont commencé le 12 février 1973 et se sont terminés le 2 avril 1975.

●LE PLUS DE MUSIQUE TÉLÉCHARGÉE SUR UN SITE

Le 25 février 2010, le 10 milliardième morceau était téléchargé sur iTunes, la boutique de musique en ligne d'Apple : c'était "*Guess Things Happen That Way*", un tube de Johnny Cash, sorti en 1958. Pour célébrer l'événement, le téléchargeur, Louie Sulcer (USA), a reçu un bon d'achat iTunes de 10 000 $.

LES PLUS REGARDÉS (2009)

	ARTISTE, CHANSON, FILM	FORMAT	VISIONNAGES
1	Soulja Boy Tellem : "Crank Dat (Soulja Boy)"	Clip vidéo	722 438 268
2	*Twilight Saga : New Moon* (bande-annonce)	Film	639 966 996
3	Beyoncé : "Single Ladies (Put a Ring on it)"	Clip vidéo	522 039 429
4	Michael Jackson : "Thriller"	Clip vidéo	443 535 722
5	"The Gummy Bear Song"	Clip vidéo	394 327 606
6	Lady Gaga : "Poker Face"	Clip vidéo	374 606 128
7	Lady Gaga : "Bad Romance"	Clip vidéo	360 020 327
8	Timbaland : "Apologize" (feat. OneRepublic)	Clip vidéo	355 404 824
9	Susan Boyle : *Britain's Got Talent*	TV	347 670 927
10	*Twilight* (bande-annonce)	Film	343 969 063

Source : Visible Measures Internet Research Company

●LE PLUS GRAND POINT D'ÉCHANGE SUR INTERNET

De tous les points d'échanges qui ont divulgué leurs statistiques, le Deutscher Commercial Internet Exchange de Francfort (Allemagne), accueille le plus grand trafic. En mars 2010, il affichait un débit maximum de 1 994 gigabits/s. (Le terme "débit" indique la quantité de données traitées en un temps donné.)

●LE PLUS D'INTERNAUTES (PAYS)

Selon www.internetworldstats.com, la Chine comptait autour de 360 000 000 internautes en septembre 2009, soit 26,9 % de sa population.

●PLUS LONGUE PARTIE EN LAN

Du 11 au 12 avril 2009, au cours du Cyber Fusion 2009 à la Multimedia University de Cyberjaya (Malaisie), une partie jouée sur un réseau local (LAN) entre 274 participants a duré 40 h.

★LE PLUS GRAND PUBLIC POUR UN CONCERT INTERNET

Le 25 octobre 2009, le concert de U2 au Rose Bowl de Pasadena (USA) a été retransmis sur YouTube, devant quelque 10 millions de spectateurs.

★PREMIÈRE FLASHMOB

Les flashmobs sont des réunions impromptues dans des lieux publics, à une heure précise, pour participer à une activité à la fois brève et inutile. La première flashmob a été organisée par Bill Wasik (USA), en mai 2003, à New York (USA) : la police était au rendez-vous. La deuxième tentative, également initiée par Wasik, a eu plus de succès : le 3 juin 2003, environ 100 personnes se sont réunies devant un tapis de 10 000 $, dans le grand magasin Macy's, à New York (ci-dessous).

★LA PUB VIDÉO LA PLUS REGARDÉE

Le 19 août 2009, la publicité d'Évian montrant des bébés en rollers avait été vue en ligne 25 687 416 fois.

★LE PLUS GRAND QUIZ EN LIGNE

Le 9 septembre 2009, 500 employés de DKV Seguros (Espagne) ont pris part à un quiz en ligne à Saragosse (Espagne).

DANS L'ESPACE

LORS DES CONCERTS EUROPÉENS DE LA TOURNÉE 360° DE U2, BONO A COMMUNIQUÉ EN DIRECT AVEC L'ÉQUIPAGE DE LA STATION SPATIALE INTERNATIONALE !

PRIX

LES MUSICIENS DE U2 (IRLANDE) ONT REMPORTÉ LE PLUS GRAND NOMBRE DE GRAMMYS POUR UN GROUPE, SOIT 22. ILS ONT ÉGALEMENT REMPORTÉ 7 BRIT AWARDS, PLUS QUE N'IMPORTE QUEL AUTRE GROUPE.

HUNTINGDON, VIRGINIE-OCCIDENTALE, USA

40°30'N 78°01'O

Le record du **plus long intervalle entre la naissance de jumeaux** est détenu par Peggy Lynn (USA), de Huntingdon (Virginie-Occidentale, USA). Elle a donné naissance à une petite fille, Hanna, le 11 novembre 1995, et a accouché de son frère jumeau, Eric, le 2 février 1996, soit 84 jours plus tard, au Geisinger Medical Center de Danville (Pennsylvanie, USA).

SPORTS

SOMMAIRE

43°09'N 77°41'O

ROCHESTER, NEW YORK, USA

Le 16 octobre 1976, Kathy Wafler (USA) a mis 11 h et 30 min pour peler une pomme et obtenir une épluchure de 52,51 m – c'est la **plus longue épluchure d'un seul tenant**. Record enregistré à Long Ridge Mall, Rochester (New York, USA).

GRAND ! LES 4 TOURNOIS MAJEURS DU CIRCUIT INTERNATIONAL DE TENNIS SONT L'OPEN D'AUSTRALIE, ROLAND-GARROS, WIMBLEDON ET L'US OPEN.

CHELEM ! SIX JOUEURS ONT REMPORTÉ LES 4 TOURNOIS AU COURS DE LEUR CARRIÈRE : FRED PERRY, DON BUDGE, ROD LAVER, ROY EMERSON, ANDRE AGASSI ET ROGER FEDERER.

● RECORD DE TITRES DU GRAND CHELEM

Quand Roger Federer (Suisse) a décroché son 4e titre à l'Open d'Australie en battant Andy Murray (GB) 6-3 6-4 7-6 (13-11), le 31 janvier 2010, il a remporté son 16e titre du Grand Chelem, soit le **plus grand nombre de titres du Grand Chelem simple remporté par un joueur**. Federer a obtenu son 1er titre du Grand Chelem à Wimbledon contre Mark Philippoussis (Australie) le 6 juillet 2003. En plus de ses 6 victoires au tournoi de Wimbledon, Federer a gagné 4 fois l'Open d'Australie, 5 fois l'US Open et a remporté son 1er titre à Roland-Garros en 2009, en battant Robin Söderling (Suède) en finale.

NASSAU, BAHAMAS

Étienne Dupuch de Nassau (Bahamas) a été l'éditeur en chef de *The Tribune* de 1919 à 1972, journal auquel il a contribué jusqu'à sa mort le 23 août 1991, soit 72 années de bons et loyaux services – un **record de durée à ce poste**.

25°03'N 77°20'O

SPORTS EXTRÊMES

ENCORE ! POUR D'AUTRES EXPLOITS ABSOLUMENT ÉPOUSTOUFLANTS, ALLEZ VOIR LES CASCADES P. 88.

★ NOUVEAU RECORD
● MISE À JOUR

ÇA PLANE POUR LUI !

Avec 6 titres acquis entre 1985 et 1999, Jerzy Makula (Pologne) détient le ★**plus grand nombre de victoires du championnat du monde de voltige aérienne en planeur**, une compétition organisée par la section de vol à voile de la Fédération aéronautique internationale (FAI).

●RECORD DE JETÉ EN ESCALADE

En escalade, le jeté est un mouvement d'impulsion qui permet d'atteindre une prise inaccessible autrement. Nicky de Leeuw (Pays-Bas) a effectué un jeté record de 2,80 m à Eindhoven (Pays-Bas), le 14 juin 2009. Le ●**jeté record en escalade féminine** est de 1,98 m. Il a été réalisé par Anne-Laure Chevrier (France) sur le plateau de *Lo Show Dei Record*, à Milan (Italie), le 17 avril 2009.

AQUABIKE

• Le 11 octobre 1996, Cory A Wimpheimer (USA) a terminé une course de slalom Pro Runabout 785 de l'International Jet Sports Boating Association (IJSBA) en 17,76 s, sur le lac Havasu (Arizona, USA). C'est le ●**meilleur temps** jamais réalisé dans cette course.

• Le ★**plus grand nombre de victoires aux championnats du monde IJSBA Pro Runabout 1200** est de 5. Chris MacClugage (USA) a remporté le titre en 1999, de 2001 à 2002, en 2004 et en 2005.

• Installée à Monaco, l'Union internationale de motonautique (UIM) est la fédération en charge des sports de bateaux à moteur et d'aquabike. Gimmi Bosio (Italie) détient le record du ★**plus grand nombre de victoires aux championnats du monde Aquabike Pro Runabout 1200 de l'UIM**, avec 2 titres, en 2001 et 2002. Kevin Laigle (France) a remporté le ★**plus de victoires aux championnats du monde Pro Ski de l'UIM**, soit 2, en 2002 et 2004.

PARAPENTE

• Nicole Fedele (Italie) a fait une boucle de 164,6 km en parapente entre Sorica (Slovénie) et Piombada (Italie), le 19 août 2009. C'est la★**plus longue distance aller-retour en parapente (femme)**.

• Le record de la ★**plus longue distance en parapente aller-retour (homme)** appartient à Aljaz Valic (Slovénie), qui a parcouru 259,7 km avec pour point de départ et d'arrivée Soriska Planina (Slovénie), le 20 juillet 2006.

• L'équipe de Toby Colombe et de Cefn Hoile (tous deux GB) a fait une boucle de 167,3 km depuis Sorica (Slovénie) le 26 juillet 2009 : c'est le record de la ★**plus longue distance aller-retour en parapente par équipe**.

• Le ●**plus long vol en parapente (homme)** a été réalisé par Nevil Hulett (Afrique du Sud) le 14 décembre 2008, depuis Copperton (Afrique du Sud) : 502,9 km.

SAUT À L'ÉLASTIQUE

• Le ★**plus haut saut à l'élastique dans l'eau** a été effectué par Zhang Di (Chine), qui s'est lancé à 50 m de haut à Quindao (province de Shandong, Chine), le 15 novembre 2006.

• Le **plus haut saut à l'élastique depuis un immeuble** est de 199 m : A J Hackett (Nouvelle-Zélande) a sauté d'une plate-forme située à 233 m, depuis la Macau Tower (Macao, Chine), le 17 décembre 2006. Hackett est arrivé à 34 m du sol.

AQUABATIES !

Lee Stone (GB, à droite) et Alessander Lenzi (Brésil) se partagent l'honneur du ★**record de titres de champion du monde en Aquabike Class Pro Freestyle (UIM)**, avec 3 victoires. Lenzi a remporté le titre de 2003 à 2005 et Stone de 2006 à 2008.

38°53'N 77°02'O

WASHINGTON DC, USA

Fondée le 24 avril 1800, la bibliothèque du Congrès de Washington DC (USA) compte plus de 128 millions de références, dont environ 29 millions de livres, 2,7 millions d'enregistrements, 12 millions de photographies, 4 millions de cartes et 57 millions de manuscrits. C'est la **plus grande bibliothèque du monde**

★ RECORD DE TITRES EN CHAMPIONNAT DE KITESURF (FEMME)

Kristin Boese (Allemagne, ci-dessus) est imbattable en kitesurf. Entre 2005 et 2008, elle a été 9 fois championne du monde de kitesurf !

★ LA PLUS LONGUE PISTE DE MOUNTAINBOARD

La montagne Palomar, dans le comté de San Diego (Californie, USA), accueille la Nate Harrison Grade Race. Cette course annuelle sur 11,18 km propose un véritable test d'endurance en mountainboard. Fort de 4 victoires depuis la création de l'événement, il y a 6 ans, Kris Kidwell (USA) est le roi de la montagne !

LE SAVIEZ-VOUS ?

SOUVENT UTILISÉ POUR DÉSIGNER UN SCOOTER DES MERS, LE MOT "JET-SKI" EST EN FAIT LE NOM D'UNE MARQUE APPARTENANT À KAWASAKI HEAVY INDUSTRIES (JAPON).

Ivan Otulic (Croatie) a parcouru **la plus longue distance en jet-ski en 24 h** : 1 641,43 km.

INFO

WAKEBOARD

- Le ★**plus long saut sur rampe en wakeboard (homme)** est de 15 m. Un record détenu par Jérôme Macquart (France), dont la prestation a été filmée lors de *L'Été de tous les records*, à Argelès-Gazost (France), le 14 juillet 2004.
- En wakeboard, un surfeur qui s'élève au-dessus de l'eau, bras, jambes et tronc à l'horizontale, avec la planche attaché aux pieds, effectue un Air Raley (ou Superman). Jérôme Macquart (France) a réalisé le ★**plus d'Air Raley en 30 s**, soit 5, le 14 juillet 2005 à Biscarosse (France).
- Linda Brown (USA, née le 10 décembre 1945) a participé au tournoi Battle of Bull Run Wakeboard Tournament au lac Smith Mountain (Virginie, USA), le 25 juillet 2009. À 63 ans et 227 jours, elle était alors le ★**compétiteur en wakeboard le plus âgé**.

VOLTIGES AÉRIENNES

- Le 24 juillet 1991, l'intrépide Joann Osterud (Canada) a volé la tête en bas pendant 4 h 38 min et 10 s, de Vancouvert à Vanderhoof (Canada) : c'est le **plus long vol à l'envers (voltiges aériennes)**.
- Svetlana Kapanina (Russie) détient le ●**plus grand nombre de victoires aux championnats du monde féminins de voltiges aériennes :** elle a gagné à 6 reprises, en 1996, 1998, 2001, 2003, 2005 et 2007. Aucun pilote homme n'a dominé les championnats du monde comme l'a fait Svetlana Kapanina chez les femmes.

Le ●**plus de victoires aux championnats du monde de voltiges aériennes masculins** est de 2. Deux pilotes détiennent le record : Petr Jirmus (Tchécoslovaquie) en 1984 et 1986 ; Sergei Rakhmanin (Russie) en 2003 et 2005.

KITESURF

- Le ●**plus long trajet en kitesurf (homme)** est de 178,50 miles nautiques : Steen Carstens (Danemark) est allé de Sprogo (Danemark) à Lysekil (Suède), le 17 août 2009.

Andreya Wharry (UK) a realisé le **plus long trajet en continu en kitesurf (femme)**, soit 115,4 miles nautiques entre la baie de Watergate (GB) et Dungarven (Irlande), le 7 septembre 2005.

- Gisela Pulido (Espagne, née le 14 janvier 1994) est la **plus jeune championne de kitesurf** : elle a remporté son 1er titre mondial du Kiteboard Pro World Tour (KPWT) le 4 novembre 2004, à l'âge de 10 ans et 294 jours.

AIR

IAN METCHER (AUSTRALIE) AVAIT 85 ANS EN 2001 QUAND IL A REMPORTÉ UN TITRE EN VOLTIGES AÉRIENNES : IL EST AINSI LE PILOTE DE VOLTIGES AÉRIENNES LE PLUS ÂGÉ EN COMPÉTITION.

BAS

NUNO GOMES (AFRIQUE DU SUD) EST DESCENDU À 318,25 M DE PROFONDEUR AVEC DU MATÉRIEL DE PLONGÉE DANS LA MER ROUGE, AU LARGE DE DAHAB (ÉGYPTE), LE 10 JUIN 2005.

★ RECORD DE SURFEURS SUR UNE VAGUE

110 surfeurs ont glissé sur la même vague au Earthwave Beach Festival, à Muizenberg (Le Cap, Afrique du Sud), pour alerter sur les changements climatiques, le 4 octobre 2009.

LIMA, PÉROU

Laurita Pacheco (Pérou) a réalisé le **plus long marathon à la harpe effectué par un individu**, en jouant de cet instrument pendant 24 h et 30 min à l'hôtel Bolivar (Lima, Pérou), les 20-21 mai 2004.

12°02'S 77°01'O

ATHLÉTISME

★ NOUVEAU RECORD
● MISE À JOUR

TROPHÉES DE L'ATHLÈTE MONDIAL DE L'ANNÉE (IAAF)

Le trophée de l'athlète mondial de l'année de l'IAAF est décerné chaque année par l'International Association of Athletics Federations à l'athlète ayant réalisé les meilleures performances dans les disciplines de la course, du saut et du lancer. Avec 3 trophées remportés entre 2001 et 2003, Hicham El Guerrouj (Maroc) détient le ★**record de trophées de l'athlète mondial de l'année de l'IAAF**. Yelena Isinbayeva (Russie) est **l'athlète féminine de l'année de l'IAAF** avec un même ★**record de 3 trophées**, obtenus en 2004, 2005 et 2008.

LE PLUS HAUT SAUT À LA PERCHE (FEMME)

Malgré son échec aux championnats du monde de 2009, Yelena Isinbayeva (Russie) a battu plusieurs records de saut à la perche cette même année, à la fois en salle et en extérieur.

Le ●**record de saut à la perche en salle (femme)**, a été enregistré à Donetsk (Ukraine) le 15 février 2009 ; il est aujourd'hui de 5 m. Le 29 août 2009, au Weltklasse de Zurich (Suisse), Isinbayeva a battu le record ●**de saut à la perche en extérieur (femme)**, en franchissant 5,06 m dès sa première tentative.

L'HOMME LE PLUS RAPIDE

Usain Bolt (Jamaïque) mène une incroyable carrière. En 2009, il a battu 3 records : le ●**100 m le plus rapide (homme)**, en 9,58 s à Berlin (Allemagne), le 16 août ; le ★**150 m le plus rapide (homme)** – une distance non enregistrée par l'IAAF – en 14,35 s à Manchester (GB), le 17 mai ; et le ●**200 m le plus rapide (homme)**, en 19,19 s à Berlin (Allemagne), le 20 août.

VITESSE
MICHAEL JOHNSON (USA) A PULVÉRISÉ LE RECORD DU 400 M LE PLUS RAPIDE EN 43,18 S À SÉVILLE (ESPAGNE), LE 26 AOÛT 1999. USAIN BOLT DÉTENAIT LE PRÉCÉDENT RECORD EN 45,28 S.

DISTANCE
EN 1984, ARVIND PANDYA (INDE) A TRAVERSÉ LES USA DE LOS ANGELES À NEW YORK EN 107 JOURS, EN COURANT À RECULONS.

LE SAVIEZ-VOUS ?

LE 15 NOVEMBRE 2009, TIRUNESH DIBABA (ÉTHIOPIE) A COURU 15 KM SUR ROUTE EN 46 MIN ET 28 S AU ZEVENHEUVELENLOOP DE NIMÈGUE (PAYS-BAS).

Du 11 au 18 mars 1998, Eleanor Robinson (GB) a couru 1 000 km en 7 jours, 1 h, 28 min et 29 s.

INFO

17°59'N
76°48'O

KINGSTON, JAMAÏQUE

Sir Garfield St Aubrun Sobers (Barbade) a marqué 365 runs pour les Antilles contre le Pakistan à Kingston (Jamaïque), les 27-28 février et 1er mars 1958, établissant ainsi le **record du nombre de runs dans une manche de test-cricket**.

●LE RECORD DU LANCER DE MARTEAU (FEMME)

Anita Wlodarczyk (Pologne) a lancé le marteau à une distance record de 77,96 m, décrochant la médaille d'or aux 12es championnats du monde de l'IAAF à Berlin (Allemagne), le 22 août 2009.

●5 000 M LE PLUS RAPIDE EN SALLE (FEMME)

Meseret Defar (Éthiopie) a couvert la distance de 5 000 m en 14 min 24,37 s, au meeting GE Galan de Stockholm (Suède), le 18 février 2009.

● RELAIS DE 100 MILES LE PLUS RAPIDE (ÉQUIPE)

Le 31 décembre 2009, sur la piste de l'Ada High School, à Ada, (Oklahoma, USA), une équipe de 10 coureurs de l'ECU Cross-Country Alumni (USA) a effectué une course de relais de 100 miles (160,9 km) en 8 h 19 min 53 s.

★RELAIS 100 X 10 KM LE PLUS RAPIDE

Le record de vitesse dans une course de relais de 100 x 10 km est de 77 h 17 min 25 s. Il a été établi par le Striders Track Club de Floride (USA) à la Bishop John J. Snyder High School de Jacksonville (Floride, USA), du 3 au 6 décembre 2009.

RECORD DU MONDE DU 100 KM SUR PISTE (FEMME)

Norimi Sakurai (Japon) a couru 100 km en 7 h 14 min 6 s à Vérone (Italie), le 27 septembre 2003.

LE PLUS DE VICTOIRES EN COURSE DE MONTAGNE

Avec 6 victoires remportées en 1998, 2000, 2002, 2004, 2005 et 2008, Jonathan Wyatt (Nouvelle-Zélande) détient le ★**record de victoires aux championnats du monde de course de montagne (homme)**. Chez les femmes, Isabelle Guillot (France), victorieuse en 1989, 1991, 1993 et 1997, et Gudrun Pfluger (Autriche), en 1992, 1994, 1995 et 1996 se partagent le★**record** avec 4 victoires.

RECORD DE TROPHÉES DE L'ATHLÈTE EUROPÉEN DE L'ANNÉE

Le trophée de l'athlète européen de l'année est décerné après un vote des membres de l'European Athletic Association, des médias et des supporters. Trois athlètes ont décroché le ★**record masculin de trophées de l'athlète européen de l'année** avec 2 trophées chacun : Jonathan Edwards (GB) en 1995 et 1998 ; Jan Železný (République tchèque) en 1996 et 2000, et Christian Olsson (Suède) en 2003 et 2004. Le ★**record féminin de trophées de l'athlète européenne de l'année** est de 2, détenu par Carolina Klüft (Suède) en 2003 et 2006, et Yelena Isinbayeva (Russie) en 2005 et 2008.

●LE PLUS LONG TRIPLE SAUT EN SALLE (HOMME)

Teddy Tamgho (France) a réussi un triple saut de 17,9 m à Doha (Qatar) le 14 mars 2010. Au cours de son dernier saut dans le cadre de la compétition, il a battu le record de 17,83 m détenu conjointement par Aliecer Urrutia (Cuba) et Christian Olsson (Suède).

ENCORE ! D'AUTRES RECORDS D'ATHLÉTISME P. 268.

●LA COURSE DE RELAIS 4 X 1 500 M LA PLUS RAPIDE

Le 4 septembre 2009 à Bruxelles (Belgique), William Biwott Tanui, Gideon Gathimba, Geoffrey Kipkoech Rono et Augustine Kiprono Choge (représentant le Kenya) ont couru le relais 4 x 1 500 m en 14 min 36,23 s. Ils ont ainsi gagné 2 s sur le précédent record établi par l'Allemagne de l'Ouest en 1977.

OTTAWA, ONTARIO, CANADA

La **plus grande patinoire naturelle** est celle du Rideau Canal, à Ottawa (Ontario, Canada). Mesurant 7,8 km de long, elle s'étend sur 165,621 m².

45°25'N 75°41'O

SPORTS AUTO

●RECORD DE GRANDS PRIX DE FORMULE 1

Michael Schumacher (Allemagne) a remporté 91 Grands Prix de Formule 1, entre le 30 août 1992 et le 1er octobre 2006. Il détient également le record du **●plus grand nombre de points accumulés dans une carrière de F1 :** 1 369 points marqués entre le 25 août 1991 et le 22 octobre 2006.

★ RECORD AU CHAMPIONNAT DES TRUCK SERIES DE LA NASCAR

Ron Hornaday Jr (USA) a été 4 fois champion aux Truck Series de la NASCAR (National Association for Stock Car Auto Racing) entre 1996 et 2009.

VOITURES

PARIS-DAKAR

Yoshimasa Sugawara (Japon) détient le **★record de rallyes Paris-Dakar consécutifs terminés**, entre 1983 et 2009.

Ayant participé à 26 compétitions, il détient le **record du nombre de Paris-Dakar effectués.**

●RECORD DE TOURS LES PLUS RAPIDES EN F1

Avec 76 tours, Michael Schumacher (Allemagne) est le pilote qui a couru le plus grand nombre de tours les plus rapides entre le 25 août 1991 et le 22 octobre 2006.

Michael Schumacher en 2004 et Kimi Räikkönen (Finlande) en 2005 et en 2008 ont battu le **●record de tours les plus rapides courus par un pilote en une saison de F1**, avec 10 tours.

RECORD DE POLE POSITIONS EN F1

Entre 1991 et 2006, Michael Schumacher a remporté 68 **●pole positions en F1** pour les écuries Benetton et Ferrari.

Avec 8 pole positions obtenues pour McLaren entre le Grand Prix d'Espagne en 1988 et le Grand Prix des États-Unis en 1989, Ayrton Senna (Brésil) détient le **●record de pole positions consécutives**.

●RECORD DE TITRES CONSTRUCTEUR EN F1

Ferrari (Italie) a remporté 210 Grands Prix de F1 entre 1961 et 2009, le plus grand nombre de victoires pour un constructeur.

Ferrari est aussi **●en tête du palmarès du championnat du monde de F1 des constructeurs**, avec 16 titres décrochés en 1961, 1964, 1975, 1976, 1977, 1979, 1982, 1983, 1999 à 2004, 2007 et 2008.

●RECORD DE DÉPARTS EN GRAND PRIX

Entre 1993 et 2009, Rubens Barrichello (Brésil) a pris le départ de 284 Grands Prix de F1.

★LE PLUS JEUNE PILOTE À TERMINER UNE COURSE DE F1

Jaime Alguersuari (Espagne) avait tout juste 19 ans et 125 jours lorsqu'il a franchi la ligne d'arrivée du Grand Prix de Hongrie à Budapest (Hongrie), le 26 juillet 2009.

CHAMPIONNAT DU MONDE DES RALLYES

Le **●record de victoires en championnat du monde des rallyes de la FIA** a été établi par Sébastien Loeb (France), qui a remporté 6 courses entre 2004 et 2009. Ce succès lui vaut le record de **●titres en championnat du monde des rallyes de la FIA consécutifs**. Il a remporté son 6e titre le 25 octobre 2009 avec 93 points sur son rival finnois Mikko Hirvonen (92 points).

Avec 53 courses entre 2002 et 2009, Sébastien Loeb détient le **●record de courses en championnat du monde des rallyes**.

●RECORD DE GRANDS PRIX MOTO

De 2002 à 2005 et de 2008 à 2009, Valentino Rossi (Italie) a remporté 6 Grands Prix Moto. Il a obtenu 306 points pour le FIAT Yamaha Team, en gagnant 6 courses sur les 17 auxquelles il a participé. Le Grand Prix Moto a été institué en 2002 pour remplacer le championnat du monde 500 cm³.

F1 ! LE TERME DE "FORMULE 1" FAIT RÉFÉRENCE AUX RÈGLES (LA "FORMULE") QUE DOIVENT RESPECTER LES PILOTES ET LES CONSTRUCTEURS PARTICIPANT À LA COURSE.

★RECORD DE TITRES AU CHAMPIONNAT DU MONDE D'ENDURO E1

2 pilotes ont remporté le championnat du monde d'Enduro E1 2 fois de suite : Ivan Cervantes (Espagne), en 2005 et 2006, et Mika Ahola (Finlande, ci-dessus) en 2008 et 2009.

QUIZ ! LÉGENDE DE LA F1, MICHAEL SCHUMACHER N'EST PAS LE PLUS JEUNE PILOTE À AVOIR REMPORTÉ UN CHAMPIONNAT DE F1. QUI EST CE JEUNE PILOTE ?

RÉPONSE P. 278

●RECORD DE VICTOIRES AUX 24 HEURES DU MANS

Le plus grand nombre de victoires par pilote revient à Tom Kristensen (Danemark) qui en a remporté 8 en 1997, de 2000 à 2005 et en 2008.

★RECORD DE TITRES CONSÉCUTIFS EN SPRINT CUP SERIES DE LA NASCAR

Jimmie Johnson (USA) a remporté 4 titres en Sprint Cup Series de la NASCAR (National Association for Stock Car Auto Racing), de 2006 à 2009.

MOTOS

CHAMPIONNAT SUPERBIKE

Matt Mladin (Australie) a obtenu 7 titres en superbike, de 1999 à 2001, de 2003 à 2005 et 2009. C'est le **●record de titres de l'AMA (American Motorcyclist Association) remportés par un pilote**.

Entre 1979 et en 2009, Suzuki et Kawasaki (tous deux Japon) ont remporté 13 fois le championnat : le **●record de titres de l'AMA Superbike remportés par un constructeur**.

Avec 16 titres, Ducati détient le **●record de titres au championnat du monde de Superbike constructeur**, remportés de 1991 à 1996, de 1998 à 2004, en 2006, 2008 et 2009.

TOURIST TROPHY DE L'ÎLE DE MAN

La **●vitesse moyenne la plus élevée atteinte par un pilote** est de 211,754 km/h. John McGuinness (GB) a réalisé ce record sur une Honda CBR1000RR, en 2009.

Le **★tour le plus rapide enregistré par un pilote en classe Superbike TT** est de 17 min et 21,29 s, un record établi par John McGuinness sur une Honda CBR1000RR, en 2009.

En 2009, John McGuinness a réalisé le **★temps le plus rapide en catégorie Superbike (6 tours)**, en 1 h, 46 min et 7,16 s, aux commandes d'une Honda 1000 HM Plant.

Le **●tour le plus rapide réalisé par une femme** au TT de l'île de Man (60,75 km) est de 19 min et 22,6 s, à la vitesse moyenne de 188,02 km/h. Jenny Tinmouth (GB) l'a effectué le 12 juin 2009.

★RECORD DE TITRES AU CHAMPIONNAT DU MONDE DES VOITURES DE TOURISME

Andy Priaulx (GB) a gagné 3 titres pour BMW Team UK, de 2005 à 2007.

●RECORD DE VICTOIRES AU MOTOCROSS DES NATIONS

Depuis 1947, c'est l'équipe des États-Unis qui a remporté le plus grand nombre de victoires : 20 victoires entre 1981 et 2009.

LE SAVIEZ-VOUS ?

LE ★PLUS GRAND NOMBRE DE COURSES EN F1 COURUES AVANT DE DÉCROCHER UNE VICTOIRE EST DE 129. MARK WEBBER (AUSTRALIE) A FINI PAR CONNAÎTRE LA VICTOIRE AU GRAND PRIX D'ALLEMAGNE, LE 12 JUILLET 2009. CE N'EST PAS UN RECORD DONT ON SE VANTE FACILEMENT...

André Lagache et René Léonard (tous deux France) ont gagné la 1re course des 24 Heures du Mans en 1923.

INFO

★ NOUVEAU RECORD ● MISE À JOUR

JERSEY, NEW JERSEY, USA

41°26'N 74°08'O

Dorothy Allison de Jersey (New Jersey, USA) a assisté bénévolement la police dans plus de 5 000 affaires : c'est le **record d'affaires criminelles étudiées par un médium**. Dorothy Allison a été en mesure de décrire le visage de David Berkowitz, le tueur en série qui a terrorisé New York en 1977, ce qui a permis d'établir son portrait-robot

SPORTS DE BALLE

●RECORD DE VICTOIRES AU CHAMPIONNAT ALL-IRELAND

Kerry (Irlande) a remporté 36 fois le championnat irlandais de football gaélique, la compétition la plus importante, entre 1903 et 2009.

★RECORD DE POINTS DANS UN MATCH DE BEACH-VOLLEY PROFESSIONNEL

Le 30 octobre 2005, Larissa Franca et Juliana Felisberta Silva (Brésil, sur la photographie) ont vaincu Misty May-Treanor et Kerri Walsh (USA) sur le score de 28-26, 40-42, 15-13 à Acapulco (Mexique). Les deux équipes ont marqué 164 points.

FOOTBALL AUSTRALIEN

★RECORD DE TROPHÉES LEIGH MATTHEWS

Gary Ablett Jr (Australie) a reçu 3 trophées Leigh Matthews alors qu'il jouait pour Geelong, de 2007 à 2009. Cette récompense est décernée au meilleur joueur de l'AFL (Australian Football League) à l'issue d'une saison.

★RECORD DE JOUEURS AU COURS D'UNE SAISON AFL

En 1911, 62 footballeurs ont fait partie de l'équipe de St Kilda au cours de la saison, un record en Australian Football League (à l'époque, la Victorian Football League).

FOOTBALL CANADIEN

★RECORD D'AUDIENCE POUR LA GREY CUP

La Grey Cup de la Canadian Football League (CFL) est le plus grand événement sportif retransmis à la télévision canadienne : 6,1 millions de téléspectateurs ont regardé la finale opposant les Alouettes de Montréal aux Saskatchewan Roughriders de Calgary (Canada), le 29 novembre 2009. Les Alouettes ont gagné sur le score de 28 à 27.

ENCORE ! DES RECORDS DE TENNIS & DE SPORTS DE RAQUETTE P. 254.

●RECORD DE VICTOIRES AU GRAND PRIX DE VOLLEY-BALL

L'équipe féminine du Brésil a remporté 8 fois le Grand Prix : en 1994, 1996, 1998, de 2004 à 2006, et en 2008 et 2009.

GAINS ! MISTY MAY-TREANOR (USA) A GAGNÉ LA SOMME RECORD DE 1 833 658 $ À LA FIN DE LA SAISON 2009 DE BEACH-VOLLEY.

★ **NOUVEAU RECORD**
● **MISE À JOUR**

★RECORD DE BUTS MARQUÉS EN NETBALL (ÉQUIPE) EN 1 H

257 buts ont été marqués en 1 h au cours d'un match organisé par la Co-operative World Netball Series, à Piccadilly Gardens (Manchester, GB), le 16 septembre 2009.

Je mesure 1 m 75... En beach-volley, c'est une taille moyenne, mais on dit que je joue comme une grande.
La championne de beach-volley, Misty May-Treanor

HURLING

★RECORD DE VICTOIRES EN FINALES DU ALL-IRELAND
Entre 1904 et 2009, Kilkenny a gagné 32 fois le championnat All-Ireland de hurling. L'équipe **détient aussi le record de victoires successives**. Elle a obtenu 4 titres de 2006 à 2009, égalant le record de Cork établi entre 1941 et 1944.

KORFBALL

★RECORD DE COUPES D'EUROPE EN SALLE
Le club Papendrechtse (Pays-Bas) a gagné 5 fois en 1985, 1990, 1999, 2000 et 2002.

●RECORD DE TITRES MONDIAUX
Les Pays-Bas détiennent le record de victoires en championnat du monde. Ils ont gagné en 1985, 1989, 1993, 1997, 2001, 2005 et 2009.

VOLLEY-BALL

●RECORD DE TITRES EN CHAMPIONNAT DU MONDE DE BEACH-VOLLEY (FEMMES)
Les 1ers championnats du monde de beach-volley (hommes et femmes) ont été inaugurés en 1997. L'équipe féminine des USA s'est imposée 4 fois en 2003, 2005, 2007 et 2009.

●RECORD DE TITRES EN LIGUE MONDIALE (HOMMES)
Deux pays ont décroché 8 médailles d'or : l'Italie de 1990 à 1992, en 1994, 1995, 1997, 1999 et 2000, et le Brésil en 1993, 2001, de 2003 à 2007 et en 2009.

LE SAVIEZ-VOUS ?

LE RECORD DE 92 PASSES CONSÉCUTIVES EN VOLLEY A ÉTÉ ÉTABLI PAR SV BAYER WUPPERTAL (ALLEMAGNE) AU BAYERHALL (WUPPERTAL, ALLEMAGNE), LE 25 NOVEMBRE 2006.

Chez les hommes, l'équipe du Brésil a remporté 4 fois le championnat du monde de beach-volley en 1997, 1999, 2003 et 2005.

INFO

★RECORD DE TOUCH-DOWNS EN 1 SAISON DE LA CFL (PAR UN QUART-ARRIÈRE)
Doug Flutie (USA) a réussi 48 touchdowns pour les Calgary Stampeders, en 1995.

HANDBALL

★MEILLEUR SCORE COMBINÉ DANS UNE FINALE DE CHAMPIONNAT DU MONDE
En 2005, au cours de la finale du championnat du monde masculin de handball, l'Espagne et la Croatie ont marqué au total 74 points. L'Espagne a gagné sur le score de 40 à 34.
★**Le plus haut score combiné dans une finale de championnat du monde féminin de handball** est de 61 points. En 2003, la France avait battu la Hongrie 32 à 29.

★1ER VAINQUEUR DE LA NETBALL WORLD SERIES

La 1re Netball World Series a eu lieu en 2009 à Manchester (GB) et a été remportée par la Nouvelle-Zélande. Cette compétition internationale sera disputée chaque année par les 6 meilleures équipes du monde selon des règles modifiées pour l'occasion.

TROY, NEW YORK, USA

42°43'N
73°41'O

La **substance artificielle la plus sombre** est un tapis de nanotubes de carbone de faible densité, créé par des chercheurs du Rensselaer Polytechnic Institute (USA) et de la Rice University (USA). Ce tapis ne réfléchissait que 0,045 % de la lumière lors de tests effectués au Rensselaer Polytechnic Institute, à Troy (USA), le 24 août 2007.

SPORTS

BASEBALL

WORLD SERIES

★LE LANCEUR LE PLUS PROLIFIQUE DES WORLD SERIES
Mariano Rivera (Panamá) a été le lanceur de l'équipe des New York Yankees (USA) dans 24 matchs des World Series en 1996, 1998, 1999, 2000, 2001, 2003 et 2009. Ce lanceur droitier aura gagné 5 World Series avec les Yankees (1996, 1998, 1999, 2000 et 2009).

LE PLUS DE HOME RUNS
Deux batteurs ont marqué 3 home runs au cours d'un match des World Series : Reggie Jackson (USA) des New York Yankees (USA) dans le 6e match des World Series de 1977 contre les Los Angeles Dodgers (USA), le 18 octobre 1977 ; et Babe Ruth (USA) des New York Yankees dans le 4e match des World Series de 1926 contre les St Louis Cardinals (USA), le 6 octobre 1926, et dans le 4e match des World Series de 1928, également contre les St Louis Cardinals (USA), le 9 octobre 1928.

★LE PLUS GRAND NOMBRE DE RETRAITS DANS UNE WORLD SERIES
Le batteur Ryan Howard des Philadelphia Phillies (USA) détient le record peu enviable du plus grand nombre de retraits dans une World Series, avec 13 retraits lors des World Series de 2009 contre les New York Yankees (USA).

●LE PLUS DE HOME RUNS FRAPPÉS
Hideki Matsui (Japon) a frappé 6 home runs pour les New York Yankees contre les Philadelphia Phillies (tous deux USA) dans le match des World Series de 2009, le 4 novembre 2009, égalisant le record de Robert C. Richardson (USA) avec les New York Yankees contre les Pittsburgh Pirates (tous deux USA) dans le 3e match des World Series de 1960, le 8 octobre 1960.

★LA PLUS GRANDE AUDIENCE DES WORLD SERIES
Le plus grand nombre de spectateurs pour une partie des World Series est de 44 278 950. Cette partie des World Series s'est déroulée du 10 au 17 octobre 1978 et opposait les New York Yankees et les LA Dodgers (tous deux USA). Avec une part d'audience de 56 %, les matchs retransmis par NBC ont été suivis par 24,5 millions de foyers.

●LE PLUS DE VICTOIRES
Les New York Yankees (USA) ont remporté les World Series à 27 reprises : en 1923, 1927-1928, 1932, de 1936 à 1939, 1941, 1943, 1947, de 1949 à 1953, 1956, 1958, 1961-1962, 1977-1978, 1996, de 1998 à 2000 et 2009.

OH ! ENTRE 1947 ET 1963, LAWRENCE PETER "YOGI" BERRA (USA) A PARTICIPÉ À 14 WORLD SERIES POUR LES NEW YORK YANKEES (USA).

★LE PLUS DE HOME RUNS PENDANT UNE WORLD SERIES

Chase Utley (USA) des Philadelphia Phillies (USA) a frappé 5 home runs pendant les World Series de 2009 contre les New York Yankees (USA), égalisant le record de Reggie Jackson (USA) des New York Yankees, au cours des World Series de 1977 contre les Los Angeles Dodgers (USA).

MONTRÉAL, QUÉBEC, CANADA 45°30'N 73°33'O
Le **plus grand festival de jazz du monde** est le Festival international de jazz de Montréal (Québec, Canada), qui a attiré 1 913 868 spectateurs lors de son 25e anniversaire, en juillet 2004.

RETRAIT : le batteur frappe 3 fois sans atteindre la première base ; bon pour le lanceur, mauvais pour le batteur !

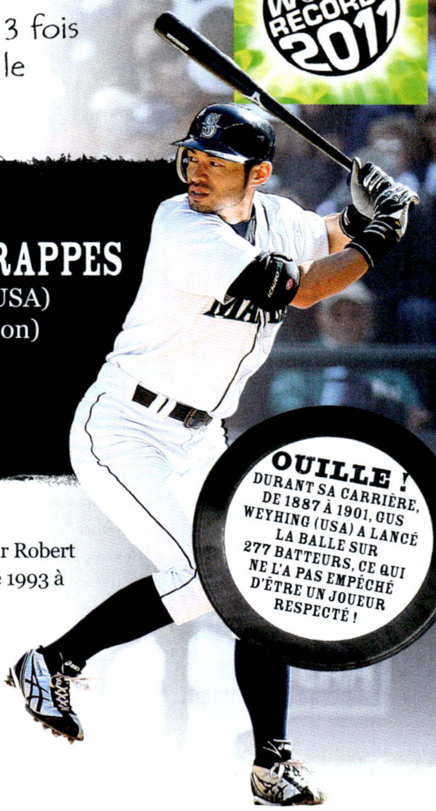

● LE PLUS DE SAISONS CONSÉCUTIVES À 200 FRAPPES

Jouant pour les Seattle Mariners (USA) de 2001 à 2009, Ichiro Suzuki (Japon) est le premier joueur de la MLB à enregistrer 200 frappes au cours de 9 saisons consécutives.

OUILLE ! DURANT SA CARRIÈRE, DE 1887 À 1901, GUS WEYHING (USA) A LANCÉ LA BALLE SUR 277 BATTEURS, CE QUI NE L'A PAS EMPÊCHÉ D'ÊTRE UN JOUEUR RESPECTÉ !

★ LE PLUS DE MATCHS EN POSITION DE RECEVEUR

En 2009, Ivan Rodriguez (Porto Rico) a célébré sa 2 288ᵉ partie en tant que receveur avec les Texas Rangers, les Florida Marlins, les Detroit Tigers, les New York Yankees et les Houston Astros (tous USA) depuis ses débuts en MLB, le 20 juin 1991.

CARRIÈRES RECORD (MLB)

● LE PLUS D'EXPULSIONS

Entre 1978 et 2009, Robert J. Cox (USA) a été expulsé 150 fois d'une partie de la MLB, alors qu'il était entraîneur des Toronto Blue Jays (Canada) et des Atlanta Braves (USA).

● LE PLUS D'ARRÊTS COURTS

Omar Vizquel (Venezuela) a joué 2 681 matchs de Major League en position d'arrêt court. Il a joué pour les Seattle Mariners, les Cleveland Indians, les San Francisco Giants et les Texas Rangers (tous USA) de 1989 à 2009. Il détient aussi le record **du plus grand nombre de doubles jeux pour un arrêt court**, ayant participé à 1 720 doubles jeux en 20 ans de carrière et obtenu 11 fois le Gold Glove.

★ LE PLUS DE VICTOIRES EN UNE POST-SAISON

L'entraîneur Joe Torre (USA) a remporté 84 victoires en une post-saison à la tête des Atlanta Braves, des New York Yankees et des Los Angeles Dodgers (tous USA), de 1982 à 2009.

● LE PLUS DE HOME RUNS EN UNE POST-SAISON

Manny Ramírez (Rép. Dominicaine) a frappé 29 home runs en une post-saison pour les Cleveland Indians, les Boston Red Sox et les Los Angeles Dodgers (tous USA), de 1995 à 2009.

● LE PLUS DE HOME RUNS POUR UN ENTRAÎNEUR

Chipper Jones (USA) a frappé 426 home runs pour les Atlanta Braves (USA) avec l'entraîneur Robert J. Cox (USA) de 1993 à 2009.

● LE PLUS DE RETRAITS D'UN LANCEUR GAUCHER

Le lanceur gaucher Randy Johnson (USA) a effectué 4 875 retraits pour les Montreal Expos (Canada), les Seattle Mariners, les Houston Astros, les Arizona Diamondbacks et les New York Yankees (tous USA), de 1988 à 2009.

★ LE PLUS DE VICTOIRES ET SAUVETAGES SIMULTANÉS

De 1996 à 2009, Andy Pettitte (USA) et Mariano Rivera (Panamá) ont obtenu simultanément une victoire et un sauvetage à 59 reprises, pour les New York Yankees (USA), battant ainsi le record de 57 détenu par Bob Welch et Dennis Eckersley (tous deux USA), qui avaient joué pour les Oakland Athletics (USA) dans les années 1980 et 1990.

Il n'y a pas de pression. Je me concentre et je fais de mon mieux.

Albert Pujols, St Louis Cardinals, joueur de 1ʳᵉ base

★ LE PLUS D'ASSISTANCES EN UNE SAISON

En 2009, le joueur de 1ʳᵉ base dominicain, Albert Pujols, a réalisé 185 assistances pour les St Louis Cardinals (USA).

ENCORE ! PLUS DE RECORDS DE FORCE ET D'ÉQUILIBRE P. 90.

★ NOUVEAU RECORD
● MISE À JOUR

PROVIDENCE, RHODE ISLAND, USA

41°49' N 71°25' O

Ashrita Furman (USA) a tenu 700 œufs en équilibre à la Rhode Island School of Design de Providence, (Rhode Island), le 29 octobre 2006. C'est le **plus grand nombre d'œufs tenus en équilibre.**

SPORTS
BASKET-BALL

NBA

★ MEILLEURE MARGE DANS UNE VICTOIRE
Le 27 avril 2009, les Denver Nuggets (USA) ont battu les New Orleans Hornets (USA) avec 58 points d'avance, en match des play-offs avec un score de 121-63, égalisant le record de 133-75 des Minneapolis Lakers (USA) contre les St Louis Hawks (USA) en 1956.

★LE TAUX LE PLUS ÉLEVÉ DE PANIERS À 3 POINTS (CARRIÈRE)
En jouant pour 6 équipes différentes de 1988 à 1989 et de 2002 à 2003, Steve Kerr (USA) a réussi 45,4 % des paniers à 3 points qu'il a tentés.

JOUER
EN 2006, EPIPHANNY PRINCE (USA), DE LA MURRY BERGTRAUM HIGH SCHOOL DE NEW YORK (USA), A MARQUÉ 113 POINTS (UN RECORD POUR UN MATCH DE HIGH SCHOOL) CONTRE BRANDEIS HIGH.

★LE PLUS JEUNE JOUEUR À MARQUER 25 000 POINTS DANS UNE CARRIÈRE EN NBA
Kobe Bryant (USA, né le 23 août 1978) avait 31 ans et 151 jours lorsqu'il a atteint 25 000 points au cours de sa carrière dans la National Basketball Association (NBA). Il a réalisé ce score en disputant un match pour les Los Angeles Lakers (USA) le 21 janvier 2010.

À L'ÉCOLE
BOB J. FISHER (USA) A ENREGISTRÉ UN RECORD DE 50 LANCERS FRANCS EN 1 MIN À LA VALLEY HEIGHTS HIGH SCHOOL, BLUE RAPIDS (KANSAS, USA), LE 9 JANVIER 2010.

QUIZ !
DANS COMBIEN DE PAYS LES HARLEM GLOBETROTTERS ONT-ILS JOUÉ ?
RÉPONSE P. 278

★LE PLUS JEUNE JOUEUR À MARQUER 12 000 POINTS (CARRIÈRE)
À 24 ans et 35 jours, Lebron James (USA, né le 30 décembre 1984) est le plus jeune joueur de l'histoire de la NBA à avoir marqué 12 000 points. James a atteint ce record le 3 février 2009, en jouant avec les Cleveland Cavaliers (US).

●LE PLUS DE MATCHS EN PLAY-OFFS GAGNÉS PAR UN ENTRAÎNEUR
En tant qu'entraîneur des Chicago Bulls (USA) de 1989 à 1997 et des Los Angeles Lakers (USA) de 1999 à 2003 et de 2005 à 2010, Phil Jackson (USA) a gagné un record de 219 matchs en play-offs.

★LE PLUS DE PASSES DÉCISIVES AU COURS D'UNE PÉRIODE
Steve Blake (USA) des Portland Trail Blazers (USA) a exécuté 14 passes décisives dans la première période d'une partie contre les Los Angeles Clippers (USA), le 22 février 2009. Il a égalisé le score de John Lucas (USA) des San Antonio Spurs (USA) dans la seconde période d'une partie contre les Denver Nuggets (USA), le 15 avril 1984.

★LA PLUS LONGUE SÉRIE NOIRE EN DÉBUT DE SAISON
Les New Jersey Nets (USA) ont commencé la saison 2009-2010 avec un record de 18 défaites d'affilée, du 28 octobre au 3 décembre 2009.

★ NOUVEAU RECORD
● MISE À JOUR

★LE PLUS DE CONTRES DANS UNE FINALE NBA
Avec 9 contres, Dwight Howard (USA) détient le record du plus grand nombre de contres réussis dans une finale NBA. C'était avec les Orlando Magic (USA) dans la 4e période des NBA Finals contre les Los Angeles Lakers (USA), le 11 juin 2009.

46°48'N
71°13'O

QUÉBEC, CANADA
Le plus de buts marqués par un joueur dans un match de la National Hockey League (NHL) est de 7, un record détenu par Joe Malone pour les Quebec Bulldogs, dans leur partie contre les Toronto St Patricks, à Québec (Canada), le 31 janvier 1920.

★MEILLEUR POURCENTAGE DE PANIERS À 3 POINTS (WNBA)

En Women's National Basketball Association (WNBA), le meilleur pourcentage de paniers à 3 points réussis (minimum 100 essais) est de 45,8 %. Jennifer Azzi (USA) a établi ce record en jouant pour les Detroit Shock (1999), les Utah Starzz (2000-2002) et les San Antonio Silver Stars (tous USA) durant la saison 2003.

●LE PLUS DE CHAMPIONNATS NBA REMPORTÉS PAR UN ENTRAÎNEUR

En 2009, Phil Jackson (USA) a gagné son 10e titre NBA de meilleur entraîneur, dépassant le record de 9 titres détenu par Red Auerbach (USA). Jackson a gagné 6 titres NBA avec les Chicago Bulls (USA) de 1991 à 1993 et 1996-1998, et 4 avec les Los Angeles Lakers (USA) de 2000 à 2002 en 2009.

WNBA

★LE TAUX LE PLUS ÉLEVÉ DE LANCERS FRANCS

Eva Nemcova (République tchèque) a réussi 89,7 % de ses lancers francs quand elle faisait partie de l'équipe des Cleveland Rockers (USA) de 1997 à 2001.

●LE PLUS DE PANIERS (CARRIÈRE)

Lisa Leslie (USA) a marqué 2 332 paniers (hors lancers francs) en 12 ans de carrière, en jouant pour les Los Angeles Sparks (USA) de 1997 à 2009.

★LA MOYENNE LA PLUS ÉLEVÉE DE REBONDS

Depuis 2003, Cheryl Ford (USA) a réalisé une moyenne de 9,7 rebonds par partie en jouant pour les Detroit Shock (USA) .

●LA MOYENNE LA PLUS ÉLEVÉE DE POINTS MARQUÉS (CARRIÈRE)

Seimone Augustus (USA) a marqué 2 230 points au cours des 105 matchs qu'elle a disputés pour les Minnesota Lynx (USA) depuis 2006, ce qui lui donne une moyenne record de 21,2 points par match.

TALENT PUR

●LE PLUS DE REBONDS EN 1 MIN

Kiran Harpal (Pays-Bas) a fait rebondir la balle 384 fois en 1 min au Hiernasst Youth Centre de Wijchen (Pays-Bas), à l'occasion de la journée Guinness World Records, le 12 novembre 2009.

●LE PLUS LONG DUNK AVEC TRAMPOLINE

Jordan Ramos (GB) détient le record du plus long dunk exécuté à partir d'un trampoline : 7,15 m. Il a réalisé son exploit sur le plateau de *Blue Peter*, aux BBC Television Studios (GB), le 30 mars 2010.

●LE PLUS DE LANCERS FRANCS EN 1 H

Perry Dissmore (USA) a réalisé 1 926 lancers francs en 1 h au Milton Johnson Health Center du Chipola College, à Marianna (Floride, USA), le 9 octobre 2009.

★LA PLUS LONGUE SÉRIE DE DÉFAITES POUR UNE ÉQUIPE DE LA NBA

Au cours des saisons 1981-1982 et 1982-1983, les Cleveland Cavaliers (USA) ont essuyé 24 défaites, le record de la plus longue série de défaites en NBA.

ENCORE ! POUR TOUT SAVOIR SUR LA NBA ALL-STAR JAM SESSION, P. 248.

LE SAVIEZ-VOUS ?

ENTRE JANVIER 1926 ET MAI 2010, LES LÉGENDAIRES HARLEM GLOBETROTTERS (USA) ONT JOUÉ DANS 120 PAYS.

Les Harlem Globetrotters disent avoir disputé plus de 25 000 parties en 84 années d'existence.

INFO

BOSTON, MASSACHUSETTS, USA

Le **premier appel téléphonique** a eu lieu en mars 1876 à Boston (Massachusetts, USA), quand Alexander Graham Bell (GB) a appelé son assistant dans une pièce voisine pour lui dire : "Venez ici, Watson, j'ai besoin de vous."

42°21'N 71°03'O

SPORTS DE COMBAT

LONG
AVEC UN TOTAL DE 31 ANNÉES SUR LE RING, LES BOXEURS BOB FITZSIMMONS (GB, 1863-1917) ET JACK JOHNSON (USA, 1878-1946) PARTAGENT LE RECORD DE LA PLUS LONGUE CARRIÈRE DE BOXEUR.

★LA BOXEUSE PRO LA PLUS ÂGÉE

La boxeuse poids mouche Kazumi Izaki (Japon, née le 2 mars 1963) avait 46 ans et 304 jours lors du match qui l'a opposée à Naoko Fujioka (Japon), à Tokyo (Japon), le 30 novembre 2009. Elle a été éliminée par K.-O. technique dans le 2e round.

COURT
TONY CANZONERI (USA, 1908-1959) A ÉTÉ CHAMPION DU MONDE DE BOXE POIDS SUPER LÉGER PENDANT 33 JOURS, DU 21 MAI AU 23 JUIN 1933. C'EST COURT, MAIS C'EST UN RECORD GWR !

★ NOUVEAU RECORD ● MISE À JOUR

★LE PLUS DE COUPS DE PIED FULL-CONTACT EN 1 H (ÉQUIPE)

Une équipe de 36 combattants de la Cobh Martial Arts Academy a donné 12 428 coups de pied en 1 h à Cobh (Cork, Irlande), le 22 avril 2009.

★LE PLUS DE CHOKESLAMS EN 1 MIN

Le chokeslam est une prise de catch qui consiste à attraper son adversaire par le cou et à le faire tomber sur le dos. Les catcheurs Nury Ayachi ("Kaio"), Carlo Lenzoni ("Charlie Kid") et Mariel Shehi (tous Italie) ont réalisé 34 chokeslams en 1 min sur le plateau de *Lo Show dei Record* à Rome (Italie), le 25 février 2010.

●LE PLUS DE ROUNDS DE FULL-CONTACT DE COMPÉTITION

À partir de février 1993 et jusqu'au 12 novembre 2009, Paddy Doyle (GB) a participé à 6 324 rounds de full-contact, en boxe et dans d'autres arts martiaux.

★LE PLUS DE COUPS DE PIED EN 1 MIN, AVEC UNE JAMBE (FEMME)

Chloe Bruce (GB) a décoché 212 coups de pied en 1 min, uniquement avec la jambe gauche, sur le plateau de *Zheng Da Zong Yi – Guinness World Records Special* à Pékin (Chine), le 19 juin 2009. Ses coups de pied étaient si rapides qu'il a fallu les visionner au ralenti pour valider son record.

★LE PLUS DE PROJECTIONS EN 1 MIN

Ancien de la télévision, le comédien Joe Pasquale (GB) a exécuté 29 projections en 1 min sur le plateau du *Guinness World Records – Smashed*, aux Pinewood Studios (GB), le 15 avril 2009.

●LE PLUS DE VICTOIRES UFC, CATÉGORIE POIDS MOYENS

Le redoutable Anderson Silva (Brésil) a remporté 7 fois l'Ultimate Fighting Championship (UFC) dans la catégorie poids moyens, de 2006 à 2009.

QUIZ !
QUI A ÉCRIT LES RÈGLES DU MARQUIS DE QUEENSBURY ?
RÉPONSE P. 278

LE SAVIEZ-VOUS ?
LE 13 MAI 2000, RIKISHI ASANOKIRI A PERDU UN COMBAT DE SUMO À KOKUGIKAN, SUMIDA-KU, TOKYO (JAPON), PARCE QUE SA CEINTURE ÉTAIT TOMBÉE PENDANT LE TOURNOI.

John Ozuna (USA) a lancé son poing à la vitesse record de 69,6 km/h lors d'un K.-O. en kung-fu, à San Jose (Californie, USA), en 2008.

INFO

33°27'S 70°40'O

SANTIAGO, CHILI

Selon la Fédération équestre internationale (FEI), le **plus haut saut effectué par un cheval** est de 2,47 m. Il a été établi par Huaso ex-Faithful, monté par le capitaine Alberto Larraguibel Morales (Chili), à Viña del Mar, (Santiago, Chili), le 5 février 1949.

★LE PLUS DE MÉDAILLES D'OR OLYMPIQUES CONSÉCUTIVES AU FLEURET (FEMME)

Valentina Vezzali (Italie) s'est imposée dans le monde du fleuret en remportant 3 médailles d'or olympiques individuelles en 2000, 2004 et 2008.

●LE PLUS DE TITRES DE BOXE DANS DIFFÉRENTES CATÉGORIES DE POIDS

Deux sportifs ont décroché des titres dans 5 catégories différentes. Thomas Hearns (USA) a établi son record entre 1980 et 1988 et Manny Pacquiao (Philippines, ci-contre) a réitéré l'exploit récemment avec les titres WBO Welterweight, WBC Lightweight, WBC Super Featherweight, IBF Super Bantamweight et WBC Flyweight.

★LE PLUS DE COUPS DE POING DONNÉS DANS UN MATCH DE BOXE DE CHAMPIONNAT IBF

Troy Dorsey (USA) a donné 620 coups de poing dans le match (en 12 rounds) décisif pour le titre IBF poids plume contre Jorge Paez (Mexique), à Las Vegas (Nevada, USA), le 4 février 1990. Étonnamment, en dépit des 340 coups de poing de son adversaire, cette grêle de coups ne lui a pas assuré la victoire. Il a perdu le match après une décision concertée.

★LE PLUS DE COUPS DE POING DANS UN MATCH DE BOXE DE CHAMPIONNAT WBO

Antonio Margarito (Mexique) a envoyé 1 675 coups de poing pendant les 12 rounds du combat pour le titre WBO poids welter contre Joshua Clottey (Ghana) à Atlantic City (New Jersey, USA), le 2 décembre 2006.

★LE PLUS DE PROJECTIONS, SUR UNE MÊME PERSONNE EN 1 MIN

Le 25 avril 2009, Vito Zaccaria (Italie) a réalisé 30 projections sur son concitoyen Michele Vallieri en 1 min, sur le plateau de *Lo Show dei Record* à Milan (Italie).

★LE PLUS DE VICTOIRES EN 1RE DIVISION DE SUMO

Le *rikishi* le plus victorieux de la division Makunouchi de sumo est Kaio (Japon, né Hiroyuki Koga), qui, de 1993 à 2010, a remporté 815 victoires.

●LE PLUS GRAND COMBATTANT DE L'UFC

Dans le monde de l'Ultimate Fighting Championship, personne n'arrive à la hauteur de Stefan Struve (Pays-Bas), qui mesure 2,11 m. Avec une taille de 1,65m, les ★**plus petits combattants de l'UFC** sont Manny Gamburyan, Tyson Griffin, Matt Serra et Sean Sherk (tous USA).

PAROLE D'EXPERT

✪ LE MONDE DE LA BOXE RECONNAÎT 4 AUTORITÉS : LA WORLD BOXING ASSOCIATION (WBA), LE WORLD BOXING COUNCIL (WBC), L'INTERNATIONAL BOXING FEDERATION (IBF) ET LA WORLD BOXING ORGANIZATION (WBO).

✪ BIEN QUE NOMMÉES EN L'HONNEUR DU 9E MARQUIS DE QUEENSBURY, LES CÉLÈBRES RÈGLES QUI PORTENT SON NOM ONT ÉTÉ INSTITUÉES PAR JOHN GRAHAM CHAMBERS (PAYS DE GALLES, GB).

✪ LA BOXE EST DEVENUE UN SPORT OLYMPIQUE AUX JEUX DE 1904, QUI SE SONT DÉROULÉS À ST LOUIS (MISSOURI, USA).

LE PLUS DE VICTOIRES AUX CHAMPIONNATS DU MONDE DE JUDO

Ryoko Tani (Japon) a gagné 7 fois le championnat du monde de judo féminin dans la catégorie des moins de 48 kg, entre 1993 à 2007. Elle avait 18 ans et 27 jours quand elle a décroché son premier titre.

ENCORE ! POUR PLUS DE SPORTS QUI VONT DROIT AU BUT, ALLEZ VOIR LES RECORDS DE TIR P. 252.

RIKISHI : nom donné à un lutteur professionnel de sumo.

LA PAZ, BOLIVIE

La Paz, capitale administrative de la Bolivie, se situe à 3 631 m d'altitude, ce qui en fait la **capitale la plus haute**. Son aéroport, El Alto, se trouve à 4 080 m et Sucre, la capitale officielle, à 2 834 m au-dessus du niveau de la mer.

16°30'S 68°09'0

SPORTS
CRICKET

★ LE 1ER JOUEUR À MARQUER 200 EN MATCH D'ODI
Sachin Tendulkar (Inde) a marqué 200 not out sur 147 balles (dont 25 fours et 3 sixes) en faveur de l'Inde lors d'un match opposant son pays à l'Afrique du Sud à Gwalior (Inde), le 24 février 2010.

★ LE 1ER JOUEUR À MARQUER UN CENTURY EN ODI POUR 2 ÉQUIPES
Le 4 février 2007, Eoin Morgan (20 ans et 147 jours) a marqué 115 pour l'Irlande contre le Canada en ICC World Cricket League, au Jaffery Sports Club Ground de Nairobi (Kenya). Le 2 mars 2010, il a réussi le score inégalé de 110 pour l'Angleterre contre le Bangladesh, à Mirpur (Bangladesh).

★ RECORD DE RUNS EN FIRST-CLASS CRICKET
La West Zone (Inde) a battu la South Zone (Inde) 541-7 en finale du Duleep Trophy, le 10 février 2010.

★ LE MEILLEUR CAPITAINE DE L'HISTOIRE DU TEST-CRICKET
Le 29 décembre 2009, Ricky Ponting (Australie) a remporté son 42e test-match à la tête de l'Australie lors du First Test contre le Pakistan, à Melbourne (Australie).

★ LE CENTURY LE PLUS RAPIDE EN TWENTY20

Andrew Symonds (Australie) a marqué 100 runs (un century) sur 34 balles pour le Kent lors d'un match contre le Middlesex, à Maidstone (Kent, GB), le 2 juillet 2004. Il a ensuite marqué 112 sur 43 balles avec 18 fours et 3 sixes.

● LE PLUS DE CATCHES PAR UN GARDIEN DE GUICHET
Du 17 octobre 1997 au 9 février 2010, Mark Boucher (Afrique du Sud) a réussi 472 catches en 131 tests pour l'Afrique du Sud. Bob Taylor (GB) a réussi 1 473 catches pour le Derbyshire (GB) et l'Angleterre, battant le ★**record du nombre de catches par un gardien de guichet en First-class Cricket**.

LE PLUS DE VICTOIRES

★ FRIENDS PROVIDENT TROPHY
Le Lancashire (GB) a remporté le Friends Provident Trophy 7 fois : de 1970 à 1972, en 1975, en 1990, en 1996 et en 1998. Le Friends Provident Trophy est l'équivalent actuel de la Premier One-day Cup pour le County cricket (championnat anglais entre équipes des comtés).

★ LE PLUS DE VICTOIRES EN COUPE DE L'ASIE
La coupe de l'Asie, une épreuve de One-Day International, a été instituée en 1984. 2 pays détiennent le record de 4 victoires : l'Inde en 1984, 1988, 1991 et 1995, et le Sri Lanka en 1986, 1997, 2004 et 2008.

★ LE PLUS DE SIXES MARQUÉS EN 1 INNING (IPL)

Brendan McCullum (Nouvelle-Zélande) a marqué 13 sixes pour les Kolkata Knight Riders lors d'un match d'Indian Premier League (IPL) contre les Royal Challengers Bangalore, à Bangalore (Inde), le 18 avril 2008.

ENCORE ! SI VOUS PRÉFÉREZ LES PERSONNAGES DE BD AUX JOUEURS DE CRICKET, RENDEZ-VOUS P. 164.

CARACAS, VENEZUELA
10°30'N 66°55'O
La "route du Libérateur" est la **ligne de bus régulière la plus longue du monde**. Elle mesure 9 660 km de long et relie Caracas (Venezuela) à Buenos Aires (Argentine) en passant par les capitales de 6 états d'Amérique du Sud

LONG
STEPHEN SPEAK (USA) DÉTIENT LE RECORD DE LA PLUS LONGUE SESSION INTERNET INDIVIDUELLE : IL A SURFÉ 24 HEURES D'AFFILÉE LES 28-29 AVRIL 2001.

BINGO
EN 2010, LA BATTEUSE ANGLAISE CLAIRE TAYLOR A ÉTÉ LA ★1RE FEMME À ÊTRE NOMMÉE PARMI LES 5 "JOUEURS DE CRICKET DE L'ANNÉE" DU WISDEN, DEPUIS LA CRÉATION DE CE PRIX (120 ANS).

SUPER GOOCH

Graham Gooch (Angleterre) détient le **record individuel de runs dans un test-match,** soit 456, lors du premier test-match contre l'Inde au Lord's (Middlesex, GB) du 26 au 31 juillet 1990. Gooch, alors capitaine des Anglais, a marqué 333 dans le premier inning et 123 dans le second.

★FORD RANGER ONE-DAY CUP

C'est le nom actuel de la compétition de one-day cricket opposant les équipes des États australiens. L'Australie-Occidentale l'a gagnée 11 fois, de 1970 à 1971 et de 2003 à 2004.

LE PLUS DE GUICHETS PRIS

MATCHES INTERNATIONAUX

Muttiah Muralitharan (Sri Lanka) a pris 1 315 guichets au total pour le Sri Lanka, l'ICC XI et l'Asia XI entre 1992 et 2009. Ce chiffre inclut 792 guichets en test-cricket (●**record de guichets pris en une carrière en test-cricket**), 512 guichets en One-Day International (●**record de guichets pris en une carrière en One-Day International**), et 11 guichets en Twenty20 International.

INNINGS DE TEST-MATCH

2 lanceurs ont réussi à prendre les 10 guichets d'un inning (tour de batte) de test-match : Jim Laker (10-53) pour l'Angleterre contre l'Australie à Old Trafford (GB), le 31 juillet 1956, et Anil Kumble (Inde) (10-74) pour l'Inde contre le Pakistan à New Delhi (Inde), le 7 février 1999.

●MATCHS DE TWENTY20

Yasir Arafat (Pakistan) a pris 90 guichets en 69 matchs entre 2006 et 2010.

★LE PLUS DE GUICHETS EN TWENTY20 INTERNATIONAL EN UNE CARRIÈRE

Entre 2007 et 2010, Umar Gul (Pakistan) a pris 43 guichets en Twenty20 International pour le Pakistan, avec 1 guichet pour 13 balles lancées en moyenne.

LE SAVIEZ-VOUS ?

LE MEILLEUR SCORE EN COUPE DU MONDE (F) EST DE 229 NOT OUT POUR BELINDA CLARK (AUSTRALIE), QUI JOUAIT CONTRE LE DANEMARK À MUMBAI (INDE), LE 16 DÉCEMBRE 1997.

Le **record de guichets pris en coupe du monde féminine** (39) revient à Lyn Fullston (Australie).

INFO

SACHIN ET SES RECORDS

Sachin Tendulkar (Inde), véritable légende vivante, bat tous les records. En voici 4 récents : ●**records de runs en ODI en une carrière**, avec 17 598 runs, et ●**record de centuries en matchs d'ODI**, soit 46, du 18 décembre 1989 au 24 février 2010. ●**Record de runs en test-cricket**, avec 13 447, et ●**record de centuries en test-cricket**, avec 47 en une carrière en test-cricket commencée le 15 novembre 1989. Il a aussi gagné 331 runs avec Rahul Dravid (Inde), en ODI, contre la Nouvelle-Zélande à Hyderabad (Inde), le 8 novembre 1999.

★ NOUVEAU RECORD
● MISE À JOUR

SAN JUAN, PORTO RICO

18°27'N 66°04'O

Wilfred Benitez (Porto Rico) avait 17 ans et 176 jours quand il a remporté le titre de champion du monde poids super-légers à San Juan (Porto Rico), le 6 mars 1976, devenant ainsi le **plus jeune champion du monde de boxe.**

CYCLISME

MAXI ! EN 1926, LA COURSE LA PLUS LONGUE DE L'HISTOIRE DU TOUR DE FRANCE S'EST DÉROULÉE SUR 5 795 KM.

★ LA POURSUITE PAR ÉQUIPE (F) SUR 3 KM LA PLUS RAPIDE

Elizabeth Armitstead, Wendy Houvenagel et Joanna Rowsell (GB) ont établi le nouveau record de la poursuite par équipe femmes sur 3 km en 3 min et 21,875 s à Manchester (GB), le 1er novembre 2009.

VICTOIRES RECORD

★ CHAMPIONNATS DU MONDE CONTRE LA MONTRE DE L'UCI (FEMMES)

Jeannie Longo-Ciprelli (France) en a remporté 4 en 1995, 1996, 1997 et 2001. Elle compte aussi à son actif le ★**plus grand nombre de championnats du monde sur route remportés par une femme**, avec 5 victoires, en 1985, 1986, 1987, 1989 et 1995.

● CHAMPIONNATS DU MONDE CONTRE LA MONTRE DE L'UCI (HOMMES)

2 hommes ont remporté le championnat du monde contre la montre à 3 reprises : Michael Rogers (Australie) en 2003, 2004 et 2005, et Fabian Cancellara (Suisse) en 2006, 2007 et 2009.

★ CHAMPIONNATS DU MONDE DE TRIAL DE L'UCI (ÉQUIPE)

L'Espagne est la seule équipe à avoir été 2 fois championne du monde de trial, en 2008 et 2009.

★ UCI PROTOUR

Alejandro Valverde (Espagne) est le seul coureur à avoir remporté à 2 reprises l'UCI ProTour, en 2006 et en 2008.

★ COUPES DU MONDE DE CYCLISME SUR ROUTE DE L'UCI (FEMMES)

4 femmes ont gagné la coupe du monde de cyclisme sur route (femmes) à 2 occasions : Diana Ziliute (Lituanie), en 1998 et 2000, et Nicole Cooke (GB), en 2003 et 2006, Oenone Wood (Australie), en 2004 et 2005, et Marianne Vos (Pays-Bas), en 2007 et 2009.

● CHAMPIONNATS DU MONDE DE TRIAL DE L'UCI ÉLITE (HOMMES)

Benito Ros Charral (Espagne) a gagné 6 fois le championnat du monde de cyclisme trial hommes élite, de 2003 à 2005 et de 2007 à 2009.

● CHAMPIONNATS DU MONDE DE TRIAL DE L'UCI (FEMMES)

Karin Moor (Suisse) a été championne du monde de trial à 8 reprises, de 2001 à 2007, puis en 2009.

● CHAMPIONNATS DU MONDE DE MOUNTAIN BIKE DE L'UCI (MARATHON HOMMES)

Seuls 2 coureurs ont remporté à 2 reprises le championnat du monde mountain bike de l'UCI : Thomas Frischknecht (Suisse), en 2003 et en 2005, et Roel Paulissen (Belgique), en 2008 et en 2009.

Avec 4 courses gagnées de 2004 à 2006 et en 2008, Gunn-Rita Dahle Flesjå (Norvège) détient le record de victoires en **championnat du monde de mountain bike (marathon) féminin**.

● COUPES DU MONDE DE MOUNTAIN BIKE (FOUR CROSS)

De 2007 à 2009, Anneke Beerten (Pays-Bas) a obtenu à 3 reprises la coupe du monde de mountain bike Four Cross femmes.

Chez les hommes, le record appartient à Brian Lopes (USA) qui a gagné

★ NOUVEAU RECORD
● MISE À JOUR

● RECORD DE COUPES DU MONDE DE CROSS-COUNTRY (HOMMES)

Julien Absalon (France) détient le record de coupes du monde de cross-country avec 5 victoires remportées en 2003, puis de 2006 à 2009. Il a également gagné les médailles d'or olympiques de la discipline en 2004 et en 2008.

MINI ! LE TOUR DE FRANCE LE PLUS COURT S'EST DÉROULÉ EN 1903 ET 1904 SUR UNE DISTANCE DE 2 428 KM.

Le but, ce sont les médailles d'or. Et je préfère gagner une médaille d'or que trois médailles d'argent.
Sir Chris Hoy, une mentalité de gagnant

★ VICTOIRES AU GIRO D'ITALIE (FEMMES)

Fabiana Luperini (Italie) a remporté la victoire au tour d'Italie féminin (Giro d'Italia Femminile) à 5 reprises, de 1995 à 1998 puis en 2008.

3 fois la coupe du monde Four Cross, en 2002, en 2005 et en 2007.

LES PLUS RAPIDES…

★RECORD DE VITESSE SUR 500 M PAR ÉQUIPE (FEMMES)

Kaarle McCulloch et Anna Meares (toutes deux Australie) ont battu le record de vitesse sur 500 m par équipe en 33,149 s à Pruszkow (Pologne), le 26 mars 2009.

La veille, Simona Krupeckaite (Lituanie) avait battu le record de vitesse individuel femmes dans la même discipline, en 33,296 s.

★SUR 750 M PAR ÉQUIPE (HOMMES)

Le 15 août 2008, Chris Hoy, Jason Kenny et Jamie Staff (tous GB) ont battu le record de vitesse par équipe en 42,950 s (750 m) à Pékin (Chine). Avec 43,128 s, le trio a remporté la médaille d'or du sprint en équipe aux jeux Olympiques de Pékin, en battant la France en finale.

★200 M DÉPART LANCÉ PAR ÉQUIPE (HOMMES)

Le 30 mai 2009, Kevin Sireau (France) a battu le record du 200 m départ lancé par équipe à Moscou (Russie), soit 9,572 s.

LE SAVIEZ-VOUS ?

L'UNION CYCLISTE INTERNATIONALE (UCI) EST L'ORGANISME MONDIAL DU CYCLISME.

Avec 2,04 km, Miguel Angel Castro (Espagne) détient le ★**record de distance parcourue sur un vélo statique** en 1 min.

INFO

LAND'S END - JOHN O'GROATS

Grand classique du cyclisme, le raid Land's End - John O'Groats relie Land's End en Cornouailles (Angleterre, GB) à John O'Groats à Caithness (Écosse, GB), soit une distance de 1 407 km.

Le ●**record de vitesse pour relier Land's End à John O' Groats (homme)** est de 44 h 4 min 19 s. Il a été réalisé par Gethin Butler (GB), en septembre 2001.

Le ●**record de vitesse pour relier Land's End à John O' Groats (femme)** est de 52 h 45 min 11 s. Il a été obtenu par Lynne Taylor (GB), le 3 octobre 2002.

Lynne Taylor codétient avec Andy Wilkinson (GB) le ★**record de vitesse pour relier Land's End à John O'Groats en tandem (équipe mixte)**, avec un temps de 51 h 19 min 23 s réalisé en 2000.

★ RECORD DE COUPES DU MONDE SUR ROUTE DE L'UCI (HOMMES)

Paolo Bettini (Italie) a remporté 3 fois cette coupe du monde sur route, un record pour un coureur. Il a obtenu ces victoires de 2002 à 2004. En 2005, la compétition a été remplacée par l'UCI ProTour.

PORT OF SPAIN, TRINITÉ-ET-TOBAGO

10°40'N 61°31'O

Le 19 mars 2007, au Queen's Park Oval de Port of Spain (Trinité-et-Tobago), l'Inde a marqué 413-5 à 156 face aux Bermudes, un écart de 257 runs. C'est la marge de victoire la plus importante dans l'histoire des coupes de monde de cricket.

FOOTBALL

RECORD DE TITRES EN COUPE DU MONDE DE BEACH SOCCER

Le Brésil a remporté 4 des 5 coupes du monde de beach soccer de la FIFA, qui se sont déroulées entre 2006 et 2009. Avant l'officialisation de la coupe en 2005, une autre compétition, organisée tous les ans depuis 1995, avait été remportée à 9 reprises par le Brésil.

★ LE PLUS DE BUTS EN PHASE FINALE DE LA COUPE DU MONDE

En 1998, 32 équipes ont marqué 171 buts en phase finale de la coupe du monde de la FIFA qui a eu lieu en France.

★ LA PLUS PETITE MOYENNE DE BUTS EN FINALE DE COUPE DU MONDE

Durant la coupe du monde de la FIFA 1990 en Italie, la moyenne des buts par match a été de 2,21. C'était la plus faible depuis 1930. Sur 18 coupes du monde, jusqu'à celle jouée en Allemagne en 2006, la moyenne est de 2,91 buts par match.

★ LE PLUS DE TROPHÉES FAIR PLAY DE LA FIFA

En montrant le plus de fair-play lors des finales de coupes du monde, le Brésil a obtenu 4 fois le prix du Fair-Play de la FIFA : en 1982, 1986, 1994 et 2006.

★ L'ÉQUIPE LE PLUS LONGTEMPS INVAINCUE À L'INTERNATIONAL

Deux équipes internationales sont restées invaincues pendant 35 matchs : celle du Brésil, du 16 décembre 1993 au 18 janvier 1996, et celle d'Espagne, du 11 octobre 2006 au 20 juin 2009. Au cours de cette période, le Brésil a gagné la coupe du monde de 1994, est arrivé en finale de la Copa America en 1995 et en finale de la Gold Cup en 1996. Sa défaite 2-0 dans la finale de la Gold Cup au Mexique a mis fin à son invincibilité. Le Brésil a perdu un match au cours de l'épreuve des tirs au but (dans la finale de la Copa America contre l'Uruguay), mais il était encore invaincu après les prolongations. L'Espagne a remporté le championnat d'Europe de 2008 et atteint les demi-finales de la coupe des confédérations avant de perdre face aux USA.

● LE PLUS DE BUTS DANS UNE CARRIÈRE EN COUPE DU MONDE DE BEACH SOCCER DE LA FIFA

Madjer (Portugal) est le meilleur buteur de la coupe du monde de beach soccer. Il a marqué 67 buts entre 2005 et 2009. Il détient aussi le **record de Souliers d'or décernés en coupe du monde de la FIFA.** Il en a obtenu 3.

LE PLUS DE VICTOIRES EN COUPE DES CONFÉDÉRATIONS

Le 28 juin 2009, en battant les USA 3-2 dans la finale de la coupe des confédérations 2009 en Afrique du Sud, après avoir été mené 0-2 à la mi-temps, le Brésil a remporté sa 3e victoire dans cette compétition qu'il avait déjà gagnée en 1997 et 2005.

ENCORE ! DÉCOUVREZ QUI EST LE FOOTBALLEUR LE PLUS CHER DE TOUS LES TEMPS P. 136.

BRIDGETOWN, LA BARBADE

13°05'N 59°37'O

Le **plus jeune capitaine de l'histoire du cricket en test-match international** est Nawab de Pataudi (futur Mansur Ali Khan). Il a été capitaine de l'équipe de l'Inde face aux Antilles, à Bridgetown (La Barbade), le 23 mars 1962, à l'âge de 21 ans et 77 jours.

FOOTBALL : l'origine du jeu remonterait à 3 000 ans en Chine. Le ballon était en peau empli de plumes et de cheveux.

LE JOUEUR QUI A GAGNÉ LE PLUS DE COUPES D'AFRIQUE DES NATIONS

Ahmed Hassan a participé à 8 coupes d'Afrique des nations dans l'équipe d'Égypte, entre 1996 et 2010. Durant cette période, il a remporté 4 fois le championnat avec son équipe en 1998, 2006, 2008 et 2010.

LUI
MOHAMED AL-DEAYEA (ARABIE SAOUDITE), SÉLECTIONNÉ 181 FOIS ENTRE 1990 ET 2006, DÉTIENT LE RECORD DES APPARITIONS INTERNATIONALES.

LE PLUS DE COUPE D'AFRIQUE DES NATIONS

Rigobert Song (Cameroun) a joué le plus de ★ **matchs consécutifs lors de tournois de la coupe d'Afrique des nations**, soit 36, entre 1996 et 2010. Il a participé aux victoires de l'équipe du Cameroun en 2000 et 2002.

●LE PLUS DE BUTS LORS DE LA COUPE D'AFRIQUE DES NATIONS

Le Samuel Eto'o (Cameroun) a marqué un total de 18 buts de 1996 à 2010. Il a aussi été sacré 3 fois "footballeur africain de l'année", un record qu'il partage avec Abedi Pelé (Ghana) et Weah (Liberia).

LE PLUS DE BUTS DANS DES MATCHS DE LA COUPE DU MONDE DE FOOTBALL FÉMININ DE LA FIFA

Brigit Prinz (Allemagne) a marqué 14 buts, dont le dernier lors de la finale de la coupe du monde au stade Hongkou, à Shanghaï (Chine), le 30 septembre 2007.

LE PLUS DE TRIPLÉS EN INTERNATIONAL

L'international Masashi "Gon" Nakayama (Japon) a marqué 3 buts consécutifs en 3 min et 15 s face à Brunei, lors d'un match de qualification de la coupe d'Asie, le 16 février 2000. Nakayama a marqué à 1 min, 2 min et 3 min et 15 s, pulvérisant le record vieux de 62 ans de George William Hall (GB), qui avait marqué 3 buts en 3 min et 30 s face à l'Irlande, à l'Old Trafford de Manchester (GB), le 16 novembre 1938.

LE PLUS DE BUTS DANS UN TOURNOI DE LA COPA AMERICA

3 footballeurs ont marqué 9 buts dans un seul tournoi de la Copa America : Jair Rosa Pinto (Brésil), en 1949 ; Humberto Maschio (Argentine) et Javier Ambrois (Uruguay), en 1957.

★ NOUVEAU RECORD
● MISE À JOUR

LE PLUS D'APPARITIONS EN TANT QUE CAPITAINE EN FINALE DE LA COUPE DU MONDE DE LA FIFA

Diego Maradona (Argentine) a été le capitaine de l'équipe argentine au cours de 16 matchs de finale de la coupe du monde, entre 1982 et 1994. Il a permis à son équipe de remporter la finale en 1986 face à l'Allemagne de l'Ouest.

★LE PLUS DE VICTOIRES EN FOOTBALL INTERNATIONAL

Entre le 26 juin 2008 et le 20 juin 2009, l'Espagne a remporté 15 victoires consécutives dans des matchs internationaux. Elle a d'abord battu la Russie 3-0 en demi-finale du championnat d'Europe 2008 et a obtenu sa 15e victoire consécutive en dominant l'Afrique du Sud 2-0 dans la finale de son groupe, lors de la coupe des confédérations 2009.

ELLE
AVEC 342 APPARITIONS AU COURS DE SA CARRIÈRE QUI A DÉBUTÉ EN 1987, KRISTINE LILLY (USA) DÉTIENT LE RECORD DE SÉLECTIONS INTERNATIONALES.

●LE PLUS DE BUTS EN INTERNATIONAL (HOMME OU FEMME)

Il est détenu par Mia Hamm (USA) qui en a marqué 158, de 1987 à 2004. Au cours de sa brillante carrière, la joueuse a été sélectionnée 275 fois dans l'équipe nationale des USA et remporté 2 coupes du monde de football féminin, en 1991 et en 1999.

BUENOS AIRES, ARGENTINE

34°36'S
58°22'O

Le **plus grand marché aux bestiaux** est le marché Liniers de Buenos Aires (Argentine), où de 12 000 à 18 000 têtes de bétail sont rassemblées chaque jour pour être vendues. Le marché s'étend sur 34 ha, comprend 450 enclos, 2 000 corrals et emploie près de 4 000 personnes.

SPORTS
FOOTBALL

★ LES MAUVAIS GARÇONS DE LA PREMIER LEAGUE

Aves 93 cartons jaunes entre 1996 et 2010, Lee Bowyer (GB, ci-dessus à droite) détient le ●**record de cartons jaunes récoltés par un joueur en English Premier League**. Richard Dunne (Irlande, ci-dessus à gauche) entre 1996 et 2008, Duncan Ferguson (GB) entre 1994 et 2006 et Patrick Vieira (France) entre 1996 et 2005 détiennent le **record de 8 cartons rouges en English Premier League**.

ENCORE ! VOUS PRÉFÉREZ JOUER AU FOOTBALL, UNE MANETTE À LA MAIN ? DÉCOUVREZ LES JEUX VIDÉO P. 160.

★ LE PLUS DE VICTOIRES EN BUNDESLIGA

Deux joueurs ont remporté le championnat allemand de Bundesliga à 8 reprises : Mehmet Scholl (Allemagne, ci-contre) en 1994, 1997, 1999-2001, 2003 et 2005-2006 ; et Oliver Kahn (Allemagne) en 1997, de 1999 à 2001, en 2003, de 2005 à 2006 et en 2008. Les deux joueurs évoluaient au Bayern de Munich.

> *Mon intention n'est pas de favoriser les joueurs étrangers.*
> **Le manager d'Arsenal, Arsène Wenger (France)**

★ LE PLUS JEUNE JOUEUR EN 1RE DIVISION

Mauricio Baldivieso (Bolivie) avait 12 ans et 362 jours quand il a joué pour l'Aurora FC face à La Paz, dans la compétition Clausura de la Ligue bolivienne de football professionnel, au stade Hernando Siles de La Paz (Bolivie), le 19 juillet 2009.

★ LE PLUS JEUNE BUTEUR DE LA LIGA

Iker Muniain (Espagne) est le plus jeune buteur de la première division du football espagnol. Il avait 16 ans et 289 jours quand il a marqué un but pour l'Athletico Bilbao dans un match nul 2-2 contre le Real Valladolid, à Valladolid (Espagne), le 4 octobre 2009.

★ LE PLUS DE TITRES REMPORTÉS PAR UN ENTRAÎNEUR EN BUNDESLIGA

Udo Lattek (Pologne) a remporté 8 titres en Bundesliga en tant qu'entraîneur : 6 durant les périodes où il entraînait le Bayern de Munich, de 1972 à 1974 et de 1985 à 1987, et 2 avec l'équipe du Borussia Monchengladbach en 1976 et 1977.

★ 1RE ÉQUIPE D'ÉTRANGERS DANS UN MATCH DE PREMIER LEAGUE

L'équipe sélectionnée par Arsenal (GB) pour jouer un match contre le Crystal Palace (GB), le 14 février 2005, était la première équipe composée uniquement d'étrangers en English Premier League. Elle était constituée de Jens Lehmann (Allemagne) ; Lauren (Cameroun) ; Kolo Touré (Côte d'Ivoire) ; Pascal Cygan, Gaël Clichy, Robert Pirès, Patrick Vieira et Thierry Henry (France) ; Edu (Brésil) ; José-Antonio Reyes (Espagne) ; Dennis Bergkamp (Pays-Bas). Les remplaçants étaient Manuel Almunia et Cesc Fàbregas (Espagne) ; Philippe Senderos (Suisse) ; Mathieu Flamini (France) ; Robin van Persie (Pays-Bas).
Arsenal a gagné le match 5-1.

TOP ! AVEC 53 VICTOIRES, LES RANGERS FC (GB) DÉTIENNENT LE ★PLUS DE TITRES DE CHAMPIONNATS NATIONAUX, EN 1RE DIVISION ÉCOSSAISE ET EN 1RE DIVISION ANGLAISE, ENTRE 1891 ET 2010.

RICHE ! LES REVENUS ANNUELS LES PLUS ÉLEVÉS POUR UN CLUB DE FOOTBALL, SOIT 401 400 000 EUROS, SONT CEUX DU REAL MADRID (ESPAGNE) EN 2008-2009.

6°48'S
58°10'O

GEORGETOWN, GUYANA

Sir Lionel Luckhoo (Guyana), associé du cabinet Luckhoo et Luckhoo de Georgetown (Guyana), est le **meilleur avocat**. Entre 1940 et 1985, il a fait acquitter successivement 245 personnes accusées de meurtre.

LA PLUS LONGUE SÉRIE DE VICTOIRES EN 1RE DIVISION DANS LES DIFFÉRENTES LIGUES DE FOOTBALL NATIONALES

SOURCE : INFOSTRADA SPORTS

NOMBRE	CLUB	DATE DE DÉPART	DATE DE LA FIN	VICTOIRES	MATCHS NULS	LIGUE
121	Real Madrid	17 février 1957	21 février 1965	112	9	La Liga (ESP)
93	PSV	17 février 1983	4 mars 1989	77	16	Eredivisie (P-B)
92	FC Nantes	4 juin 1976	14 mars 1981	80	12	Ligue 1 (FRA)
88	Torino	31 janvier 1943	23 octobre 1949	78	10	Série A (ITA)
86	Chelsea	20 mars 2004	5 octobre 2008	62	24	Premier League (ANG)
73	Bayern Munich	11 avril 1970	14 septembre 1974	62	11	Bundesliga (ALL)
68	Palmeiras*	23 février 1986	2 septembre 1990	45	23	Série A (ITA)
49	Banfield**	7 mai 1950	24 mai 1953	35	14	Primera División (ARG)
25	Urawa Red Diamonds	24 septembre 2005	7 avril 2007	22	3	J-League (JPN)
25	Gamba Osaka	29 mars 2006	11 août 2007	20	5	J-League (JPN)
24	Columbus Crew	28 juin 2008	26 septembre 2009	18	6	MLS (USA)

Notes:

*La série de victoires de Palmeiras inclut aussi le championnat de São Paulo (Paulista) ;

**La série de Banfield n'inclut pas 1951, le championnat décisif contre le Racing, qui a été disputé sur un terrain neutre.

LE SAVIEZ-VOUS ?

STEVE RALSTON (USA) A JOUÉ PENDANT 33 143 MIN AU COURS DE SA CARRIÈRE EN MAJOR LEAGUE SOCCER (MLS) (1996-2009).

Jeff Cunningham (USA) a marqué 36 buts gagnants dans sa carrière en MLS.

INFO

★LE PLUS DE VICTOIRES EN COPPA ITALIA

Deux équipes ont gagné 9 fois la Coppa Italia, le championnat de 1re division du football italien : la Juventus en 1938, 1942, 1959-1960, 1965, 1979, 1983, 1990, 1995 ; et la Roma en 1964, 1969, 1980-1981, 1984, 1986, 1991, 2007-2008.

●LE PLUS DE VICTOIRES EN TIPPELIGAEN

Le Tippeligaen est la compétition de 1re division de la ligue de football norvégienne. L'équipe la plus victorieuse, Rosenborg, a été 21 fois championne depuis son 1er titre en 1967 jusqu'à son dernier en 2009.

★LE PLUS DE BUTS MARQUÉS PAR UN JOUEUR DANS UN MATCH DE PREMIER LEAGUE

3 joueurs ont marqué 5 buts dans un seul match d'English Premier League : Andy Cole (GB) pour Manchester United face à Ipswich au Old Trafford, à Manchester (GB), le 4 mars 1995 ; Alan Shearer (GB) pour Newcastle United face à Sheffield Wednesday au St James' Park, à Newcastle (GB), le 19 septembre 1999 ; et Jermain Defoe (GB) pour Tottenham Hotspur face à Wigan Athletic au White Hart Lane, à Londres (GB), le 22 novembre 2009.

●LA PLUS LONGUE CARRIÈRE D'ARBITRE DE FOOTBALL

Csernyi Géza (Hongrie, né le 25 mars 1932), a été arbitre pendant 57 ans. Il a obtenu son diplôme d'arbitre le 7 juin 1950 et a arbitré son dernier match en Hongrie en février 2007.

●LE PLUS DE LETTRES DE REFUS POUR UN POSTE DE MANAGER

Entre 2000 et 2010, Patrick Rielly (GB) a essuyé 46 refus des clubs où il avait postulé en tant que manager. La 1re lettre émanait du Millwall FC. Il en a aussi reçu du Celtic, de Manchester City et du West Ham United (tous GB).

LE PÉNALTY LE PLUS RAPIDE

Francisco Javier Galan Màrin (Espagne, ci-dessus) a envoyé le ballon à 129 km/h pour *El Show de los Récords* à Madrid (Espagne), le 29 octobre 2001.

Le **tir au but le plus rapide** a été celui de David Hirst (GB) pour Sheffield Wednesday contre Arsenal (GB), le 16 septembre 1996. Il a envoyé le ballon à 183 km/h, mais a touché la barre.

★ NOUVEAU RECORD ● MISE À JOUR

MONTEVIDEO, URUGUAY

Le 1er **joueur à avoir marqué un triplé** (3 buts dans un match) en finale de la coupe du monde de la FIFA est Bert Patenaude (USA). Il jouait pour les USA dans un match contre le Paraguay en 1930 au stade Gran Parque Central, à Montevideo (Uruguay), le 17 juillet 1930.

34°53'S 56°10'O

SPORTS

GOLF

> *Les records sont faits pour être battus. Dix birdies consécutifs ? C'est possible.*
> **Le roi du birdie Mark Calcavecchia (USA)**

★ LE PLUS DE BIRDIES PENDANT UNE MANCHE DES US MASTERS

Anthony Kim (USA) a réalisé 11 birdies dans la 2e manche du Masters Tournament à Augusta National, Augusta (Georgie, USA), le 10 avril 2009. Le record précédent de 10 birdies, en 1986, appartenait à Nick Price (Zimbabwe).

ENCORE ! D'AUTRES ESPÈCES DE "BIRDIES" P. 64.

● LE PLUS GRAND PRIX POUR UN TOURNOI DE GOLF

Le PGA tour Players Championships de Sawgrass (Floride, USA) a distribué 9 500 000 $ en 2008 et en 2009 – dont un prix de 1 710 000 $ pour le vainqueur.

★ LE PLUS GRAND PRIX POUR UN CHAMPIONNAT DE WGC MATCH PLAY

Le WGC Match Play Championship joué au Ritz-Carlton Golf Club de Marana (Arizona, USA) mettait en jeu 8 500 000 $ en 2009.

★ LE SCORE LE PLUS BAS EN DESSOUS DU PAR EN 72 TROUS (PGA TOUR)

Ernie Els (Afrique du Sud) était 31 points sous le par en 72 trous, à la fin du Mercedes Championships 2003, à Maui (Hawaï, USA, 9-12 janvier 2003).

★ LE SCORE LE PLUS BAS EN 72 TROUS (PGA TOUR)

Tommy Armour III (USA) a marqué 254 points en 4 parties (26 sous le par) au 2003 Valero Texas Open, San Antonio (Texas, USA), entre le 25 et le 28 septembre 2003.

★ LE PLUS DE BIRDIES EN 72 TROUS (PGA TOUR)

Mark Calcavecchia (USA) a réalisé 32 birdies en 72 trous au Phoenix Open 2001 (Phoenix, USA), du 25 au 28 janvier 2001. Paul Gow (Australie) a accompli le même exploit au B.C. Open 2001, à New York (USA), entre le 19 et le 22 juillet 2001.

★ LE PLUS DE BIRDIES CONSÉCUTIFS (PGA TOUR)

Jouant avec des règles d'hiver sur un parcours détrempé, le vétéran de l'US PGA tour Mark Calcavecchia (USA) a réussi 9 birdies consécutifs dans la 3e manche du Canadian Open à Oakville (Ontario, Canada), le 25 juillet 2009.

★ LE PLUS DE TITRES US AMATEUR

Avant de devenir golfeur professionnel, Tiger Woods (USA) a gagné l'US Amateur Championship 3 fois de suite, entre 1994 et 1996.

LE PLUS DE PARTICIPATIONS À LA CURTIS CUP

De 1974 à 2002, Carole Semple-Thompson (USA) a fait 12 matchs nuls et en a gagné 18.

★ LE PLUS DE PARTICIPATIONS À LA SOLHEIM CUP

De 1990 à 2009, Laura Davies (GB) a représenté l'Europe à toutes les éditions de la Solheim Cup, soit 11 participations.

★ NOUVEAU RECORD
● MISE À JOUR

ENCORE ! 632 PERSONNES ONT SUIVI LA LEÇON DE GOLF DE ZHANG LIANWEI (CHINE) AU HAINAN (CHINE), LE 11 DÉCEMBRE 2009.

PLUS LOIN ! EN FÉVRIER 1971, ALAN SHEPARD (USA) A FRAPPÉ 2 BALLES SUR LA LUNE, RÉALISANT LE 1ER SWING EXTRATERRESTRE.

★ LE PLUS LONG SWING ASSIS

le 27 novembre 2009, sur le 11e trou du Moonah Links Golf Club's Open Course à Mornington Peninsula (Victoria, Australie), Dale Sheppard (Australie) a frappé une balle à 113,55 m, assis dans un fauteuil roulant.

PARAMARIBO, SURINAM

5°52'N 55°10'O

Avec ses 436 494 habitants et un seul cinéma dans la capitale, Paramaribo, le Surinam détient le record du **plus petit nombre de cinémas par habitant**. En 1997, le cinéma a vendu 103 626 tickets.

★LE 19^E TROU LE PLUS LONG

L'Extreme 19e du Legend Golf and Safari Resort, en Afrique du Sud, mesure 400 m de long avec une dénivellation de 430 m entre le départ sur Hanglip Mountain et le trou à l'arrivée.

★LE PLUS DE POINTS REMPORTÉS À LA SOLHEIM CUP

Annika Sorenstam (Suède) a marqué 24 points pour l'équipe européenne dans la Solheim Cup, de 1994 à 2007.

Elle détient aussi le record du **gain le plus élevé sur le circuit de l'US LPGA Tour**, avec 22 573 192 $, entre 1993 et 2009.

★LE PLUS GRAND NOMBRE DE TROUS JOUÉS EN 12 H (GOLF CART)

En s'aidant d'un golf cart, Jason Casserly et Chris Woods (tous deux Australie) ont joué 189 trous en 12 h au Grafton District Golf Club (Grafton, Australie), le 26 avril 2009. Les golfeurs, qui jouaient en alternance, ont commencé à 5 h 30, juste avant le lever du soleil, et ont fini à 17 h 30, avant le coucher du soleil. Ils collectaient des fonds pour le Grafton Oncology Ward. Le score après 10,5 parties était de 952 (206 au-dessus du par).

★LE PLUS DE TROUS JOUÉS PAR DES ÉQUIPES DE FOURBALL EN 24 H

Le 28 juin 2009, lors d'un événement organisé par PGA Design Consulting Ltd, MBC ESPN et AHA Golf Inc. au Gunsan Country Club (Corée du Sud), 93 équipes de fourball ont joué 6 974 trous en 24 h.

★LE GOLFEUR LE PLUS ÂGÉ À REMPORTER UN CHAMPIONNAT DE CLUB

Tom S. Bennett (USA), né le 26 janvier 1934, a remporté le championnat du Valencia Golf and Country Club à l'âge de 75 ans et 56 jours, à Naples (Floride, USA), le 23 mars 2009.

★LE MOINS DE COUPS DANS UN MARATHON

le 28 mai 2009, Jake Sand (USA) a réalisé un marathon de 42,195 km en 494 coups au Desert Mountain Golf Resort (Arizona, USA) avec une moyenne très respectable de 85,4 m par coup. Il a terminé le marathon en 9 h 57 min et 25,14 s.

LE PLUS JEUNE GAGNANT DU PGA EUROPEAN TOUR

Né le 24 juillet 1990, Danny Lee (Nouvelle-Zélande) avait 18 ans et 213 jours lorsqu'il a gagné le Johnnie Walker Classic au Vines Resort and Country Club, Perth (Australie), le 22 février 2009.

●LE PLUS GRAND TOURNOI D'UNE JOURNÉE

Un tournoi de golf d'une journée organisé par le Golfers512 Fund Raising Campaign (Chine) a attiré 1 019 participants au Mission Hills Golf Club de Shenzhen (Chine), le 12 juin 2009.

●LE PLUS DE TERRAINS À 18 TROUS EN UNE ANNÉE

Cathie et Jonathan Weaver (tous deux Canada) ont joué sur 449 différents terrains de 18 trous en une année, parcourant le Canada et les États-Unis, du 1er avril 2008 au 31 mars 2009.

★LE MEILLEUR SCORE D'UN VAINQUEUR DE L'US MASTERS

Le meilleur score d'un vainqueur du Masters est de 289. Trois golfeurs l'ont atteint : Sam Snead (USA) en 1954, Jack Burke Jr (USA) en 1956 et Zach Johnson (USA, à gauche) en 2007.

LE SAVIEZ-VOUS ?

À L'AIDE D'UN GOLF CART, THOMAS BUCCI (USA) A JOUÉ 1 801 TROUS EN 7 JOURS À L'ALBANY COUNTRY CLUB, VOORHEESVILLE (NEW YORK, USA), DU 14 AU 20 JUIN 2009.

En 2007, le plus long parcours de golf de l'histoire du British Open était Carnoustie (Écosse), qui mesurait 6 785 m.

INFO

ST JOHN'S, CANADA

47°34'N 52°42'O

Ann Keane (Canada) a traversé le Canada à la course, de St John's, Terre-Neuve et Labrador, jusqu'à Tofino, Colombie-Britannique, en 143 jours, du 17 avril au 8 septembre 2002 – c'est le **record féminin de la traversée à pied du Canada**

SPORTS

HOCKEY SUR GLACE

ENCORE ! DES LOISIRS MOINS GLACÉS ET PLUS RELAXANTS P. 146.

★NOUVEAU RECORD
●MISE À JOUR

★RECORD DE BUTS EN SAISON RÉGULIÈRE ENCAISSÉS PAR UN GARDIEN DE BUT

Gilles Meloche (Canada) a encaissé plus de buts en saison régulière dans sa carrière que n'importe quel gardien de la NHL, avec 2 756 buts pour les Black Hawks de Chicago, les Golden Seals de Californie, les Barons de Cleveland, les North Stars du Minnesota, les Penguins de Pittsburgh (tous USA) de la saison 1970-1971 à celle de 1987-1988.

GOALIE

★RECORD DE MATCHS GAGNANTS (GARDIEN DE BUT NHL)

Martin Brodeur n'est pas un inconnu de Guinness World Records, car il ne cesse d'accumuler des records. Dans sa carrière, il a enregistré le record de 598 victoires en saison régulière pour les Devils de New Jersey (USA), de la saison 1993-1994 à janvier 2010.

Il détient aussi le record NHL du ★**plus grand nombre de matchs en saison régulière** (gardien de but), ayant joué 1 069 fois pour les Devils.

Avec une telle longévité, rien d'étonnant à ce que Brodeur soit titulaire du ★**record de minutes jouées en saison régulière**, avec 63 091 min, et du ★**record de victoires écrasantes (gardien de but)** avec 108 matchs sans un point pour l'équipe adverse.

★RECORD DE MATCHS ÉLIMINATOIRES (GARDIEN DE BUT)

Avec 247 matchs joués pour les Canadiens de Montréal (Canada) et les Rockies du Colorado (USA), de 1985-1986 à 2002-2003, le gardien Patrick Roy (Canada), aujourd'hui à la retraite, détient le record NHL du nombre de playoffs (matchs éliminatoires) joués par un gardien de but en coupe Stanley.

Ayant participé à tant de matchs éliminatoires pour 2 équipes exceptionnelles, Roy a été surnommé "saint Patrick" par ses fans. Il détient le record NHL du **plus grand nombre de victoires en matchs éliminatoires de coupe Stanley (gardien de but)** avec 151 victoires.

Roy est le **seul joueur à avoir remporté le Conn Smythe Trophy à 3 reprises**, en 1986, 1993 et 2001. Le trophée est décerné tous les ans au meilleur joueur des playoffs de la coupe Stanley.

★RECORD DE DÉFAITES EN SAISON RÉGULIÈRE (GARDIEN DE BUT)

Au cours de sa carrière de 1989 à 2009, Curtis Joseph (Canada) a enregistré 352 défaites, égalant ainsi le triste record du nombre de défaites en saison régulière pour un gardien de but NHL, établi par Lorne "Gump" Worsley (Canada) entre 1952 et 1974.

LE SAVIEZ-VOUS ?

LE TIR LE PLUS RAPIDE DE L'HISTOIRE DE LA NHL A ATTEINT 169,7 KM/H. IL A ÉTÉ EFFECTUÉ PAR ZDENO CHARA (SLOVAQUIE) LE 25 JANVIER 2009.

★PLUS JEUNE CAPITAINE D'ÉQUIPE GAGNANTE DE LA COUPE STANLEY

À 21 ans, 10 mois et 5 jours, Sidney Crosby (Canada, né le 7 août 1987) est devenu le plus jeune capitaine d'une équipe gagnante de la coupe Stanley quand les Penguins de Pittsburgh ont écrasé les Red Wings de Detroit (tous deux USA) en finale, en 2009.

INFO

Per Olsen (Danemark) a marqué le **but de hockey sur glace le plus rapide**, 2 s après le début du match, le 14 janvier 1990.

NUUK, GROENLAND

64°10'N 51°45'O

Près de Nuuk (Groenland), la ligne Ameralik est la **plus longue ligne à haute tension aérienne** du monde. Elle traverse le fjord du même nom sur 5,37 km.

★1RE ÉQUIPE À REMPORTER 3 000 MATCHS EN SAISON RÉGULIÈRE

Les Canadiens de Montréal (Canada) ont remporté leur 3 000e victoire en saison régulière en battant les Florida Panthers (USA) 5-2, le 29 décembre 2008, à Sunrise (Floride, USA). C'est la 1re équipe de l'histoire de la NHL à accomplir un tel exploit.

POINTS

LES BUTS LES PLUS RAPIDES EN MATCHS DE LA NHL

Ils ont été marqués 5 s après le coup de sifflet de lancement. 3 joueurs se partagent ce record : Doug Smail (Canada) pour les Jets de Winnipeg (Canada) contre les Blues de St Louis (USA) à Winnipeg (Manitoba, Canada), le 20 décembre 1981 ; Bryan John Trottier (Canada) pour les Islanders de New York contre les Bruins de Boston (tous deux USA) à Boston (USA), le 22 mars 1984 ; et Alexander Mogilny (Russie) pour les Buffalo Sabres (USA) contre les Maple Leafs de Toronto (Canada) à Toronto (Ontario, Canada), le 21 décembre 1991.

JOUEURS À MARQUER UN BUT LORS DES SIX 1ERS MATCHS

Joe Malone, Newsy Lalonde et Cy Denneny (tous Canada), ont marqué un but au cours de chacun des six 1ers matchs de la 1re saison de la NHL en 1917-1918.

Le 1er novembre 2006, Evgeni Malkin (Russie) est devenu le 1er joueur en NHL en 89 ans à marquer un but au cours de ses six 1ers matchs, pour les Penguins de Pittsburgh (USA). Le 1er but de cette série record a été marqué le 18 octobre 2006.

★RECORD DE SHOOTOUTS

En mars 2010, Vyacheslav Kozlov (Russie) avait marqué 27 shootouts (penalties) en ligue nationale de hockey sur glace au cours de sa carrière pour les Red Wings de Detroit, les Buffalo Sabres et les Thrashers d'Atlanta de 1991 à 2010.

★ RECORD DE SAISONS CONSÉCUTIVES À PLUS DE 100 POINTS

Les Red Wings de Detroit (USA) sont la 1re équipe de l'histoire de la NHL à marquer 100 points en 10 saisons consécutives, de 1999-2000 à 2009-2010.

★RECORD DE MATCHS CONSÉCUTIFS AU COURS DESQUELS UN DÉFENSEUR NHL A MARQUÉ

Le 14 février 2009, Mike Green (Canada) a établi un record avec son 8e match consécutif avec au moins un but (défenseur) pour les Capitals de Washington (USA), dans une victoire de son équipe 5-1 face au Lightning de Tampa Bay (USA).

Garder une attitude positive et être un bon équipier, jour après jour.

Mike Sillinger commentant les changements d'équipe

RECORD DE JOUEURS ÉCHANGÉS

Mike Sillinger (à droite) et Brent Ashton (tous deux Canada) ont été échangés (vendus à une autre équipe) 9 fois au cours de leur carrière en NHL.

VIEUX ! LE PLUS VIEUX JOUEUR DE HOCKEY SUR GLACE RÉGULIER EST KLAUS SIMON (ALLEMAGNE). ÂGÉ DE 69 ANS, IL JOUE ACTUELLEMENT POUR LE CLUB OSTERODE (ALLEMAGNE).

JEUNE ! ÂGÉ DE 16 ANS ET 11 MOIS, BEP GUIDOLIN (CANADA) EST DEVENU LE PLUS JEUNE JOUEUR EN NHL EN JOUANT POUR LES BRUINS DE BOSTON (USA), LE 12 NOVEMBRE 1942.

MARATHONS

UN AUSTRALIEN EXCEPTIONNEL

Le ★**record de victoires d'un athlète masculin en fauteuil roulant au marathon de New York** revient à Kurt Fearnley (Australie) qui a gagné 4 fois cette compétition, de 2006 à 2009. Il a aussi couru le marathon de Londres le 26 avril 2009 en 1 h 28 min et 57 s, établissant ainsi le record du ★ **meilleur temps de ce marathon dans sa catégorie.**

VITESSE
SANDRA GRAF (SUISSE) DÉTIENT LE RECORD DU MEILLEUR TEMPS RÉALISÉ PAR UNE ATHLÈTE EN FAUTEUIL ROULANT AU MARATHON DE LONDRES. EN 2008, ELLE A FINI LA COURSE EN 1 H 48 MIN ET 4 S.

RECORD DE VITESSE AU MARATHON DE LONDRES (HOMME)

Samuel Wanjiru (Kenya) détient le record de vitesse d'un athlète masculin au marathon de Londres (GB). Il a effectué le parcours de 42,195 km dans les rues de la ville, en 2 h 5 min et 10 s, le 26 avril 2009.

★ NOUVEAU RECORD
● MISE À JOUR

★LE MARATHON LE PLUS RAPIDE AVEC DES BÉQUILLES (UNIJAMBISTE)

Le 27 octobre 2008, Simon Baker (GB) a couru le marathon en 6 h 42 min et 47 s à Dublin (Irlande). C'est le marathon le plus rapide effectué par un unijambiste avec des béquilles.

★LE MARATHON LE PLUS RAPIDE PAR UNE ÉQUIPE DE RELAIS

L'équipe Jack & Adam's Bicycles/Zapata Roadrunners (USA), composée de Rueben Ondari, Stephen Ariga, Kibet Cherop, Scott Kimbell et Derek Yorek (Kenya/USA), a fini le marathon des Silicon Laboratories, organisé à l'Auditorium Shores d'Austin (Texas, USA) le 27 septembre 2009, en 2 h 10 min et 50 s, établissant le record de vitesse d'une équipe de relais au cours d'un marathon.

★LE MARATHON LE PLUS RAPIDE AVEC UNE ARMURE

Le 21 septembre 2008, Peter Pedersen (Danemark) a couru le marathon HC Andersen d'Odense (Danemark) en 6 h 46 min 59 s, revêtu d'une armure.

ALLEZ-Y !
ENVIE DE BATTRE UN RECORD AU VIRGIN MARATHON DE LONDRES EN 2011 ? INSCRIVEZ-VOUS SUR WWW.GUINNESSWORLDRECORDS.COM/VIRGIN

●RECORD DE LA PLUS GRANDE FRATRIE À PARTICIPER À UN MARATHON

16 frères et sœurs de la famille Kapral – Chris, Vince, Steve, Tony, Joe, Doug, Angela, Allison, Theresa, Phil, Michelle, Mary, Nick, Mike, David et Sarah (tous USA) – ont couru le Community First Fox City Marathon d'Appleton (Wisconsin, USA), le 20 septembre 2009.

LE SAVIEZ-VOUS ?

LE 28 SEPTEMBRE 2008, HAILE GEBRSELASSIE (ÉTHIOPIE) A COURU LE MARATHON DE BERLIN (ALLEMAGNE) EN 2 H 3 MIN 59 S. C'EST LE MARATHON LE PLUS RAPIDE DE TOUS LES TEMPS.

Lors de ce marathon, Haile Gebrselassie a couru à la vitesse moyenne de 20,4 km/h.

INFO

15°48'S
47°54'0

BRASÍLIA, BRÉSIL

La **rue la plus large du monde,** Monumental Axis, a été inaugurée en avril 1960 et mesure 250 m de large. C'est un boulevard à 6 voies de 2,4 km de long qui traverse Brasília, la capitale du Brésil.

LE VIRGIN MARATHON DE LONDRES EN 2010

Le 25 avril 2010, 36 549 participants ont couru le Virgin Marathon de Londres (GB). Il s'agissait d'une participation record pour ce grand marathon urbain, dont on fêtait le 30e anniversaire. La société Guinness World Records s'était associée à cet événement, au cours duquel 75 coureurs ont tenté de battre 27 catégories de records différents. Ce jour-là, 19 Guinness World Records ont été décernés. Bravo à tous !

RECORDS DU MARATHON DE LONDRES

	TITRE DU RECORD	RÉSULTAT DU RECORD ET COUREUR		TITRE DU RECORD	RÉSULTAT DU RECORD ET COUREUR		TITRE DU RECORD	RÉSULTAT DU RECORD ET COUREUR
	★*Meilleur temps au marathon en portant 30 kg sur le dos*	5 h 28 min 53 s pour Benjamin Harrop (GB)		●*Meilleur temps au marathon déguisé en pompier*	5 h 32 min 55 s pour Nigel Addison-Evans (GB)		★*Meilleur temps au marathon déguisée en écolière (femme)*	4 h 14 min 46 s pour Louise Winstanley (GB)
	●*Meilleur temps au marathon déguisé en animal (homme)*	3 h 30 min 10 s pour Kevin Robins (GB), déguisé en tigre		★*Meilleur temps au marathon déguisé en golfeur (homme)*	3 h 43 min 20 s pour Bertrand Bodson (Belgique)		●*Meilleur temps au marathon en super-héros (femme)*	3 h 8 min 55 s pour Jill Christie (GB)
	★*Meilleur temps au marathon déguisé en bébé*	3 h 13 min 30 s pour Tony Audenshaw (GB)		★*Meilleur temps au marathon déguisé en bouffon*	3 h 33 min 55 s pour David Smith (GB)		★*Meilleur temps au marathon en héros de la télé (homme)*	4 h 1 min 40 s pour Paul Franks (GB), déguisé en Dalek
	★*Meilleur temps au marathon déguisé en bouteille (femme)*	4 h 54 min 36 s pour Gill Begnor (GB)		●*Meilleur temps au marathon déguisé en lutin*	3 h 9 min 40 s pour Ben Afforselles (GB)	Ci-contre à droite	●*Le plus grand costume porté dans un marathon*	7,04 m pour Jean Paul Delacy (GB)
	★*La plus longue chaîne au crochet réalisée en courant un marathon*	77,4 m pour Susie Hewer (GB)		★*Meilleur temps au marathon déguisé en combattant d'arts martiaux*	3 h 39 min 20 s pour Peter Kelly (GB)		●*Meilleur temps déguisé en héros de dessin animé*	3 h 7 min 34 s pour David Ross (GB) habillé en Fred Pierrafeu
	★*Meilleur temps au marathon déguisé en médecin (homme)*	4 h 21 min 9 s pour Tom Solomon (GB)		★*Meilleur temps au marathon déguisé en infirmière (homme)*	3 h 46 min 27 s pour Andrew White (GB)		★*Meilleur temps déguisé en héros de roman*	4 h 1 min 47 s pour Ian Young (GB) habillé en Sherlock Holmes

L'ÉQUIPE CATERPILLAR

Le **●record du nombre de coureurs attachés dans un marathon** est de 34. Ces coureurs, qui ont participé au Virgin Marathon de Londres (GB) le 25 avril 2010, appartenaient à l'équipe Caterpillar. Dirigée par Phil Nevin (GB), elle incluait la princesse d'York, Beatrice (GB), premier membre de la famille royale à courir le marathon de Londres, et le patron de Virgin, Richard Branson (GB). L'équipe a franchi l'arrivée au bout de 5 h 13 min et 3 s.

SÃO PAULO, BRÉSIL

23°33'S 46°38'O

Le **joueur de guitare le plus rapide** est Tiago Della Vega (Brésil). Le 7 mai 2008, chez EM&T à São Paulo (Brésil), il est parvenu à jouer *Le Vol du bourdon* de Nikolaï Rimsky-Korsakov (Russie) à la vitesse de 320 battements par minute (bpm), sans aucune erreur.

SPORTS

NBA JAM

ALL★STAR JAM SESSION DALLAS★2010 PRESENTED BY adidas

★LE PLUS DE POINTS DANS LE RÔLE DE KOBE BRYANT SUR NBA 2K10

À la NBA All-Star Jam Session, les fans et les joueurs peuvent rivaliser de prouesse sur le dernier jeu vidéo NBA. Le 13 février 2010, Chico Kora (USA) a marqué 29 points dans le rôle de Kobe Bryant sur *NBA 2K10* de 2K Sports (partie en 4 périodes de 1 min).

D'autres records ont été établis lors de cette Jam Session. Le 10 février 2010, Wesley Parker (USA) a enregistré le record de 7 interceptions, soit le ★**plus grand nombre d'interceptions sur *NBA 2K10* de 2K Sports (partie de 4 périodes de 1 min)**. Avec les mêmes paramètres, Andrew Frost et J. R. Wildly (tous deux USA) ont totalisé le ★**plus de passes décisives**, soit 16, le 11 février 2010.

Dans les mêmes conditions de jeu, Cody Redrick et Brandon McJunlain (tous deux USA) ont marqué le ★**plus de points dans la première mi-temps d'un jeu *NBA 2K10* de 2K Sports**, soit 17, le 12 février 2010.

★LE PLUS DE LANCERS FRANCS EN 2 MIN, EN ALTERNANT LES MAINS

Le 10 février 2010, Jeff Harris (USA) a marqué 44 lancers francs en 2 min, en utilisant une main puis l'autre, à la NBA All-Star Jam Session à Dallas (Texas, USA).

★LA PLUS GRANDE CARTE SUR LES SPORTS À COLLECTIONNER

Au cours de la NBA All-Star Jam Session de Dallas (Texas, USA), le 13 février 2010, Panini (USA) a dévoilé une image de 151 x 213 cm. Cette carte géante représentant la star des LA Lakers, Kobe Bryant (USA).

LE PLUS HAUT SLAM DUNK AVEC SALTO ARRIÈRE

Jerry Burrell (USA) a effectué un slam dunk précédé d'un salto arrière depuis une plate-forme située à 4,67 m de haut. Il a réalisé cet exploit à la NBA All-Star Jam Session à Phoenix (Arizona, USA), le 16 février 2009.

TOUS SHAQUILLE O'NEAL, JERRY WEST ET KARL MALONE (TOUS USA) DÉTIENNENT LE RECORD DU PLUS GRAND NOMBRE DE SÉLECTIONS CONSÉCUTIVES POUR LES ALL-STAR GAMES, SOIT 14.

★LE PLUS LONG PANIER EN POSITION ASSISE SUR LE TERRAIN

Le 13 février 2010, à la NBA All-Star Jam Session de Dallas (Texas, USA), Dwight Howard (USA), qui joue au centre dans l'équipe des Orlando Magic (USA), a réussi un panier à 15,99 m de distance en étant assis sur le terrain.

STAR MICHAEL JORDAN (USA) A MARQUÉ 262 POINTS EN MATCHS NBA ALL-STAR, DONT 20 LORS DE SON 14E ET DERNIER MATCH À ATLANTA (GEORGIE, USA), LE 9 FÉVRIER 2003.

LE SAVIEZ-VOUS ? LA ★ PLUS LONGUE DISTANCE DE DÉPART EN ACRODUNK PAR UNE ÉQUIPE DE 6 JOUEURS EST DE 6 M, UN EXPLOIT RÉALISÉ PAR LE TEAM ACRODUNK (USA).

INFO Le **plus de paniers à 3 points consécutifs sur *NBA 2K9*** est de 8, un record établi par Marcus Platt (USA).

23°58'S 46°20'O

SANTOS, BRÉSIL

Le **plus haut cimetière du monde** est le Memorial Necrópole Ecumônica de Santos, près de São Paulo (Brésil). Il est bâti sur 10 étages et s'étend sur 1,8 ha. Le premier enterrement a eu lieu le 28 juillet 1984.

★LE HOOK SHOT LE PLUS LONG

Le 13 février 2010, à la NBA All-Star Jam Session de Dallas (Texas, USA), Special K. Daley (USA) des Harlem Globetrotters a marqué grâce à un hook shot de 14,15 m.

LA PLUS LONGUE...

ROTATION DE DEUX BALLONS DE BASKET AVEC UNE MAIN

À la NBA All-Star Jam Session qui s'est tenue à Phoenix (Arizona, USA), le 14 février 2009, le basketteur freestyle professionnel Tommy Baker (GB) a réussi à faire tourner deux ballons de basket posés l'un sur l'autre sur une main, pendant 32,88 s.

Baker a également réussi le **plus grand nombre de têtes en faisant tourner deux ballons de basket**, soit 40 rebonds du ballon sur la tête.

ROTATION D'UN BALLON SUR UN ORTEIL

Le 13 février 2008, Jack Ryan (USA) a fait tourner un ballon de basket sur un orteil pendant 9,53 s, à la NBA All-Star Jam Session de la Nouvelle-Orléans (Louisiane, USA).

★LA PLUS LONGUE DURÉE DE ROTATION D'UN BALLON SUR LE NEZ

Le Harlem Globetrotter Scooter Christensen (USA) a fait tourner un ballon sur son nez pendant 5,1 s à la NBA All-Star Jam Session de Dallas (Texas, USA), le 13 février 2010.

●LE PUBLIC LE PLUS IMPORTANT POUR UN MATCH DE BASKET

La partie de NBA All-Stars qui s'est jouée au Cowboys Stadium d'Arlington (Texas, USA), le 14 février 2010, a été suivie par 108 713 spectateurs, soit le public le plus nombreux pour un match de basket. Ce jour-là, l'Est a battu l'Ouest 141-139.

ROTATION D'UN BALLON SUR UN DOIGT

Le 19 février 2006, Joseph Odhiambo (USA) a réussi l'exploit de faire tourner un ballon de basket sur un doigt pendant 4 h 15 min, à Houston (Texas, USA).

LE PLUS DE...

LANCERS FRANCS

Becky Hammon (USA) des San Antonio Silver Stars (USA) a marqué 38 lancers francs, le **plus grand nombre obtenu par une femme en 1 min**, à la NBA All-Star Jam Session de la Nouvelle-Orléans (Louisiane, USA), le 16 février 2008.

Trois jours plus tôt, Rick Barry (USA), du NBA Hall of Fame, avait réalisé le **plus grand nombre de lancers francs par en dessous en 1 min**, soit 24.

Le 12 février 2009, le basketteur Jeff Griffin (USA) de l'Association nationale de basket-ball en fauteuil roulant (NWBA) a marqué le **plus de lancers francs consécutifs depuis un fauteuil roulant**, avec 3 paniers d'affilée, à la NBA All-Star Jam Session de Phoenix (Arizona, USA).

PANIERS À 3 POINTS EN 2 MIN

Le 17 février 2008, Jason Kapono (USA) de l'équipe des Toronto Raptors (Canada) a marqué 43 paniers à 3 points en 2 min à la NBA All-Star Jam Session de la Nouvelle-Orléans (Louisiane, USA).

●LE PLUS DE LANCERS DE BALLON SOUS LE BRAS EN 1 MIN

Seuls 2 joueurs ont réussi 2 paniers en lançant le ballon sous le bras depuis le milieu du terrain, en 1 min : Jason Kidd (USA) des Dallas Mavericks (USA) et Bucket Blades (USA, ci-dessus) des Harlem Globetrotters. Kidd a enregistré son record à la NBA All-Star Jam Session de la Nouvelle-Orléans (Louisiane, USA), le 16 février 2008, et Blades l'a égalisé à la NBA All-Star Jam Session de Dallas (Texas, USA), le 13 février 2010.

ENCORE ! POUR PLUS DE PANIERS, RETOURNEZ P. 230-231.

★ NOUVEAU RECORD
● MISE À JOUR

RUGBY

★LE PLUS DE TITRES CONSÉCUTIFS DANS LA SUPER LEAGUE

Les Leeds Rhinos (GB) ont remporté la Super League 3 fois de suite de 2007 à 2009, battant chaque fois St Helens (GB) en finale.

RUGBY À 13

★LE PLUS DE POINTS MARQUÉS EN SUPER LEAGUE

Jouant pour les Leeds Rhinos contre les Huddersfield Giants (tous deux GB) dans un match de la Super League, le 16 juillet 1999, Iestyn Harris (GB) a marqué 42 points, le meilleur score pour un joueur de la Super League.

★LE PLUS D'ESSAIS DANS UNE CARRIÈRE EN SUPER LEAGUE

Avec 169 essais, Keith Senior (GB) détient le record du nombre d'essais marqués dans des matchs de Super League. Entre 1996 et 2009, il a joué pour les Sheffield Eagles et les Leeds Rhinos (tous deux GB).

★LE PLUS D'ESSAIS EN UNE SAISON EN SUPER LEAGUE

En 2004, Lesley Vainikolo (Nouvelle-Zélande) a marqué 36 essais pour Bradford en Super League.

●LE PLUS DE VICTOIRES DANS LA STATE OF ORIGIN SERIES

La State of Origin series, compétition annuelle en 3 matchs entre les États australiens du Queensland et de Nouvelle-Galles-du-Sud, a été remportée à 18 reprises par le Queensland, depuis 1980.

★LA PLUS GRANDE FRATRIE DANS UN MATCH INTERNATIONAL

Quatre frères – Kristian, Markus, Nick et James Keinhorst (tous Allemagne) – ont représenté leur pays dans l'European Rugby League Shield Competition contre la Rép. tchèque, à Prague (Rép. tchèque), le 4 août 2007.

●LE PLUS DE POINTS DANS UNE CARRIÈRE EN NATIONAL RUGBY LEAGUE

En 13 ans de carrière (de 1996 à 2009) avec les Canterbury Bulldogs (Nouvelle-Zélande), Hazem El Masri (Liban) a marqué 2 418 points dans des matchs de la National Rugby League, le plus haut score individuel pour un joueur dans l'histoire de la compétition.

●LE PLUS DE TITRES TRI-NATIONS/ FOUR NATIONS

La coupe de la Rugby League Tri-Nations a été gagnée 3 fois par l'Australie, en 1999, 2004 et 2006. En 2009, le tournoi a cédé la place à la Rugby League Four Nations, que l'Australie a remporté une fois de plus.

ENCORE ! PLUS DE BALLONS ET DE RECORDS SPORTIFS P. 226-227.

VIEUX ! LE JOUEUR LE PLUS ÂGÉ À REPRÉSENTER LES BRITISH & IRISH LIONS DANS UN TEST-MATCH EST NEIL BACK (GB). IL AVAIT 36 ANS ET 160 JOURS.

JEUNE ! NINIAN JAMIESON FINLAY (1858-1936) ET CHARLES REID (1864-1909) AVAIENT TOUS DEUX 17 ANS ET 36 JOURS QUAND ILS ONT COMMENCÉ À JOUER POUR L'ÉCOSSE.

64°08'N 21°56'E

REYKJAVIK, ISLANDE

La **ville la plus au nord** dans le monde, mais aussi la capitale la plus septentrionale, est Reykjavik (Islande). En 2010, ses 200 000 habitants représentaient deux tiers de la population du pays.

ESSAI :

à l'origine, traverser la ligne des buts avec le ballon dans les mains ne donnait aucun point, mais permettait à un autre joueur d'essayer de marquer un but au pied (l'actuelle transformation). Le mot "essai" est apparu pour la 1re fois en 1877.

●LE PLUS DE POINTS DANS DES TOURNOIS DES CINQ ET SIX NATIONS
Jonny Wilkinson (GB) a marqué 529 points au cours des matchs de 1998 à 2010.

●LE PLUS DE POINTS DANS LE TOURNOI DES TRI-NATIONS
Dan Carter (Nouvelle-Zélande) a totalisé 363 points pour les All Blacks au cours des matchs, de 2003 à 2009.

★LE PLUS GRAND PUBLIC POUR UN MATCH DE LA GUINNESS PREMIERSHIP
Le 27 décembre 2009, 76 716 personnes ont assisté au match de la Guinness Premiership entre les Harlequins et les London Wasps, au Twickenham Stadium (Londres, GB). Les Harlequins reçoivent généralement au Twickenham Stoop (Londres, GB), qui ne dispose que de 14 816 places assises.

★LE PLUS JEUNE ARBITRE

Harry Goodhew (GB, né le 10 avril 1997) est devenu le plus jeune arbitre de la Rugby Union, en arbitrant 2 matchs U12 à l'âge de 11 ans et 234 jours au Dulwich College (Londres, GB), le 30 novembre 2008. Il avait passé les épreuves 1 et 2 des examens de la RFU le 7 septembre 2008.

RUGBY À 15

★RECORD DE PARTICIPATIONS À DES MATCHS DE SUPER RUGBY
Entre 1999 et 2009, Sean Hardman (Australie) a participé à 137 matchs de Super Rugby pour les Queensland Reds.

★LE SCORE LE PLUS ÉLEVÉ DANS UN MATCH DE SUPER RUGBY
En battant les Waratahs (Australie) 96 à 16 au Jade Stadium, Christchurch (Nouvelle-Zélande), le 11 mai 2009, les Crusaders (Nouvelle-Zélande) ont obtenu le meilleur score dans un match de Super Rugby.

★LE CAPITAINE LE PLUS CAPÉ
De 2003 à 2009, John Smit (Afrique du Sud) a été sélectionné 67 fois comme capitaine de l'équipe nationale.

★LE PLUS GRAND NOMBRE DE DROPS DANS UN MATCH INTERNATIONAL (INDIVIDUEL)
Jannie de Beer (Afrique du Sud) a réussi 5 drops pour son pays contre l'Angleterre, lors des quarts de finale du 1999 IRB World Cup au Stade de France, (Paris, France), le 24 octobre 1999. Les Springboks ont gagné 44 à 21.

●LE PLUS DE DROPS DANS UNE CARRIÈRE INTERNATIONALE (INDIVIDUEL)
Jonny Wilkinson (GB) a réussi 33 drops pour l'Angleterre et les British & Irish Lions, de 1998 à 2010.

★ SÉRIE NOIRE POUR LES BRITISH & IRISH LIONS

La plus longue série de défaites des British & Irish Lions a duré 8 saisons, de 2001 à 2009. Elle a pris fin avec la victoire des Lions contre l'Afrique du Sud (28-29), à Johannesburg, le 4 juillet 2009.

★ NOUVEAU RECORD
● MISE À JOUR

LE SAVIEZ-VOUS ?
LES THATTO HEATH CRUSADERS (MOINS DE 12 ANS) DE ST HELENS (GB) ONT RÉUSSI LE PLUS DE TRANSFORMATIONS EN 1 H (408) LORS D'UN ÉVÉNEMENT EN FAVEUR DU TEENAGE CANCER TRUST, LE 17 MAI 2009.

Le 1er système de points de la Rugby Union date de 1886. À l'époque, une transformation = 3 points ; un essai = 1 point.

INFO

SPORTS DE CIBLE

WEBER CUP :

la compétition de bowling où champions américains et européens s'affrontent durant 3 jours.

Le ● **plus grand nombre de victoires de la Weber Cup** est de 6, remportées par les USA en 2000-2002 et 2006-2008 (photo de Tommy Jones – USA – en 2008, ci-contre). Le ★ **plus grand écart de points** est de 7 : en 2000, lorsque les USA ont battu l'Europe 18 à 11 à Varsovie (Pologne), et à nouveau en 2004, à Manchester (GB), avec le même score.

★ ★ ★ ★ ★ ★ ★ ★ ★ ★ ★

TIR À L'ARC

★ LE PLUS GRAND TOURNOI

Le 22 août 2009, 332 personnes ont participé au tournoi de Xinbaerhuyou, dans la région autonome de Mongolie-Intérieure (Chine). L'événement était organisé par l'Association de tir à l'arc de Xinbaerhuyou.

★ LE PLUS DE POINTS LORS D'UNE MANCHE FITA EN PLEIN AIR (FEMMES)

Jamie Van Natta (USA) a marqué 1 412 points (sur 1 440) lors d'une manche FITA (Fédération internationale de tir à l'arc) de tir à l'arc à poulie en plein air, à East Lansing (Michigan, USA), le 21 septembre 2007.

LE PLUS DE BULL'S EYES EN 90 S

Le 15 juillet 2004, Jérémie Masson (France) a établi le record de vitesse du plus grand nombre de bull's eyes en 90 s. Placé à 18 m des cibles, il en a réussi 3.

★ LE PLUS D'AMPOULES ÉLECTRIQUES TOUCHÉES EN 3 MIN

Employant des arcs *recurve*, Marco Vitale et Oscar De Pellegrin (tous deux Italie) ont atteint 11 ampoules électriques en 3 min sur le plateau du *Show Dei Record*, à Milan (Italie), le 19 avril 2009.

FLÉCHETTES

● LE PLUS GRAND NOMBRE DE TITRES MONDIAUX

Phil Taylor (GB) a remporté 15 fois le titre de champion du monde : en 1990 et 1992, avec la World Darts Organization (WDO), de 1995 à 2002, de 2004 à 2006, et en 2009 et 2010 avec la Professional Darts Corporation (PDC).

● LE PLUS GRAND NOMBRE DE TITRES MATCHPLAY

Phil Taylor (GB) a gagné 10 fois le titre World Matchplay, en 1995, 1997, de 2000 à 2004, en 2006 et de 2008 à 2009.

● LE PLUS GRAND TOURNOI DE FLÉCHETTES ÉLECTRONIQUES

Organisé par la Federación Española de Dardos Electrónicos (FEDE) du 6 au 9 mars 2008, le 18e Campeonato Nacional de Dardos Electrónicos a attiré 8 209 joueurs à Benidorm (Alicante, Espagne).

★ LE PLUS GRAND PRIX

Le 3 janvier 2010, Phil Taylor (GB) a touché 200 000 £ en remportant le championnat du monde 2010 de la Professional Darts Corporation (PDC) à l'Alexandra Palace (Londres, GB).

BILLARD ANGLAIS

RECORD DE TITRES MONDIAUX

Entre 1919 et 1937, Ralph Greenleaf (USA) a remporté 19 fois le championnat du monde professionnel.

LE PLUS DE TITRES DE CHAMPION DU MONDE

Earl Strickland (USA) a gagné 3 fois les championnats du monde, en 1990, 1991 et 2002.

147 ! ÂGÉ DE 15 ANS ET 98 JOURS, RONNIE O'SULLIVAN (GB) A ÉTÉ LE PLUS JEUNE JOUEUR DE SNOOKER À RÉALISER UNE SÉRIE COMPLÈTE À ALDERSHOT (GB), LE 13 MARS 1991.

★ LE PLUS DE SÉRIES COMPLÈTES DANS DES MATCHS DE CHAMPIONNAT DU MONDE

Ronnie O'Sullivan (GB) a établi un record de 3 séries complètes (147) en championnat du monde, au Crucible Theatre (Sheffield, GB), en 1997, 2003 et 2008.

★ NOUVEAU RECORD
● MISE À JOUR

LE SAVIEZ-VOUS ? EN 1366, ÉDOUARD III INTERDIT À SES SOLDATS DE JOUER AU BOWLING SOUS PRÉTEXTE QU'ILS NE S'ENTRAÎNAIENT PLUS AU TIR À L'ARC !

Après l'interdiction du bowling à 9 quilles, en 1841 au Connecticut (USA), pour décourager les paris, une version à 10 quilles a été inventée (le bowling actuel).

INFO

LISBONNE, PORTUGAL

38°42'N 9°11'O

Luis Filipe du Portugal n'a régné que 20 min le 1er février 1908. Blessé lors de l'attentat qui avait provoqué la mort du roi, son père, à Lisbonne, le prince ne lui a pas survécu longtemps. C'est le **règne le plus court**.

★RECORD DE POINTS LORS D'UN TOURNOI FITA EN PLEIN AIR (HOMME)

Peter Elzinga (Pays-Bas) a marqué 1 419 points (sur 1 440) lors d'un tournoi de tir à l'arc à poulie en plein air de la FITA, à Almere (Pays-Bas), le 17 mai 2009.

LE PLUS JEUNE CHAMPION DU MONDE

Chia-ching Wu (Taiwan, né le 9 février 1989) avait 16 ans et 121 jours lorsqu'il a décroché le titre à Kaohsiung (Taiwan), le 10 juin 2005.

MOSCONI CUP

Ce tournoi de billard à 9 boules se dispute chaque année entre 2 équipes, américaine et européenne. Earl Strickland (USA) partage le record du ● **plus grand nombre de participations pour les USA**, ayant joué 13 fois, de 1996 à 2008, avec Johnny Archer (USA) qui a également participé 13 fois, de 1997 à 2009. Le ★**plus grand nombre de victoires** revient aux USA. Ils ont gagné 12 fois en 1994, de 1996 à 2001, de 2003 à 2006 et en 2009.

SNOOKER

★LA PARTIE DE SNOOKER LA PLUS LONGUE

Opposant Shaun Murphy à Dave Harold (tous deux GB), la partie a duré 93 min 12 s, lors du China Open de 2008, au Beijing Student University Stadium (Pékin, Chine), le 24 mars 2008.

CHAMPIONNATS DU MONDE DE SNOOKER

La ●**plus longue partie dans un match de championnat du monde** a duré 75 min, entre Stephen Maguire et Mark King (tous deux GB), au Crucible de Sheffield (GB), le 26 avril 2009.

Le ★**plus grand nombre de participations aux championnats du monde de snooker** pour un joueur est de 29 : Steve Davis (GB) de 1979 à 2009.

● LE PLUS DE CENTURIES

Stephen Hendry (GB) a réalisé 740 séries de 100 points ou plus au cours de sa carrière professionnelle entre 1985 et 2009.

LA SÉRIE COMPLÈTE LA PLUS RAPIDE

Le 21 avril 1997, Ronnie O'Sullivan (GB) a réussi une série de 147 points en 5 min 20 s, un temps record pour un tournoi professionnel lors des championnats du monde à Sheffield (GB).

LA PLUS LONGUE SÉRIE DE VICTOIRES

Du 17 mars 1990 jusqu'à sa défaite contre Jimmy White (GB) le 13 janvier 1991, Stephen Hendry (GB) a remporté 5 titres consécutifs en disputant 36 matchs.

BOWLING

●LE PLUS DE TITRES PBA

Walter Ray Williams Jr (USA) a gagné 46 tournois entre le 8 mars 1986 et le 5 septembre 2009 : record de titres pour un joueur de la Professional Bowlers Association (PBA).

★LE PLUS DE PARTICIPATIONS À LA MOSCONI CUP (EUROPÉEN)

Entre 1994 et 2009, Ralf Souquet (Allemagne) a participé 15 fois à la Mosconi Cup pour l'Europe.

LES PLUS GROS GAINS

La ★**plus grosse somme gagnée par un joueur lors de sa 1re saison PBA** est de 84 811 $ par Rhino Page (USA), en 2008. La ★**plus grosse somme touchée par un joueur en 1 saison PBA** est de 419 700 $ par Walter Ray Williams Jr (USA), en 2002-2003. La ★**carrière PBA la plus lucrative** est celle de W. R. Williams Jr : 3 960 702 $ entre 1980 et 2009.

ENCORE ! POUR DES JEUX DE BALLE DE TOUTES SORTES, RENDEZ-VOUS P. 226.

● RECORD DE VICTOIRES AU GRAND PRIX MONDIAL DE FLÉCHETTES

Le record de 9 victoires au Grand Prix mondial appartient à Phil Taylor (GB), gagnant de 1998 à 2000, en 2002, 2003, 2005, 2006, 2008 et 2009.

SPORTS

TENNIS & SPORTS DE RAQUETTE

★ NOUVEAU RECORD
● MISE À JOUR

TENNIS

★RECORD D'ACES EN MATCH DE COUPE DAVIS

Ivo Karlovic (Croatie) a réussi 78 aces contre Radek Stepanek (République tchèque) en demi-finale de la Coupe Davis à Porec (Croatie), le 18 septembre 2009. Malheureusement, la puissance de son service n'a pas suffi pour lui assurer la victoire : il a perdu 7-6, 6-7, 6-7, 7-6, 14-16.

★ RECORD DE TOURNOIS CONSÉCUTIFS DU GRAND CHELEM

Entre sa 1re apparition à Wimbledon le 20 juin 1994 et son 1er match de l'US Open 2009 le 31 août 2009, Ai Sugiyama (Japon) a enchaîné 62 tournois consécutifs du Grand Chelem.

●RECORD D'AFFLUENCE À WIMBLEDON (JOUR)

Le 23 juin 2009, 45 955 personnes ont assisté à la 2e journée du tournoi de Wimbledon, à Londres (GB).

●RECORD DE PARTICIPATIONS À DES CHAMPIONNATS DE CLUB (HOMME)

Entre 1985 et 2009, Stuart Foster (GB) a participé à 55 championnats avec le club de tennis de Leverstock Green Lawn, à Hemel Hempstead (Hertfordshire, GB). Il détient aussi le ★**record du nombre de championnats en double masculin avec différents partenaires**, en gagnant 24 titres dans le même club sur la même période.

★RECORD DE GAINS EN UNE SAISON (FEMME)

Serena Williams (USA) a empoché 6 545 586 $ (4 836 020 €) en 2009, ce qui n'est rien comparé aux 30 491 460 $ (22 530 356 €) remportés entre 1997 et 2009. Même si elle détient le ●**record féminin de gains au cours d'une carrière professionnelle**, elle est encore loin des 55 350 788 $ (40 897 548 €) gagnés entre 1998 et 2010 par Roger Federer (Suisse), ●**record masculin de gains au cours d'une carrière professionnelle**.

★LE VAINQUEUR LE PLUS GRAND (TAILLE) D'UN TOURNOI DU GRAND CHELEM

Juan Martín Del Potro (Argentine) mesurait 1,98 m quand il a remporté l'US Open de Flushing Meadows, à New York (USA) le 14 septembre 2009.

LE SAVIEZ-VOUS ?
MALGRÉ UNE BLESSURE, MARIA SHARAPOVA (RUSSIE) A GAGNÉ 22 MILLIONS DE $ EN 2008-2009. C'EST LA JOUEUSE QUI A GAGNÉ LE PLUS D'ARGENT EN UNE ANNÉE !

Le Grand Chelem, objectif des joueurs de tennis, consiste à remporter les 4 grands tournois (voir p. 219) la même année !

INFO

ENCORE ! PLUS D'INFOS SUR LES RECORDS DE ROGER FEDERER P. 218-219.

★RECORD DE JEUX EN FINALE (WIMBLEDON)

La finale de Wimbledon qui s'est déroulée le 5 juillet 2009 a été particulièrement éprouvante, puisque Andy Roddick (USA) a obligé Roger Federer (Suisse) à jouer 77 jeux avant de s'incliner devant le grand champion en 5-7, 7-6, 7-6, 3-6, 16-14.

CORK, IRLANDE

Le **record d'affluence à un match de hurling** a été battu en 1954, quand 84 865 spectateurs ont assisté à la finale entre Cork et Wexford au Croke Park de Dublin (Irlande).

PAIRE GAGNANTE

Les jumeaux Bob et Mike Bryan (alias "the Bryans", USA) ont décroché le ★**record de victoires en championnat du monde FIT en double masculin (avec la même paire)**, en gagnant 6 fois de 2003 à 2007 et en 2009.

RACQUET-BALL

★RECORD MASCULIN DE VICTOIRES EN CHAMPIONNAT DU MONDE

Ce n'est pas un hasard si l'équipe masculine américaine de racquetball – sport d'origine américaine – a remporté le plus de victoires en championnat du monde de ce sport, instauré en 1984, avec 8 victoires remportées entre 1984 et 2008. L'équipe féminine américaine a cependant fait beaucoup mieux en gagnant 13 fois cette compétition et détient le ●**record féminin de victoires en championnat du monde de raquetball**.

TENNIS DE TABLE

★RECORD MASCULIN DE VICTOIRES EN CHAMPIONNAT D'EUROPE

Entre 1964 et 2002, l'équipe masculine suédoise de tennis de table a remporté 14 fois le championnat d'Europe de tennis de table.

CHAMPIONS DU MONDE DE BADMINTON

Lin Dan (Chine) détient le record du ●**nombre de titres de champion du monde de Badminton**, avec 3 victoires en 2006, 2007 et 2009. Sa dernière victoire lui a permis de détrôner l'ancien détenteur du record, son compatriote Yang Yang.

BADMINTON

★RECORD DE PARTICIPATIONS EN THOMAS CUP

Entre 1949 et 2008, l'équipe masculine du Danemark a participé 25 fois à la phase finale de la Thomas Cup, le championnat du monde par équipe de badminton.

★MARATHON EN DOUBLE LE PLUS LONG

Du 27 au 28 février 2009, Joost Berkelmans, Rick Blok, Thijs Maassen et Steven van Puffelen (tous Pays-Bas), sportifs passionnés, ont participé à un match marathon de badminton de 27 h au complexe sportif De Toekomstgroep d'Almere (Pays-Bas).

SUPER-POWER

L'ancien grand champion de squash Jonathon Power (Canada) détenait le ★**record de victoires en simple aux masters de l'Association professionnelle de squash (PSA)**, avec un total de 3 victoires remportées en 2001, 2002 et 2005. Il a annoncé qu'il prenait sa retraite juste après sa dernière victoire.

PAS MAL !
FRED PERRY (GB) A ÉTÉ LE 1ER JOUEUR À REMPORTER 4 TOURNOIS CONSÉCUTIFS DU GRAND CHELEM, MAIS PAS LA MÊME ANNÉE.

GAGNÉ !
L'AUSTRALIEN ROD LAVER A ÉTÉ LE 1ER JOUEUR À REMPORTER DEUX FOIS LE GRAND CHELEM, EN 1962 EN AMATEUR, ET EN 1969 EN PROFESSIONNEL.

SPORTS DRÔLES DE COMPÉTITIONS

★ NOUVEAU RECORD
● MISE À JOUR

L'ESCARGOT LE PLUS RAPIDE

Le championnat de courses d'escargots se tient tous les ans au pied de l'église St Andrews à Congham (Norfolk, GB). Les concurrents se déplacent sur une piste circulaire de 33 cm, en allant du centre vers la périphérie. En 1995, l'escargot Archie, entraîné par Carl Bramham (GB), a franchi la ligne d'arrivée en 2 min et 20 s.

CHAMPIONNAT DE SHIN-KICKING LE PLUS ANCIEN

Des compétitions de *shin-kicking* (coups au tibia) sont organisées depuis 1636 dans le cadre des Cotswold Olimpicks de Robert Dover, créés en Angleterre en 1612. Ces jeux Olimpicks ont eu lieu jusqu'en 1644, puis de 1660 à 1852. Ils ont réapparu en 1951 et, depuis 1965, se déroulent tous les ans. Les concurrents doivent porter des chaussures souples et protéger leurs tibias avec de la paille.

★1ERS JEUX REDNECK

En 1996, le présentateur d'émissions de radio Mac Davis (USA) de la station Y-96 d'East Dublin (Géorgie, USA) a créé les Redneck Games ("jeux de péquenots") en contrepoint des jeux Olympiques de la ville voisine d'Atlanta. "Les médias n'arrêtaient pas de dire que les jeux Olympiques seraient des jeux de péquenots" explique Davis "si c'était ce qu'ils voulaient, on allait le leur donner." Parmi les épreuves proposées : le saut de cigarettes, la pêche de pieds de cochons à la bouche et le plongeon dans la boue...

RECORD D'AFFLUENCE À UN FESTIVAL DE COMBAT DE CHAMEAUX

Lors du Camel Wrestling Festival de 1994, 20 000 spectateurs ont assisté aux combats de 120 chameaux, dans le stade d'Éphèse (Selçuk, Turquie), vieux de 2 000 ans.

★RECORD DE VERS CHARMÉS

Le 27 juin 2009, au cours du championnat du monde de charmeurs de vers organisé à Willaston (Cheshire, GB), Sophie Smith (GB) a fait sortir 567 vers de terre d'un bac de 3 m², en 30 min.

RECORD DE TITRES AU CHAMPIONNAT DU MONDE DE POLO À DOS D'ÉLÉPHANT

L'équipe Tiger Top Tuskers (Népal) a remporté le championnat de la World Elephant Polo Association au Népal à 8 reprises, de 1983 à 1985, en 1987, 1992, 1998, 2000 et 2003.

SPLASH ! LES SAUTS DANS LA BOUE DES REDNECK GAMES SONT NOTÉS EN FONCTION DE LA BEAUTÉ DE LA FORME ET DE LA TAILLE DE L'ÉCLABOUSSURE.

CRAC ! LES GAGNANTS DES REDNECK GAMES REMPORTENT UN TROPHÉE TRÈS CONVOITÉ : UNE CANETTE DE BIÈRE VIDE À MOITIÉ ÉCRASÉE !

53°20'N
6°16'O

DUBLIN, IRLANDE

Le **moulin à vent le plus haut du monde** est le moulin de la distillerie de St Patrick à Dublin (Irlande), désormais amputé de ses ailes. Il mesure 45,7 m de haut.

●RECORD DE VITESSE DU TRANSPORT D'ÉPOUSE

Le 1er juillet 2006, au cours du championnat du monde de transport d'épouse à Sonkajärvi (Finlande), Margo Uusarj et Sandra Kullas (tous deux Estonie) ont effectué une course d'obstacles de 253,5 m en 56,9 s. C'est le temps le plus rapide enregistré depuis qu'un poids minimum de 49 kg a été imposé pour l'épouse en 2002.

●RECORD DE TITRES DE LANCER DE FER À CHEVAL (HOMMES)

Alan Francis (USA) a remporté 15 titres de champion du monde de lancer de fer à cheval dans la catégorie hommes, en 1989, en 1993, de 1995 à 1999, en 2001 et de 2003 à 2009. Depuis leur création en 1909, ces championnats se déroulent tous les ans, mais à des dates variables.

RECORD DE TITRES CONSÉCUTIFS DE LANCER DE PETITS POIS

Lors du championnat du monde de lancer de petits pois, qui se tient tous les ans à Witcham (Cambridgeshire, GB), 3 personnes ont gagné 3 fois de suite : Dennis Minett (GB) de 1971 à 1973, Mike Fordham (GB) de 1983 à 1985 et David Hollis (GB) de 1999 à 2001. En 1999, Hollis était, à 13 ans, le **plus jeune champion.**

★RECORD DE TITRES AU CHAMPIONNAT DU MONDE DE SAUNA

Timo Kaukonen (Finlande) a gagné 5 fois le championnat du monde de sauna à Heinola (Finlande), en 2003, de 2005 à 2007 et en 2009.

RECORD DE TITRES AU CHAMPIONNAT DU MONDE DE CONKER (HOMMES)

2 hommes ont remporté à 3 reprises le championnat du monde de *conker* (jeu de marrons) à Ashton (Northamptonshire, GB) : P. Midlane (GB), en 1969, 1973 et 1985 et J. Marsh (GB) en 1974, 1975 et 1994.

RECORD DE TITRES DU JEU DE PUCE

Larry Khan (USA) a remporté 19 titres individuels au championnat du monde du jeu de puce entre 1983 et en 2003. Il a également gagné 10 titres en double entre 1978 et 1998.

LE SAVIEZ-VOUS ?

DAVID JONES (GB) A PORTÉ UN SAC DE CHARBON DE 50 KG SUR UNE DISTANCE DE 1 012,5 M, EN 4 MIN ET 6 S, AU CHAMPIONNAT DU MONDE DE PORTER DE SAC DE CHARBON À GAWTHORPE (GB), LE 1ER AVRIL 1991.

En 1888, Joseph Assheton Fincher (Londres, GB) a déposé le premier brevet de jeu de puce.

INFO

SPORT STACKING

Le *sport stacking* consiste à empiler des gobelets en plastique le plus rapidement possible dans un ordre spécifique. Le champion actuel s'appelle Steven Purugganan (USA). Il détient de nombreux records du monde :

- L'★**empilage le plus rapide en individuel**, en 5,93 s, le 3 janvier 2009.
- Le 19 avril 2009, au championnat du monde de *sport stacking* (WSSA) de Denver (Colorado, USA), la Team USA (Steven Purugganan, Joel Brown, Luke Myers et Alex Schumann, tous USA) a réalisé le ★**relais chrono 3-6-3 le plus rapide du sport stacking**, en 12,72 s.
- Lors du même événement, Steven Purugganan et son frère Andrew (USA) ont réussi l'★**empilage le plus rapide en double**, en 7,58 s.

QUIZ !

COMBIEN OBTIENT-ON EN ADDITIONNANT LE RECORD DE VERS CHARMÉS ET LE RECORD DE TITRES DE LANCER DE FER À CHEVAL ?

RÉPONSE P. 278

SPORTS NAUTIQUES

PLONGEON

★RECORD DE MÉDAILLES D'OR EN CHAMPIONNAT D'EUROPE

Le 5 avril 2009, Tania Cagnotto (Italie) a décroché 3 fois l'or au championnat d'Europe de plongeon qui se tenait à Turin (Italie).

●CHAMPIONNATS DU MONDE (FINA)

Jingjing Guo (Chine) a obtenu 10 médailles d'or (épreuves du tremplin 3 m, du plongeon individuel et du plongeon synchronisé confondues) en 2001, 2003, 2005, 2007 et 2009.

CANOË-KAYAK

★LA MÉDAILLÉE OLYMPIQUE LA PLUS ÂGÉE

Josefa Idem (Italie, née le 23 septembre 1964) avait 43 ans et 335 jours quand elle a obtenu la médaille d'argent dans le 500 m kayak (K1) aux jeux Olympiques de 2008, à Pékin (Chine), le 23 août 2008.

LA PLUS LONGUE DISTANCE EN EAU VIVE EN 24 H

Ian Adamson (USA) a parcouru 421 km en pagayant sur le fleuve Yukon (Canada), du 20 au 21 juin 2004.

●LE 100 M NAGE LIBRE LE PLUS RAPIDE (HOMMES)

Cesar Cielo Filho (Brésil) a remporté le 100 m nage libre en 46,91 s, le 30 juillet 2009, lors du championnat du monde de la Fédération internationale de natation (FINA) à Rome (Italie). Cette compétition a précédé l'entrée en vigueur des directives de la FINA sur les combinaisons, en janvier 2010.

PLONGÉE SOUS-MARINE

★LA PLUS LONGUE PLONGÉE EN SITE CLOS

À l'aide d'un équipement de plongée, Cem Karabay (Turquie) a passé 135 h, 2 min et 19 s dans un réservoir d'eau, au centre commercial Beylikduzu Migros d'Istanbul (Turquie), du 30 août au 5 septembre 2009.

NATATION

Compétition d'endurance organisée par la FINA, la coupe du monde du marathon de natation s'est tenue de 1993 à 2006. Chez les hommes, Petar Stoychev (Bulgarie) détient le **★record de victoires** (6 fois de 2001 à 2006). Chez les femmes, Edith van Dijk (Pays-Bas) détient le **★ record de victoires** (3 en 2000, 2001 et 2005). En 2007, la compétition a été remplacée par la coupe du monde du marathon de natation sur 10 km. Trois nageurs se partagent le **★record de titres** : Vladmir Dyatchin (Russie), Valerio Cleri (Italie) et Thomas Lurz (Allemagne) pour leur victoire en 2007, 2008 et 2009 respectivement.

Chez les femmes, c'est Angela Maurer (Allemagne)

●RECORD FÉMININ DU 100 M DOS (COURSE LONGUE)

Gemma Spofforth (GB) a remporté son 1er titre de championne du monde grâce à un temps record de 58,12 s, à Rome (Italie), le 28 juillet 2009.

ENCORE ! D'AUTRES RECORDS DE NATATION, P. 268 ET SUIVANTES.

★ NOUVEAU RECORD
● MISE À JOUR

●CHAMPIONNATS DU MONDE DE WATER-POLO (FEMMES)

Depuis la création de ces championnats en 1986, l'équipe américaine s'est imposée 3 fois, en 2003, 2007 et 2009.

qui a remporté le **plus de coupes du monde de marathon de natation** (10 km) de la FINA. Elle s'est imposée en 2007 et 2008.

●RECORD DE PARTICIPANTS À UNE COURSE (EAUX LIBRES)

13 755 personnes ont participé au Midmar Mile 2009, au Midmar Dam, de Howick, près de Pietermaritzburg (Afrique du Sud), du 7 au 8 février 2009.

COURSE UNIVERSITAIRE D'AVIRON

La course annuelle, qui oppose au printemps les équipes des universités d'Oxford et de Cambridge, a été inaugurée le 10 juin 1829 sur la Tamise, entre Hambledon Lock et Henley Bridge ; Oxford a gagné. Huit *outriggers* ont été utilisés pour la 1re fois en 1846, devenant les embarcations standard pour cette compétition.

Au cours des 156 courses qui ont eu lieu jusqu'en 2010, Cambridge a été victorieuse 80 fois, et Oxford 75 fois. Le 24 mars 1877, les deux universités ont terminé ex aequo. C'est donc Cambridge qui détient le **●record de victoires**. L'université a aussi remporté le **● nombre record de 13 victoires consécutives**, de 1924 à 1936.

Le **●rameur le plus âgé** est Mike Wherley (USA, Oxford). Il avait 36 ans et 14 jours, durant la course de 2008 ; en 1992, le barreur Andrew Probert (GB, Cambridge) avait 38 ans et 3 mois.

Enfin, le **● rameur le plus léger** est Alfred Higgins (GB). Il pesait 60,1 kg lors de la course du 1er avril 1882.

BJÖRN AU TOP

Le champion de planche à voile, Björn Dunkerbeck (Suisse), a décroché le **★ plus grand nombre de titres aux championnats du monde de l'Association des véliplanchistes professionnels (PWA)** : 33 victoires entre 1988 et 2001, dont une en Freestyle en 1998 et une en vitesse en 1994.

VENT
LE VÉLIPLANCHISTE BJÖRN DUNKERBECK DÉTIENT LE ★ PLUS DE TITRES DE CHAMPIONS DU MONDE SUR VAGUES (7) ET LE ★ PLUS DE TITRES EN COURSE (12).

CHAMPION
AU COURS DE SA CARRIÈRE DE VÉLIPLANCHISTE, BJÖRN A ÉTABLI 6 RECORDS CERTIFIÉS PAR GWR.

●RECORD SUR 2 000 M EN SKIFF (HOMMES)

Le rameur Mahe Drysdale (N-Z) a parcouru le 2 000 m en 6 min et 33,35 s à Poznań (Pologne), le 29 août 2009.

GIBRALTAR, GB

36°08'N 5°21'O

Le **territoire d'outre-mer le plus peuplé** du Royaume-Uni est Gibraltar : 27 714 habitants (2002) pour une superficie de 5,8 km², soit une densité de 4 778,2 habitants au km².

SPORTS

RECORDS SUR ROUES

MISTY FLIP : un flip avant avec un twist à 180°. Le skater (ou rider) saute ou atterrit à l'envers.

★LE PLUS DE CHAMPIONNATS MONOCYCLE

Depuis 1984, l'International Unicycling Federation organise l'UNICON, ou World Unicycling Convention and Championship, tous les deux ans. Le 15e événement s'est tenu à Wellington (Nouvelle-Zélande), du 27 décembre 2009 au 7 janvier 2010.

●LE PLUS DE SAUTS À 180° (SWITCHES) À VÉLO EN 1 MIN

Kenny Belaey (Belgique) a effectué 35 sauts à 180° au Safety Jogger Classic, qui s'est tenu en Belgique le 20 septembre 2009.

VÉLO

Xavi Casas (Andorre) a sauté à vélo au-dessus ★**du plus grand nombre de personnes (97) en 2 min**, sur le plateau du *Guinness World Records*, Madrid (Espagne), le 14 janvier 2009.

Benito Ros Charral (Espagne) a réalisé le ●**plus haut bunny hop à bicyclette**, avec un saut de 1,42 m, au festival Bike the Rock 2009, à Heubach (Allemagne), le 17 mai 2009.

Le 20 novembre 2009, sur le plateau de *Zheng Da Zong Yi – Guinness World Records Special* à Pékin, (Chine), Charral a également établi le ★**record de vitesse pour franchir 15 haies en bunny hop sur un trial** en 26,08 s. Sur le même plateau du *Zheng Da Zong Yi – Guinness World Records Special*, Ben Wallace (GB) a effectué le ★**plus haut *backflip* à vélo**, en atteignant 2,60 m.

Le 7 août 2009, au cours de la nuit MTB Freestyle à Kaprun (Autriche), Thomas Öhler (Autrice) a réussi la ★**plus haute escalade d'un mur à vélo** en montant à 2,89 m.

Lance Trappe (USA) a réalisé le ★**plus de *front wheel hops* d'affilée à vélo** : 108 *hops*, à Lake Buena Vista (Floride, USA), le 16 juin 2009.

ROLLERS EN LIGNE

À Londres (GB), le 23 avril 2009, Steve Swain (GB) a exécuté le ★**plus haut *misty flip* en rollers en ligne** à 2,08 m.

Le ●**plus haut saut de rampe en rollers en ligne** est de 4,7 m, un record atteint par Zhang Baoxiang (Chine) à Pékin (Chine), le 5 novembre 2009.

Paul Randles (GB) a réussi le ★**slalom arrière le plus rapide sur 20 cônes en rollers en ligne** en 5,62 s, sur le plateau du *Guinness World Records*, à Madrid (Espagne), le 23 janvier 2009.

> *Notre but est d'être aussi authentiques que possible… des cascades à fond, de la vieille école.*
> **Travis Pastrana maintient la tradition des sauts en voiture de rallye**

FÈS, MAROC

34°02'N 5°00'O

La plus ancienne institution d'enseignement encore en activité est l'université de Karueein, fondée en 859 à Fès (Maroc). Créée pour sa part en 1088, l'université de Bologne (Italie) est la plus ancienne université européenne.

QUIZ !
COMBIEN MESURAIT LE PLUS HAUT MUR ESCALADÉ À BICYCLETTE ?
RÉPONSE P. 278

●LE PLUS DE CHAMPIONNATS DE DESCENTE EN SKATE-BOARD (FEMME)

3 femmes ont gagné l'International Gravity Sports Association Women's Downhill Championships à 2 reprises : Angelina Nobre (Suisse) en 2004-2005, Jolanda Vogler (Suisse) en 2006-2007 et Brianne Davies (Canada, en photo) en 2008-2009.

MOTO

Le **plus long saut de rampe à moto** est de 106,98 m. Robbie Maddison (Australie) a réussi cet exploit lors de la Crusty Demons Night of World Records, sur le Calder Park Raceway de Melbourne (Victoria, Australie), le 29 mars 2008.

Le 11 avril 2009, sur le plateau de *Lo Show dei Record*, à Milan (Italie), Ricardo Piedras (Espagne) a réalisé un saut à moto de 12,72 m, le ★**plus long saut avec *backflip* sur une minimoto.**

David Cobos (Espagne) et Luca Cotone (Italie) partagent le record du **plus grand nombre de sauts (35) sur trial bike** entre deux conteneurs, en 2 min. Record établi à Rome (Italie), le 11 mars 2010

★LE PLUS LONG SAUT EN VOITURE DE RALLYE

Le 31 décembre 2009, à Long Beach (Californie, USA), Travis Pastrana (USA) a réussi un saut de 81,9 m dans une Subaru rallye. La rampe de lancement était placée sur un quai, le Pine Street Pier, et celle d'arrivée sur une structure flottant au milieu de Rainbow Harbor. La cascade faisait partie du RedBull : New Year No Limits.

SKATE-BOARD

Alex DeCunha (GB) a exécuté le ★**plus grand nombre de *no-comply flips*** en 1 min : 56 *flips*, sur le plateau du *Guinness World Records Smashed* aux Pinewood Studios (GB), le 15 avril 2009.

• Rob Dyrdek (USA) a décroché le record du ★**plus grand nombre de 720 *kick flips*** en 1 min – 7 au total – sur le *Rob & Big Show* (MTV) à Los Angeles (Californie, USA), le 17 septembre 2007. Au cours du même programme, Dyrdek a réalisé le ★**plus de *heel-flip shove-its*** (10) en 1 min !

★ROLLERS EN LIGNE LES PLUS RAPIDES SUR 300 M

Le 19 septembre 2009, à Haining (Chine), Joey Mantia (USA) a parcouru 300 m en rollers en ligne en 24,25 s. Ce record de vitesse sur 300 m en rollers en ligne a été ratifié par la Fédération internationale de rollers sports.

En atteignant 1,5 m, Terence Bougdour (France) a établi le record du **plus haut 540 McTwist sur un *halfpipe*,** sur le plateau de *L'Été de tous les records* à La Tranche-sur-Mer (France), le 27 juillet 2005.

OUAH !
STEFAN AKESSON (SUÈDE) A RÉALISÉ UN WHEELIE EN SKATE SUR 68,54 M À STOCKHOLM (SUÈDE), LE 2 NOVEMBRE 2007.

BAS !
LE RECORD DU BACKFLIP À MOTO LE PLUS BAS DE TOUS LES TEMPS REVIENT À TRAVIS PASTRANA (USA) QUI S'EST ÉLEVÉ À 91 CM DU SOL SEULEMENT, LE 17 NOVEMBRE 2008 !

ENCORE !
PLUS DE RECORDS SUR ROUES, AU CHAPITRE DES SPORTS AUTOMOBILES P. 224.

DOUGLAS, ÎLE DE MAN

54°08'N
4°29'O

Les **plus vieux trams en service** sont les voitures 1 et 2 du chemin de fer électrique Manx. Elles datent de 1893 et relient encore régulièrement Douglas à Ramsey, sur l'Île de Man (GB) sur une distance de 28,5 km.

SPORTS DU MONDE

★RECORD DE VICTOIRES EN SEPAK TAKRAW (ÉQUIPE MASCULINE)

Le sepak takraw est un jeu proche du volley-ball. Il se joue avec un petit ballon en rotin que les joueurs frappent avec le pied, le genou, la tête et la poitrine. L'équipe masculine thaïlandaise a remporté 3 fois l'épreuve aux Jeux asiatiques : en 1998, 2002 et 2006.

FISTBALL

Le fistball (ou balle au poing) est un jeu datant de l'Antiquité romaine. Il ressemble au volley-ball mais la balle – dont le rebond est autorisé – est uniquement touchée avec les poings ou les bras.

Le ★**record masculin de victoires en championnat du monde** est détenu par la RFA avec 7 victoires, en 1968, 1972, 1976, 1979, 1982, 1986 et 1990.

Le ★**record féminin de victoires en championnat du monde** est détenu par l'Allemagne, victorieuse en 1994, 1998 et 2006.

TIR À LA CORDE

Le tir à la corde est un jeu classique dans lequel deux équipes, appartenant à une même catégorie de poids pour qu'il n'y ait pas de déséquilibre, tirent sur une corde chacune de leur côté. La gagnante est celle qui tire l'autre au-delà de la ligne séparant les deux équipes. La Suisse, 4 fois championne en 1989, 1993, 2005 et 2009, détient le ★**record masculin de victoires au tir à la corde en salle (catégorie moins de 640 kg)** aux World Games. Le ★**record féminin de victoires au tir à la corde en salle (catégorie moins de 520 kg)** aux World Games revient à Taïwan, avec 2 victoires en 2005 et 2009.

PESÄPALLO

Le pesäpallo est un jeu rapide, souvent surnommé le baseball finlandais.

La ★**première coupe du monde de pesäpallo** a eu lieu à Helsinki (Finlande) en 1992. Sept nations étaient en compétition : Finlande, Suède, Australie, Estonie, Allemagne, Lituanie et Japon.

TCHOUKBALL

Créé récemment en Europe de l'Ouest, c'est un sport d'équipe qui ressemble au netball et au handball. Il se joue en salle entre 2 équipes de 9 joueurs.

La Chine détient le ★**record masculin de victoires en championnat du monde de tchoukball** avec 6 victoires en 1984, 1987, 1989, 1990, 2000 et 2002, ainsi que le ★**record féminin de victoires en championnat du monde de tchoukball** avec 7 victoires : 1984, 1987, 1989, 1990, 2000, 2002 et 2004.

★RECORD DE VICTOIRES EN KABADDI AUX JEUX ASIATIQUES

Le kabaddi est un sport de contact d'origine indienne qui se joue par équipes. L'Inde détient le record de victoires aux Jeux asiatiques, soit 5, remportées en 1990, 1994, 1998, 2002 et 2006.

ENVOYÉ
EN KABADDI, DEUX ÉQUIPES OCCUPENT CHACUNE UNE MOITIÉ DU PITCH ET ENVOIENT À TOUR DE RÔLE UN "RAIDER" DU CÔTÉ DE L'ÉQUIPE ADVERSE, POUR Y TOUCHER UN JOUEUR AVANT DE REVENIR.

STOPPÉ
LES DÉFENSEURS ESSAIENT DE STOPPER LE "RAIDER", QUI DOIT REJOINDRE SON ÉQUIPE EN "RETENANT SON SOUFFLE" (SENS DU MOT KABBADI EN HINDI).

MÁLAGA, ESPAGNE

36°43'N 4°25'0

Robert Lantsoght de Málaga (Espagne) collectionne les clubs de golf depuis 1992. Il possède la **plus grande collection de clubs de golf** – 4 393 – qu'il expose dans son restaurant dédié à ce sport, sur la Costa del Sol.

★RECORD DE VICTOIRES EN WOODBALL

Rappelant le golf et le croquet, le woodball est un sport populaire en Asie du Sud-Est. La Malaisie, avec 2 victoires remportées en 2006 et 2008, détient le **★record masculin de victoires en coupe du monde de woodball.** Et Taiwan est titulaire du **★record féminin de victoires en coupe du monde de woodball** avec 3 victoires en 2004, 2006 et 2008.

★RECORD DE POINTS EN ENDURANCE (LANCER DE BOOMERANG)

Le record de points en endurance (lancer de boomerang), homologuée par l'International Federation of Boomerang Associations, est de 61, marqués par Manuel Schütz (Suisse) à Milan (Italie), le 2 octobre 2005. Les points correspondent au nombre de rattrapages du boomerang en 5 min.

AUSTRALIAN ROUND (LANCER DE BOOMERANG)

L'Australian Round est sans doute l'épreuve de lancer de boomerang la plus difficile, car c'est celle qui demande le plus de précision. Il faut lancer le boomerang à une distance d'au moins 50 m et le faire revenir à son point de départ. Les points sont attribués suivant la distance, la précision et le rattrapage. Fridolin Frost (Allemagne) détient le **★record de points marqués en épreuve d'Australian Round** (homologuée par l'International Federation of Boomerang Associations) avec 99 points obtenus le 27 octobre 2007 à Viareggio (Italie).

HURLING

Ce sport gaélique très populaire en Irlande ressemble un peu au hockey. Les joueurs forment deux équipes de 15 joueurs et utilisent des crosses appelées *hurleys* pour frapper la balle, ou *sliotar*, et l'envoyer vers un but qui ressemble à ceux du football, mais qui affecte une forme en H. Un but marqué au-dessous de la barre transversale vaut 3 points, et au-dessus, 1 point seulement. Nick Rackard de Wexford (Irlande) peut se flatter du **meilleur score individuel en hurling**, avec 7 buts et 7 points remportés contre Antrim en demi-finale de l'All-Ireland en 1954. Tipperary, qui a marqué 41 (4 buts, 29 points) contre Antrim (3 buts, 9 points) au Croke Park de Dublin (Irlande) en 1989, détient le **meilleur score par équipe en finale de l'All-Ireland**.

CAMOGIE

La variante féminine du hurling, sport exclusivement masculin, est le camogie. Le **★meilleur score atteint en finale de championnat de camogie (cat. Senior)** est de 39. Il a été marqué par Dublin (11 but, 6 points) contre Mayo (1 but, 3 points) au Corke Park de Dublin (Irlande), le 13 septembre 1959.

Le **★record cumulé pour une équipe en championnat All-Ireland de camogie (cat. Senior)** est de 26, marqué par Dublin entre 1932 et 1984.

Le **plus long marathon de camogie** accompli par le Croydon Camogie Club (GB) à l'Emerald GAA Grounds de Ruislip (GB), du 23 au 24 août 2008, a duré 24 h 7 min.

ENCORE ! PLUS DE RECORDS EN HURLING, RENDEZ-VOUS À LA PAGE DES SPORTS DE BALLE P. 226.

★PREMIER CHAMPIONNAT DU MONDE DE PATO

Le pato est le sport national argentin. Contrairement au polo, les joueurs n'utilisent pas de maillets et la balle est plus grosse et munie de poignées. Le premier championnat du monde de pato, remporté par le Portugal, a eu lieu en 2006 à Buenos Aires (Argentine).

★ NOUVEAU RECORD
● MISE À JOUR

GLASGOW, GRANDE-BRETAGNE 55°51'N 4°15'O

Le **complexe de cinémas le plus haut** du monde est le Cineworld Cinema de Glasgow (GB). Il s'élève à 62 m de hauteur et comporte 12 étages, abritant 18 écrans et 4 277 places assises.

SPORTS
X-GAMES

●RECORD DE MÉDAILLES DE SKATE AUX X-GAMES D'ÉTÉ

Andy Macdonald (USA) a remporté 19 médailles entre 1999 et 2009, grâce à ses performances en skateboard aux X-Games d'été de l'ESPN.

> *Enfant, j'avais déjà un excellent niveau, mais je ne pensais pas que j'irais aussi loin.*
> **Dave Mirra, star des X-Games**

★1ER CONCURRENT AMPUTÉ À REMPORTER UNE MÉDAILLE D'OR AUX X-GAMES D'ÉTÉ

Le 31 juillet 2009, sur une Suzuki 450 RMZ-F de 2009, Chris Ridgway (USA) a remporté la médaille d'or en classe moto adaptée aux 15e X-Games à Los Angeles (Californie, USA).

ÉTÉ

LE SAUT SUR RAMPE LE PLUS LONG (SKATEBOARD)

Le 8 août 2004, le skateboarder professionnel Danny Way (USA) a réussi le saut sur rampe le plus long, avec un 360° sur 24 m sur Mega Ramp aux 10e X-Games de Los Angeles (Californie, USA).

PLUS JEUNE MÉDAILLÉ D'OR DES X-GAMES

Ryan Sheckler (USA, né le 30 décembre 1989) avait 13 ans et 230 jours quand il a remporté la médaille d'or de Skateboard Park aux 9e X-Games de l'ESPN à Los Angeles (Californie, USA), le 17 août 2003.

Lyn-z Adams Hawkins (USA, née le 1er septembre 1989) est devenue **la plus jeune médaillée d'or des X-Games** quand elle a remporté la compétition de Skateboard Vert à l'âge de 14 ans et 321 jours aux 10e X-Games, à Los Angeles (Californie, USA), le 7 août 2004.

●RECORD DE MÉDAILLES

Dave Mirra (USA) a remporté 24 médailles en BMX Freestyle aux X-Games de l'ESPN. Il détient également le record du **●plus grand nombre de médailles BMX Freestyle** avec 23 médailles, dont 14 en or qui font de lui le titulaire du **plus grand nombre de médailles d'or aux X-Games d'été de l'ESPN**.

LE PLUS DE MÉDAILLES MOTO AUX X-GAMES D'ÉTÉ

À l'issue des 12e X-Games d'été de l'ESPN organisés en 2006, Travis Pastrana (USA) était titulaire de 11 médailles en moto X, dont 7 en or.

RECORD D'AFFLUENCE À UNE COMPÉTITION DE SPORTS EXTRÊMES

En 1999, les 10 jours des 5e X-Games d'été de l'ESPN, qui se sont déroulés à San Francisco (Californie, USA), ont attiré 268 390 visiteurs.

LE SAVIEZ-VOUS ? LA MÉDAILLÉE LA PLUS ÂGÉE, ANGELIKA CASTENEDA (USA), AVAIT 53 ANS QUAND ELLE A REMPORTÉ LA MÉDAILLE D'OR EN 1996 DE X-VENTURE RACE.

X GAMES

LE PLUS JEUNE ATHLÈTE X-GAMES

Nyjah Huston (USA, né le 30 novembre 1994) avait 11 ans et 246 jours quand il a fait ses débuts aux 12e X-Games (du 3 au 6 août 2006). Il a participé à la compétition Skateboard Street masculin.

ENCORE ! POUR PLUS DE CHAMPIONNATS DU MONDE CARRÉMENT BIZARRES, FAITES UN SALTO ARRIÈRE VERS LA P. 256 !

ABIDJAN, CÔTE-D'IVOIRE

5°20'N 4°01'O

Le **record d'altitude enregistré pour un oiseau** est de 11 300 m. Cette altitude a été atteinte par un vautour de Rüppell (*Gyps rueppellii*), qui est entré en collision avec un avion commercial au-dessus d'Abidjan (Côte-d'Ivoire), le 29 novembre 1973.

LE BACK FLIP DIRT-TO-DIRT LE PLUS LONG (MOTO X)

Jeremy Stenberg et Nate Adams (tous deux USA) ont réussi un back flip dirt-to-dirt (saut périlleux arrière entre 2 terrains de bosses) de 30,48 m en finale de Moto X (Freestyle) aux 11e X-Games de Los Angeles (USA), le 6 août 2005.

WINTER X

HIVER

●RECORD DE MÉDAILLES D'OR

Shaun White (USA) a remporté 10 médailles d'or aux X-Games d'hiver de l'ESPN, dans les disciplines de snowboard SuperPipe et Slopestyle. Il a reçu sa 10e médaille d'or aux 14e X-Games d'hiver en 2010.

●RECORD DE MÉDAILLES

La grande star des X-Games, Shaun White, détient également le record de médailles aux X-Games d'hiver de l'ESPN : 15 ! Il a remporté la 15e médaille aux 14e X-Games d'hiver en 2010.

ÉTÉ
LES 1ERS X-GAMES ONT ÉTÉ ORGANISÉS À RHODE ISLAND (USA), EN 1995. À CE JOUR, LE SPONSOR EST TOUJOURS LA CHAÎNE DE SPORT AMÉRICAINE ESPN.

RECORD DE X-MÉDAILLES EN SKIER X

C'est Enak Gavaggio (France) qui a remporté le plus grand nombre de X-médailles en Skier X, avec 6 médailles : 1 en or en 1999, 4 en bronze entre 2001 et 2004 et une 5e aux 11e X-Games d'hiver de l'ESPN, à Aspen/Snowmass (Colorado, USA), le 28 janvier 2007.

Aleisha Cline (Canada), Magdalena Jonsson (Suède) et Ophélie David (France) ont toutes remporté 5 médailles en Skier X, le **●record de médailles féminines en Skier X**. Cline et David ont chacune 4 médailles d'or.

●RECORD DE MÉDAILLES DE SKI

Tanner Hall (USA) était titulaire de 11 médailles aux X-Games d'hiver de l'ESPN en ski, lors des 11e X-Games d'hiver de l'ESPN organisés à Aspen/Snowmass (Colorado, USA), du 28 au 31 janvier 2007. Il a remporté 1 médaille d'or en Big Air, 3 d'or et 1 d'argent en Slopestyle et 3 d'or et 3 d'argent en SuperPipe Hommes.

Jon Olsson (Suède) détient le record de **● médailles en ski Slopestyle**, avec 5 médailles en bronze obtenues de 2002 à 2005 et en 2008.

●RECORD DE MÉDAILLES EN SNOCROSS

Tucker Hibbert (USA) a remporté 9 médailles en SnoCross depuis 1999, soit 5 d'or, 3 d'argent et 1 de bronze.

Il détient également le record du **★plus grand nombre de médailles d'or consécutives aux X-Games d'hiver en Snowmobile SnoCross** : 4. Avec la dernière remportée aux 14e X-Games d'hiver en 2010, c'était le 1er "four-peat" de l'histoire du snowmobile.

RECORD D'AFFLUENCE POUR UN ÉVÉNEMENT DE SPORTS D'ACTION D'HIVER

85 100 spectateurs ont assisté aux 5e X-Games d'hiver en 2001 à Mount Snow (Vermont, USA).

OLLIES D'HIVER

Roi du ollie, Phil Smage (USA) détient le record du **ollie le plus haut** (70,5 cm), du **ollie le plus long** (3,45 m) et du **plus grand nombre d'ollies** (14) sur un snowskate.

HIVER
2 ANS APRÈS LES 1ERS X-GAMES D'ÉTÉ, LA VERSION HIVER A ÉTÉ ORGANISÉE POUR LA 1RE FOIS À LA STATION DE SPORTS D'HIVER DE BIG BEAR LAKE (CALIFORNIE, USA).

★RECORD DE KICK FLIPS EN SNOWSKATE EN 30 S

Le 29 janvier 2010, Max Hilty (USA) a réalisé 14 kick flips sur son snowskate en 30 s aux 14e X-Games d'hiver à Aspen (Colorado, USA).

★ NOUVEAU RECORD
● MISE À JOUR

STIRLING, GRANDE-BRETAGNE

56°07'N
3°56'O

Lors de fouilles au château de Stirling (Écosse, GB), au milieu des années 1970, un ballon en cuir gris a été découvert derrière un panneau en chêne dans la chambre de Marie Stuart, reine d'Écosse, qui a régné au XVIe siècle. C'est le **plus ancien ballon de football**

SPORTS

X-GAMES

★ LE PLUS DE HEEL FLIPS ET DE NOLLIES EN 30 S

Ivan Sebastian Cordova (USA) a exécuté 9 heel flips en 30 s en skateboard aux 15e X-Games, à Los Angeles (Californie, USA), le 1er août 2009. Lors de la compétition, il a également réussi 15 ★ **nollies en 30 s**.

★ LE PLUS DE WHEELIES EN BMX

Manuel Torres (USA) a réussi 62 wheelies en 30 s aux 15e X-Games, à Los Angeles (Californie, USA), le 30 juillet 2009. Un wheelie consiste à faire décoller une roue.

ENCORE ! SI VOUS ÊTES AMATEUR DE GROSSES CYLINDRÉES, P. 210.

LE SAVIEZ-VOUS ?
BRYAN VENTURA (USA) A RÉALISÉ LE ★ PLUS DE BUNNY HOPS EN BMX EN 30 S (41) AUX 15E X-GAMES, LE 30 JUILLET 2009.

★ LE OLLIE LE PLUS HAUT EN SNOWSKATE

Le 29 janvier 2010, aux 14e X-Games d'hiver à Aspen (Colorado, USA), Phil Smage (USA) a réussi un ollie en snowskate de 72,4 cm de haut.

★ RECORD DE MÉDAILLES D'OR EN SKICROSS (FEMMES)

Ophélie David (France) a remporté 4 médailles d'or en skicross aux X-Games d'hiver. C'était la 1re fois qu'une personne obtenait 4 médailles d'or aux X-Games d'hiver.

★ LE SAUT À SKIS LE PLUS HAUT EN SUPERPIPE

Le 31 janvier 2010, Peter Olenick (USA) a réussi un saut de 7,58 m en SuperPipe lors des 14e X-Games d'Aspen (Colorado, USA).

SKATEBOARD

★ LE PLUS DE BACKSIDE GRINDS EN 30 S

Le 31 juillet 2009, Terrance Covington (USA) a réalisé 17 backside grinds en 30 s aux 15e X-Games de Los Angeles (Californie, USA.)

★ LE PLUS DE ROCK AND ROLLS EN 30 S

Terrance Covington et Dalton Price (USA) ont réussi 16 rock and rolls en 30 s aux 15e X-Games de Los Angeles, (Californie, USA,) le 31 juillet 2009.

★ LE PLUS DE FRONTSIDE SPINS À 360° EN 30 S

Lunati Hamilton (USA) a effectué 6 frontside spins à 360° en 30 s aux 15e X-Games de Los Angeles (Californie, USA), le 30 juillet 2009.

SNOWBOARD

★ LE SAUT LE PLUS HAUT EN SNOWBOARD SUPERPIPE

Le 30 janvier 2010, Shaun White (USA) a réussi un saut de 7 m aux 14e X-Games d'Aspen (Colorado, USA).

★ LE PLUS DE SHOVE-ITS EN SKATEBOARD EN 30 S

Le 30 juillet 2009, Eddie Davis (USA) a réussi 14 shove-its (rotations de la planche sans tourner le corps) en 30 s aux 15e X-Games de Los Angeles (Californie, USA).

★ NOUVEAU RECORD
● MISE À JOUR

MADRID, ESPAGNE

40°24'N 3°41'O

Le Kinépolis Madrid, qui a ouvert le 17 septembre 1998, est le **plus grand complexe de cinémas du monde**. Il peut accueillir 9 200 personnes dans ses 25 salles comprenant entre 211 et 996 fauteuils.

OLLIE : figure de skateboard exécutée sans les mains, du nom du légendaire Alan "Ollie" Gelfand.

★LE PLUS DE OLLIES EN 30 S

Sten Carr (USA) a réussi 34 ollies en 30 s aux 15e X-Games, à Los Angeles (California, USA), le 2 août 2009.

★LE PLUS DE MÉDAILLES D'OR SUCCESSIVES EN SNOWBOARD

En janvier 2010, Nate Holland (USA) avait remporté 5 médailles d'or consécutives en snowboard extrême aux X-Games d'hiver. Il a décroché sa 5e médaille d'or, exploit sans précédent dans l'histoire du tournoi, aux 14e X-Games d'hiver, en 2010.

●LE PLUS DE MÉDAILLES EN SNOWBOARD EXTRÊME

Chez les hommes, Seth Wescott (USA) a obtenu 7 médailles en snowboard extrême : 4 d'argent en 2002, 2004, 2005 et 2010, et 3 de bronze en 1998, 2001 et 2007.

Lindsey Jacobellis (USA) détient le **●plus de médailles en snowboard extrême (femmes)** : elle a été 7 fois médaillée. Elle a remporté 6 médailles d'or de 2003 à 2005 et de 2008 à 2010, et 1 médaille d'argent aux 11e X-Games d'hiver à Aspen/Snowmass (Colorado, USA), en janvier 2007.

●LE PLUS DE MÉDAILLES EN SLOPESTYLE

Shaun White (USA) a gagné 8 médailles en Slopestyle aux X-Games d'hiver, un exploit sans précédent. Il a décroché 5 fois l'or de 2003 à 2006, et en 2009, 1 fois l'argent en 2002, et 2 fois le bronze en 2007 et 2008.

C'est Janna Meyen-Weatherby (USA) qui a remporté le **●plus de médailles en Slopestyle (femmes)**, soit 6, aux X-Games d'hiver : 4 d'or de 2003 à 2006, 1 d'argent en 2002 et 1 de bronze en 2010.

●LE PLUS DE MÉDAILLES EN SUPERPIPE

Shaun White (USA) a remporté 7 médailles en SuperPipe aux X-Games d'hiver : 5 d'or (2003, 2006 et 2008-2010) et 2 d'argent (2002 et 2007). Il a aussi gagné le **●plus de médailles** (14) et le **●plus de médailles d'or** (10) dans l'histoire des X-Games d'hiver. Chez les femmes, Kelly Clark (USA) détient le **●record de médailles en SuperPipe** : 7 d'or en 2002 et 2006, 1 d'argent en 2003 et 2004, 2009 et 2010, et 1 de bronze en 2008.

★UN HIPPY JUMP EN SNOWSKATE

Kyle Williams (USA) a réussi un hippy jump de 47 cm en snowskate aux 14e X-Games d'hiver à Aspen, (Colorado, USA), le 31 janvier 2010.

WINTER X GAMES

LES X-GAMES D'HIVER

Présent aux 14e X-Games d'hiver en janvier 2010, Guinness Worl Records a assisté à de nombreuses tentatives de records en skateboard, en vélo et en snowboard. Ci-dessous, quelques-uns des champions qui ont réalisé des exploits.

PLUS HAUT ! LE 20 MARS 2001, MAT HOFFMAN (USA) A EFFECTUÉ LE PLUS HAUT SAUT (8,07 M) EN BMX. IL S'ÉTAIT FAIT TRACTER PAR UNE MOTO.

HAUT ! LE 19 JUIN 2003, DANNY WAY (USA) A RÉUSSI LE PLUS HAUT SAUT EN SKATEBOARD (7,1 M) EN S'ÉLANÇANT D'UN QUARTERPIPE DE 8,2 M.

CARDIFF, GRANDE-BRETAGNE

51°29'N 3°11'O

Le 29 novembre 2005, des chercheurs de l'université de Cardiff (GB) ont annoncé la mise au point d'un outil pouvant percer des trous de 22 microns (0,022 mm de diamètre), soit les **plus petits trous par perforation**.

SPORTS
TABLEAUX SPORTIFS

ATHLÉTISME - OUTDOOR

HOMMES	TEMPS/DISTANCE	NOM & NATIONALITÉ	LIEU	DATE
●100 m	9"58	Usain Bolt (Jamaïque)	Berlin (Allemagne)	16 août 2009
●200 m	19"19	Usain Bolt (Jamaïque)	Berlin (Allemagne)	20 août 2009
400 m	43"18	Michael Johnson (USA)	Séville (Espagne)	26 août 1999
800 m	1'41"11	Wilson Kipketer (Danemark)	Cologne (Allemagne)	24 août 1997
1 000 m	2'11"96	Noah Ngeny (Kenya)	Rieti (Italie)	5 sept. 1999
1 500 m	3'26"00	Hicham El Guerrouj (Maroc)	Rome (Italie)	14 juill. 1998
1 mile	3'43"13	Hicham El Guerrouj (Maroc)	Rome (Italie)	7 juill. 1999
2 000 m	4'44"79	Hicham El Guerrouj (Maroc)	Berlin (Allemagne)	7 sept. 1999
3 000 m	7'20"67	Daniel Komen (Kenya)	Rieti (Italie)	1er sept. 1996
5 000 m	12'37"35	Kenenisa Bekele (Éthiopie)	Hengelo (Pays-Bas)	31 mai 2004
10 000 m	26'17"53	Kenenisa Bekele (Éthiopie)	Bruxelles (Belgique)	26 août 2005
20 000 m	56'26"00	Haile Gebrselassie (Éthiopie)	Ostrava (Rép. tchèque)	26 juin 2007
1 h	21,285 m	Haile Gebrselassie (Éthiopie)	Ostrava (Rép. tchèque)	27 juin 2007
25 000 m	1 h 13'55"80	Toshihiko Seko (Japon)	Christchurch (N-Z)	22 mars 1981
30 000 m	1 h 29'18"80	Toshihiko Seko (Japon)	Christchurch (N-Z)	22 mars 1981
3 000 m steeple	7'53"63	Saif Saaeed Shaheen (Qatar)	Bruxelles (Belgique)	3 sept. 2004
110 m haies	12"87	Dayron Robles (Cuba)	Ostrava (Rép. tchèque)	12 juin 2008
400 m haies	46"78	Kevin Young (USA)	Barcelone (Espagne)	6 août 1992
RELAIS 4 x 100 m	37"10	Jamaïque (Asafa Powell, Nesta Carter, Michael Frater, Usain Bolt)	Pékin (Chine)	22 août 2008
RELAIS 4 x 200 m	1'18"68	Track Club de Santa Monica, USA (Michael Marsh, Leroy Burrell, Floyd Heard, Carl Lewis)	Walnut (USA)	17 avril 1994
RELAIS 4 x 400 m	2'54"29	USA (Andrew Valmon, Quincy Watts, Harry Reynolds, Michael Johnson)	Stuttgart (Allemagne)	22 août 1993
RELAIS 4 x 800 m	7'02"43	Kenya (Joseph Mutua, William Yiampoy, Ismael Kombich, Wilfred Bungei)	Bruxelles (Belgique)	25 août 2006
RELAIS ●4 x 1 500 m	14'36"23	Kenya (Geoffrey Kipkoech Rono, Augustine Kiprono Choge, William Biwott Tanui, Gideon Gathimba)	Bruxelles (Belgique)	4 sept. 2009

1 500 M HOMMES

Depuis plus de 12 ans, Hicham El Guerrouj (Maroc) détient le record du 1 500 m sur piste en plein air, qu'il a établi au Golden Gala de l'IAAF à Rome (en Italie), en 3 min 26 s le 14 juillet 1998. Il a également réalisé les meilleurs temps mondiaux sur les distances de 1 mile et de 2 000 m.

★ **NOUVEAU RECORD**
● **MISE À JOUR**

FEMMES	TEMPS/DISTANCE	NOM & NATIONALITÉ	LIEU	DATE
100 m	10"49	Florence Griffith-Joyner (USA)	Indianapolis (USA)	16 juill. 1988
200 m	21"34	Florence Griffith-Joyner (USA)	Séoul (Corée du Sud)	29 sept. 1988
400 m	47"60	Marita Koch (ex-RDA)	Canberra (Australie)	6 oct. 1985
800 m	1'53"28	Jarmila Kratochvílová (ex-Tchécoslovaquie)	Munich (Allemagne)	26 juill. 1983
1 000 m	2'28"98	Svetlana Masterkova (Russie)	Bruxelles (Belgique)	23 août 1996
1 500 m	3'50"46	Qu Yunxia (Chine)	Pékin (Chine)	11 sept. 1993
1 mile	4'12"56	Svetlana Masterkova (Russie)	Zurich (Suisse)	14 août 1996
2 000 m	5'25"36	Sonia O'Sullivan (Irlande)	Édimbourg (GB)	8 juill. 1994
3 000 m	8'06"11	Wang Junxia (Chine)	Pékin (Chine)	13 sept. 1993
5 000 m	14'11"15	Tirunesh Dibaba (Éthiopie)	Oslo (Norvège)	6 juin 2008
10 000 m	29'31"78	Wang Junxia (Chine)	Pékin (Chine)	8 sept. 1993
20 000 m	1 h 05'26"60	Tegla Loroupe (Kenya)	Borgholzhausen (Allemagne)	3 sept. 2000
1 h	18,517 m	Dire Tune (Éthiopie)	Ostrava (République tchèque)	12 juin 2008
25 000 m	1 h 27'05"90	Tegla Loroupe (Kenya)	Mengerskirchen (Allemagne)	21 sept. 2002
30 000 m	1 h 45'50"00	Tegla Loroupe (Kenya)	Warstein (Allemagne)	6 juin 2003
3 000 m steeple	8'58"81	Gulnara Samitova-Galkina (Russie)	Pékin (Chine)	17 août 2008
100 m haies	12"21	Yordanka Donkova (Bulgarie)	Stara Zagora (Bulgarie)	20 août 1988
400 m haies	52"34	Yuliya Pechonkina (Russie)	Toula (Russie)	8 août 2003
RELAIS 4 x 100 m	41"37	Ex-RDA (Silke Gladisch, Sabine Rieger, Ingrid Auerswald, Marlies Göhr)	Canberra (Australie)	6 oct. 1985
RELAIS 4 x 200 m	1'27"46	United States "Blue" (LaTasha Jenkins, LaTasha Colander-Richardson, Nanceen Perry, Marion Jones)	Philadelphie (USA)	29 avril 2000
RELAIS 4 x 400 m	3'15"17	Ex-URSS (Tatyana Ledovskaya, Olga Nazarova, Maria Pinigina, Olga Bryzgina)	Séoul (Corée du Sud)	1er oct. 1988
RELAIS 4 x 800 m	7'50"17	Ex-URSS (Nadezhda Olizarenko, Lyubov Gurina, Lyudmila Borisova, Irina Podyalovskaya)	Moscou (Russie)	5 août 1984

À LA TRAÎNE ?
HORMIS LES PERFORMANCES REMARQUABLES D'USAIN BOLT AUX 100 M ET 200 M (VOIR CI-DESSUS), TRÈS PEU DE RECORDS ONT ÉTÉ BATTUS CETTE ANNÉE EN ATHLÉTISME.

55°57'N
3°09'O

ÉDIMBOURG, GRANDE-BRETAGNE

Le **plus grand festival artistique** annuel du monde est le Festival Fringe d'Édimbourg, créé en 1947. Du 7 au 31 août 2009, son année record, il a accueilli 18 901 artistes qui se sont produits dans 2 265 spectacles au cours de 34 265 représentations. Le nombre de billets vendus a atteint le chiffre record de 1 859 235.

ATHLÉTISME – INDOOR

HOMMES	TEMPS/DISTANCE	NOM & NATIONALITÉ	LIEU	DATE
50 m	5"56	Donovan Bailey (Canada)	Reno (USA)	9 févr. 1996
60 m	6"39 6"39	Maurice Greene (USA) Maurice Greene (USA)	Madrid (Espagne) Atlanta (USA)	3 févr. 1998 3 mars 2001
200 m	19"92	Frank Fredericks (Namibie)	Liévin (France)	18 févr. 1996
400 m	44"57	Kerron Clement (USA)	Fayetteville (USA)	12 mars 2005
800 m	1'42"67	Wilson Kipketer (Danemark)	Paris (France)	9 mars 1997
1 000 m	2'14"96	Wilson Kipketer (Danemark)	Birmingham (GB)	20 févr. 2000
1 500 m	3'31"18	Hicham El Guerrouj (Maroc)	Stuttgart (Allemagne)	2 févr. 1997
1 mile	3'48"45	Hicham El Guerrouj (Maroc)	Gand (Belgique)	12 févr. 1997
3 000 m	7'24"90	Daniel Komen (Kenya)	Budapest (Hongrie)	6 févr. 1998
5 000 m	12'49"60	Kenenisa Bekele (Éthiopie)	Birmingham (GB)	20 févr. 2004
50 m haies	6"25	Mark McKoy (Canada)	Kobé (Japon)	5 mars 1986
60 m haies	7"30	Colin Jackson (GB)	Sindelfingen (Allemagne)	6 mars 1994
RELAIS 4 x 200 m	1'22"11	GB & Irlande du Nord (Linford Christie, Darren Braithwaite, Ade Mafe, John Regis)	Glasgow (GB)	3 mars 1991
RELAIS 4 x 400 m	3'02"83	USA (Andre Morris, Dameon Johnson, Deon Minor, Milton Campbell)	Maebashi (Japon)	7 mars 1999
RELAIS 4 x 800 m	7'13"94	Global Athletics & Marketing (USA) (Joey Woody, Karl Paranya, Rich Kenah, David Krummenacker)	Boston (USA)	6 févr. 2000
5 000 m marche	18'07"08	Mikhail Shchennikov (Russie)	Moscou (Russie)	14 févr. 1995

SITES OFFICIELS
ATHLÉTISME : WWW.IAAF.ORG
ULTRA MARATHON : WWW.IAU.ORG.TW

FEMMES	TEMPS/DISTANCE	NOM & NATIONALITÉ	LIEU	DATE
50 m	5"96	Irina Privalova (Russie)	Madrid (Espagne)	9 févr. 1995
60 m	6"92 6"92	Irina Privalova (Russie) Irina Privalova (Russie)	Madrid (Espagne) Madrid (Espagne)	11 févr. 1993 9 févr. 1995
200 m	21"87	Merlene Ottey (Jamaïque)	Liévin (France)	13 févr. 1993
400 m	49"59	Jarmila Kratochvílová (Tchécoslovaquie)	Milan (Italie)	7 mars 1982
800 m	1'55"82	Jolanda Ceplak (Slovénie)	Vienne (Autriche)	3 mars 2002
1 000 m	2'30"94	Maria de Lurdes Mutola (Mozambique)	Stockholm (Suède)	25 févr. 1999
1 500 m	3'58"28	Yelena Soboleva (Russie)	Moscou (Russie)	18 févr. 2006
1 mile	4'17"14	Doina Melinte (Roumanie)	East Rutherford (USA)	9 févr. 1990
3 000 m	8'23"72	Meseret Defar (Éthiopie)	Stuttgart (Allemagne)	3 févr. 2007
5 000 m	14'24"37	Meseret Defar (Éthiopie)	Stockholm (Suède)	18 févr. 2009
50 m haies	6"58	Cornelia Oschkenat (ex-RDA)	Berlin (Allemagne)	20 févr. 1988
60 m haies	7"68	Susanna Kallur (Suède)	Karlsruhe (Allemagne)	10 févr. 2008
RELAIS 4 x 200 m	1'32"41	Russie (Yekaterina Kondratyeva, Irina Khabarova, Yuliya Pechonkina, Yulia Gushchina)	Glasgow (GB)	29 janv. 2005
RELAIS 4 x 400 m	3'23"37	Russie (Yulia Gushchina, Olga Kotlyarova, Olga Zaytseva, Olesya Krasnomovets)	Glasgow (GB)	28 janv. 2006
RELAIS • 4 x 800 m	• 8'12"41	Moscou 1 (Tatyana Andrianova, Oksana Sukhachova-Spasovkhodskaya, Elena Kofanova, Yevgeniya Zinurova)	Moscou (Russie)	28 févr. 2010
3 000 m marche	11'40"33	Claudia Stef (Roumanie)	Bucarest (Roumanie)	30 janv. 1999

• En attente d'homologation au moment de la mise sous presse.

ATHLÉTISME – ULTRA LONGUE DISTANCE

HOMMES	TEMPS/DISTANCE	NOM & NATIONALITÉ	LIEU	DATE
50 km	2'48"06	Jeff Norman (GB)	Timperley (GB)	7 juin 1980
100 km	6'10"20	Donald Ritchie (GB)	Londres (GB)	28 oct. 1978
100 miles	11'28"03	Oleg Kharitonov (Russie)	Londres (GB)	20 oct. 2002
1 000 km	5 jours 16'17"00	Yiannis Kouros (Grèce)	Colac (Australie)	26 nov.-1er déc. 1984
1 000 miles	11 jours 13'54"58	Peter Silkinas (Lituanie)	Nanango (Australie)	11-23 mars 1998
6 h	97,2 km	Donald Ritchie (GB)	Londres (GB)	28 oct. 1978
12 h	162,4 km	Yiannis Kouros (Grèce)	Montauban (France)	15-16 mars 1985
24 h	303,506 km	Yiannis Kouros (Grèce)	Adélaïde (Australie)	4-5 oct. 1997
48 h	473,495 km	Yiannis Kouros (Grèce)	Surgères (France)	3-5 mai 1996
6 jours	1 038,851 km	Yiannis Kouros (Grèce)	Colac (Australie)	20-26 nov. 2005

FEMMES	TEMPS/DISTANCE	NOM & NATIONALITÉ	LIEU	DATE
50 km	3'18"52	Carolyn Hunter-Rowe (GB)	Barry (GB)	3 mars 1996
100 km	7'14"06	Norimi Sakurai (Japon)	Vérone (Italie)	27 sept. 2003
100 miles	14'25"45	Edit Berces (Hongrie)	Vérone (Italie)	21-22 sept. 2002
1 000 km	7 jours 1'28"29	Eleanor Robinson (GB)	Nanango (Australie)	11-18 mars 1998
1 000 miles	13 jours 1'54"02	Eleanor Robinson (GB)	Nanango (Australie)	11-23 mars 1998
6 h	83,2 km	Norimi Sakurai (Japon)	Vérone (Italie)	27 sept. 2003
12 h	147,6 km	Ann Trason (USA)	Hayward (USA)	3-4 août 1991
24 h	250,106 km	Edit Berces (Hongrie)	Vérone (Italie)	21-22 sept. 2002
• 48 h	385,130 km	Mami Kudo (Japon)	Surgères (France)	22-24 mai 2009
6 jours	883,631 km	Sandra Barwick (Nouvelle-Zélande)	Campbelltown (Australie)	18-24 nov. 1990

5 000 M EN SALLE

Meseret Defar (Éthiopie) laisse éclater sa joie après avoir remporté le 5 000 m féminin en 14 min et 24 s 37, au Globe Arena de Stockholm (Suède), le 18 février 2009.

DUNDEE, GRANDE-BRETAGNE

56°28'N 2°59'O

Jenny Wood-Allen (née en 1911), de Dundee (GB), est la **femme la plus âgée à avoir accompli un marathon.** Elle a couru le marathon 2002 de Londres, en 11 h et 34 min, à l'âge de 90 ans et 145 jours.

SPORTS

TABLEAUX SPORTIFS

●SEMI-MARATHON (HOMMES)

Le 21 mars 2010, Zersenay Tadese (Érythrée) a terminé en tête le 20e semi-marathon de Lisbonne (Portugal) en 58 min et 23 s, et a établi un nouveau record de vitesse en courant 20 km en 55 min et 21 s.

★ NOUVEAU RECORD
● MISE À JOUR

ATHLÉTISME – COURSE SUR ROUTE

HOMMES	TEMPS	NOM & NATIONALITÉ	LIEU	DATE
●10 km	27'01"	Micah Kipkemboi Kogo (Kenya)	Brunssum (Pays-Bas)	29 mars 2009
15 km	41'29" 41'29"	Felix Limo (Kenya) Deriba Merga (Éthiopie)	Nimègue (Pays-Bas) Ras Al Khaimah (EAU)	11 nov. 2001 20 févr. 2009
●20 km	55'21"	Zersenay Tadese (Érythrée)	Lisbonne (Portugal)	21 mars 2010
●Semi-marathon	58'23"	Zersenay Tadese (Érythrée)	Lisbonne (Portugal)	21 mars 2010
●25 km	•1 h 11'50"	Samuel Kiplimo Kosgei (Kenya)	Berlin (Allemagne)	9 mai 2010
●30 km	1 h 27'49"	Haile Gebrselassie (Éthiopie)	Berlin (Allemagne)	20 sept. 2009
Marathon	2 h 03'59"	Haile Gebrselassie (Éthiopie)	Berlin (Allemagne)	28 sept. 2008
100 km	6 h 13'33"	Takahiro Sunada (Japon)	Tokoro (Japon)	21 juin 1998
Relais sur route	1 h 57'06"	Kenya (Josephat Ndambiri, Martin Mathathi, Daniel Mwangi, Mekubo Mogusu, Onesmus Nyerere, John Kariuki)	Chiba (Japon)	23 nov. 2005
FEMMES	**TEMPS**	**NOM & NATIONALITÉ**	**LIEU**	**DATE**
10 km	30'21"	Paula Radcliffe (GB)	San Juan (Porto Rico)	23 févr. 2003
●15 km	46'28"	Tirunesh Dibaba (Éthiopie)	Nimègue (Pays-Bas)	15 nov. 2009
20 km	1 h 02'57"	Lornah Kiplagat (Pays-Bas)	Udine (Italie)	14 oct. 2007
Semi-marathon	1 h 06'25"	Lornah Kiplagat (Pays-Bas)	Udine (Italie)	14 oct. 2007
25 km	1 h 22'13"	Mizuki Noguchi (Japon)	Berlin (Allemagne)	25 sept. 2005
30 km	1 h 38'49"	Mizuki Noguchi (Japon)	Berlin (Allemagne)	25 sept. 2005
Marathon	2 h 15'25"	Paula Radcliffe (GB)	Londres (GB)	13 avril 2003
100 km	6 h 33'11"	Tomoe Abe (Japon)	Tokoro (Japon)	25 juin 2000
Relais sur route	2 h 11'41"	Chine (Jiang Bo, Dong Yanmei, Zhao Fentgting, Ma Zaijie, Lan Lixin, Li Na)	Pékin (Chine)	28 févr. 1998

• *En attente d'homologation au moment de la mise sous presse.*

ATHLÉTISME – MARCHE

HOMMES	TEMPS	NOM & NATIONALITÉ	LIEU	DATE
20 000 m	1 h 17'26"	Bernardo Segura (Mexique)	Bergen (Norvège)	7 mai 1994
20 km (route)	1 h 17'16"	Vladimir Kanaykin (Russie)	Saransk (Russie)	29 sept. 2007
30 000 m	2 h 01'44"1	Maurizio Damilano (Italie)	Cuneo (Italie)	3 oct. 1992
50 000 m	3 h 40'57"9	Thierry Toutain (France)	Héricourt (France)	29 sept. 1996
50 km (route)	3 h 34'14"	Denis Nizhegorodov (Russie)	Cheboksary (Russie)	11 mai 2008
FEMMES	**TEMPS**	**NOM & NATIONALITÉ**	**LIEU**	**DATE**
10 000 m	41'56"23	Nadezhda Ryashkina (ex-URSS)	Seattle (USA)	24 juill. 1990
20 000 m	1 h 26'52"3	Olimpiada Ivanova (Russie)	Brisbane (Australie)	6 sept. 2001
20 km (route)	1 h 25'41"	Olimpiada Ivanova (Russie)	Helsinki (Finlande)	7 août 2005

SITES OFFICIELS
ATHLÉTISME & MARCHE : WWW.IAAF.ORG
CYCLISME : WWW.UCI.CH

●HEPTATHLON

Ashton Eaton (USA) est photographié ci-dessous lors de l'épreuve du saut à la perche de l'heptathlon organisé à Fayetteville (USA), le 13 mars 2010. En obtenant le score de 6 499 points, il a battu le record établi par Dan O'Brien 17 ans plus tôt.

ATHLÉTISME – INDOOR

HOMMES	RECORD	NOM & NATIONALITÉ	LIEU	DATE
Saut en hauteur	2,43 m	Javier Sotomayor (Cuba)	Budapest (Hongrie)	4 mars 1989
Saut à la perche	6,15 m	Sergei Bubka (Ukraine)	Donetsk (Ukraine)	21 févr. 1993
Saut en longueur	8,79 m	Carl Lewis (USA)	New York (USA)	27 janv. 1984
●Triple saut	17,90 m	Teddy Tamgho (France)	Doha (Qatar)	14 mars 2010
Lancer du poids	22,66 m	Randy Barnes (USA)	Los Angeles (USA)	20 janv. 1989
●Heptathlon*	•6 499 points	Ashton Eaton (USA)	Fayetteville (USA)	13 mars 2010
FEMMES	**RECORD**	**NOM & NATIONALITÉ**	**LIEU**	**DATE**
Saut en hauteur	2,08 m	Kajsa Bergqvist (Suède)	Arnstadt (Allemagne)	4 févr. 2006
Saut à la perche	5,00 m	Yelena Isinbayeva (Russie)	Donetsk (Ukraine)	15 févr. 2009
Saut en longueur	7,37 m	Heike Drechsler (ex-RDA)	Vienne (Autriche)	13 févr. 1988
Triple saut	15,36 m	Tatyana Lebedeva (Russie)	Budapest (Hongrie)	6 mars 2004
Lancer du poids	22,50 m	Helena Fibingerová (Tchécoslovaquie)	Jablonec (Tchécoslovaquie)	19 févr. 1977
Pentathlon†	4 991 points	Irina Belova (EUN - équipe unifiée)	Berlin (Allemagne)	15 févr. 1992

** 60 m : 6,71 s ; saut en longueur : 7,73 m ; lancer du poids : 13,12 m ; saut en hauteur : 2,11 m ; 60 m haies : 7,77 s ; saut à la perche : 5,10 m ; 1 000 m : 2 min et 32,67 s.*

† 60 m haies : 8,22 s ; saut en hauteur : 1,93 m ; lancer du poids : 13,25 m ; saut en longueur : 6,67 m ; 800 m : 2 min 10 s 26.

• *En attente d'homologation au moment de la mise sous presse.*

53°24'N 2°59'O

LIVERPOOL, GRANDE-BRETAGNE

Le plus grand nombre de Coupes d'Europe remportées par un manager de football est de 3 par Bob Paisley (GB), avec l'équipe du FC Liverpool en 1977, 1978 et 1981.

ATHLÉTISME – OUTDOOR

HOMMES	RECORD	NOM & NATIONALITÉ	LIEU	DATE
Saut en hauteur	2,45 m	Javier Sotomayor (Cuba)	Salamanque (Espagne)	27 juill. 1993
Saut à la perche	6,14 m	Sergei Bubka (Ukraine)	Sestriere (Italie)	31 juill. 1994
Saut en longueur	8,95 m	Mike Powell (USA)	Tokyo (Japon)	30 août 1991
Triple saut	18,29 m	Jonathan Edwards (GB)	Göteborg (Suède)	7 août 1995
Lancer de poids	23,12 m	Randy Barnes (USA)	Los Angeles (USA)	20 mai 1990
Lancer de disque	74,08 m	Jürgen Schult (RDA)	Neubrandenburg (Allemagne)	6 juin 1986
Lancer de marteau	86,74 m	Yuriy Sedykh (ex-URSS)	Stuttgart (Allemagne)	30 août 1986
Lancer de javelot	98,48 m	Jan Železný (République tchèque)	Jena (Allemagne)	25 mai 1996
Décathlon*	9 026 points	Roman Šebrle (République tchèque)	Götzis (Autriche)	27 mai 2001
FEMMES	**RECORD**	**NOM & NATIONALITÉ**	**LIEU**	**DATE**
Saut en hauteur	2,09 m	Stefka Kostadinova (Bulgarie)	Rome (Italie)	30 août 1987
●Saut à la perche	5,06 m	Yelena Isinbayeva (Russie)	Zürich (Suisse)	28 août 2009
Saut en longueur	7,52 m	Galina Chistyakova (ex-URSS)	Saint-Pétersbourg (Russie)	11 juin 1988
Triple saut	15,50 m	Inessa Kravets (Ukraine)	Göteborg (Suède)	10 août 1995
Lancer de poids	22,63 m	Natalya Lisovskaya (ex-URSS)	Moscou (Russie)	7 juin 1987
Lancer de disque	76,80 m	Gabriele Reinsch (GDR)	Neubrandenburg (Allemagne)	9 juill. 1988
● Lancer de marteau	77,96 m	Anita Wlodarczyk (Pologne)	Berlin (Allemagne)	22 août 2009
Lancer de javelot	72,28 m	Barbora Spotáková (République tchèque)	Stuttgart (Allemagne)	13 sept. 2008
Heptathlon†	7 291 points	Jacqueline Joyner-Kersee (USA)	Séoul (Corée du Sud)	24 sept. 1988
Décathlon**	8 358 points	Austra Skujyte (Lituanie)	Columbia (USA)	15 avr. 2005

** 100 m : 10,64 s ; saut en longueur : 8,11 m ; lancer de poids : 15,33 m ; saut en hauteur : 2,12 m ; 400 m : 47,79 s ; 110 m haies : 13,92 s ; lancer de disque : 47,92 m ; saut à la perche : 4,80 m ; lancer de javelot : 70,16 m ; 1 500 m : 4 min et 21,98 s*

† 100 m haies : 12,69 s ; saut en hauteur : 1,86 m ; lancer de poids : 15,80 m ; 200 m : 22,56 s ; saut en longueur : 7,27 m; lancer de javelot : 45,66 m ; 800 m : 2 min et 8,51 s

*** 100 m : 12,49 s ; saut en longueur : 6,12 m ; lancer de poids : 16,42 m ; saut en hauteur : 1,78 m; 400 m : 57,19 s ; 100 m haies : 14,22 s ; lancer du disque : 46,19 m ; saut à la perche : 3,10 m ; lancer de javelot : 48,78 m; 1 500 m : 5 min et 15,86 s*

●SAUT À LA PERCHE (FEMMES)

Yelena Isinbayeva (Russie) est généralement considérée comme la meilleure athlète de tous les temps en saut à la perche. Elle détient 27 records mondiaux (15 en extérieur et 12 en salle). Ici, elle fête sa victoire après avoir battu son propre record en extérieur avec un saut de 5,06 m au Golden League Athletics meeting de l'IAAF à Zurich (Suisse), le 28 août 2009.

CYCLISME SUR PISTE

HOMMES	TEMPS/DISTANCE	NOM & NATIONALITÉ	LIEU	DATE
●200 m *(départ lancé)*	9"572	Kevin Sireau (France)	Moscou (Russie)	30 mai 2009
500 m *(départ lancé)*	24"758	Chris Hoy (GB)	La Paz (Bolivie)	13 mai 2007
1 km *(départ arrêté)*	58"875	Arnaud Tournant (France)	La Paz (Bolivie)	10 oct. 2001
4 km *(départ arrêté)*	4'11"114	Christopher Boardman (GB)	Manchester (GB)	29 août 1996
Équipe 4 km *(départ arrêté)*	3'53"314	GB (Ed Clancy, Paul Manning, Geraint Thomas, Bradley Wiggins)	Pékin (Chine)	18 août 2008
1 h	*49,7 km	Ondrej Sosenka (République tchèque)	Moscou (Russie)	19 juill. 2005
FEMMES	**TEMPS/DISTANCE**	**NOM & NATIONALITÉ**	**LIEU**	**DATE**
200 m *(départ lancé)*	10"831	Olga Slioussareva (Russie)	Moscou (Russie)	25 avr. 1993
500 m *(départ lancé)*	29"655	Erika Salumäe (ex-URSS)	Moscou (Russie)	6 août 1987
●500 m *(départ arrêté)*	33"296	Simona Krupeckaite (Lituanie)	Pruszków (Pologne)	25 mars 2009
3 km *(départ arrêté)*	3'24"537	Sarah Ulmer (Australie)	Athènes (Grèce)	22 août 2004
1 h	*46,065 km	Leontien Zijlaard-Van Moorsel (Pays-Bas)	Mexique (Mexique)	1 oct. 2003

**De meilleurs records de distance/heure ont été atteints sur des vélos qui ne sont plus autorisés par l'Union cycliste internationale (UCI). Les records établis en 1 h respectent les nouvelles règles de l'UCI.*

500 M DÉPART LANCÉ HOMMES (CYCLISME)

Chris Hoy (GB) a battu le record mondial du 500 m en altitude au vélodrome d'Alto Irpavi à La Paz (Bolivie), le 13 mai 2007. Il a parcouru cette distance en 24,758 s.

INFO

LE SAVIEZ-VOUS ?

LE CYCLISME SUR PISTE DATE DE LA FIN DU XIXE SIÈCLE. LES PREMIERS CHAMPIONNATS DU MONDE DANS CETTE DISCIPLINE ONT EU LIEU EN 1895. UN AN PLUS TARD, EN 1896, LES PREMIERS JEUX OLYMPIQUES MODERNES INCLUAIENT UNE ÉPREUVE DE CYCLISME.

●500 M DÉPART ARRÊTÉ FEMMES (CYCLISME)

Simona Krupeckaite (Lituanie) a parcouru le 500 m féminin en 33,296 s aux championnats du monde de cyclisme sur piste de l'UCI, organisés au BGZ Arena de Pruszków en Pologne, le 25 mars 2009.

BILBAO, ESPAGNE

Le musée Guggenheim de Bilbao, en Espagne, inauguré le 18 octobre 1997, mesure 137,16 m de long. Il détient donc le record de la **plus grande galerie d'art**.

43°15'N
2°55'O

SPORTS
TABLEAUX SPORTIFS

★★★★★

●APNÉE STATIQUE (HOMMES)
Le 8 juin 2009 à Hyères (Var), l'apnéiste Stéphane Mifsud (France) est resté en apnée statique sous l'eau durant 11 min et 35 s.

PLONGÉE EN APNÉE

HOMMES	PROFONDEUR/ TEMPS	NOM & NATIONALITÉ	LIEU	DATE
●Poids constant avec palmes	•124 m	Herbert Nitsch (Australie)	Bahamas	22 avr. 2010
●Poids constant sans palmes	•95 m	William Trubridge (Nouvelle-Zélande)	Bahamas	26 avr. 2010
●Poids variable	142 m	Herbert Nitsch (Australie)	Bahamas	7 déc. 2009
No limit	214 m	Herbert Nitsch (Australie)	Spetses (Grèce)	14 juin 2007
●Immersion libre	•120 m	Herbert Nitsch (Australie)	Bahamas	25 avr. 2010
APNÉE DYNAMIQUE (HOMMES)	**PROFONDEUR/ TEMPS**	**NOM & NATIONALITÉ**	**LIEU**	**DATE**
Avec palmes	250 m	Alexey Molchanov (Russie)	Lignano (Italie)	5 oct. 2008
Sans palmes	213 m 213 m	Tom Sietas (Allemagne) Dave Mullins (N.-Zélande)	Hambourg (Allemagne) Wellington (N.-Zélande)	2 juill. 2008 12 août 2008
APNÉE STATIQUE (HOMMES)	**PROFONDEUR/ TEMPS**	**NOM & NATIONALITÉ**	**LIEU**	**DATE**
●Durée	11 '35"	Stephane Mifsud (France)	Hyères (France)	8 juin 2009
FEMMES	**PROFONDEUR/ TEMPS**	**NOM & NATIONALITÉ**	**LIEU**	**DATE**
Poids constant avec palmes	96 m	Sara Campbell (GB)	Bahamas	2 avr. 2009
●Poids constant sans palmes	62 m	Natalia Molchanova (Russie)	Bahamas	3 déc. 2009
Poids variable	122 m	Tanya Streeter (USA)	Îles Turques-et-Caïques	19 juill. 2003
No limit	160 m	Tanya Streeter (USA)	Îles Turques-et-Caïques	17 août 2002
Immersion libre	85 m	Natalia Molchanova (Russie)	Crète (Grèce)	27 juill. 2008
APNÉE DYNAMIQUE (FEMMES)	**PROFONDEUR/ TEMPS**	**NOM & NATIONALITÉ**	**LIEU**	**DATE**
●Avec palmes	225 m	Natalia Molchanova (Russie)	Moscou (Russie)	25 avr. 2010
●Sans palmes	160 m	Natalia Molchanova (Russie)	Aarhus (Danemark)	20 août 2009
APNÉE STATIQUE (FEMMES)	**PROFONDEUR/ TEMPS**	**NOM & NATIONALITÉ**	**LIEU**	**DATE**
●Durée	8 '23"	Natalia Molchanova (Russie)	Aarhus (Danemark)	21 août 2009

AVIRON

HOMMES	TEMPS	NOM & NATIONALITÉ	LIEU	DATE
●Skiff	6'33"35	Mahe Drysdale (Nouvelle-Zélande)	Poznań (Pologne)	29 août 2009
2 de couple	6'03"25	Jean-Baptiste Macquet, Adrien Hardy (France)	Poznań (Pologne)	17 juin 2006
4 de couple	5'36"20	Christopher Morgan, James McRae, Brendan Long, Daniel Noonan (Australie)	Pékin (Chine)	10 août 2008
2 sans barreur	6'14"27	Matthew Pinsent, James Cracknell (GB)	Séville (Espagne)	21 sept. 2002
4 sans barreur	5'41"35	Sebastian Thormann, Paul Dienstbach, Philipp Stüer, Bernd Heidicker (Allemagne)	Séville (Espagne)	21 sept. 2002
2 barré*	6'42"16	Igor Boraska, Tihomir Frankovic, Milan Razov (Croatie)	Indianapolis (USA)	18 sept. 1994
4 barré*	5'58"96	Matthias Ungemach, Armin Eichholz, Armin Weyrauch, Bahne Rabe, Jörg Dederding (Allemagne)	Vienne (Autriche)	24 août 1991
8 barré	5'19"85	Deakin, Beery, Hoopman, Volpenhein, Cipollone, Read, Allen, Ahrens, Hansen (USA)	Athènes (Grèce)	15 août 2004
POIDS LÉGERS	**TEMPS**	**NOM & NATIONALITÉ**	**LIEU**	**DATE**
Skiff*	6'47"82	Zac Purchase (GB)	Eton (GB)	26 août 2006
2 de couple	6'10"02	Mads Rasmussen, Rasmus Quist (Danemark)	Amsterdam (Pays-Bas)	23 juin 2007
4 de couple*	5'45"18	Francesco Esposito, Massimo Lana, Michelangelo Crispi, Massimo Guglielmi (Italie)	Montréal (Canada)	août 1992
2 sans barreur*	6'26"61	Tony O'Connor, Neville Maxwell (Irlande)	Paris (France)	1994
4 sans barreur	5'45"60	Thomas Poulsen, Thomas Ebert, Eskild Ebbesen, Victor Feddersen (Danemark)	Lucerne (Suisse)	9 juill. 1999
8 barré*	5'30"24	Altena, Dahlke, Kobor, Stomporowski, Melges, März, Buchheit, Von Warburg, Kaska (Allemagne)	Montréal (Canada)	août 1992
FEMMES	**TEMPS**	**NOM & NATIONALITÉ**	**LIEU**	**DATE**
Skiff*	7'07"71	Rumyana Neykova (Bulgarie)	Séville (Espagne)	21 sept. 2002
2 de couple	6'38"78	Georgina et Caroline Evers-Swindell (Nouvelle-Zélande)	Séville (Espagne)	21 sept. 2002
4 de couple*	6'10"80	Kathrin Boron, Katrin Rutschow-Stomporowski, Jana Sorgers, Kerstin Köppen (Allemagne)	Duisburg (Allemagne)	19 mai 1996
2 sans barreur*	6'53"80	Georgeta Andrunache, Viorica Susanu (Roumanie)	Séville (Espagne)	21 sept. 2002
4 sans barreur	6'25"35	Robyn Selby Smith, Jo Lutz, Amber Bradley, Kate Hornsey (Australie)	Eton (GB)	26 août 2006
8 barré*	5'55"50	Mickelson, Whipple, Lind, Goodale, Sickler, Cooke, Shoop, Francia, Davies (USA)	Eton (GB)	27 août 2006
POIDS LÉGERS	**TEMPS**	**NOM & NATIONALITÉ**	**LIEU**	**DATE**
Skiff*	7'28"15	Constanta Pipota (Roumanie)	Paris (France)	19 juin 1994
2 de couple	6'49"77	Dongxiang Xu, Shimin Yan (Chine)	Poznań (Pologne)	17 juin 2006
4 de couple*	6'23"96	Hua Yu, Haixia Chen, Xuefei Fan, Jing Liu (Chine)	Eton (GB)	27 août 2006
2 sans barreur*	7'18"32	Eliza Blair, Justine Joyce (Australie)	Aiguebelette-le-Lac (France)	7 sept. 1997

Désigne des catégories d'embarcations non olympiques.

53°28'N 2°14'O

MANCHESTER, GRANDE-BRETAGNE
Liverpool Road Station, à Manchester (GB), est la **plus ancienne gare ferroviaire du monde**. Elle a été mise en service le 15 septembre 1830, puis définitivement fermée le 30 septembre 1975.

PATINAGE DE VITESSE – PISTE LONGUE

HOMMES	TEMPS/POINTS	NOM & NATIONALITÉ	LIEU	DATE
500 m	34"03	Jeremy Wotherspoon (Canada)	Salt Lake City (USA)	9 nov. 2007
2 x 500 m	68"31	Jeremy Wotherspoon (Canada)	Calgary (Canada)	15 mars 2008
1 000 m	1'06"42	Shani Davis (USA)	Salt Lake City (USA)	7 mars 2009
● 1 500 m	•1'41"04	Shani Davis (USA)	Salt Lake City (USA)	11 déc. 2009
3 000 m	3'37"28	Eskil Ervik (Norvège)	Calgary (Canada)	5 nov. 2005
5 000 m	6'03"32	Sven Kramer (Pays-Bas)	Calgary (Canada)	17 nov. 2007
10 000 m	12'41"69	Sven Kramer (Pays-Bas)	Salt Lake City (USA)	10 mars 2007
500/1 000/500/1 000 m	137 230 points	Jeremy Wotherspoon (Canada)	Calgary (Canada)	18-19 janv. 2003
500/3 000/1 500/5 000 m	146 365 points	Erben Wennemars (Pays-Bas)	Calgary (Canada)	12-13 août 2005
500/5 000/1 500/10 000 m	145 742 points	Shani Davis (USA)	Calgary (Canada)	18-19 mars 2006
Poursuite par équipe (huit tours)	3'37"80	Pays-Bas (Sven Kramer, Carl Verheijen, Erben Wennemars)	Salt Lake City (USA)	11 mars 2007
FEMMES	**TEMPS/POINTS**	**NOM & NATIONALITÉ**	**LIEU**	**DATE**
● 500 m	•37"00	Jenny Wolf (Allemagne)	Salt Lake City (USA)	11 déc. 2009
2 x 500 m	74"42	Jenny Wolf (Allemagne)	Salt Lake City (USA)	10 mars 2007
1 000 m	1'13"11	Cindy Klassen (Canada)	Calgary (Canada)	25 mars 2006
1 500 m	1'51"79	Cindy Klassen (Canada)	Salt Lake City (USA)	20 nov. 2005
3 000 m	3'53"34	Cindy Klassen (Canada)	Calgary (Canada)	18 mars 2006
5 000 m	6'45"61	Martina Sábliková (République tchèque)	Salt Lake City (USA)	11 mars 2007
500/1 000/500/1 000 m	149 305 points 149 305 points	Monique Garbrecht-Enfeldt (Allemagne) Cindy Klassen (Canada)	Salt Lake City (USA) Calgary (Canada)	11-12 janv. 2003 24-25 mars 2006
500/1 500/1 000/3 000 m	155 576 points	Cindy Klassen (Canada)	Calgary (Canada)	15-17 mars 2001
500/3 000/1 500/5 000 m	154 580 points	Cindy Klassen (Canada)	Calgary (Canada)	18-19 mars 2006
● Poursuite par équipe (six tours)	2'55"79	Canada (Kristina Groves, Christine Nesbitt, Brittany Schussler)	Calgary (Canada)	6 déc. 2009

•En attente d'homologation au moment de la mise sous presse.

PATINAGE DE VITESSE – PISTE COURTE

HOMMES	TEMPS/POINTS	NOM & NATIONALITÉ	LIEU	DATE
● 500 m	•40"651	Sung Si-Bak (Corée du Sud)	Marquette (USA)	14 nov. 2009
1 000 m	1'23"454	Charles Hamelin (Canada)	Montréal (Canada)	18 janv. 2009
1 500 m	2'10"639	Ahn Hyun-Soo (Corée du Sud)	Marquette (USA)	24 oct. 2003
3 000 m	4'32"646	Ahn Hyun-Soo (Corée du Sud)	Pékin (Chine)	7 déc. 2003
Relais 5 000 m	6'38"486	Corée du Sud (Kwak Yoon-Gy, Lee Ho-Suk, Lee Jung-Su, Sung Si-Bak)	Salt Lake City (USA)	19 oct. 2008
FEMMES	**TEMPS/POINTS**	**NOM & NATIONALITÉ**	**LIEU**	**DATE**
500 m	42"609	Wang Meng (Chine)	Pékin (Chine)	29 nov. 2008
● 1 000 m	•1'29"049	Zhou Yang (Chine)	Vancouver (Canada)	26 févr. 2010
1 500 m	2'16"729	Zhou Yang (Chine)	Salt Lake City (USA)	9 févr. 2008
3 000 m	4'46"983	Jung Eun-Ju (Corée du Sud)	Harbin (Chine)	15 mars 2008
● Relais 3 000 m	•4'06"610	Chine (Sun Linlin, Wang Meng, Zhang Hui, Zhou Yang)	Vancouver (Canada)	24 févr. 2010

•En attente d'homologation au moment de la mise sous presse.

★ **NOUVEAU RECORD**
● **MISE À JOUR**

1 500 M HOMMES SUR PISTE LONGUE

Shani Davis (USA) sur la patinoire olympique de l'Utah à Salt Lake City (USA), au cours des championnats du monde de patinage de vitesse de l'ISU. Il a terminé l'épreuve en 1 min 41 s 04. Davis détient en outre le record du grand combiné, remporté en mars 2006 avec 145 742 points, et celui du 1 000 m en 1 min 6 s 42.

SITES OFFICIELS

PLONGÉE EN APNÉE : WWW.AIDA-INTERNATIONAL.ORG
AVIRON : WWW.WORLDROWING.COM
PATINAGE DE VITESSE : WWW.ISU.ORG

● RELAIS FÉMININ 3000 M SUR PISTE COURTE

Les Chinoises qui ont remporté la médaille d'or, Sun Linlin, Wang Meng, Zhang Hui et Zhou Yang (de gauche à droite), assistent à la cérémonie de remise des médailles dans le stade olympique de Vancouver (Canada). Le 24 février 2010, elles ont achevé le relais en 4 min 6 s 61.

SPORTS
TABLEAUX SPORTIFS

NATATION – COURSE LONGUE (BASSIN DE 50 M)

HOMMES	TEMPS	NOM & NATIONALITÉ	LIEU	DATE
● 50 m nage libre	20"91	Cesar Cielo Filho (Brésil)	Sao Paulo (Brésil)	18 déc. 2009
● 100 m nage libre	46"91	Cesar Cielo Filho (Brésil)	Rome (Italie)	30 juill. 2009
● 200 m nage libre	1'42"00	Paul Biedermann (Allemagne)	Rome (Italie)	28 juill. 2009
● 400 m nage libre	3'40"07	Paul Biedermann (Allemagne)	Rome (Italie)	26 juill. 2009
● 800 m nage libre	7'32"12	Zhang Lin (Chine)	Rome (Italie)	29 juill. 2009
1 500 m nage libre	14'34"56	Grant Hackett (Australie)	Fukuoka (Japon)	29 juill. 2001
Relais 4 x 100 m nage libre	3'08"24	USA (Michael Phelps, Garrett Weber-Gale, Cullen Jones, Jason Lezak)	Pékin (Chine)	11 août 2008
● Relais 4 x 200 m nage libre	6'58"55	USA (Michael Phelps, Ricky Berens, David Walters, Ryan Lochte)	Rome (Italie)	31 juill. 2009
50 m papillon	22"43	Rafael Muñoz (Espagne)	Málaga (Espagne)	5 avr. 2009
● 100 m papillon	49"82	Michael Phelps (USA)	Rome (Italie)	1er août 2009
● 200 m papillon	1'51"51	Michael Phelps (USA)	Rome (Italie)	29 juill. 2009
● 50 m dos	24"04	Liam Tancock (GB)	Rome (Italie)	2 août 2009
● 100 m dos	51"94	Aaron Peirsol (USA)	Indianapolis (USA)	8 juill. 2009
● 200 m dos	1'51"92	Aaron Peirsol (USA)	Rome (Italie)	31 juill. 2009
● 50 m brasse	26"67	Cameron van der Burgh (Afrique du Sud)	Rome (Italie)	29 juill. 2009
● 100 m brasse	58"58	Brenton Rickard (Australie)	Rome (Italie)	27 juill. 2009
● 200 m brasse	2'07"31	Christian Sprenger (Australie)	Rome (Italie)	30 juill. 2009
● 200 m 4 nages	1'54"10	Ryan Lochte (USA)	Rome (Italie)	30 juill. 2009
400 m 4 nages	4'03"84	Michael Phelps (USA)	Pékin (Chine)	10 août 2008
● Relais 4 x 100 m 4 nages	3'27"28	USA (Aaron Peirsol, Eric Shanteau, Michael Phelps, David Walters)	Rome (Italie)	2 août 2009

FEMMES	TEMPS	NOM & NATIONAITÉ	LIEU	DATE
● 50 m nage libre	23"73	Britta Steffen (Allemagne)	Rome (Italie)	2 août 2009
● 100 m nage libre	52"07	Britta Steffen (Allemagne)	Rome (Italie)	31 juill. 2009
● 200 m nage libre	1'52"98	Federica Pellegrini (Italie)	Rome (Italie)	29 juill. 2009
● 400 m nage libre	3'59"15	Federica Pellegrini (Italie)	Rome (Italie)	26 juill. 2009
800 m nage libre	8'14"10	Rebecca Adlington (GB)	Pékin (Chine)	16 août 2008
1,500 m nage libre	15'42"54	Kate Ziegler (USA)	Mission Viejo (USA)	17 juin 2007
● Relais 4 x 100 m nage libre	3'31"72	Pays-Bas (Inge Dekker, Ranomi Kromowidjojo, Femke Heemskerk, Marleen Veldhuis)	Rome (Italie)	26 juill. 2009
● Relais 4 x 200 m nage libre	7'42"08	Chine (Yang Yu, Zhu Qian Wei, Liu Jing, Pang Jiaying)	Rome (Italie)	30 juill. 2009
● 50 m papillon	25"07	Therese Alshammar (Suède)	Rome (Italie)	31 juill. 2009
● 100 m papillon	56"06	Sarah Sjostrom (Suède)	Rome (Italie)	27 juill. 2009
● 200 m papillon	•2'01"81	Liu Zige (Chine)	Jinan (Chine)	21 oct. 2009
● 50 m dos	27"06	Zhao Jing (Chine)	Rome (Italie)	30 juill. 2009
● 100 m dos	58"12	Gemma Spofforth (GB)	Rome (Italie)	28 juill. 2009
● 200 m dos	2'04"81	Kirsty Coventry (Zimbabwe)	Rome (Italie)	1er août 2009
● 50 m brasse	29"80	Jessica Hardy (USA)	Federal Way (USA)	7 août 2009
● 100 m brasse	1'04"45	Jessica Hardy (USA)	Federal Way (USA)	7 août 2009
● 200 m brasse	2'20"12	Annamay Pierse (Canada)	Rome (Italie)	30 juill. 2009
● 200 m 4 nages	2'06"15	Ariana Kukors (USA)	Rome (Italie)	27 juill. 2009
400 m 4 nages	4'29"45	Stephanie Rice (Australie)	Pékin (Chine)	10 août 2008
● Relais 4 x 100 m 4 nages	3'52"19	Chine (Zhao Jing, Chen Huijia, Jiao Liuyang, Li Zhesi)	Rome (Italie)	1er août 2009

• *En attente d'homologation au moment de la mise sous presse.*

● 200 M BRASSE (HOMMES)

Christian Sprenger (Australie) est en finale du 200 m brasse au cours des 13es championnats du monde de la Fédération internationale de natation (FINA), le 30 juillet 2009 à Rome (Italie). Il a terminé l'épreuve en 2 min et 7,31 s.

★ NOUVEAU RECORD
● MISE À JOUR

● 50 M DOS (HOMMES)

Liam Tancock (GB) sur la plus haute marche du podium après avoir remporté le 50 m dos des championnats du monde de la FINA à Rome (Italie), le 2 août 2009. Il a obtenu la médaille d'or et établi le nouveau record du monde à 24,04 s.

53°48'N 1°33'O

LEEDS, GRANDE-BRETAGNE

Le **plus ancien film** consiste en un rouleau de pellicule de 53,9 mm de largeur projeté à la vitesse de 10 à 12 images par seconde. Louis Aimé Augustin Le Prince (GB) a tourné ce film dans le jardin de son beau-père, Joseph Whitley, à Roundhay, un quartier de Leeds, dans le West Yorkshire (GB), en octobre 1888.

NATATION – COURSE COURTE (BASSIN DE 25 M)

HOMMES	TEMPS	NOM & NATIONALITÉ	LIEU	DATE
●50 m nage libre	20"30	Roland Schoeman (Afrique du Sud)	Pietermaritzburg (Afrique du Sud)	8 août 2009
100 m nage libre	44"94	Amaury Leveaux (France)	Rijeka (Croatie)	13 déc. 2008
●200 m nage libre	1'39"37	Paul Biedermann (Allemagne)	Berlin (Allemagne)	15 nov. 2009
●400 m nage libre	3'32"77	Paul Biedermann (Allemagne)	Berlin (Allemagne)	14 nov. 2009
800 m nage libre	7'23"42	Grant Hackett (Australie)	Melbourne (Australie)	20 juill. 2008
1,500 m nage libre	14'10"10	Grant Hackett (Australie)	Perth (Australie)	7 août 2001
●relais 4 x 100 m nage libre	3'03"30	USA (Nathan Adrian, Matt Greves, Garrett Weber-Gale, Michael Phelps)	Manchester (GB)	19 déc. 2009
●relais 4 x 200 m nage libre	6'51"05	Canada (Colin Russel, Stefan Hirniak, Brent Hayden, Joel Greenshields)	Leeds (GB)	7 août 2009
●50 m papillon	21"80	Steffen Deibler (Allemagne)	Berlin (Allemagne)	14 nov. 2009
●100 m papillon	48"48	Evgeny Korotyshkin (Russie)	Berlin (Allemagne)	15 nov. 2009
●200 m papillon	1'49"11	Kaio Almeida (Brésil)	Stockholm (Suède)	10 nov. 2009
●50 m dos	22"61	Peter Marshall (USA)	Singapour (Singapour)	22 nov. 2009
●100 m dos	48"94	Nick Thoman (USA)	Manchester (GB)	18 déc. 2009
●200 m dos	1'46"11	Arkady Vyatchanin (Russie)	Berlin (Allemagne)	15 nov. 2009
●50 m brasse	25"25	Cameron van der Burgh (Afrique du Sud)	Berlin (Allemagne)	14 nov. 2009
●100 m brasse	55"61	Cameron van der Burgh (Afrique du Sud)	Berlin (Allemagne)	15 nov. 2009
●200 m brasse	•2'00"67	Daniel Gyurta (Hongrie)	Istanbul (Turquie)	13 déc. 2009
●100 m 4 nages	•50"76	Peter Mankoc (Slovénie)	Istanbul (Turquie)	12 déc. 2009
●200 m 4 nages	1'51"55	Darian Townsend (Afrique du Sud)	Berlin (Allemagne)	15 nov. 2009
●400 m 4 nages	•3'57"27	Laszlo Cseh (Hongrie)	Istanbul (Turquie)	11 déc. 2009
●relais 4 x 100 m 4 nages	3'19"16	Russie (Stanislav Donets, Sergey Geybel, Evgeny Korotyshkin, Danila Izotov)	Saint-Pétersbourg (Russie)	20 déc. 2009
FEMMES	**TEMPS**	**NOM & NATIONALITÉ**	**LIEU**	**DATE**
50 m nage libre	23"25	Marleen Veldhuis (Pays-Bas)	Manchester (GB)	13 avr. 2008
●100 m nage libre	51"01	Lisbeth Trickett (Australie)	Hobart (Australie)	10 août 2009
●200 m nage libre	•1'51"17	Federica Pellegrini (Italie)	Istanbul (Turquie)	13 déc. 2009
●400 m nage libre	3'54"92	Joanne Jackson (GB)	Leeds (GB)	8 août 2009
800 m nage libre	8'04"53	Alessia Filippi (Italie)	Rijeka (Croatie)	12 déc. 2008
●1 500 m nage libre	15'28"65	Lotte Friis (Danemark)	Birkerod (Danemark)	28 nov. 2009
relais 4 x 100 m nage libre	3'28"22	Pays-Bas (Hinkelien Schreuder, Inge Dekker, Ranomi Kromowidjojo, Marleen Veldhuis)	Amsterdam (Pays-Bas)	19 déc. 2008
relais 4 x 200 m nage libre	7'38"90	Pays-Bas (Inge Dekker, Femke Heemskerk, Marleen Veldhuis, Ranomi Kromowidjojo)	Manchester (GB)	9 avr. 2008
●50 m papillon	24"38	Therese Alshammar (Suède)	Singapour (Singapour)	22 nov. 2009
●100 m papillon	•55"05	Diane Bui-Duyet (France)	Istanbul (Turquie)	12 déc. 2009
●200 m papillon	2'00"78	Liu Zige (Chine)	Berlin (Allemagne)	15 nov. 2009
●50 m dos	•25"70	Sanja Jovanovic (Croatie)	Istanbul (Turquie)	12 déc. 2009
●100 m dos	55"23	Sakai Shiho (Japon)	Berlin (Allemagne)	15 nov. 2009
●200 m dos	2'00"18	Sakai Shiho (Japon)	Berlin (Allemagne)	14 nov. 2009
●50 m brasse	28"80	Jessica Hardy (USA)	Berlin (Allemagne)	15 nov. 2009
●100 m brasse	1'02"70	Rebecca Soni (USA)	Manchester (GB)	19 déc. 2009
●200 m brasse	2'14"57	Rebecca Soni (USA)	Manchester (GB)	18 déc. 2009
●100 m 4 nages	57"74	Hinkelien Schreuder (Pays-Bas)	Berlin (Allemagne)	15 nov. 2009
●200 m 4 nages	2'04"60	Julia Smit (USA)	Manchester (GB)	19 déc. 2009
●400 m 4 nages	4'21"04	Julia Smit (USA)	Manchester (GB)	18 déc. 2009
●relais 4 x 100 m 4 nages	3'47"97	USA (Margaret Hoelzer, Jessica Hardy, Dana Vollmer, Amanda Weir)	Manchester (GB)	18 déc. 2009

• En attente d'homologation au moment de la mise sous presse.

SITE OFFICIEL
NATATION : WWW.FINA.ORG

●50 M PAPILLON (HOMMES)

Le 14 novembre 2009, lors de la coupe du monde de la FINA à Berlin, Steffen Deibler (Allemagne) participe à l'épreuve masculine du 50 m papillon. Il établit un record en franchissant cette distance en 21,80 s.

●1 500 M NAGE LIBRE (FEMMES)

Le 28 novembre 2009, Lotte Friis (Danemark) met 15 min 28 s 65 pour parcourir le 1 500 m nage libre femmes en petit bassin à Birkerod (Danemark).

ENCORE ! SI VOUS VOUS INTÉRESSEZ AUX RECORDS EN PLEINE MER, CONSULTEZ LA P. 118.

SARAGOSSE, ESPAGNE

Le 18 mai 2003, à Saragosse en Espagne, 157 couples ont dansé une "jota de Aragón" pendant 8 min. Il s'agissait de la **danse rythmée au son des castagnettes réunissant le plus de participants.**

41°39'N 0°53'O

SPORTS
TABLEAUX SPORTIFS

●ARRACHÉ 77 KG (HOMMES)

Lu Xiaojun (Chine) a soulevé 174 kg pour l'épreuve de l'arraché dans la catégorie 77 kg (hommes) aux World Weightlifting Championships de Goyang (Corée du Sud), le 24 novembre 2009. Xiaojun détient aussi le record du total avec 378 kg, réalisé lors de cet événement.

●ÉPAULÉ-JETÉ 75+ KG (FEMMES)

Jang Mi-Ran (Corée du Sud) exulte après avoir soulevé 187 kg à l'épreuve de l'épaulé-jeté dans la catégorie de 75+ kg (femmes) aux World Weightlifting Championships de Goyang (Corée du Sud), le 28 novembre 2009. Elle est également la meilleure de sa catégorie pour l'arraché et le total.

SITES OFFICIELS :
HALTÉROPHILIE : WWW.IWF.NET
SKI NAUTIQUE : WWW.IWSF.COM

HALTÉROPHILIE

HOMMES	CATÉGORIE	POIDS	NOM & NATIONALITÉ	LIEU	DATE
56 kg	Arraché	138 kg	Halil Mutlu (Turquie)	Antalya (Turquie)	4 nov. 2001
	Épaulé-jeté	168 kg	Halil Mutlu (Turquie)	Trencín (Slovaquie)	24 avr. 2001
	Total	305 kg	Halil Mutlu (Turquie)	Sydney (Australie)	16 sept. 2000
62 kg	Arraché	153 kg	Shi Zhiyong (Chine)	Izmir (Turquie)	28 juin 2002
	Épaulé-jeté	182 kg	Le Maosheng (Chine)	Busan (Corée du Sud)	2 oct. 2002
	Total	326 kg	Zhang Jie (Chine)	Kanazawa (Japon)	28 avr. 2008
69 kg	Arraché	165 kg	Georgi Markov (Bulgarie)	Sydney (Australie)	20 sept. 2000
	Épaulé-jeté	197 kg	Zhang Guozheng (Chine)	Qinhuangdao (Chine)	11 sept. 2003
	Total	357 kg	Galabin Boevski (Bulgarie)	Athènes (Grèce)	24 nov. 1999
77 kg	●Arraché	174 kg	Lu Xiaojun (Chine)	Goyang (Corée du Sud)	24 nov. 2009
	Épaulé-jeté	210 kg	Oleg Perepetchenov (Russie)	Trencín (Slovaquie)	27 avr. 2001
	●Total	378 kg	Lu Xiaojun (Chine)	Goyang (Corée du Sud)	24 nov. 2009
85 kg	Arraché	187 kg	Andrei Rybakou (Biélorussie)	Chiang Mai (Thaïlande)	22 sept. 2007
	Épaulé-jeté	218 kg	Zhang Yong (Chine)	Ramat Gan (Israël)	25 avr. 1998
	Total	394 kg	Andrei Rybakou (Biélorussie)	Pékin (Chine)	15 août 2008
94 kg	Arraché	188 kg	Akakios Kakhiasvilis (Grèce)	Athènes (Grèce)	27 nov. 1999
	Épaulé-jeté	232 kg	Szymon Kolecki (Pologne)	Sofia (Bulgarie)	29 avr. 2000
	Total	412 kg	Akakios Kakhiasvilis (Grèce)	Athènes (Grèce)	27 nov. 1999
105 kg	Arraché	200 kg	Andrei Aramnau (Biélorussie)	Pékin (Chine)	18 août 2008
	Épaulé-jeté	237 kg	Alan Tsagaev (Bulgarie)	Kiev (Ukraine)	25 avr. 2004
	Total	436 kg	Andrei Aramnau (Biélorussie)	Pékin (Chine)	18 août 2008
105+ kg	Arraché	213 kg	Hossein Rezazadeh (Iran)	Qinhuangdao (Chine)	14 sept. 2003
	Épaulé-jeté	263 kg	Hossein Rezazadeh (Iran)	Athènes (Grèce)	25 août 2004
	Total	476 kg	Hossein Rezazadeh (Iran)	Sydney (Australie)	26 sept. 2000
FEMMES	**CATÉGORIE**	**POIDS**	**NOM & NATIONALITÉ**	**LIEU**	**DATE**
48 kg	Arraché	98 kg	Yang Lian (Chine)	Saint-Domingue (République Dominicaine)	1 oct. 2006
	Épaulé-jeté	120 kg	Chen Xiexia (Chine)	Taian (Chine)	21 avr. 2007
	Total	217 kg	Yang Lian (Chine)	Saint-Domingue (République Dominicaine)	1 oct. 2006
53 kg	Arraché	102 kg	Ri Song-Hui (Corée du Nord)	Busan (Corée du Sud)	1 oct. 2002
	Épaulé-jeté	129 kg	Li Ping (Chine)	Taian (Chine)	22 avr. 2007
	Total	226 kg	Qiu Hongxia (Chine)	Saint-Domingue (République Dominicaine)	2 oct. 2006
58 kg	Arraché	111 kg	Chen Yanqing (Chine)	Doha (Qatar)	3 déc. 2006
	Épaulé-jeté	141 kg	Qiu Hongmei (Chine)	Taian (Chine)	23 avr. 2007
	Total	251 kg	Chen Yanqing (Chine)	Doha (Qatar)	3 déc. 2006
63 kg	Arraché	116 kg	Pawina Thongsuk (Thaïlande)	Doha (Qatar)	12 nov. 2005
	Épaulé-jeté	142 kg	Pawina Thongsuk (Thaïlande)	Doha (Qatar)	4 déc. 2006
	Total	257 kg	Liu Haixia (Chine)	Chiang Mai (Thaïlande)	23 sept. 2007
69 kg	Arraché	128 kg	Liu Chunhong (Chine)	Pékin (Chine)	13 août 2008
	Épaulé-jeté	158 kg	Liu Chunhong (Chine)	Pékin (Chine)	13 août 2008
	Total	286 kg	Liu Chunhong (Chine)	Pékin (Chine)	13 août 2008
75 kg	●Arraché	132 kg	Svetlana Podobedova (Kazakhstan)	Goyang (Corée du Sud)	28 nov. 2009
	●Épaulé-jeté	160 kg	Svetlana Podobedova (Kazakhstan)	Goyang (Corée du Sud)	28 nov. 2009
	●Total	292 kg	Svetlana Podobedova (Kazakhstan)	Goyang (Corée du Sud)	28 nov. 2009
75+ kg	Arraché	140 kg	Jang Mi-Ran (Corée du Sud)	Pékin (Chine)	16 août 2008
	●Épaulé-jeté	187 kg	Jang Mi-Ran (Corée du Sud)	Goyang (Corée du Sud)	28 nov. 2009
	Total	326 kg	Jang Mi-Ran (Corée du Sud)	Pékin (Chine)	16 août 2008

39°28'N
0°22'O

VALENCE, ESPAGNE

Chaque année, le dernier mercredi d'août, le festival de la tomate a lieu à Buñol, près de Valence (Espagne). En 2004, 38 000 personnes se sont jeté environ 125 tonnes de tomates durant une heure, faisant de cette "Tomatina" la **plus grande bataille de nourriture**.

SKI NAUTIQUE

HOMMES	RECORD	NOM & NATIONALITÉ	LIEU	DATE
Slalom	1,5 bouée | 9,75 m de corde | 58 km/h	Chris Parrish (USA)	Trophy Lakes (USA)	28 août 2005
Slalom barefoot	20,6 traversées du sillage en 30 s	Keith St Onge (USA)	Bronkhorstspruit (Afrique du Sud)	6 janv. 2006
Figures	12 400 points	Nicolas Le Forestier (France)	Lac de Joux (Suisse)	4 sept. 2005
●Figures barefoot	11 250 points	Keith St Onge (USA)	Maize (USA)	15 août 2009
●Saut	75,2 m	Freddy Krueger (USA)	Seffner (USA)	2 nov. 2008
Saut barefoot	27,4 m	David Small (GB)	Mulwala (Australie)	8 fév. 2004
Vol à skis	91,1 m	Jaret Llewellyn (Canada)	Orlando (USA)	14 mai 2000
Combiné	2 818,01 points*	Jaret Llewellyn (Canada)	Seffner (USA)	29 sept. 2002
FEMMES	**RECORD**	**NOM & NATIONALITÉ**	**LIEU**	**DATE**
●Slalom	1 bouée | 10,25 m de corde | 55 km/h	Kristi Overton Johnson (USA) Karina Nowlan (Australie) Regina Jaquess (USA)	West Palm Beach (USA) Sacramento (USA) Santa Rosa (USA)	14 sept. 1996 22 sept. 2008 4 juill. 2009
Slalom barefoot	17 traversées du sillage en 30 s	Nadine de Villiers (Afrique du Sud)	Witbank (Afrique du Sud)	5 janv. 2001
●Figures	9 080 points	Natallia Berdnikava (Biélorussie)	Polk City (USA)	31 oct. 2009
●Figures barefoot	4 400 points	Nadine de Villiers (Afrique du Sud)	Witbank (Afrique du Sud)	5 janv. 2001
●Saut	56,6 m	Elena Milakova (Russie)	Rio Linda (USA)	21 juill. 2002
Saut barefoot	20,6 m	Nadine de Villiers (Afrique du Sud)	Pretoria (Afrique du Sud)	4 mars 2000
Vol à skis	69,4 m	Elena Milakova (Russie)	Pine Mountain (USA)	26 mai 2002
●Combiné	2 934,36 points**	Regina Jaquess (USA)	Santa Rosa (USA)	17 juill. 2009

** 5@11,25 m, figures : 10 730 points, saut : 71,7 m **4@10,75 m, figures : 8 180 points, saut : 52,2 m ; méthodes de calcul de 2006.*

●COMBINÉ (FEMMES)
Regina Jaquess (USA) en pleine action le 17 juillet 2009 à Santa Rosa (Californie, USA). Elle a réalisé un score de 2 934,36 points en combiné.

MARATHONS SPORTIFS LES PLUS LONGS

SPORT	TEMPS	NOM & NATIONALITÉ	LIEU	DATE
●Aérobic	26 h	Dinaz Vervatwala (Inde)	Secunderabad (Inde)	9–10 janv. 2010
●Baseball	48 h 9 min 27 sec	Jonny G Foundation Cardinals et Edward Jones Browns (USA)	St Louis (Missouri, USA)	9–11 oct. 2009
●Basket-ball	82 h	Treverton College (Afrique du Sud)	Mooi River (Afrique du Sud)	7–10 août 2009
Basket-ball (fauteuil roulant)	26 h 3 min	Étudiants et employés de l'université d'Omaha (USA)	Omaha (Nebraska, USA)	24–25 sept. 2004
Bowling (10 quilles)	120 h	Andy Milne (Canada)	Mississauga (Ontario, Canada)	24–29 oct. 2005
Boules (en salle)	36 h	Arnos Bowling Club (GB)	Southgate (Londres, GB)	20–21 avr. 2002
●Boules (extérieur)	170 h 3 min	Goulburn Railway Bowling Club (Australie)	Goulburn (Nouvelle-Galles du Sud, Australie)	19–26 janv. 2009
●Cricket	67 h 9 min	Officiers de la police de Nouvelle-Galles du Sud (Australie)	Goulburn (Nouvelle-Galles du Sud, Australie)	8–11 févr. 2009
●Curling	54 h 1 min	The Burlington Golf et Country Club (Canada)	Burlington (Ontario, Canada)	12–14 mars 2010
●Fléchettes (double)	30 h	Richard Saunders, Lee Hannant, Andrew Brymer, Paul Taylor (GB)	Twyford (Berkshire, GB)	9–10 janv. 2009
Fléchettes (individuel)	26 h 42 min	Stephen Wilson et Robert Henderson (GB)	Palnackie (Écosse, GB)	20–21 juin 2008
Unihockey (floorball)	24 h 15 min	TRM Floorball et Hornets Regio Moosseedorf Worblental (Suisse)	Zollikofen (Suisse)	27–28 avr. 2007
●Football	37 h	TSV Mutlangen et FC Raron II (Allemagne)	Mutlangen (Allemagne)	16–17 juill. 2009
●Football (à 5)	27 h 15 min	Collingwood College Challengers et Radio Basingstoke Bandits (GB)	Camberley (Surrey, GB)	17–18 oct. 2009
Hockey sur glace	241 h 21 min	Brent Saik et co (Canada)	Strathcona (Alberta, Canada)	8–18 févr. 2008
Hockey (en salle)	50 h	équipes Bert & Macs et Mid-Town Certigard (Canada)	Lethbridge (Alberta, Canada)	25–27 mars 2008
Hockey (rollers en ligne)	24 h	8K Roller Hockey League (USA)	Eastpointe (Michigan, USA)	13–14 sept. 2002
Hockey (rue)	105 h 17 min	équipes Molson Canadian et Canadian Tire (Canada)	Lethbridge (Alberta, Canada)	20–24 août 2008
Korfball	30 h 2 min	Kingfisher Korfball Club (GB)	Larkfield (Kent, GB)	14–15 juin 2008
Netball	58 h	Sleaford Netball Club (GB)	Sleaford (Lincolnshire, GB)	25–27 juill. 2008
●Pétanque (boules)	52 h	Gilles de B'Heinsch (Belgique)	Arlon (Belgique)	18–20 sept. 2009
Billard (individuel)	53 h 25 min	Brian Lilley et Daniel Maloney (USA)	Spring Lake (Caroline du Nord, USA)	10–12 oct. 2008
Ski	202 h 1 min	Nick Willey (Australie)	Thredbo (Nouvelle-Galles du Sud, Australie)	2–10 sept. 2005
Snowboard	180 h 34 min	Bernhard Mair (Autriche)	Bad Kleinkirchheim (Autriche)	9–16 janv. 2004
Baby-foot	51 h 52 min	Alexander Gruber, Roman Schelling, Enrico Lechtaler, Christian Nägele (Autriche)	Bregenz (Autriche)	27–29 juin 2008
Tennis de table (double)	101 h 1 min 11 sec	Lance, Phil et Mark Warren, Bill Weir (USA)	Sacramento (Californie, USA)	9–13 avr. 1979
Tennis de table (individuel)	132 h 31 min	Danny Price et Randy Nunes (USA)	Cherry Hill (New Jersey, USA)	20–26 août 1978
Tennis (doubles)	50 h 0 min 8 sec	Vince Johnson, Bill Geideman, Brad Ansley, Allen Finley (USA)	Hickory (Caroline du Nord, USA)	7–9 nov. 2008
●Tennis (simple)	36 h 36 min 36 sec	Jeroen Wagenaar et Serge Fernando (Pays-Bas)	Hellevoetsluis (Pays-Bas)	11–12 sept. 2009
Beach-volley	24 h 10 min	Krzysztof Garbulski, Michal Fuks, Adam Jankowski, Tomasz Konior (Pologne)	Ustka (Pologne)	27–28 juin 2008
Volley-ball (en salle)	76 h 30 min	Étudiants de Zespól Szkól Ekonomicznych (Pologne)	Sosnowiec (Pologne)	4–7 déc. 2009

★ NOUVEAU RECORD ● MISE À JOUR

LONDRES, GRANDE-BRETAGNE 51°30' N 0°07' O

Fondée à Londres en 1898 par Lewis Davenport (GB), la boutique Davenports est le **plus ancien magasin de magie.** En 1903, Lewis Davenport installe son magasin chez lui, à Ryles Road (Plaistow, Londres, GB).

CRÉDITS & REMERCIEMENTS

★ ★ ★ ★ ★ ★ ★ ★ ★ ★ ★

RÉPONSES AUX QUIZ

Q1, p. 29
Comment s'appelle la 1re navette spatiale de la Nasa ?
R : *Columbia*

Q2, p. 47
Quelle est la longueur de la queue de l'aye-aye ? R : 50,5 cm

Q3, p. 56
Les créatures suivantes sont-elles des mollusques ou des crustacés ?
R : crabe (crustacé) ; pieuvre (mollusque) ; limace de mer (mollusque)

Q4, p. 58
Quel est le plus gros poisson des mers ?
R : le requin-baleine

Q5, p. 60
Quel jeu d'arcade représente un amphibien traversant une route encombrée et une rivière en crue ?
R : *Frogger*

Q6, p. 80
Quel est le plus grand des trois : la plus longue barbe, la plus longue moustache ou la plus haute coiffure ?
R : la plus longue moustache (4,29 m), qui est celle de Sarwan Singh (Inde)

Q7, p. 92
Avec quelle partie du corps Anssi Vanhala a-t-il fini son Rubik's cube en 36,77 s ? R : les pieds

Q8, p. 112
Quel est le nom du véhicule qui, le 1er, a dépassé la vitesse du son au sol ? Et qui le pilotait ?
R : *Thrust SSC*, piloté par Andy Green

Q9, p. 117
In 1911, le Norvégien Roald Amundsen a été le 1er homme à atteindre le pôle Sud. Quel autre record a-t-il établi 15 ans plus tard ?
R : il a été le 1er à survoler le pôle Nord à bord du *Norge*

Q10, p. 124
En moyenne, combien de tombes Johann Heinrich Karl Thime a-t-il creusées en 50 ans de carrière ?
R : plus de 466 tombes, soit plus d'une par jour !

Q11, p. 131
Quel est l'âge de la personne la plus vieille à avoir été accusée de meurtre ? R : 98 ans

Q12, p. 132
Qui a succédé à Carlos Slim Helu pour le titre de l'homme le plus riche du monde ?
R : Bill Gates

Q13, p. 138
Le 2 mai 2007, Lup Fun Yau a établi un nouveau record du plus grand nombre de beignets à la confiture avalés en 3 min. Combien en a-t-il mangés ? R : 6

Q14, p. 179
Qui est le célèbre ex-mari de Katheryn Bigelow, la réalisatrice de *Démineurs* ? R : James Cameron

Q15, p. 180
Quel est le 1er dessin animé produit en 3D stéréoscopique ?
R : *Monstres contre Aliens*

Q16, p. 225
Légende de la F1, Michael Schumacher n'est pas le plus jeune pilote à avoir remporté un championnat de F1. Qui est ce jeune pilote ?
R : Jaime Alguersuari (Espagne)

Q17, p. 230
Dans combien de pays les Harlem Globetrotters ont-ils joué ?
R : 120 pays

Q18, p. 232
Qui a écrit les règles du Marquis de Queensbury ?
R : non, ce n'est pas le marquis de Queensbury. Les règles ont été écrites par le journaliste écossais John Graham Chambers. C'est lui qui a aussi institué l'usage de gants de qualité et les 10 s réglementaires accordées à un boxeur tombé au sol pour se relever.

Q19, p. 257
Combien obtient-on en additionnant le record de vers charmés et le record de titres de lancer de fer à cheval ?
R : 582 (567 vers plus 15 lancers de fers à cheval)

Q20, p. 261
Combien mesurait le plus haut mur escaladé à bicyclette ?
R : 2,89 m

Guinness World Records remercie sincèrement les personnes, les entreprises, les associations, les sites Internet, les établissements scolaires et universités qui ont apporté leur contribution à la création de l'édition 2011 :

Academy of Motion Picture Arts & Sciences, Oscar Rogelio Antillon Aceituno, Heather Anderson, Ulla Anlander, Roberta Armani, Arriva London, All at Ascent Media, Astoria Park (Queens, NYC), Ted Batchelor et sa famille, Bender Media Services (Sally Treibel, Susan Bender), Beano Max, British Film Institute, Robert Bierfreund, Oliver Blair (Dyson), Bleedingcool.com (Rich Johnston), Luke et Joseph Boatfield, Brian Bolland, Boostamonte Mountainboarding (Brad Beren), Richard Booth, Olivia et Alexander Boulton, Ceri, Katie, Georgie et Emily Boulton, Alfie Boulton-Fay, Victor Bourdariat, Pete Bouvier, Box Office Mojo, Jason Bradbury, Matthew R I Bradford, Bragster team (Dan Barrett, Andy Dust, Luke Forsythe, Adam Moore, Peter Vandenberk), British Waterways Scotland (Donald Macpherson), Sarah Brown, Vittorio 100 % Brumotti, Rachel Buchholz (NGK Magazine), Business Week, Kirk, Beth et Gavin Butterfield, CCTV (Guo Tong, Wang Wei et Tony), Kwang-Sung Chun, Simone Ciancotti, Cinefex, Adam Cloke, Mark Collins, Columbus Zoo, Ohio, USA, Commission for the Geological Map of the World, Connexion Cars (Rob et Tracey), Julia Cottrell, Gerard Danford, Debby DeGroot, Deno's Wonder Wheel Amusement Park, Coney Island, USA, Jose Torres Diaz, Doctor Who (BBC America, Russell T Davies, Stephen Moffat, Matt Smith et David Tennant), Doctor Who Magazine, Electric Sky (Jakki Hart et David Pounds), Louis Epstein, ESPN X Games (Marc Murphy, Dan Gordner, Valerie Benardinelli, Katie Moses Swope, Danny Chi, Crystal Yang et Amy Lupo), Eurodata TV Worldwide, Europroducciones TV, Europroducciones, Europroduzzione et Veralia (Renato Vacatello, Stefano Torrisi, Carlo Boserman, Marco Fernandez De Araoz, Gabriela Ventura, Marco Boserman, Mar Izquierdo, Maria Ligues, Dario Viola, Amato Penasilico et Chiara Duranti), Amelia Ewen, Toby Ewen, Eyeworks Australia & New Zealand (Julie Christie, Joanne Law, Philippa Rennie, Erin Downton, Georgina Sinclair, Marc Ellis et James Kerley), Eyeworks Europe (Wim, Kathe, Oliver et Pian), Molly & Isobel Fay, Finnish Naval Academy (Sr lt Tero Hanski), First News (Serena Lacy, Kelane Henderson et son équipe), FJT Logistics Limited, Forbes, Formulation Inc, The Gadget Show, Alfons Gidlöf, Vilgot Gidlöf, Karen Gillen, Go' Morgen Danmark/Go' Aften Danmark, Google, Alan Green (International Regulations Commission, International Sailing Federation), Jordan, Ryan et Brandon Greenwood, Victoria Grimsell, Kris Growcott, GXT (Paula, Giuliano et Francesco), Haaga-Helia University of Applied Sciences, Hachette Book Group (Craig Young, Vanessa Vasquez et Todd McGarity), Kari Haering (Zone Living), Dan Hall, Hampshire Sports et Prestige Cars, Ray Harper, Roger Hawkins, Merja Hedman et the Finnish Sauna Society, Stuart Hendry, Gavin Hennessey, Tamsin Holman, Hollywood Press Association, Marsha K Hoover, Alistair Humphreys, ICM (Michael Kagan et Greg Lipstone), salon de coiffure I Gri. siani, Rome, Italie, Infomag (Emin Gorgun et Ipek Hazneci), Infostrada Sports (Philip Hennemann et Erik Kleinpenning), INP Media (Bryn Downing), International Commission on Stratigraphy, Internet Movie Database, The Irish Sun (Helen Morrogh), ITV Productions (Jeremy Philips, Caz Stuart et Bernard Kelly), Melanie Johnson, Richard Johnston, Andy Jones, Todd Klein, Dr Erwin J.O. Kompanje et sa famille, Sultan et Hasan Kösen, Kathrine Krone, Olaf Kuchenbecker, Josh Kushins (Lucasfilm), Orla et Thea Langton, Jony Levi, Paul Levitz, Carey Low, Jim Lyngvild, Sean Macaulay, Manda, Macmillan Distribution, Norman D. Mangawang, Médiamétrie, Melia White House Hotel, Londres, Clare Merryfield, Mark Messenger, Dan Meyer, Millennium Seed Bank (Sarah Moss), Steven Moffat, Sophie et Joshua Molloy, Monte-Carlo Television Festival, National Geographic Kids, NBA (Gail Hunter, Patrick Sullivan, Jason Lodato et Karen Barberan), David Nelson, New York City Police Department, The Nielson Company, Jan Nielsen, Norddeich (York et Jurgen), Andrea Oddone, Outline Productions (Laura Mansfield, Diana Hunter et Helen Veale), Andres Ostrofsky, Paley Center for Media, New York, USA (Ron Simon), Eddie Palmer, Dan Phillips, Stuart Phillips, POD Worldwide (Christy Chin, Alex Iskandar Liew et Yip Cheong), Rob Pullar, Queen's Head et Artichoke, RCAF Trenton, Ontario, Canada, Ryan Reiter (Hollywood Almost Free Outdoor Cinema), R & G Productions (Stephane Gateau, Jerome Revon, Patrice Parmentier, Vanina Latcheva et Deborah Amar), Martyn Richards Research (Martyn Richards), Ristorante Sant'Eustorgio (Paolo et Filippo Introini), Stephen Rodriguez (MLS), Jimmy Rollins, Roma Medical (John Pitt et John Dalton), Edward Russell, Eric Sakowski, Scottish Canoe Association (Margaret Winter), The Scottish Sun (Gill Smith et Graeme Donohue), Screecher's Pix (Hayma, Monique et Ryan), Secondskin Makeup Artist, Alex Segura (DC Comics), Victor Hugo Camacho Sedano, Joshua Selinger, Tom Sergeant, SET Japan (Adrian Grey), Dean Shaw (Game Stores Group), Chris Sheedy, The Simpsons (Matt Groening, Antonia Coffman et Art Villanueva), Richard Sisson, Sky 1 (James Townley), Glori Slater (K9 Storm Inc), Carlton J Smith, Matt Smith, Nick Smith, Phee Smith, Sean Sorensen (Motion Theory), Southern California Steampunks, Tom Spilsbury, Ian Starr, Start Licensing (Ian Downes), Daniel Stolar, St Pancras International (Kate Fisher), Nick Steel, Ri Streeter (Weta Workshop), Seyda Subasi-Gemici, The Sultan's Tent restaurant, Toronto, Canada, The Sun (Caroline Iggulden et Dave Masters), Atichart Tavornmard, Charlie Taylor, Holly Taylor, Stephen Taylor, Torfaen County Borough Council (Ben Payne, communications officer), TNR (Claire, Sophie et Tessa), Virgin London Marathon (Natasha Grainger, Nicola Okey et Tiffany Osborne), UCLH (Sharon Spiteri), Maria Vivas, Wandsworth Film Office, Louisa, Jessica, Isabel et Sam Way, Westminster City Council (Francesca Pipe), Adam Wide, Dan Woods, World Health Organization, World Health Statistics, Oz Wright, David Wyatt, X Games, YouTube, Zippy Productions.

En hommage à :
Henry Allingham (**l'homme le plus vieux du monde**), Gertrude Baines (**la femme la plus âgée du monde**), Melvin Boothe (**les plus longs ongles - homme**), Terry Calcott (**le wheelie le plus rapide sur moto**), Channel (**le chien le plus vieux**), Gibson (**le chien le plus grand**), Michael Jackson (**l'artiste pop aux plus grands succès**), Lurch (**les cornes à la plus grande circonférence - watusi**), He Pingping (**le plus petit homme du monde pouvant se déplacer**), Tomoji Tanabe (**l'homme le plus vieux du monde**), Helen Wagner (**la star de série TV qui a le plus joué**), Don Vesco (**le véhicule conduit le plus vite sur une roue**)

CRÉDITS PHOTOS
2 Ranald Mackechnie/GWR ; Tristan Savatier ; Takezo2000 **3** Robert Vos/Photoshot **5** Paul Michael Hughes/GWR **6** NASA ; John Wright/GWR ; John Wright/GWR **7** Marc Henrie/Getty Images ; Paul Michael Hughes/GWR **8** Goscinny-Uderzo ; **9** Diana Gran ; **10** Paul Michael Huges/GWR ; **11** Fred Tanneau/Getty Images **12** Paul Michael Hughes/GWR **13** Adam Bouska ; Paul Michael Hughes/GWR ; Paul Michael Hughes/GWR **14** Paul Michael Hughes/GWR ; Getty Images **15** Paul Michael Hughes/GWR ; John Wright/GWR **16** Paul Michael Hughes/GWR **17** Paul Michael Hughes/GWR **18** Paul Michael Hughes/GWR **19** Paul Michael Hughes/GWR **20** Tim Anderson/GWR ; Yuri Ceschin/GWR ; Press Eye **21** Tim Anderson/GWR ; Hakan Eijkenboom ; Yuri Ceschin/GWR **22** all NASA **24** NASA ; Robert Gendler/Science Photo Library **25** Steve A Munsinger/Science Photo Library ; NASA/Science Photo Library ; David Ducros/Science Photo Library **26** all NASA **27** all NASA **28** Getty Images ; NASA **29** Lori Losey/Getty Images ; Getty Images ; NASA **30** NASA **31** Dorling Kindersley ; G. Scharmer, L Rouppe van der Voort (KVA)/Reel EFX Inc. **32** Getty Images **33** M Timothy O'Keefe/Alamy **34** Daniel Riordan ; Tom Fox/Corbis **35** Corbis ; Grant Dixon/Getty Images **36** Alamy ; Eitan Simanor/Getty Images **37** Kevin Schafer/Getty Images ; Getty Images ; John Beatty/Getty Images **38** Paul Nicklen/Getty Images NASA ; Stephen Belcher/FLPA **39** Steven Miller/NRL ; NOAA/National Science Foundation **40** Reuters ; Jeff Hunter/Getty Images **41** Alamy ; Albert Moldvay/Getty Images **42** NOAA ; Merrick Davies **43** Radek Dolecki ; Simon Battensby/Getty Images **44** Michael Appleton/Getty Images ; Rex Features ; Colin Braley/Reuters **45** John Russell/Getty Images ; Rex Features ; Ricardo Mazalan/AP/PA **46** Getty Images **47** H Schmidbauer/Still Pictures **48** The Manitoba Museum, Winnipeg ; BBC/Random House ; Ron Blakey **49** BBC/Random House ; Photolibrary ; The Natural History Museum, London **50** BBC/Random House ; BBC/Random House ; Ron Blakey **51** all BBC/Random House **52** BBC/Random House **53** all BBC/Random House **54** Sarefo Satoshi Kuribayashi/Photolibrary ; Anna Eksteen

55 Ondřej "Spídy" Řehák ; Darlyne A Murawski/Getty Images **56** Dante Fenolio/Science Photo Library ; Corbis ; Gunter Marx/Alamy ; Piotr Naskrecki/FLPA **57** Norbert Wu/National Geographic ; Daniel Gotshall/ Getty Images ; Alamy ; David C. Tomlinson/Getty Images **58** Karen Gowlett-Holmes/Photolibrary ; SeaPics ; Cole Brandon/Still Pictures ; Rodger Klein/ Photolibrary **59** Chris Newbert/ FLPA ; Corbis **60** Heidi & Hans-Juergen Koch/FLPA Francesco Tomasinelli/Natural Visions **61** LiveScience ; Rex Features ; Rex Features ; Albert Feng **62** Chris Mattison/FLPA ; Alamy ; R. Dirscherl/FLPA **63** James Gerholdt/Photolibrary ; Frans Lanting/Corbis **64** Morales/ Photolibrary ; FLPA **65** Tui De Roy/ FLPA ; Martin B Withers/FLPA ; Christopher Arnesen/Getty Images ; Emil Enchev/Alamy **66** Daniel J. Cox/Getty Images ; Getty Images ; Eyal Bartov/Getty Images **67** Frans Lanting/Corbis ; Alamy ; Paul Nicklen/National Geographic **68** Damien Meyer/Getty Images **69** Peter Mathew ; Ninara **70** Richard Bradbury/GWR **72** Paul Michael Hughes/GWR **73** Paul Michael Hughes/GWR **74** all Paul Michael Hughes/GWR **75** Ranald Mackechnie/GWR ; Paul Michael Hughes/GWR **76** Edgar Quintana/Getty Images ; Edgar Quintana/Getty Images ; John Wright/GWR ; John Wright/ GWR **77** Maria Elisa Duque/ GWR ; Imogen Brown/Splash **78** Callum Bennetts/Rex Features ; David Moir/Reuters ; Paul Michael Hughes/GWR ; Seth Wenig/AP/PA **79** Drew Gardner/GWR ; Ranald Mackechnie/GWR **80** John Wright/ GWR ; Paul Michael Hughes/ GWR **81** John Wright/GWR ; John Wright/GWR ; Tom Pennington **82** Brian Carlisle ; Richard Bradbury/GWR **83** John Moore/Getty Images ; David Caird/Rex Features ; John Wright/GWR ; Craig Golding/ Reuters **84** Robert Pratta/Reuters ; Reuters ; Reuters **85** Reuters ; EuroPics **86** Richard Bradbury/ GWR **88** Michael Dalder/Reuters **89** John Wright/GWR ; Chris Tedesco/Red Bull via Getty Images ; Richard Bradbury/GWR **90** John Wright/GWR ; John Wright/ GWR ; Paul Michael Hughes/GWR **91** all John Wright/GWR **92** Ranald Mackechnie/GWR ; Paul Michael Hughes/GWR **93** Paul Michael Hughes/GWR ; Paul Michael Hughes/GWR ; Prakash Mathema/ Getty Images ; John Wright/GWR **94** Paul Michael Hughes/GWR ; Paul Michael Hughes/GWR **95** Emmanuel Aguirre/Getty Images ; Rex Features ; Austin Hargrave/Barcroft Media **96** Richard Bradbury/GWR ; Richard Bradbury/GWR **97** Paul Michael Hughes/GWR ; John Wright/GWR ; Ranald Mackechnie/GWR **98** Dave Major ; John Wright/GWR **99** Barcroft Media ; John Wright/GWR **100** Omar Torres/Getty Images **101** Martin Ellard/PA ; PA **102** Oli Scarff/Getty Images **104** Paul Kane/Getty Images **108** Oli Scarff/Getty Images **109** Ortelius ; Marcel Mochet/ Getty Images **112** Rex Features ; Getty Images **114** Andy Hock ; Bruce Darling **116** Ian Cooper **118** Vince Bucci/Getty Images **120** Marko Djurica/Reuters **122** John Wright/GWR ; DL Anderson **123** Phelan Ebenehack/ Reuters ; Zachary Culpin/Solent News **124** Richard Vogel/AP/PA **125** Rex Features Luis Acosta/ Getty Images **126** Dave Li ; Larry Burrows/Getty Images ; Raveendran/Getty Images ; AP/ PA **127** Torsten Blackwood/Getty Images ; Anvita Abbi/Survival ; Pornchail Kittwongsakul/Getty Images **128** Romeo Ranoco/ Reuters ; Reuters ; Jason Reed/ Reuters **129** Alessandro Bianchi/ Reuters ; Marco Di Lauro/Getty Images ; Goran Tomasevic/Reuters **130** Jorge Duenes/Reuters ; Jorge Duenes/Reuters Mak Remissa/ Getty Images **131** PA ; Damian Dovarganes/Ap/PA ; Damian Dovarganes/Ap/PA **132** Eddie Keogh/Reuters ; Pierre-Philippe/ Getty Images ; Rex Features **133** Pal Pillai/Getty Images ; Jonathan Ernst/Reuters **134** Friedrich Saurer/Science Photo Library Sheng Li/Reuters ; Jamie Rector/Getty Images **135** Paul Michael Hughes/GWR ; Mark Bassett **136** Stefan Wermuth/ Reuters Cate Gillon/Getty Images **137** Finbarr O'Reilly/ Reuters ; Oli Scarff/Getty Images ; Alejandro Gonzalez/Getty Images **138** Hussein Malla/AP/PA Richard Bradbury/GWR **140** Larry Marano/ Getty Images **141** Mark Campbell/ Rex Features ; Richard Bradbury/ GWR **142** Ranald Mackechnie/ GWR **143** Caters News Agency ; Paul Michael Hughes/GWR **147** Itsuo Inouye/AP/PA Maria Ricci Steve Parsons/PA Steve Parsons/PA **148** Paul Michael Hughes/GWR **150** David Parry/ Press Association Richard Bradbury/GWR **151** Paul Michael Hughes/GWR Paul Michael Hughes/GWR **152** Paul Michael Hughes/GWR Marc Henrie/Getty Images **153** Jacob Chinn/GWR Jeffery R. Werner/Barcroft Media **154** Richard Bradbury/GWR **155** David Silverman/Getty Images Richard Bradbury/GWR **156** Ranald Mackechnie/GWR **158** 20th Century Fox **159** 20th Century Fox **160** Eidos Activision **161** Paul Michael Hughes/GWR EA **162** ; Jenny Duval/Getty Images Manpreet Romana/Getty Images **163** The British Library **166** BBC **167** Gilles Toucas ; Jamie McCarthy/Getty Images ; Michael Tran/Getty Images ; Ken McKay/ Rex Features ; Topfoto **168** Scope Features NBC/Rex Features ITV/ Rex Features ITV/Rex Features Getty Images Getty Images **169** Scope Features NBC/Rex Features ITV/Rex Features ITV/ Rex Features **170** Corbis Paramount Pictures Rex features BBC Rex Features **171** Lucasfilm BBC **172** BBC Phil Rees/Rex Features Tony Kyriacou/Rex Features ; BBC **173** BBC ; Rex Features **174** Disney/Rex Features Hanna Barbera/Moviestore Collection **175** Fox Broadcasting DreamWorks Animation Pixar Animation DreamWorks Animation **176** Warner Bros. Warner Bros. Summit Entertainment **20th** Century Fox/ Rex Features **177** Warner Bros. Lionsgate Warner Bros. **178** Jeff Vespa/Getty Images Miramax/Rex Features Stephen Lovekin/Getty Images Gareth Cattermole/Getty Images **179** Leon Neal/Getty Images Frank Micelotta/Getty Images Summit Entertainment Summit Entertainment/Kobal **180** Disney/Rex Features Getty Images Rex Features **181** Warner Bros./Kobal 20th Century Fox DreamWorks Animation **182** Jean-Baptiste Lacroix/Getty Images Giuseppe Cacace/Getty Images James Devaney/Getty Images **183** Jon Kopaloff/Getty Images ; John Schults/Reuters Frazer ; Harrison/Getty Images ; Jake Holly/Rex Features ; Christopher Polk/Getty Images **184-185** Venturelli/Getty Images ; 20th Century Fox/Rex Features **186** Rex Features **187** Jeff Kravitz/Getty Images ; John Wright/GWR Columbia Pictures **188** Rainer Wohlfahrt, Rainer Joe Kohen/Getty Images Sara Krulwich/Eyevine **189** Michael Kovac/Getty Images Brad Barket/Getty Images Ranald Mackechnie/GWR **190** Paul Michael Hughes/GWR Jim Denevan/Barcroft Media Jim Denevan **191** Richard Bradbury/ GWR **192** Paul Michael Hughes/ GWR **193** Paul Michael Hughes/ GWR **194** Qilai Shen/Getty Images Mosab Omar/Reuters **195** Feng Li/ Getty Images **196** Benjamin D Esham Stefan Scheer **198** Haakman Nathan Benn/Corbis **199** Peter Brenneken/Getty Images ; Stephen Brashear/Getty Images **200** Wu Hong/Corbis Trainweb.org Rex Features **201** Justin Lane Simon De Trey-White/Barcroft Media Richard A Cooke/Corbis **202** John Wright/ GWR **204** Bobby Yip/Reuters **206** AFP **207** Michael Urban/Getty Images Bob Strong/Reuters **208** Barcroft Media Lockheed Martin Corporation Chris Ison/PA **209** Dmitry Kostyukov/Getty Images Crown Copyright Crown Copyright **210** PA Andy Willsheer/Rex Features Volker Hartmann/AFP **211** Darin Schnabel/RM Auctions WENN **212** Yoshikazu Tsuno/ Getty Images **214** Russell Kightley/ Science Photo Library G Otto/ Carola Pomplun/GSI AP/PA **215** Donna Coveney/MIT **216** Carla Cioffi/NASA National Geographic Jeff Kravitz/Getty Images **217** Justin Sullivan/Getty Images Mike Epstein Kevin Winter/Getty Images **218** Glyn Kirk/Getty Images **220** Micha Sacharewicz Mari Sterling **221** Craig Parker/Getty Images **222** Michael Steele/Getty Images Julian Finney/Getty Images Adrian Dennis/Getty Images Mark Dadswell/Getty Images **223** Fabrice Coffrini/Getty Images ; Ian Walton/ Getty Images ; Paul Gilham/Getty Images **224** Rusty Jarrett/Getty Images ; Javier Sorano/Getty Images ; Malcolm Griffiths/Getty Images **225** Dario Agrati James Cheadle/Alamy Robert Laberge/ Getty Images **226** David Maher/ Sportsfile Christian Petersen/Getty Images ; Yuriko Nakao/Reuters **227** Laurence Griffiths/Getty Images **228** Nick Laham/Getty Images Jed Jacobsohn/Getty Images **229** Doug Pensinger/Getty Images Otto Greule Jr/Getty Images Dilip Vishwanat/Getty Images **230** Jae C. Hong/AP/PA John Raoux/ AP/PA **231** D. Clarke Evans/Getty Images ; Juan Ocampo/Getty Images ; Dick Raphael/Getty Images **232** Issei Kato/Reuters ; Jon Kopaloff/Getty Images **233** Rex Features ; Clive Rose/ Getty Images ; Kim Kyung-Hoon/ Reuters **234** Jo Caird/Getty Images ; Themba Hadebe/AP/PA ; Prakash Singh/Getty Images **235** Adrian Murrell/Getty Images ; Hamish Blair/Getty Images ; Deshakalyan Chowdhury/Getty Images **236** Mathieu Belanger/ Reuters ; Jon Super/AP/PA **237** Delmati Damien Meyer/Getty Images ; Peter Andrews/Reuters **238** Desmond Boylan/Reuters ; Karim Sahib/Getty Images ; Paulo Whitaker/Reuters **239** Gianluigi Guercia/Getty Images ; Gianluigi Guercia/Getty Images ; Laurence Griffiths/Getty Image **240** Thomas Niedermueller/Getty Images ; Alex Livesey/Getty Images ; Darren Staples/Reuters ; Roy Beardsworth/ Offside **241** John Wright/GWR **242** Andrew Redington/Getty Images **243** Caters News Agency ; David Cannon/Getty Images ; Timothy A. Clary/Getty Images ; Andrew Redington/Getty Images **244** Gregory Shamus/Getty Images ; Bruce Bennett/Getty Images **245** Steve Mitchell/AP/ PA ; Bruce Bennett/Getty Images ; Scott Cunningham/Getty Images **246** Kathy Willens/AP/PA ; Shaun Curry/Getty Images **247** Gareth Cattermole/Getty Images **248** Christopher Ivey/NBAE Joe Murphy/Getty Images **249** all Joe Murphy/Getty Images **250** Mark Thompson/Getty Images ; Matthew Lewis/Getty Images **251** Stu Forster/Getty Images **252** Lawrence Lustig ; Paul Gilham/Getty Images **253** Jay Directo/Getty Images ; Ryan Pierse/Getty Images **254** Greg Wood/Getty Images ; Emmanuel Dunand/Getty Images **255** Stephen Dunn/Getty Images ; Farooq Naeem/Getty Images ; Arko Datta/ Reuters **256** Rex Features ; Robert Hallam/Rex Features Robert Hallam/Rex Features **257** Taina Rissanen/Rex Features ; John Wright/GWR **258** Clive Rose/Getty Images ; Martin Bureau/Getty Images **259** Dean Mouhtaropoulos/ Getty Images ; John Gichigi/Getty Images **260** ; Juntanlayco Garth Milan/Getty Images **261** Max Erwin Mark Virtue **262** Clive Rose/Getty Images ; Jamie Squire/Getty Images **263** Firdia Lisnawati/AP/ PA ; Natacha Pisarenko/AP/PA **264-267** Paul Michael Hughes/ GWR **268** Mark Thompson/Getty Images **269** Jessica Gow/Getty Images **270** Joao Relvas/EPA Beth Hall/AP/PA **271** Fabrice Coffrini/ Getty Images ; Getty Images ; Bryn Lennon/Getty Images **272** Rex Features **273** Jonathan Ferrey/ Getty Images ; Vincenzo Pinto/ Getty Images **274** Clive Rose/ Getty Images Christophe Simon/ Getty Images **275** Gero Breloer/ AP/PA ; Jens Nørgaard Larsen/ Getty Images **276** all Jung Yeon-Je/ Getty Images.

PAGES DE GARDE
(On appelle "pages de garde" les pages qui rattachent le corps du livre à la couverture ; il y a les pages de garde avant et arrière.)

AVANT (de gauche à droite) Le plus long ruban de solidarité, le plus de bombes à eau lancées, le voyage à vélo le plus rapide du Cap au Congo, l'extension de cheveux la plus longue, les plus grandes baguettes, le plus grand tournoi de streetball, le plus long one-man show, le plus de danseurs classiques sur pointes, la championne du monde de boxe la plus âgée, la plus grande table des Dix commandements, la plus longue gravure sur bois, le donneur de moelle osseuse le plus âgé, le plus grand petit pain, le plus grand plat de boulettes de viande, la plus longue sculpture en pâte à modeler, le plus grand cours de sport d'après un jeu vidéo, la coiffure la plus haute, la plus grande crête iroquoise, la plus grande collection de panneaux "Ne pas déranger", record de temps pour scanner et empaqueter 50 articles, nombre record d'ascensions de l'Everest, record de personnes tricotant en même temps, le rot le plus long, le plus de sauts avec 2 cordes en 1 min, le plus grand magasin, le plus de pubs visités en 24 h, le plus grand défilé de véhicules électriques, le plus de pancakes confectionnés en 8 h en équipe, le poil de sourcil le plus long, le plus de voyages en avion programmés sur 30 jours, le plus long marathon de lecture à voix haute, la plus grande chemise, la plus grande structure en boîtes de conserve, le plus de personnes mangeant des chips, le plus d'arbres plantés en 24 h (par équipe), le plus de steps en 1 h en portant une charge de 19 kg.

ARRIÈRE (de gauche à droite) Le plus long marathon de hockey, le plus de personnes jouant de la corne vuvuzela en même temps, le plus de personnes jouant aux dominos, la voiture la plus basse pouvant rouler, le plus de personnes appliquant de la crème hydratante, le plus de pompes sur le bout des doigts en 1 min, le plus de personnes portant des lunettes de Groucho Marx, le plus long voyage en vélo motorisé, le plus grand défilé de Karwa bus, la personne la plus âgée à descendre en rappel, le plus de sauts continus sur la roue avant d'un vélo, la plus grande danse sévillane, le plus de personnes faisant des sauts (lieux divers), le plus grand groupe d'Air guitar, la plus grande boîte en carton, la plus grande mosaïque faite avec des volants, le plus de personnes jouant au yo-yo en même temps, la plus grande collection de coccinelles, le plus de tomates récoltées sur un plant, les cerises les plus chères, le plus de personnes tamisant de l'or, le plus de coupes de cheveux consécutives par équipe en 24 h, le taro le plus lourd, l'homme le plus âgé à avoir réussi l'ascension du Kilimandjaro, le plus grand rassemblement d'Halloween, le plus grand kolintang (xylophone d'Indonésie), le plus d'œufs écrasés avec la tête en 1 min, traversée à vélo de l'Australie de Perth à Sydney (hommes), le plus grand scone, 1re traversée à la rame de l'océan Indien par une équipe de 4 hommes, la personne la plus âgée à faire le tour du monde en bateau (en solitaire et sans escale), la plus grande course à reculons, le plus de nationalités dans un sauna, le plus grand défilé de motos automatiques, le plus grand tournesol, le plus de grains de raisin attrapés en 3 min, record de temps pour manger 15 Ferrero Rocher®, le plus de lancers de ballon de basket les yeux bandés en 1 min, le plus de personnes sur des trampolines, et enfin… le livre le plus épais.

INDEX

Cette année, l'index est organisé en deux parties : un index thématique et un index des superlatifs. Les mots en gras se réfèrent aux entrées principales ; les entrées en capitales et en gras se rapportent à un chapitre. Les noms de personnes ne sont pas indexées.

Index thématique

DERNIÈRE MINUTE

● LA PERSONNE LA PLUS ÂGÉE DU MONDE

Au moment où nous allions mettre sous presse, nous avons reçu la photo d'Eugénie Blanchard (Saint-Barts, France, née le 16 février 1896), qui est devenue la doyenne de l'Humanité après la mort de Kama Chinen (Japon), le 2 mai 2010. Eugénie est de même nationalité que la **personne la plus âgée de l'Histoire** ; *voir p. 83*.

● LE JOUEUR DE VIOLON LE PLUS RAPIDE

Ben Lee (GB), des duettistes-violonistes FUSE, a joué "Le Vol du bourdon" en 1 min et 4,21 s à Londres (GB), le 7 avril 2010. La performance a été supervisée par le chef d'orchestre Rodney Friend qui, en 30 ans de carrière, a dirigé l'Orchestre symphonique de Londres, l'Orchestre philharmonique de New York et l'Orchestre symphonique de la BBC.

★ LE PLUS DE COUENNES DE PORC MANGÉES

Scott Dustan (GB) a mangé 27 g de couennes de porc frites en 1 min à The Union (Londres, GB), le 30 avril 2010. Lors du même événement, Courtney Shapiro (USA/GB) en a mangé 21 g en 30 s.

★ TRAVERSÉE DU LOCH NESS LA PLUS RAPIDE EN CANOË-KAYAK

Le 18 mai 2010, 26 employés et fournisseurs de la société de grande distribution Asda, sous la direction de Jim Viggars, responsable des achats de viande (tous GB), ont traversé le Loch Ness (GB) en canoë-kayak, depuis Fort Augustus jusqu'à Dores (17,9 miles nautiques, soit 33,15 km) en 5 h, 19 min et 17 s. Le but était de récolter des fonds pour l'association de lutte contre le cancer Tickled Pink. Tous se sont alignés pour franchir la ligne d'arrivée ensemble et dans le même temps record.

● LE PLUS GRAND JEU DE 1, 2, 3 SOLEIL

Le 25 avril 2010, lors d'un événement organisé par Danone Finlande à Helsinki (Finlande), 1 079 personnes ont joué à 1, 2, 3 soleil.

● LA COURSE HIPPIQUE LA MIEUX DOTÉE

La plus grosse somme remportée pour une course hippique s'élève à 10 millions $. C'était lors de la coupe du monde de Dubaï qui a eu lieu à l'hippodrome de Meydan à Dubaï (EAU), le 27 mars 2010.

● LA PLUS PETITE PERSONNE SUR UNE AILE D'AVION

Le **plus petit cascadeur professionnel**, Kiran Shah (GB), s'est tenu à 1 m et 26,3 cm et a marché pour la 1re

● LE PLUS GRAND PLAT DE PÂTES

Le restaurant italien *Buca di Beppo* (USA) a servi un plat de pâtes de 6 253 kg dans l'un des restaurants de la chaîne Anaheim, à Garden Grove (Californie, USA), le 12 mars 2010.

TUTUT

POUR FORMER LA ● PLUS GRANDE MOSAÏQUE DE VOITURES, 460 VOLKSWAGEN ONT ÉTÉ RÉUNIES LE 10 AVRIL 2010, LORS D'UN ÉVÉNEMENT ORGANISÉ PAR VOLKSWAGEN DO BRASIL À SÃO PAULO (BRÉSIL).

ENCORE !
AMATEUR D'ART ?
ALLEZ DARE-DARE
P. 190-191.

● LE PLUS GRAND LABYRINTHE DE GLACE

Le 26 février 2010, l'Arctic Glacier Ice Maze (USA) a présenté un labyrinthe de glace de 1 194,33 m² au Powder Keg Festival de Buffalo (New York, USA). Celui-ci était constitué de 2 171 blocs de glace, pesant chacun 136,08 kg.

fois sur l'aile d'un avion. C'était à Cirencester (Gloucestershire, GB), le 30 avril 2010.

● LA PLUS GRANDE SCULPTURE EN MATÉRIAUX RECYCLES

Sous les auspices de RESUR, le consortium gouvernemental et régional du recyclage, des étudiants de l'école d'Architecture de Grenade (Espagne) ont conçu et construit un château de 29 m de long, 14,07 m de large et 7 m de haut, avec quelque 50 000 briques de lait, le 17 mai 2010. Les briques avaient été collectées par des enfants des écoles primaires de la région de Grenade deux semaines avant la tentative de record. La sculpture n'était maintenue que par des agrafes et de la ficelle.

● APNÉE DYNAMIQUE AVEC PALMES (FEMMES)

Natalia Molchanova (Russie) a plongé à 225 m de profondeur sans apport d'oxygène à Moscou (Russie), le 25 avril 2010, battant son propre record.

APNÉE : arrêt de la respiration, pratiquée notamment par les plongeurs. Du verbe grec, "respirer".

● LA PLUS LONGUE CHAÎNE DE BULLES

Alors que nous mettions la dernière main à cette édition, le faiseur de bulles Sam Heath (alias Sam Sam le Bubbleman) a fait irruption dans nos bureaux de Londres (GB) et a fait une chaîne de 26 bulles. Sam a utilisé une paille à boire classique.

★ LE PLUS DE CANETTES ÉCRASÉES PAR UN VÉHICULE EN 3 MIN

Le 6 mars 2010, Ian Batey a écrasé 61 106 canettes en 3 min en conduisant un monster truck de 9 tonnes pour la marque de boisson énergisante Burn Energy Drink (EAU), à la Jumeirah Beach Residence de Dubaï (EAU).

DE PRÈS
LE 18 FÉVRIER 2010, JOHN McGUIRE (IRLANDE) A RASÉ 60 TÊTES EN 1 H LORS DU RAY D'ARCY SHOW SUR TODAY FM, À DUBLIN (IRLANDE).

DE LOIN
LE 21 MAI 2010, THE AFTERNOON SHOW, SUR LA CHAÎNE IRLANDAISE RTE, A ORGANISÉ 414 COURS DE NATATION DANS TOUTE L'IRLANDE. C'EST LE ★ PLUS GRAND COURS DE NATATION EN DIVERS LIEUX.

★ NOUVEAU RECORD
● MISE À JOUR

BIENTÔT
JEUX VIDÉO 2011
WWW.GUINNESSWORLDRECORDS.COM/GAMERS
GUINNESS WORLD RECORDS 2011
GUINNESS WORLD RECORDS
GAMER'S EDITION
ET
L'APPLICATION GUINNESS WORLD RECORDS
POUR iPAD, iPHONE & iPOD EN ANGLAIS
WWW.GUINNESSWORLDRECORDS.COM/APP

LANDS END 2009
NEW YORK 3147
JOHN O'GROATS 874
ISLES OF SCILLY 28
BHF 4 POINTS JOG
9TH MAY
GUINNESS WORLD RECORD ATTEMPT
MOST HAIRCUTS IN 24 HOURS
JOIN THE FUN!
SUPERCUTS
吉尼斯世界
WELCOME BACK
YOU ARE THE
Row4Charity
www.row4charity.co.uk
WINNERS
of the inaugural
Indian Ocean
Rowing Race 2009
YAMAHA